「元晖学者教育研究丛书」

A STUDY OF THE REFORM
AND DEVELOPMENT OF CHINESE EDUCATION
SINCE THE MODERN TIMES

近代以来中国教育
改革与发展研究

曲铁华 等 / 著

NORTHEAST NORMAL UNIVERSITY PRESS
WWW.NENUP.COM
东北师范大学出版社
长春

丛书序言

　　在实践领域，教育在全球化、信息化、现代化的背景下，不再呈现为简单有序、线性透明的样态，而是出现了各种各样的复杂样态。因此，这就需要我们更为审慎地思考和更为敏感地把握。在现实生活中，从教育与社会的发展来看，教育越来越多地成为实现国家目的的重要工具，成为实现理想的重要手段；从教育与人的发展来看，教育在满足人的发展需要、培养理想人格方面还有很大提升空间。综观教育的发展，教育的改革不再仅仅是地方性质的，而是成了世界各国政府为实现国家利益和国际诉求的重要手段。教育在应对人的发展的不确定性、人的发展需要的变化性等方面面临着各种各样的挑战。另外，教育的复杂性吸引着思考者不断地进行探索，试图去发现教育世界的"秘密"，找到变革教育世界的"钥匙"，从而使我们更好地认识和改造这个丰富多彩而又纷繁复杂的领域。

　　东北师范大学教育学部召集十余位教授，整理了近二十年的研究成果，系统诊断教育实践问题，不断追问教育的真理，并创新教育理论。这些研究既有理论模型的构建，又有实践领域的深刻探究；既诊断问题、分析原因，又提出对策、措施；既追本溯源有历史大视野，又关心现实展望未来；既关心国家宏观政策制度，又在微观层面提出具体可操作的方法；既扎根本土研究注重原创，又注重以国际视野进行深度学习。

　　本套丛书是东北师范大学教育学部教育研究的总结，是十余位教授多年教育研究的记录，是他们对中国教育改革的独特认识。我们希望以这套丛书为支点，与读者展开对话，共同探寻教育的真理，在对教育的凝视中不断地思辨、判断、检视。

吕立杰

2019 年 11 月

于东北师范大学田家炳教育书院

前　　言

　　清末以降，中国的教育艰难创生，曲折发展。伴随着东方与西方的文化激荡，传统与现代的思想交融，中国的教育在改革与发展中创生，成就了近现代以来教育事业发展的世纪篇章。若想深入理解近代以来中国教育这样的一个历史的存在，就必须系统地对中国近现代教育改革与发展的轨迹进行历史的探索，这也是本书的目的所在。

　　本书共分为四个专题，主要内容如下：

　　第一专题，农村教育改革与发展研究。本专题首先对乡村教育实验这一近代中国农村教育综合改革的可贵尝试展开深入挖掘，进一步总结出民国时期乡村教育的基本特征。同时，详细梳理了新中国成立以来农村义务教育的投入体制、农村基础教育政策、城乡义务教育一体化等的演进历程，并就城镇化进程中的义务教育发展、乡村教化问题展开深入思考。最后以个案的形式来体悟近代以来中国农村教育的思想变革，对我国近代教育家余家菊、王拱璧的乡村教育思想展开了微观研究。

　　第二专题，科学教育改革与发展研究。本专题描绘了科学教育在中国近代社会的孕育、萌芽、形成、高涨和践行的历史过程。在这个过程中，科学教育走向制度化，科学启蒙逐步实现，科学共同体初步形成。此外，本专题还重点介绍了蔡元培、胡适、胡明复、陶行知等人的科学教育思想及实践，透过这些科学教育思想及实践，不仅回顾了科学教育在中国推行的历程，而且从中总结出促进中国现代科学教育进一步发展的历史经验。

　　第三专题，基础教育改革与发展研究。本专题对近代以来中国基础教育阶段的课程改革、教材改革、学生培养等重大问题进行了深入的研究，系统梳理了演进历程及特点，直面当前中国基础教育改革过程中存在的诸多问题，进行理性分析和价值审视，进一步揭示了近代学校教育发展对当今我国基础教育改革的借鉴价值。

第四专题，高等教育与职业教育改革及发展研究。本专题基于时间线索，从宏观角度梳理了近代以来中国高等教育的嬗变历程，认为中国现代高等教育改革应处理好教育与政治的关系，实现传统与移植的协调。本专题还就民国时期高等教育的学科发展、政策演进做了比较深入的探析。在职业教育方面，本专题特别对农村职业教育展开比较系统的研究，回眸了近代以来农村职业教育的发展历程，认为农村职业教育对促进农村社会发展意义重大。最后挖掘了著名教育家成仿吾、雷沛鸿的教育思想，深刻分析了其独特的高等教育思想和丰富的高等教育实践经验。

本书从历史的视角，对近代以来中国教育的改革与发展的重大问题进行了系统的专题研究，围绕着教育制度、教育思想展开。贯穿全书的主线是传统教育向现代化转型的面相和阵痛，充分揭示了近代以来中国教育在改革发展的历史进程中的新与旧、中国与西方的诸种矛盾关系，展示出一幅全新的中国近现代教育史发展图景。探赜索隐，以史鉴今。本书力求为深化教育改革提供历史经验和现实启示。

作　者

2019 年于田家炳 617 室

目　　录

第一专题

农村教育改革与发展研究

1 民国时期乡村教育的基本特征论析

民国时期是中国教育现代化的重要阶段，这一时期教育的发展变革具有承上启下的关键作用。其中，乡村教育的变革最为剧烈，不仅延续了近代以来以促进农村人口素质提升来实现国家整体现代化的思路，而且积累了在特殊历史时期促进乡村教育普及与革新的经验，奠定了 20 世纪中期以后乡村教育发展的基础。在把握乡村教育整体演进趋势的基础之上，准确辨识"民国乡村教育"这一历史存在的若干特征，体认并把握其间展现的历史规律，对于我国乡村的发展、教育事业的进步，乃至社会主义现代化建设，都具有重要的参考价值。

一、空间特征——乡村场域

民国时期是一个复杂的时代，以至于此时期出现的重大教育思潮与运动，其影响因素都很复杂，表现形态也十分丰富。然而，在近代以来中国社会面临着前所未有的重大危机与转型的历史时期中，"乡村"这一空间，却体现了某种难得的"共性"，获得了坊间针对"救亡图存"重大命题深入思考之后的广泛聚焦。到了五四运动前后，越来越多的人开始意识到中国农业的破产和中国乡村社会的破败是历史上以农业立国的中国在近代以来一步步走向贫弱的关键因素，要挽救民族危亡、振兴国家，将改造和建设"乡村"作为强国的有效途径，逐渐成为共识。

晏阳初 1923 年始担任中华平民教育促进总会总干事，在几年的城市平民扫盲教育之后，便把工作的重心由城市移至乡村，推动乡村建设运动成为生平最重要的经历之一。陶行知将乡村教育视为"立国之根本大计"，将乡村学校视为"改造乡村生活之唯一可能的中心"；中华职业教育社直至抗日战争爆发之前，直接或参与办理 30 多处乡村实验区；江苏省立教育学院创办了以养成乡教、民教人才为目的的各处实验区；山东省乡村建设研究院开创的邹平实验区，研究、训练二部培养人才，从事社会调查、乡村自治、合作事业、教育推广等工作；清华、燕大、南开及协和医学校联合河北定县县政建设研究院及山东县政建设实验区，成立华北农村建设协进会……据 1935 年国民政府实业部的调查，是年全国已有三百六十余个团体从事农村工作，有一千多处实验区，凡斯种种，难以尽举。正如晏阳初于 1933 年 7 月代表平教会在山东邹平召开的第一届乡村工作讨论会上发言时说道："近年来最使我兴奋的一件事，就是现在国内各界，大家都能亲身埋首去从事农村工作，不问他们工作范围的大小，只要大家一边做一边学，将来都是复兴民族的功臣。"① 这与余家菊在 1919 年撰写《乡村教育的危机》时指出"乡村无教育"的凋敝状况，已不可同日而语。

那么，民国时期种种社会工作的努力，因何在乡村这一场域最为繁盛？换言之，精英集团又为何不约而同地将人力、财力、物力集中于广大乡村地区呢？不妨援引来自国民党中央秘书处的一段论证：

本党今日实有开始实施三民主义的乡村教育之必要，举其理由，厥有四端：其一，三民主义必须赖乡村教育，树立深厚根基于民间，庶几三民主义的国家建设始能由开创而日进于完固。其二，三民主义之宣传，无论如何普遍，只能及于曾受教育之智识份子，惟有实施三民主义的乡村教育，则党之主义始能深入全国未受教育之乡村儿童。其三，中国人口乡村占百分之八十以上，城市则不及百分之二十。十余年来，中国之政治大抵仅以城市为中心，故其力量浮动薄弱，而不足以舒展全民族应有之建国伟力。今后则必赖三民主义之乡村教育，近以开化乡村之人心，遂以培养全民族政治之能力。其四，依总理建国大纲之所垂训，县既为自治单位，而县自治基础则必在乡村，故三民主义之乡村教育乃为地方自治能否推行尽利之主要关键。②

此文件之发表，时在 1930 年。此时社会上乡村教育运动已推行有年，理论和实践上都产生了许多积累，因而此文件虽是为推行"三民主义"而发，却吸收了过去十数年间的理论成果和实践经验③，其中体现出来的关于"乡村"地位的认识也很成熟，值得重视。中国自古以农业立国，所谓

---

① 晏阳初. 中华平民教育促进会定县工作大概 [M] //章元善，许仕廉. 乡村建设实验：第一集. 上海：中华书局，1934：53.
② 实施三民主义乡村教育案 [G] //中国第二历史档案馆. 中华民国史档案资料汇编 第五辑 第一编 教育（一）. 南京：江苏古籍出版社，1994：1 023.
③ 《中华教育改进社主任干事陶知行报告晓庄乡师教育概况》提及实施乡村教育之方法与步骤，第一强调健全的师资，第二要求分期开办乡村学校于各省，都是积十数年民国乡村建设实验的经验之谈。见：中国第二历史档案馆. 中华民国史档案资料汇编 第五辑 第一编 教育（一）[G]. 南京：江苏古籍出版社，1994：478-484.

"民间"，几乎就是对以农业生产方式维系的乡村社会之代称。传统上所谓"民心向背""水能载舟亦能覆舟""民本主义"云云，皆指此而言。掌握乡村，便是掌握根基，便是培元固本。因为这样的理由，就不难理解不仅仅是国民政府，而且民国时期所有欲有所作为的政治力量，着手中国问题必须由乡村入手的"盖极显明也"的道理了。

民国时期，大多数国民仍是农民，因而在许多知识分子看来，农民没能获得解放，也就等于全体国民没能获得解放，农民的苦痛，就是全体国民的苦痛，农民的愚暗，就是全体国民的愚暗，农民生活的困苦，也就是全体国民生活的困苦。正如陶行知在报告晓庄乡师教育概况时所说的："中国现在还是农业国，住在乡间的人民约占百分之八十五，估计有三万万四千万之谱。如何运用教育的力量，引导这许多民众在农业上安根，从工业上出头，确是建设中华民国的一个大问题。本社看准了这个问题之重要，故忍痛把事业范围缩小，集精力以谋乡村教育之改造。"① 这短短一段开场白中"忍痛"二字十分传神，值得留意。"忍痛"者，意指心中明白乡村地区的教育工作，只是运用教育力量为民众安根出头的宏大事业之一小部分，而无力同时完成具有三万万四千万之谱的占农业国百分之八十五的乡间人民的引导工作，非不为也，实不能也，彼时知识分子专注于乡村场域的心路历程，跃然纸上，就是晏阳初本人，也是在回国以后从事提倡识字运动的经验中得出从乡村入手的结论的："在工作经验中相信中国大部分的文盲，不在都市而在农村，中国是以农立国，中国大多数的人民是农民，农村是中国百分之八十五以上人民的着落地，要想普及中国平民教育，应当到农村里去。"②

20世纪二三十年代的乡村教育，无论是生活教育派、平民教育派、职业教育派，还是乡村建设派，其工作或多或少都包含着对乡村展开思想启蒙的味道，而他们主持下的乡村教育实验所获得的理论和实践成果，有许多属于对本土化乡村教育道路的现实探索，也须配合"乡村"场域才能适用。诚如黄炎培所论："乡村教育的办法，吾以为最合理论，最切事实的，无过于上面说过的就农村划定范围，来办教育和其他改进农村的事业。因为教育意义的重大，不单以受教育的人们为对象，还该以社会做对

---

① 中华教育改进社主任干事陶知行报告晓庄乡师教育概况 [G] //中国第二历史档案馆. 中华民国史档案资料汇编第五辑　第一编　教育（一）. 南京：江苏古籍出版社，1994：478.

② 晏阳初. 中华平民教育促进会定县工作大概 [M] //章元善，许仕廉. 乡村建设实验：第一集. 上海：中华书局，1934：54.

象。社会是整个的。向社会一部分的儿童，青年和其他人们做功夫，同时还需向整个的社会做功夫。整个的社会改进，一部分儿童，青年和其他人们也改进。"①

空间场域的相对确定性决定着民国乡村教育开展的方式方法也要是"乡村"式的，要将教育理念灌注于乡村社会原有的架构之中，根据乡村本来的生活方式加以因势利导，尽可能运用原有的力量，把"新东西"融入"旧生活"。解决中国问题，适用于平民，利用可以运用的一切资源，也是陶行知推行乡村教育事业的基本宗旨，贯穿于他主持晓庄乡村师范教育的整个过程之中，乡村中心小学既被他作为乡村师范的中心，又被他看作改造乡村社会的中心："集合师范部、好村民、小学生合力作战"；利用农暇，建立农暇妇女工学处，提供农家妇女做缝纫、烹饪的工作机会，发给工资，从而为饱受经济压迫、因必须做工度日而不能受教育的农村妇女提供受教育的机会；由学生与农家合办间邻村自治，由社会组指导，确立学生农友改造农村的基本集团；注重集文字训练、日常生活、公民训练于一体的民众学校；根据乡村作息设置中心茶园。

另一方面，又用晓庄剧社、晓庄医院处理农民身心健康的问题；与农民组织联村自卫团、晓庄联村戒烟委员会、晓庄联村救火会，兴利去害，维护乡村安全；联合政府与农民的力量成立晓庄联村修路委员会；联合高等学校如中央大学农学院及金陵大学农林科等进行农事推广，建立农艺馆，向附近农村推广优良种子，试用新式农具，试验种植新方法，改进农业生产；建立乡村图书馆、合作社、乡村教育同志会、乡村教育研究所，"从做上教，从做上研究，就从做上求各方面的进步"②，都是以乡村场域为空间背景，遵循乡村地区已有生产生活方式，研究、选择、设计合适的途径及方法展开行动，以求达成教育目标。

民国时期的乡村教育在广大乡村地区的推广，是在当时国内满布的"平民教育的空气"之下，以点带面，从试点开始，继之以各地成立机构，兴办学校，进而形成乡村教育事业风生水起的整体局面。《中华平民教育促进会平民教育运动史略》中记载了晏阳初 1925 年感触于国内平民教育空气之风行与实际操作距离甚远，所谓"一般人的鼓吹过甚，名不符实"，

---

① 黄炎培. 怎样办职业教育？敬告创办和改办职业教育机关者 [J]. 教育与职业，1931 (127)：525-533.

② 中华教育改进社主任干事陶知行报告晓庄乡师教育概况 [G] //中国第二历史档案馆. 中华民国史档案资料汇编第五辑　第一编　教育（一）. 南京：江苏古籍出版社，1994：483.

于是注重学术研究和实地试验工作，在北平积极活动，此时的工作基本着重于城市的平民教育，直至 1926 年冬，鉴于中国社会的基础是建设在乡村上面，所以将工作重心转移到乡村，选定了定县的翟城村为平民教育会的华北实验区。

毕竟中国的乡村地区范围广大，各地乡村情形也有差异。所以，为实现在全国范围内普及乡村平民教育的目标，晏阳初牵头的平教总会设计了具体提倡和推行的策略步骤：一是把全国分为华北、华南、华中、华东、华西、东北、西北七大区；二是明确把提倡工作分为两种类型，"一是普遍的提倡，协助各乡村自动地推行平民教育，随时在平教学术上做指导和训练的工作；一是彻底的提倡，在一区内选择一个中心的地方，由总会负责直接实施平教，以做一区推行平教的范围"①。在这一过程中，各省各地的政府部门和教育行政长官的提倡也发挥了重要的作用。

针对几近崩溃的乡村社会展开工作，成为尝试影响中国命运之各方力量的共同选择，广大乡村地区也因而成为风云汇聚之地。作为当时规模最大、参与者最多、持续时间最长、实际影响最为深远的平民教育思潮在乡村地区的拓展与延续，民国时期发生在乡村场域的诸多"教育活动"，也便作为民国时期的重头戏之一，为大批知识精英和教育团体逞才施能、粉墨登场提供了发挥的平台。

20 世纪二三十年代，广大的乡村成为各种教育思想的试验场：来自美国的进步主义实用主义思想、法国的启蒙主义思想、丹麦的庶民教育思想，以及后来的主张人人平等的和睦新村主义思想等等，都在民国乡村地区找到了扎根的土壤，正所谓"没有任何外国能够独霸中华大国。真正的问题是，什么样的外来人能更好地帮助解决中国的问题"②。虽然同样属于围绕乡村展开的工作，然而"把扫盲运动普及到普通人中去，并把他们逐步提高到现代化的高级社会中"，乃至教育运动化，进而使"农民运动"成为整个国家政治生活的几乎全部的主题，却非作为首倡者而逐渐淡出的新文化社团所能掌控，也就"只好留待年轻的中国共产党去完成了"③。

①　中华平民教育促进会平民教育运动史略［G］//中国第二历史档案馆.中华民国史档案资料汇编　第五辑　第一编　教育（一）.南京：江苏古籍出版社，1994：764.

②　费正清.伟大的中国革命：1800—1985 年［M］.刘尊棋，译.北京：世界知识出版社，2000：244.

③　费正清.伟大的中国革命：1800—1985 年［M］.刘尊棋，译.北京：世界知识出版社，2000：231-232.

二、主体特征——知识精英

贤人政治是中国政治传统，举贤任能历来是政治制度中的重要环节，我国上古便有"以射选诸侯、卿、大夫、士"[①]的传统，历史上无论是基于门第血统的察举还是基于学识考试的科举等等，其实质都是选拔社会精英，只是在取舍的判定标准上有所不同而已，而人才认定标准也往往体现着时代专属的鲜明特征。民国时期知识精英的判定标准，则在于是否具有双重文化背景，实践中体现为对于"留洋"经历近乎偏执的重视——即所谓"洋化"，就成了知识精英与普通"曾受教育的智识份子"的区别。留学海外的知识分子一旦回国，多半立刻担负起他们在外学习的那些专业领域中的领导职务，就形成了一个新的、洋化的知识阶层。

费正清对这一洋化的知识精英阶层的特点做过精辟的描述：

这些在外国学习回来的留学生通常已争得了学术地位，而且他们出身的家庭多半是搞学问的，很少是土生土长的农民出身。他们年轻、有才能，早年学过中国经典，然后在外国学习了 4 年至 10 年，基本上掌握了外国语和现代学识。在两种文化环境中艰苦学习 20 年左右，使他们真正成为具有双重文化的一代人，比过去的乃至今后的任何一代人都能填补相当深的文化鸿沟。回国以后，他们在服装、谈吐以及学术资格上都明显地出类拔萃。在他们的头脑中充满了强烈的、基于新的世界观的爱国主义。这种世界观就是：在西方科学和知识普及全球之际，唯独中国处于落后境地。除了极少数汉学家之外，他们是仅有的一些能够把中国和外在世界在知识上汇合起来的人。[②]

大致而言，赴法国和德国留学归来的，常常变成了革命者，特别是在第一次世界大战以后，他们的兴趣和活动都是高度政治化；从英美回国的学生则以倾向于科学和人文教育方面为多，但他们的头脑中都充满着"基于新的世界观的"强烈的爱国主义，也正是基于这种世界观和使命感，民国乡村教育从起步开始的全部阶段，无时无处不见此等"知识精英"们的影响痕迹。与此相对，作为乡村生活主体的"农民"在乡村教育体系之中则是不折不扣的"教育对象"，处于被动地位，缺乏主动权和引导权。而

① 陈澔注. 礼记 [M]. 上海：上海古籍出版社，2016：687.
② 费正清. 伟大的中国革命：1800—1985 年 [M]. 刘尊棋，译. 北京：世界知识出版社，2000：226.

以知识分子为主体的民间团体，成了民国乡村教育的主要发起者和推动者——就连主张"乡村自觉"的梁漱溟，在组织建设乡村学校时，为便于招生，校董与校长可以选择"在乡间比较是有信用有力量的人"，但"教员"方面，知识精英就责无旁贷，只能"就是我们做乡村运动的人来充当"。更为重要的是，知识精英所主持的乡村教育活动，无论是理论体系还是实践风格，都被打上了知识精英个人的鲜明烙印，这足以进一步说明知识精英在民国乡村教育体系中的主体地位。

以陶行知和梁漱溟为例，二人同样注意于乡村教育，同样作为乡村运动的领袖，但我们能够感知到二者风格的显著差异。舒新城对此曾做以分析："陶氏以教育为基点，故首先注重于乡村学校之改革，逐渐及于乡农乡政；梁氏则以解决中国问题为研究的对象，于发现乡村问题之重要后而注意于乡农教育。在陶氏理论上，改造乡村学校是方法，改造乡村生活是目的。在梁氏则办乡农学校、改进乡村，均是解决中国整个问题之手段。"① 陈青之就此补充道："且不仅出发点不同，两人的精神与态度也不一致。陶氏是注重科学的，其所创作多带西方的色彩；梁氏是研究哲学的，其所表现多含东方的精神。"②

关于二者是否代表了中国乡村教育运动理论和方式的两个系统——前者以改造乡村生活为目的，后者以建设乡村社会为目的，是需要专门讨论的问题，但二者之间的区别是明显的。推其缘由，总其事者的个人风格对乡村教育实践的特点的确影响很大，虽然这未必符合人民群众是历史创造者的英雄史观，但案诸史料，知识精英在乡村教育活动中的主体地位导致其个人风格对乡村教育理论与实践活动产生强烈的影响，的确称得上民国乡村教育的重要特征之一。这也决定了民国乡村教育强烈的"启蒙主义"风格，心态上表现为面对中国乡村社会和乡村生活方式时的某种微妙的"优越感"——这种优越心理无疑源于对近代以来处于强势的西方知识体系深刻的文化认知，实际上无论原本出身城市还是乡村，民国时期的知识精英们在从事乡村教育工作之前，早已完成了对于自身"乡村身份"的彻底剥离，即在其形成双重文化背景的过程之中，潜意识里便再也没有将自己看作"落后"乡村的一部分，而是来自"先进"的他者。

这种身份认同上的对立使知识精英主导的乡村教育活动，很难采用设

① 舒新城. 最近中国教育思想的转变 [J]. 新中华，1933 (01)：97-109.
② 陈青之. 中国教育史 [M]. 北京：东方出版社，2008：644.

身处地的文化立场及思维方式，"理解的同情"成为难能，反而容易时时处处体现出一种近乎睥睨的文化强势，这中间的尺度颇难拿捏，陶行知就此问题谈过几点心得：

（一）民众运动，要以对于民众有切身的问题为中心。……（三）不要以为老太婆、小孩不可培养，只要有法子，只要能从他们迫切的问题着手。……（五）阿斗离了诸葛亮是不行的，和平门吃水问题，倘无相当指导，可以再过四五千年也不会解决。（六）做民众运动是要陪着民众干，不要替民众干。训政工作要想训练中华国民，非此不可。[①]

陶行知首先肯定知识精英可以也应当运用先进知识解决农民解决不了的问题，这些问题必须是"真问题"，也即"对于民众有切身关系"的"迫切"问题，不能是生硬制造或者想当然的假问题，同时点出知识精英与民众的关系问题，是"陪伴"的战友，而不是"包办代替"的家长，更不能代替民众决定他们是否具有受教育的资格。然而，正如陶行知本人所说，这些只是他总结实际工作时的若干"感触"，尚未能就此进行深入的前提性批判。

实际上，民国时期知识精英们从海外带回来的许多先进知识与本土现状难以协调，出现了很多令人尴尬的状况。如陈鹤琴在他的《心理及教育儿童之方法》一文中介绍的儿童好动心、模仿心、好奇心、游戏心四种基本心理，无疑是当时最为前沿的发展心理学成果，但他随即在文中不免遗憾地写道："吾国普通社会对于游戏不加注意，甚有以为学校不宜让儿童游戏的……普通人常以游戏为顽皮。乡村学校有志的教师就是要引进游戏一门亦觉得困难万分，因许多父母竟反对儿童在校游戏；以为他们送子弟是为读书不是学顽皮的。"[②]

正如培根所说"知识即权力"，这也就难怪保有启蒙主义思维方式者往往居高临下——民国时期的知识精英们在谈及教育事业时，这种倾向尤其明显，晏阳初在《平民教育概论》中开宗明义："人的人格本来平等，原无上下高低之分；因为社会制度不良，一部分的人得有受教育的机会，一部分的人没有受教育的机会，于是各人的学问、德行显出不同，而人格

① 陶行知. 生活即教育［M］//华中师范学院教育科学研究所. 陶行知全集：第2卷. 长沙：湖南教育出版社，1985：186-187.
② 陈鹤琴. 儿童心理及教育儿童之方法［J］. 新教育，1911，03（02）：135-145.

的上下高低亦即由是而判别。"① 虽则晏阳初指出"社会制度不良"的归因，然而，又不自觉地以所受教育水准作为人格上下高低的判别标准，与其所批判的普通民众对于"以慈悲为怀"作为教育动机的"贫民教育"误解，本质上并无区别，无非以知识为米为粥②。这种基本心态又导致了两种自我定位：或以医生自居，胸怀所谓疗救的主意；或如藏家品鉴，以己见定古玩之高低。前者中之影响最大者，莫过于晏阳初为农村问题做出"愚贫弱私"的基本诊断，并由此开列的"文艺、生计、卫生、公民"的教育药方；后者之最典型者，莫如梁漱溟对于乡村学校中划分部班的主张。

晏阳初在城市推行平民教育之时，"治愈"数字已很可观，"于二三年之中，医治了将近十万的文盲，这也算是中国教育事业自古未有的盛举了"③。而其"除文盲，做新民"的行动转向乡村之后，经过他和几个留学回国的专家组成的研究团队，基于定县的调查研究结果，得出结论，认定了四种基本问题，又提炼出非常简单的四个字，概括了所谓"千头万绪"的农村问题：愚贫弱私。中华平民教育促进会总会专门成立的社会调查部，"调查处经常配有一二十名工作人员，还吸收来自平津各地参加平教实验的大学师生以及当地中小学毕业生上百人。……用两年多时间对定县472个村庄的经济、教育、民俗、娱乐、卫生以及农户的土地、职业、人口、生活状况等等进行了全面系统的调查，整理出上百万字的调查资料"④。晏阳初团队总结出了这四个缺点，并且为根本解决问题，提出了四种教育：文艺教育、生计教育、卫生教育、公民教育。

梁漱溟在邹平等20余县所举办的乡农学校都有高级部，是为培养"一二或二三较有头脑的干部人才"而设的。此种人选的预备，大概要从在乡间曾受过几年教育的青年当中选拔。在课程方面，高级部的功课着重史地与农村问题："史地是让他们明白历史的变迁，而有自己所处时代地位的自觉。农村问题是让他们从眼前身受种种问题，往深处认识之、了解

---

① 晏阳初. 平民教育概论 [M]. 上海：商务印书馆，1928：13.

② "以前有许多人误解平民教育为贫民教育。办理这种教育的动机，也就是以慈善为怀；平民学校招收的学生，十之八九都是贫民。其实平民教育何曾是施米施粥的教育。"见：晏阳初. 平民教育概论 [M]. 上海：商务印书馆，1928：97-109.

③ 中华平民教育促进会平民教育运动史略 [G] //中国第二历史档案馆. 中华民国史档案资料汇编　第五辑　第一编　教育（一）. 南京：江苏古籍出版社，1994：763.

④ 河北省教育科学研究所，河北省教育学会晏阳初教育思想研究课题组. 晏阳初定县平民教育实验简析 [C] //宋恩荣. 教育与社会发展：晏阳初思想国际学术研讨会论文集. 长沙：湖南教育出版社，1991：47.

之。非明白历史的变迁，必不会应付现在的环境而创造未来的前途。非从深处认识问题，就不知道问题的来历，得不到解决问题的方法。然而，这两件事皆非一般粗笨的农民所能谈到的。"①

梁漱溟认同乡村教育是以整个社会的全民为对象，承认"多数民众"在所有社会组织中都是不可缺少的，并声称从作为乡村主体组成的成年农民上下功夫，并为此倡导通过在乡校中分设许多部或班帮助完成推进社会的工作，如就年龄的分别可以设儿童部、少年部等，就性别可以设妇女部。这都是具备现代眼光的通达见解。但是，在培养储备干部的问题上，高级部便将所谓"一般粗笨的农民"排除在外，客观上是根据求学程度的不同而分设——"要以受过四五年以上教育的青年为学生"，理由是史地和农村问题的课程须施之于具有一定文化程度的人，才能发生教育效果，达成培养目标，所谓"这两件事皆非一般粗笨的农民所能谈到的"。所以，高级部的设立必须在较大范围的乡村社会，如一区或十几个乡村，才能得以网罗这样在小范围乡村社会中不易多得的学生。

梁漱溟的这种结论应该是得之于现实经验，"我们只能够领导曾经受过教育的乡村青年向此目标去求了解"，但是将乡村事业干部人才培养和选拔仅仅锁定在少数"受过教育的乡村青年"范围之内，实际上否定了乡村成年人参与改进乡村社会的权利，直接将他们排除在外，剥夺了他们的发展机会。这种划分的实质，便正如前文陶行知所形容的"以为老太婆、小孩不可培养"，系由掌握话语权和社会资源的知识精英代替农民行使了决策权。

民国乡村教育这一自20世纪20年代初开始就获得以知识界为代表的国人重点关注，甚至已经从一种思想进化为一种思潮，被知识界不断倡导并形成强大社会舆论的社会运动，直至南京国民政府成立，能以其由相对稳定的政权带来的政府权威介入乡村教育活动而成为基础推动力量的时候，才在实际上对整个民国乡村产生足够的影响力。这主要由于知识界掌握的社会资源有限，受教育救国思潮和教育独立思潮的影响，在乡村教育运动初期，夸大教育的功能、反感政府之腐败，相当数量的学术及教育团体不屑与政府合作，设计实施的乡村教育实验都有意规避政府的辖制，企图自行发展进步。

---

① 梁漱溟. 乡农学校的办法及其意义［M］//梁漱溟教育论文集：2版. 上海：开明书店，1946：143.

但事实证明，没有政府的合作，仅凭教育和学术团体的力量推动乡村教育的发展，近于徒劳。知识精英往往必须依托政治力量开展教育实验，晏阳初发起平民教育运动最初系与北洋政府总理熊希龄的夫人朱其慧联手；梁漱溟有时任省政府主席韩复榘的支持才得以在山东、河南从事乡村建设运动；王拱璧在西华创办"新村教育"、陶行知在南京创办晓庄师范学校，均有冯玉祥做后盾；雷沛鸿在广西进行的国民基础教育运动，也得到了桂系李宗仁、白崇禧等的长期支持等等。

显然，以学术眼光去思考建设乡村的问题，设计发展乡村的方案，可以由下而上；但借由政治眼光去建设乡村，设计方案，却少不了由上而下的力量。因此，两者必须整合起来才能取得成效。即便如定县那般经费来源比较充足独立的乡教实验区，晏阳初在总结经验时也要强调"亦非利用政府机构不可"①；梁漱溟所主持的山东乡村建设研究院所设立的邹平实验区经费，更是主要来自山东省政府。傅葆琛曾满怀理想地总结乡村建设的合作经验，甚至将知识精英的影响力放在首位："有成绩的几处乡建事业，都是人民与专家携手，从最下层做起，再借重一点政治力量。在这三位一体的形态下，如一个三足之鼎，互相依赖着，共同撑持着，然后乡建事业才有成功的希望。"②"我觉得乡建的成功必须具有三种力量：学术力量、政治力量、社会力量。没有学术力量，乡建不能发动，不能进行；没有政治力量，乡建不能普遍，不能彻底；没有社会力量，乡建不能巩固，不能持久。学术力量由专家负责，政治力量由政府负责，社会力量由人民负责"③。

知识精英在特定政治条件下，借政府层面和其他社会力量的助推，促成乡村教育在20世纪30年代中期的繁荣，直至抗战爆发之前，达至民国时期的顶峰，也是民国乡村教育的又一特征。

三、目的特征——着眼社会

教育的基本问题不外乎两端：一是教育与个人身心发展，一是教育与社会的发展。清末以至民国，个人的身心发展让位于社会发展，"救亡图存"曾是推进教育发展的基本主题，换言之，各级各类教育对于受教育者个人素质的重视，是为"强大国家""改造社会"等终极目标服务的。余家菊在《乡村教育的实际问题》一文中论证乡村教育的重要性，就体现了

① 宋恩荣.晏阳初全集：第1卷［M］.长沙：湖南教育出版社，1989：391.
② 傅葆琛.乡建运动总检讨（续完）［J］.华西乡建，1947（04-05）：12-14.
③ 陈侠，傅启群.傅葆琛教育论著选［M］.北京：人民教育出版社，1994：406.

这样的逻辑："共和国主权在全体人民，所以全体人民都当受教育，国势才可以蒸蒸日上。都市教育固然要紧，然而中国大多数的人民都在乡村，如果不注重乡村教育，大多数的人民就没有受教育的机会。主权既在全体人民，教育又是立国根本，大多数的人民怎么可以不受教育呢？所以乡村教育是一个重要的问题，并且较城市教育尤为重要。"①

同时，社会是个整体，教育与其他社会条件之间，教育体制内各个部分之间，互相联络、互相影响，都存在协调统筹发展的问题。舒新城 1930年 12 月 5 日在中央大学教育院的演讲，突出表现了这种教育哲学观念：

教育乃是一种应用科学，而非纯粹科学，他虽也能改造社会，但最大的功能，却在适应社会。说明白些，就是他虽有些力量，但不是无限的，所以他主要的功能，是在于适应社会之中改造社会。……社会进步有两个方法：一个是演化（Evolution），一个是革命（Revolution）。其实教育则仅有演化的力量，而无所谓革命；教育可以改造社会，但要跟着政治经济走，不能把社会整个推翻。一方面对于旧社会要继续着去适应，一方面跟着政治经济建立新社会的理想。……所以社会理想的造成，不是只赖教育的，主要的还是政治、经济、社会各方面来决定，所以教育的理想，教育的方法，须与社会相呼应，然后才能适应社会改造社会，而无各不相谋之弊。②

这种教育哲学理念在民国时期从事乡村教育人士当中认同度很高，基本形成了共识。如黄炎培所说："国家政治清明，社会组织完备，经济制度稳固，犹之人身元气浑然，脉络贯通，百体从令，什么事业会好，反是什么事业都不会好。"③ 晏阳初在报告定县乡村办平民教育的经验时谈及这个问题，他指出，不能仅仅教农民认识文字，取得求知识的工具，认为这些对于农民没有直接的效用，在乡村办教育，关键还在要使农民"有用这套工具的机会"，所以"从那时候起，我们更进一步觉悟，在乡村办教育若不去干建设工作，是没有用的"，在高度认可农村办教育重要性的前提之下，要同时谋划破产农村的整个的建设，因为"不谋建设的教育，是会落空的，是无补于目前中国农村社会的"④。

---

① 余家菊. 乡村教育的实际问题 [J]. 少年中国，1922，3（06）：30-34.
② 舒新城. 我与教育 [J]. 中华教育界，1931，19（02）：43-52.
③ 黄炎培. 提出大职业教育主义征求同志意见 [J]. 教育与职业，1926（71）：1-4.
④ 晏阳初. 中华平民教育促进会定县工作大概 [M] // 宋恩荣. 晏阳初文集. 北京：教育科学出版社，1989：53.

作为当时整个国家教育体系的有机组成部分，民国乡村教育恰如上文演讲中所提到的，是须跟着"政治经济"走的，受制于整个教育体制的更新乃至整个社会的进步的，而其作为一方面能够"继续去适应"旧社会，一方面"建立新社会理想"教育活动的特点，在全国"经济枯竭、农村破产、农民占全国人口百分之八十、国家经济仍以农业为基本"的背景之下，竟然成了"复兴民族"的唯一途径。复兴民族的迫切要求促成了乡村教育运动的高潮，也使乡村教育与生产教育、职业教育、民众教育乃至高等教育、留学教育、义务教育等，共同跻身民国教育概念序列之中，成为须用黄炎培所谓"大职业观"予以整体性关注的国民教育体系的要件之一。

尽管民国时期的乡村教育尚无成熟稳定的实践模式，但流行于各地的属于实验性质的多元乡村教育活动，都在教育目的上共同体现出明显的对于社会进步的追求偏好，却是民国乡村教育的重要特征。凡中华职业教育社、中华教育平民促进会等以知识精英为核心的社会团体，如属于政府主导的山东乡村建设研究院、黄炎培的江苏昆山徐公桥实验区、晏阳初的河北定县实验区、梁漱溟的山东邹平实验区、陶行知所领导的晓庄学校和山海工学团、江苏省立教育学院创办的无锡民众教育实验区等等，大都如此，概莫能外。各个实验区开展乡村教育试验活动秉持着各自的理论主张，因而所采用的路径和方法也不尽相同，但不可忽视的一点是，这些实验区都并非将从事教育活动作为最初及最终之纯粹目的，而是将乡村教育置于乡村改良运动的宏大背景之中，把乡村教育与乡村建设结合起来。

例如，黄炎培的"大职业教育"思想，就指导着中华职业教育社的教育实验，采取"富教合一"的方针，突破乡村教育试验中"以职业教育为限"的桎梏，将职业教育与乡村社会改革相结合，统筹规划，探求整体解决乡村问题的途径。陶行知主张"过什么生活，便是受什么教育……我们要想受什么教育，便须过什么生活"[①]，故此他主持的乡村教育实验便是以其生活教育理论为基础，主张教育、学校、书本要以生活为中心，从而把建设适合乡村实际生活的活教育作为中国乡村教育的出路。主张平民教育思想的晏阳初，在具体操作层面特别重视社会调查，他在调查的基础上总结中国乡村的基本问题，并提出了具有针对性的四大教育，作为他改造乡村实验的路径，尝试解决乡村问题。深受儒家思想影响的梁漱溟，活用文

---

① 华中师范学院教育科学研究所. 陶行知全集：第 2 卷［M］. 长沙：湖南教育出版社，1985：634.

化改造理念的解释力,致力于探索和把握乡村社会问题的文化归因,进而主张通过乡农学校的组织形式,组织乡村社会开展自救。

然而,直至 20 世纪 30 年代,诸多彼此之间相互借鉴、各有特点的乡村教育活动,却能够依靠着"改进社会"这样的教育目的,形成了对教育制度的强力凝聚,展现出了现代乡村教育实践的活力与生机。如最早回国的留学人员致力于解决各种学术术语问题,对现代学术中的经济、社会、个人主义乃至权利、文艺、卫生等名词,都提供了适当译名,为现代思想观念在乡村的流传和普及做出了贡献;自然科学包括生理学、心理学等知识经过原来在国外受训练的专家之手,引进中国的乡村社会改进之中;人文社会科学中如人类学和社会学等学科在中国的引介与发展,为了解和认识乡村提供了极大助力;许多技术学校在乡村生产和农林技术等方面有所贡献;有了像商务印书馆那样为初等和其他各级教育广泛供应教科书的出版社;连同教会学校对妇女教育的推动,对于使乡村中类似缠足这样的陋习绝迹也发挥了很大的作用。不仅是教育界,社会各界力量也纷纷投入乡村领域。如金融界银行热心投资乡村,出贷农民;农技机关乐于将改良农业的方法在农村推广;卫生部门对于乡村公共卫生加以谋划;地方政府积极救济,国际力量给予援助等等。

这样的外部条件与社会基础,使乡村社会的改进需求显得更为迫切,直令梁漱溟这样的乡村教育活动领袖发出"乡村必须自救,而后人能去救他"的感慨。乡村必须通过教育改造,首先完成自我组织,达成"自救",才能做好接受他人帮助的准备,可得到许多好处,假如乡村无自觉,无组织,便"两边不得接头",外界力量欲求帮助也无从着手,能够发挥的助力也就微乎其微。也就是说,乡村必须以自救为本,进而高倡"推进社会,组织乡村"的口号。特别是梁漱溟认为社会的改良不能依靠乡农学校零碎单一的设置,而是要彼此之间产生联动效应,这种联动需要"一个大的团体或机关来指导提携",进行有组织的协调与统筹,把乡村教育中具体活动的个人行为整合进入整体的乡村社会建设事业当中。

民国时期的乡村教育以"社会进步"为终极目标,以充满活力的实践形式追求改进社会的教育功能,更值得注意的是,能够以此教育目的使整个民国时期各级各类教育机构与各方社会力量得到整合凝聚,共同关注乡村命运、贡献教育事业,并取得了一定的成就,是其发挥教育功能的重要特征。

[原文刊载于《四川师范大学学报(社会科学版)》2019 年第 3 期 (曲铁华)]

2　近代中国乡村教育实验理论标本价值探析

一、什么是农村教育

什么是农村教育？这是农村教育研究中最基础的问题，是开展农村教育研究和进行农村教育实践的逻辑起点。或许，在农村教育研究已经进行得如火如荼、农村教育正在有序进行的当下提出这样的问题显得过于落后与保守。但是，为了避免诗人纪伯伦所描述的"我们走得太远，以至于忘了为什么而出发"这样一种社会人行为窠臼，有必要在理论研究中做一些停留性的反思。在学界目前的研究中，关于"什么是农村教育"众说纷纭，研究者们从教育地域、教育对象、教育内容、教育目标等等各方面进行界定，力图给出全面而有说服力的定义。统观各种观点，有两点关键性的共识。

首先，从国际视角看，农村教育是发展中国家所特有的；其次，我国的农村教育问题是在城乡二元结构下发生、发展的。基于此，可以做这样的推论，"农村教育"是作为"城市教育"的比照出现的。在传统的教育学语境中，"农村教育"提法之外大多就是"教育"了，与"农村教育"的频繁出现相异，很少有"城市教育"的提法。这不是因为"城市教育"没有问题，而是因为在现代化进程中的集体潜意识里，"城市教育"和"教育"基本是等同的，"城市"无意中被隐去了。

所以，在学界热烈研究"农村教育"的背后有着这样的隐蔽导向：一是以城市教育作为标准之一来衡量、观照农村教育，从而对比出农村教育在经费、师资、校舍、仪器等等方面的匮乏，于是呼吁政府的投入、师资的培养等等；二是以城市教育为目标来规划农村教育，因此凸现出农村教育的贫穷、落后、困顿和迟滞，便急欲努力摆脱、逃离这种难堪的"农"性"村"质，这样一方面出现了基础教育之绝对应试倾向这样一个无可厚非且理直气壮的培养目标，以及由此衍生出的"离农""为农"之争，另一方面，农村教育中基础教育之外的成人教育，陷入或无人问津，或徒有虚名的惨淡境地。"农村教育"被身不由己地裹挟进以现代化为口号而实质为城市化的浪潮之中,"什么是农村教育"已经迷失了方向。

由于所处历史时期的特别,以及各主持者本身对西方现代教育理念的熟稔和对中国传统教育及文化的饱学,近代中国的乡村教育实验在当时就类似今天风靡的后现代理论一样,彻底颠覆了中国传承了千年的传统教育,但也没有接受当时以西方现代教育为摹本而构建的城市中的那套教育机制,实施的农村教育与城市大相径庭,同时绝对不落后于城市教育。无论是昆山徐公桥实验区,还是河北定县实验区,抑或是山东邹平实验区,各个实验区都根据农村的特点、农民的特质和时代的需要,按其远近相协的实验意图构建了史曾未见的乡村教育模式。

近代中国的乡村教育实验改变了传统"重仕而轻农工商""重道轻艺"的教育观,在中国历史上第一次将农村中所有的男女老幼作为教育对象,按其不同的年龄、性别、文化水平和由其社会角色、家庭角色等所决定的不同需要,进行"道艺皆重"的教育,让每一位乡民都享有受教育的权利,都享受到教育带来的实惠。在教育实验的推广上,结合乡村生活以经济为基础、农民最重实惠的特点,以利益为杠杆,驱动农民的主动性和积极性。"吾们认为'利之所在,民尽趋之'。只需把有利的事实,给人家看,不怕人家不照办。……做一次两次,大家便哄起来了。"①

在实验目的上,不是单纯为教育而教育,而是重视农村富、教、政三方面的改进和提升。每一个实验区都重视提高全体农民的文化水平,对儿童实行义务教育,对成人进行扫盲教育。在对农民进行扫盲教育让其掌握了求知工具的基础上,重视提高农民的经济收入,纷纷从改进农具、改良物种、普及生产知识入手提高农业生产的效率。山东邹平实验区还组织农民成立林业及蚕丝合作社和运销合作社,千方百计使农民致富,都重视更新农民的思想观念,昆山徐公桥实验区组织村民成立自治机构,河北定县实验区对农民进行"公民教育",山东邹平实验区将"精神陶冶"作为教育村民的恒常类课程之一,以此增进其民族意识和国家观念,做现代的"新民"。

在具体的教育形式上,各个实验区都改变了传统的"学校即教育"的片面的教育观,不仅重视学校式教育的系统性、高效性,还根据农村生产的时序特点和当时农民思想观念等方面的因素,重视发挥社会式教育和家

---

① 田正平,李笑贤.黄炎培教育论著选 [M].北京:人民教育出版社,1993:279.

庭式教育的优长。晏阳初在定县实验区提出了中国近现代教育史上闻名遐迩的"三大教育四大方式"，其中家庭式教育在妇女教育的工作上成绩显著，"感化了她们的花岗岩头脑"，收到了"妇女解放的敏速"和"造成新习惯的容易"双重功效①。教育方式上注意运用群众喜闻乐见的方式，如戏剧、话剧、秧歌，以及各种有声有色的活动。

近代中国各乡村教育实验植根于农村，从农村的生活特点、农民的心理特点出发，利用多形式、多层次、多类别的教育，将全体乡民都有效地纳入了教育体系，实施切合农民、农村所需的教育。并且，以"教"为导入且"富"且"政"又"教"，循环往复，良性渐进，从而改善整个农村生活。这种纳全民——尤其是成年农民为教育对象，从"富""政""教"三面入手全面思考、安排农村教育及其地位的思路能够给今天的农村教育理论研究者以灵感。农村教育首先应该是以农村为土壤、为基点的教育，其次应该是符合农民需要的教育，更应该是能够为农村谋得利益的教育。

当然，对于今日的农村教育而言，近代中国乡村教育实验作为一个过往的历史事件，在能够提供有益经验的同时，也具有可以警醒后世的作用。将近代中国的乡村教育实验与现今的农村和农村教育相对照，研究分析，能够为我们更好地化解今天农村教育中的种种矛盾，更好地定义今天的农村教育，赋予其应有的使命提供历史依据。

二、如何对待农村教育与农村文化的关系

"研究一种教育，必须研究产生它的文化基础。"② 现今的农村教育存在诸多问题，目前理论界的解决方案建议大多将重心落在政策支持和资金扶助两方面。诚然，教育作为社会生活中的因素之一，虽有一定的自主性与独特的功能价值，但其存在与发展对政治、经济有着强烈的依附性。所以，将解决农村教育问题的期望寄托于政策和资金是理所当然的抉择，但是，"实践和理论都告诉我们教育与经济、政治的关系绝非一种线形的因果关系，在它们之间存在着一系列的中介因素。而文化就是其中一个重要的'中介'"③。

中国历来以农立国，农耕文明源远流长，而近代以来特殊的历史境遇、新中国成立后的城乡二元结构和改革开放以来急剧的社会变化，使中

---

① 熊明安，周洪宇. 中国近现代教育实验史［M］. 济南：山东教育出版社，2001：461.
② 顾明远. 中国教育的文化基础［M］. 太原：山西教育出版社，2008：13.
③ 鲁洁，吴康宁. 教育社会学：2版［M］. 北京：人民教育出版社，2001：126.

国农村具有了一种集守旧与激进、传统与时尚、朴实与功利等等矛盾特质于一体的尴尬的乡村文化意蕴。这种农村文化是农村教育着生的土壤，是农民"行为模式的基因"。如何立足于农村实际，如何面对农村文化了解"这个基因的作用"，如何"解开文化这个谜"①，是使农村教育健康而富有成效地开展下去必须寻找到的治本之策。

梁漱溟主持的山东邹平乡村建设实验在近代中国的乡村教育实验运动中独树一帜。他充分考察了中国社会的特点，总结出中国问题的根本所在是"文化失调"。中国文化的根在乡村，所以，改变中国贫弱的现状，必须从农村开始，恢复或重建因"西洋文化的侵入"而失调的中国文化。为了达到这个目的，他请出了几千年前的"乡约"制度，以其为指导办了集教育、政治、经济、自卫于一体的乡农学校，将所有农民纳于其中进行教育，尤其重视精神陶冶。暂且不评说梁先生文化建设理论的激进、保守还是偏颇，邹平的这一举措不能不刺激我们在城镇化进程的速率逐渐加快的今天去思考、推究农村教育与农村文化的关系。

何谓文化？学界诠释颇多。其最广泛的含义，是指一种生活方式、生活样态；狭义的文化则"专注于精神创造活动及其结果"，"狭义文化在逻辑上从属于广义文化"。② 在关于农村教育的讨论语境中，农村文化作为其着生的土壤，采用广义上的解释更为确切，可被理解为农村的生活样态。在具体内容上，主要表现为当地的风俗、信仰、道德习惯、娱乐活动、话语方式，等等。同时，"文化"和"文明"相异，不同的文化只有类别之分，而没有差距之说，"它指的是任何社会的整体生活方式，而不单单是指那些被社会认为是比较高级或更有价值的生活方式"③。在我国整个文化系统中，农村文化具有根源性的价值地位，应该得以传承、发展。

伴随着改革开放，西方文化、东亚其他民族的文化等等非中华文化越来越多地涌进国门，并且声势浩大。由于其影响，以及我们自身"应激策略"的暂时缺失和种种历史因素的作用，我国的本土文化受到了冲击和波荡。可以说，今天的国人能够比以往任何时候都坦然地接受外来文化，而对本土文化的熟识、认同和忠贞却在日趋衰落。作为我国本土文化中特殊的一部分，农村文化更是因其本身浓厚质朴的乡土气息而被视为"落后"

---

① 鲁洁，吴康宁. 教育社会学：2 版 [M]. 北京：人民教育出版社，2001：126.
② 张岱年，方克立. 中国文化概论 [M]. 北京：北京师范大学出版社，2004：5.
③ 拉尔夫·林顿. 人格的文化背景：文化、社会与个体关系之研究 [M]. 于闽梅，等译. 桂林：广西师范大学出版社，2007：28.

的代名词。如今的现实与费孝通先生在 20 世纪中叶的阐述重合,"在我们社会的急速变迁中,从乡土社会进入现代社会的过程中,我们在乡土社会中所养成的生活方式处处产生了流弊。于是土气成了骂人的词汇,乡也不再是衣锦荣归的去处了"①。

所以,在我国过去几十年的教育实践中,"农村教育"更多的是一个区位概念,即所谓的"农村教育"其实不过是城市教育在农村的进行,办学体制、办学模式、管理方法、教学内容、教学方法及教育过程中的话语方式等等都是用城市的一套,并没有顾及农村文化这个"基因",从而对农村学生而言隐性地造成了教育过程的不公平,进而导致教育结果的不公平。农村文化在农村教育中备受漠视,更难以希冀农村教育对其进行传承和发展。

近代中国乡村教育实验运动中,各实验区的主办者都进行了调查研究,对当地的情况有了深刻的了解,晏阳初所主持的河北定县实验尤其突出。晏阳初重视当地农民的生产生活方式和风俗文化,提出"必须先明了农民生活的一切"。因此,定县实验用了 4 年的时间做社会调查,编辑出版了百万字的《定县社会概况调查》和两册《定县秧歌选》,使平教会对定县的农民生活和农村社会的一般与特殊的事实和问题,有了充分的了解与明确的认识。在晏阳初看来,农民虽然不知当时时髦而先进的科学的名词,虽然未曾受过城市里书本式的教育,"然而对于实际生活的知识与技术,我敢说,值得我们去学"。

因此,他号召平教会成员:"我们欲'化农民',我们须先'农民化',抛下东洋眼镜、西洋眼镜、都市眼镜,换上一副农夫眼镜。"② 教育者只有尊重农民,彻底地与广大农民打成一片,才能深切地了解农村和农民,懂得其所缺和所需,进而才能实实在在进行乡村改造。定县实验区的"四大教育"——文艺教育、生计教育、公民教育、卫生教育基于农村而又高于农村,从利用定县现有的文化资源入手,融入现实所需的进步内容,教育农民,改进农民。如文艺教育在教材的使用上挖掘了当地的文化资源,通过调查编了两册《定县秧歌选》;把当地鼓词删改后编印成平民读物《小姑贤》《苏梅山卖妻》等。在具体的教育形式上充分运用了当地群众所熟悉的喜闻乐见的戏剧形式,组织了 11 个农民剧团,培训演员 180 人,让

---

① 费孝通. 乡土中国　生育制度 [M]. 北京:北京大学出版社,1998:11.

② 晏阳初. 晏阳初全集:第 1 卷 [M]. 长沙:湖南教育出版社,1989:221.

农民自演"自教"。

定县的教育实验充分考虑到了其背景和土壤,融入其中,尊重当地的文化而又不囿于其已有水准。在具体的教育实验措施中,一方面挖掘、保存了当地的文化遗产;另一方面,结合实验目的,在运用当地的文化资源的教育过程中,通过编改汇入时代进步因素使其得以发展提升,流传后世。这有助于我们今天研究和探索在不可回避的城镇化进程中、在社会主义新农村建设过程中如何更好地处理农村教育与农村文化的关系。

三、农村教育由谁负责

"农村教育由谁负责"可以说是农村教育从理论走向实践的过程中关键的一步。当前的农村教育在学龄儿童教育层面由谁负责问题没有任何争议,在"十一五"期间农村义务教育将全部免费。但是,城镇化进程中、社会主义新农村建设中的农村教育不可能再是传统教育学语境中的结构、功能单一的基础教育、学校式教育,而应该是"一种大教育",是"一切可能且应该为农村现代化发展服务的教育"[1]。它的教育对象、教育目的、教育方式等等在新的社会环境下会全民化、多样化、多元化。这样,基础教育之外的成年农民教育就首先面临着由谁来负责的问题。

近代中国的乡村教育实验是在外敌入侵而民族危亡、国家政局动荡的内忧外患时期,主要由民间的教育社团、著名学者和一些名人达士倡导并实施的。在实验初期,除了在资金上得到了政府的一些支持,如山东省政府为邹平实验区拨款,但在具体的实验举措上很少和政府发生直接的联系。从事乡村建设的教育工作者根据自己的教育理想,带着对民族、对国家命运的深切忧患和崇高的使命感与事业心走向农村,布衣草鞋,以教育为主导筚路蓝缕地为改变农民生活、改进农村状况而无私奉献。这种社会责任感和宗教徒式的虔诚态度使他们能够同农民打成一片,排除万难,锲而不舍地想农民所想、急农村之急地去实行科学务实的教育,进行乡村改进和建设实验。

受"教育救国论"思潮的影响,实验者只是"很想用教育的力量提倡一种风气,从事实上去组织乡村,眼前不与政府的法令抵触,末后冀得政府的承认"[2],认为只要对农民实施包括识字教育在内的各种教育,就能解

---

① 张乐天. 重新解读农村教育 [J]. 教育发展研究, 2003 (11): 19-22.

② 梁漱溟. 梁漱溟全集: 第2卷 [M]. 济南: 山东人民出版社, 1990: 393.

决中国农村的基本问题，政府的参与与否无关紧要。但是，实践证明，没有政府的参与，势单力薄的民间力量是很难进行乡村建设工作的。比如，在实验之先，实验区的确定需要地方当局的同意和支持；在实验过程中，调查户口、丈量土地、清理财政、整顿税收等等事项是民间团体力不能及的，必须要政府参与才能展开。以山东邹平实验区为例，它在被确定为县政改革实验区前，乡建事业没有取得实质性的进展。

所以，随着乡村建设实验的进一步开展，一些乡村建设工作者尤其是他们的领袖逐渐认识到："由学术立场去建设农村是由下而上的工作；由政府的立场去建设农村是由上而下的工作。两者必须扣和起来，方可博收成效。"[①] 国民政府也看到了乡村教育实验的社会改造力量，意欲将其收拢在政府旗下。如蒋介石请晏阳初南下介绍定县实验，并派专员去定县考察。于是，以1932年第二次全国内政会议通过各省设立县政建设研究院及实验县的计划为标志，国民政府介入近代中国的乡村教育实验运动。

这一方面减少了乡村建设工作者们的工作阻力，有利于乡建工作的推进；但另一方面，由于主办团体成了当时政权的依附者，给乡建工作带来了极为不利的影响。以定县实验区为例，在定县成为"县政实验县"之前，该实验区社会式教育的主要机关平民学校毕业同学会虽然制定了《禁赌公约》以推行禁赌工作，但很难执行；实验县成立后，警察出动抓赌，赌博之风很快有所平息。但是，实验县的成立使平教会实际上加入了国民政府的政权体系，必须无条件执行国民党及省县政府的任何法令。这必然引起广大贫苦农民的不满，甚至视平教会的人为官方爪牙。这使定县的实验大打折扣。

当前，在教育产业化、教育市场化的提法及其导向下，办学主体也正在向多元化的方向发展。农村学龄人口以外的成人教育不属于义务教育范畴，对其由谁负责问题有很大的讨论空间。有论者从教育公平的视角出发，认为"政府在促进农村成人教育的发展上负有不可推卸的责任，它关系农村成人教育事业的成败，进而影响整个社会的公平和和谐"[②]。完全由政府负责看似理所当然，但农村成人教育需要极大的灵活性和机动性，管理相对僵硬的政府负责可能会带来灵活性不足、适切性不强等弊端，从而影响教育效果。

---

① 中华平民教育促进会.二十五年度平教工作概览 [J].保甲训练，1937，02（03）：30-34.
② 李冬青，陈恩伦.农村成人教育中的政府责任：从教育公平的视角 [J].成人教育，2008（07）：8-9.

还有学者从大学本身所应承担的社会使命考虑，提出"中国农村的发展、中国农民的生存状态理所当然应该成为中国高等教育所关注的内容……在中国全面推进农村现代化进程的今天，高等教育理应负担起农村教育的责任"。① 但中国高等教育中农村教育缺位的时间太长了，长期以来有的仅是部分专门院校或专业的农业教育，而且高等农业教育在高等教育大众化、收费政策、低就业率及低薪就业的现实下也不可避免地日渐萎缩。

同时，城乡二元结构之下，我国的高等院校"远在城市"，城市生活使即便生于农村的高校教师也"远在城市"，多年的学校教育更是让高校中即使是来自农村的学生也远离了农村。所以，有学者剖析："作为乡村教育的'他者'的我们，更多的是以一种俯视的姿态来关注乡村教育。"② 这种关注对农村教育的发展而言有着"输血"的意味。类似于生命体的"排异"反应，农村教育未必能够"消受"这样的"输血"，未必能够得到理想的健康与活力。那么，仿效近代中国的乡村教育实验，将我们今天的农村成人教育交由深入农村的民间团体或个人负责，这样会有更大的灵活性，更能切合农民的心理和需要。

但是，如何激发民间办学的积极性？同时，历史和现实都已证明，如果单纯由民间团体或个人来办理，势必又遇到近代实验区那些教育团体遇到的相似难题。如何解决？这需要政府有关部门在资金、政策、人事等等方面的"有所为"和"有所不为"，需要高校、民间相关团体以及有关企业积极而有效的参与，在此基础上激发、提升、完善当地村民的自我教育能力。

近代的乡村教育实验在"农村教育由谁负责"这个问题上给了研究者一些正面的启发，也给了一些反面经验。以此为标本进行研究、探讨，或许会有创造性的发现，以资实践。

[原文刊载于《教育科学》2010 年第 6 期（曲铁华　袁媛）]

---

① 林健. 高等教育应担负起农村教育的文化使命：来自西部农村的几则田野调查及思考 [J]. 教育发展研究，2006（16）：19-22.
② 刘铁芳. 乡村教育的问题与出路 [J]. 读书，2001（12）：19-24.

3 中国农村义务教育投入体制变迁及改革路径

农村义务教育投入体制变革深受国家宏观财政体制变革的影响，以国家宏观财政体制变革为脉络，对我国农村义务教育投入体制的历史变迁进行考察，更有利于把握体制变革的实质。新中国成立后，农村义务教育投入体制经历了从乡村自给到公共财政保障的变迁，在这一制度基础之上，我国农村义务教育取得了令人瞩目的成就，[①] 同时，也面临着诸多问题。我们应对农村义务教育投入体制的变迁做出理性的解释，并对其潜在的负面效应予以必要的反思。

一、农村义务教育投入体制的变迁

新中国成立后，财政体制改革经历了从分权向集权的变化过程，在财政体制改革的影响下，农村义务教育投入体制改革的集权化取向比较明显，具体表现为财政负担重心的逐步上移。

（一）村庄办学，乡村自给（1949—1977）

新中国成立初期到改革开放前的 30 年间，我国奉行计划经济体制，"发展经济、保障供给"成为财政的主要职能，实行的是高度集中的"统收统支"的财政管理体制。也就是地方响应中央的号召，将所有的财政收入上缴中央，地方公共服务和生产建设所需资金均由中央统一核定划拨。这一时期，包括农村义务教育在内的农村公共服务或产品供给，更多地体现为"乡村自给"的特点。

新中国成立初期，农村经济破败不堪，急需恢复重建。然而，鉴于国

---

① 宗晓华. 从乡村自给到公共财政保障：我国农村义务教育投入体制演变分析 [J]. 教育发展研究，2008（23）：43-47.

家财政的薄弱，党和国家为了尽快恢复和发展农村经济，通过将分散的个体农户集合起来，由农民自愿组成农村合作社的方式，倡导走农业合作化道路。这一阶段，国家通过对以土地所有制为主的经济制度的改造，建立了以集体所有制为基础的"集权式乡村动员体制"①，农民互助供给成为主要特征，即财政投入主要以农民自我供给为主，由农民自己投入农村和农业的发展，在供给水平上处于很低的层次。

在农业合作社的体制框架之下，虽然国家曾经试图通过统收统支的财政管理体制，解决农村教育的投入问题，但因为财力有限而未能实现。反而导致其财政投入主要集中于城镇地区的公办学校，也就是中央政府主要负责城市的教育经费投入，而农村基础教育经费的投入，除了来自地方政府之外，更多地依靠乡村自己通过征收附加公粮或附加教育事业费，甚至直接通过发动群众收款备料、献工献料的办法解决。因此，这一阶段农村义务教育主要以农民互助供给为主，供给水平很低。政务院在 1953 年颁布的《关于整顿和改进小学教育的指示》中明确提出：为解决农民子女入学问题，在农村要根据需要与自愿的原则，提倡民办小学，要注重发挥群众办学的积极性。

同年，为了尽快完成社会主义改造，县级财政普遍建立，开始实行"划分收支、分级管理"的财政体制，这一财政体制体现了鲜明的集中统一的特点。在这一财政体制框架之下，中央可支配的财政收入比例高达75%，而可供地方政府支配的财政收入比例仅占 25%。而地方财政又主要集中在省级政府层面，县级政府很少有自己在财政上的调整空间和办法，这就造成了在县级财政的预算支出中，关于农村事务的支出份额偏少，仅仅包括农场、交通、水利、社会抚恤等内容。而农村小学教师工资以及学校公杂费均列入乡（镇）单位预算，并不在县财政预算支出范围之内。

······

1958 年之后这一阶段，由于实行"统收统支"的财政管理体制，中央政府成为公共服务的主要承担者和投资者，农村中小学的办学经费，主要以国家预算拨款为主，由地方政府提供杂费、勤工俭学等方面资金的补充。1960 年，中央政府又明确提出"国家办学与厂矿、企业、农业合作社办学并举"。"统收统支、分级管理"的财政管理体制和经费投入体制，

① 熊春文."文字上移"：20 世纪 90 年代末以来中国乡村教育的新趋向 [J]. 社会学研究，2009，24（05）：110-140，244-245.

带来了在农村兴办民办学校的热潮。此后，集体办学的模式在农村地区得到极大的发展，这也成为新中国成立初期很长一段时期民办小学迅速发展的体制根源。由此，我国教育开始呈现一种鲜明的格局，即城市以公办学校为主，农村则以民办学校为主。

（二）分级管理，以乡为主（1978—1999）

1978 年召开的十一届三中全会确立了"放权让利"的经济体制改革的基本思路，财政体制演变为"分灶吃饭"的包干体制。国家为了减轻自身的财政压力，通过放权的形式启动了财政分权、事权下放的宏观体制改革，地方政府开始获得很多在改革前没有的财政管理权力。从 1980 年开始到 1983 年，中央政府开始实施"划分收支、分级包干"的财政管理体制。中央政府通过"放权让利"，使地方政府得到了一定的管理权和财政权，这一方面调动了地方政府的积极性，另一方面也促进了地方经济的迅速发展。然而，随着经济的快速发展，农业经济的比较优势逐步丧失，使地方政府的财政筹措能力有所下降，很多县市的财政出现赤字状况，由此引发很多以农业为主的县市的乡镇政府财政收入仅仅能够维持正常的行政事业开支。乡镇财政逐渐沦为"吃饭财政"，因而很难保证公共服务的投入。

自 1983 年《关于实行政社分开建立乡政府的通知》颁布后，到 1984 年 12 月底，我国"撤社建乡"的工作基本完成。由此，人民公社作为基层管理组织的地位被乡镇政府取代，开始承担公共服务供给的职责。1985 年，国家又颁发了《乡（镇）财政管理试行办法》，提出要建立独立的乡镇财政体制。这就为国家出台"分级办学"的农村义务教育投入体制奠定了制度框架和物质基础。[①] 同年 5 月 27 日，国家颁发了《关于教育体制改革的决定》，提出了义务教育实行"三级办学、两级管理"的管理模式，即县、乡、村三级办学，县乡两级管理。在之后的实际运行中，这种管理模式又逐步演化为"县办高中、乡办中学、村办小学"的办学模式。这样一来，举办农村义务教育和经费筹措的责任就落在了乡级政府和农民身上。"地方负责、分级管理"的农村义务教育管理体制改革实质上是对国家财政分权、事权下放的宏观体制改革的延伸。这次分权改革的根源在于

---

① 葛新斌. 农村教育投入体制变迁 30 年：回顾与前瞻［J］. 华南师范大学学报：社会科学版，2008（06）：82-88，95，159.

中央政府受财力所限，不能担负农村义务教育的投资责任，只能将其责任下放到地方政府，而最后摊派到农村和农民的身上。

20 世纪 90 年代中期，财政分权、事权下放的宏观体制改革使中央财政日益拮据，于是，便有了 1994 年进行的"分税制"财政体制改革"从其本意来看，分税制改革是一种集权型的财政改革"①。此次改革的目的主要是对中央和地方政府之间的财权和事权进行重新划分，但是，这种划分并没有涉及处于省级政府以下的基层政府，在后来的实践中就造成了事权的层层下放和财权的层层上移的矛盾。而乡镇政府作为政府结构中的最低端，并不存在将事权或财权进一步下放的空间，如何转移自身的财政压力便成了难题。唯一的办法就是在正常征收各种正税之外，向农民额外收取各种"费"，从而不可避免地出现了"费大于税"的"三乱"局面。通过这种制度外的经费筹措方式，乡镇政府提供着农村公共服务（包括义务教育在内），这是此时期农村义务教育投入的重要方式。

分税制改革实施后，中央政府逐渐放弃了供给农村公共服务的职责，国家财力开始层层集中，地方政府往往将公共资源投向城市和工业，对农村资源进行不断的剥夺，造成了农村公共服务供给的不足，使县乡财政遇到较大的冲击。"据统计，分税制改革以来，乡级财政每年减少财力达 30 亿—50 亿元。"②县乡财政的削弱无疑是对乡村社会及农村义务教育的极大冲击，农民的负担进一步加重。在国务院发布的《关于〈中国教育改革和发展规划纲要〉的实施意见》中明确提出，至 2000 年我国基础教育要基本实现"两基"目标之后，各地为了尽快完成"普九"攻坚任务，举债办教育成为县乡两级政府的无奈之举，"普九欠债"问题便由此产生。据当时农业部的统计，截至 1998 年，全国农村义务教育负债达 271.4 亿。

（三）地方负责，以县为主（2000—2004）

20 世纪 90 年代中期之后，由于"分税制"改革和农村"税费改革"的持续推进，我国义务教育投入体制中重心过低的问题逐渐凸显出来。这些问题主要体现在这几个方面：一是乡级财政比较薄弱，并不能很好地承担农村义务教育的投资责任；二是由投入不足带来的诸如向农民征收"教育附加费"等方式，加重了农民的负担；三是乡级政府调动教育资源的能

---

① 刘光俊. 财政分权体制下农村公共服务供给研究 [D]. 泰安：山东农业大学，2011：65.
② 阎坤. 中国县乡财政体制研究 [M]. 北京：经济科学出版社，2006：29.

力有限，极大地影响了义务教育办学效益的提高；四是由此带来的诸多教育乱象，如"举债普九""拖欠教师工资"等严重地影响了农村义务教育的质量，造成了城乡教育差距的不断拉大。

因此，为了缓解"分税制"改革以来农民负担的进一步加重，安徽省早在 2000 年便率先在全国进行农村税费改革的探索。以此为契机，我国的农村税费改革于 2003 年开始推行。此次改革，农村教育集资和教育费附加被逐步取消，这就造成了农村义务教育资金来源的渐趋窘迫，教师工资拖欠、"普九"债台高筑、中小学危房及乱收费等教育乱象屡禁不绝。"据统计，2000 年实施农村税费改革后，农村义务教育投入比上年减少了 7.7 亿元。"[①] 税费改革以来，一系列相关的配套机制并没有及时地跟进，使一大部分县乡政府出现了财政危机，严重影响了包括义务教育在内的农村公共服务供给，甚至出现了零供给的现象。然而，从农村公共服务内部出现的变化看，政府无疑加大了对于农村义务教育的投入力度。

面对"税费改革"造成的农村义务教育投入的骤减，国家迅速做出了应对。2001 年提出了"在国务院领导下，地方政府负责、分级管理、以县为主"的农村义务教育管理体制。在农村义务教育的经费投入主体上，由原来的以乡为主上移至以县为主，同时加大了中央政府和省级政府对于农村义务教育的扶持力度。"以县为主"的体制，一方面规定了中央和地方政府关于义务教育的责任与义务；另一方面，把农村义务教育经费投入主体放在县级政府身上，其职责范围包括农村学校的布局调整、建设以及管理、教职工工资的发放、中小学校长的任免以及教师的配置等。

虽然"以县为主"的体制主要体现在管理体制上，但是，从实施后的义务教育经费分割来看，其在实质上也体现为"以县为主"的投入体制。由此，改变了以往实行的"以乡为主"的农村义务教育投入体制，确立了"以县为主"的农村义务教育投入的基本原则。"以县为主"的教育管理体制改革的实质，主要是使农村义务教育办学经费从制度层面上实现了主要由农民负担到主要由政府负担的过渡，"人民教育人民办"的乡村自给模式由此终结。

（四）公共财政保障，省级统筹（2005 年至今）

分税制改革以及农村"税费改革"对县级财政的极大削弱，最终导致

---

① 胡平平，张守祥. 农村义务教育投入保障机制及管理体制问题研究［M］. 北京：科学出版社，2007：5.

其面对农村义务教育投入"主"不起来的尴尬局面。为了应对这一困局，有效缓解县级财政的困境，一是逐步加大中央财政对农村义务教育的转移支付力度，二是加强省级政府对于农村义务教育的投入责任。

为了进一步加大对于农村义务教育的经费保障力度，2005 年，国家启动了深化农村义务教育经费保障机制改革。内容主要有：免除学生的学杂费，中央和地方按比例分担农村义务教育阶段学生的全部学杂费，其中，中部地区中央和地方分担比例为 6∶4，西部地区中央和地方分担比例为 8∶2，其他地区按地方财政状况分别确定。另外，农村中小学预算内生均公用经费拨款标准仍按比例由中央和地方承担。之后，国务院又制定了相关的基本原则。由此，中央和地方分项目、按比例分担的农村义务教育经费保障机制正式确立。

自 2006 年春季学期始，我国开始全面实施农村义务教育经费保障机制。2006 年重新修订《义务教育法》，从法律层面规定了国家与地方政府共同承担、省级统筹的义务教育投入体制。新机制打破了多年来制约农村义务教育发展的经费瓶颈，"以省为主"的农村义务教育投入模式初见端倪。

二、农村义务教育投入体制的反思

新中国成立后，农村义务教育取得的伟大成就是举世瞩目的，这与农村义务教育投入体制的变迁紧密相关。但是，也因此出现了诸多负面的影响。我们有必要对我国农村义务教育投入体制的历次变革做出理性的解释，并对其潜在的负面效应予以反思。

(一) 改革中的城乡二元价值取向依然明晰

新中国成立后，农村义务教育投入体制历经了从"乡村自给"到"公共财政保障"的变迁过程，农村义务教育纳入了国家公共财政统筹的范围内。然而，城乡义务教育的发展在我国始终存在着差距。究其原因，与城乡分立的义务教育投入体制密切相关。新中国成立之初，就建立了城乡有别的义务教育投入体制。农村义务教育投入体制的历次改革均是在城乡分立的制度框架下进行的，是一种独立于城市义务教育投入体制的单向度制度变迁。这种基于城乡分立框架下的农村义务教育投入体制改革，不仅具有很强的路径依赖，而且已经成为造成我国城乡义务教育发展差距不断被拉大的制度性原因之一。"城乡义务教育非均衡发展主要表现就是城乡义务教育供给水平、供给质量和供给标准上的差别。"①

我国义务教育投入体制始终遵循着城乡分立的体制框架，无论是"乡村自给"体制，还是改革开放之后的"以乡为主"体制，农村义务教育的供给责任在乡村，农民或者农村受教育群体一直都是农村义务教育的主要投入责任主体。2001 年，"以县为主"的义务教育管理体制实施，虽然农村义务教育的投入责任主体上升到县级政府，但实际上仍在沿袭"由地方负责，分级管理"的制度框架。"以乡为主"抑或"以县为主"的体制，处于尴尬的境地，即县乡财政薄弱，难以承担投资农村义务教育的责任。因此，无论是"以乡为主"抑或"以县为主"的体制，必然将县乡政府薄弱的财政能力带入农村义务教育的发展之中，不仅没能缩小城乡义务教育的差距，反而使这种差距逐渐拉大。②

2006 年，农村义务教育经费保障机制改革的实施明确了义务教育的投资责任，加大了中央财政的转移支付力度。然而，从其基本的制度框架看，依然是建立在城乡分立的制度框架之上。由于这次改革是建立在城乡分立制度框架之上的单向度变革，因而并未改变城乡义务教育非均衡发展的客观现实。③ 无论是"以乡为主"，还是"以县为主"抑或"省级统筹"，由于将义务教育的管理权限下放至基层政府，不仅将城乡经济发展程度与财力的差异带入基础教育的发展之中，造成了农村义务教育长期处于低水平运转，而且拉大了城乡教育间的差距，深化了城乡教育二元体制，是在"缺乏底线公平的基础上追求的效率，势必导致更严重的不公平"。④

我国义务教育在投入上存在的城乡差距，表现在以下几个方面：一是办学条件的差距。由于长期的投入不足，农村学校的办学条件相比城市学校而言，存在很大差距。从城乡小学校舍危房面积看，农村所占的比例远远超出城镇。从财政预算内生均教育经费看，城镇学校远远高于农村学校。而且这种差距在不断地扩大，"2000 年城乡小学生和初中生生均教育经费差距分别为 558 元和 858 元，至 2009 年分别扩大至 921 元和 1 207

① 陈静漪，宗晓华.从城乡分立到城乡一体化：中国农村义务教育供给机制演进路径分析 [J].西南大学学报：社会科学版，2012，38（05）：75-82，174.

② 邬志辉，史宁中.农村学校布局调整的十年走势与政策议题 [J].教育研究，2011，32（07）：22-30.

③ 陈静漪，宗晓华.从城乡分立到城乡一体化：中国农村义务教育供给机制演进路径分析 [J].西南大学学报：社会科学版，2012，38（05）：75-82，174.

④ 阎光才.均衡发展：义务教育制度的底线公平 [J].教育科学研究，2003（01）：14-17.

元，10 年间的涨幅分别为 65％和 40％"①。二是城乡义务教育的发展存在着质量和资源分配上的巨大差距。城乡义务教育投入的不均衡必然带来城乡教育存在资源配置和教育质量上的不均衡。

（二）农村义务教育由"村落中的国家"转向"悬浮型有益品"

我国农村义务教育投入体制的历次变革，投资主体逐步上移，这种改革体现了明显的集权取向。而伴随着财政权力主体逐步上移，对于义务教育的管理权力，也由乡镇政府上移至县级政府。在方式上，乡镇义务教育统一由县级教育部门管理。然而，县级政府在将农村义务教育的财政权力和管理权力纳入自身职责之后，面临着严峻的财政和管理压力。而布局调整却成为县级政府缓解这些压力的有效方式。在国家于 2001 年开始实施"以县为主"体制的同时，为了应对学龄人口的骤减，要求县级政府重新调整农村中小学的布局，通过"撤点并校"，很多农村中小学被撤并，一些交通不便利的地区仅保留了必要的教学点。布局调整带来了大量农村中小学的消失，造成了农村义务教育与乡村社会逐渐失去了有机联系，在财政、管理和空间上"悬浮"于乡村社会之上，农村义务教育逐渐由"村落中的国家"转向"悬浮型有益品"。

1950 年，中央政府提出在每一个村庄建立一所民办学校的目标，由此，现代教育组织在中国历史上首次建立在最底层的村庄。此后，农村学校不仅处于乡村文化的中心地位，而且成为乡村社会与外部世界联系的桥梁和纽带，农村学校被视为"村落中的国家"。但是，进入 21 世纪以来，随着 2001 年"以县为主"体制变革的实施，财政权和管理权的上移以及大量乡村学校的撤点并校，使学校布局在空间上割断了农村义务教育与乡村社会的文化脉络，在教育职能上出现了乡村政府的弱化和虚置，农村义务教育最终"悬浮"于乡村社会的财政、管理、空间之上。2006 年的农村义务教育经费保障机制改革，并没有突破"以县为主"的教育管理体制。由此，学校完全脱离了与乡村社会的有机联系，完全成为独立于乡镇政府之外的组织。当教育与其服务的人群和社会失去了有机联系，最初的制度设计者未预料到的负面影响便接踵而至。

农村义务教育沦为"悬浮有益品"的根源，在于"以县为主"的政策

---

① 陈静漪，宗晓华. 从城乡分立到城乡一体化：中国农村义务教育供给机制演进路径分析 [J]. 西南大学学报：社会科学版，2012，38（05）：75-82，174.

实施，使农村义务教育的财政和管理权出现了失衡。农村义务教育投入主体由乡级上升到县级政府后，农村教育中"人民教育人民办"的历史终结了，进入公共财政保障阶段。乡村教育管理部门被撤销，农民对于农村义务教育的参与度降低了，逐渐失去了主体控制和话语权力。县级政府与乡级政府比较而言，只能从更高的或者统一的标准出发，对农村学校的办学规模、办学条件、师资配置、课程设置等进行统一的投入和管理，农村教育由此陷入"被供给"的地位，农民在农村义务教育的发展上逐渐"失语"。

（三）农村义务教育发展未突破基层政府投入为主的框架

从我国农村义务教育投入体制变迁的轨迹看，农村义务教育经费负担的主体由农民转向政府，责任由乡上移到县，再由县过渡到多级政府共同负担。[①] 但是，以地方政府提供为主的农村义务教育经费投入格局始终未被打破。这在一定程度上导致农村义务教育发展中的根本问题依然没有解决。

首先，"依托于地方经济实力发展义务教育的现状并没有改变"[②]。农村义务教育投入体制的变迁与财政体制的变迁密切相关。而财政体制又与我国的政治体制密切相关。我国是典型的政治集权、财政分权体制，一般被称为 M 型层级结构，体现在农村义务教育责任上即其被安排到行政层级的最底层——县、乡镇政府和村。因此，M 型层级结构是我国义务教育发展必须依托地方经济实力和财政能力的制度根源。而县乡政府薄弱的财政能力，使农村义务教育经费不可避免地客观上又受制于县级政府的经济发展和财政水平，进而导致农村义务教育经费的付之阙如。

其次，地方政府对农村义务教育发展的忽视。农村义务教育投资的特点具有区域外溢性，这就使地方政府投资农村义务教育的主观意愿不足。农村义务教育的这种外溢性主要产生于官员任期与教育投资周期的不一致上，义务教育的收益周期过长而无法对当届党政官员在教育投资上产生激励作用，使其在主观上忽视了农村义务教育，削减农村义务教育财政支出便成为必然。

---

① 宗晓华. 从乡村自给到公共财政保障：我国农村义务教育投入体制演变分析 [J]. 教育发展研究，2008（23）：43-47.

② 陈坚. 内卷化：农村教育研究的新视角 [J]. 教育发展研究，2008（17）：31-34，44.

三、农村义务教育投入体制的改革路径

农村义务教育投入体制改革的难点在于，既要赋予政府尤其是高层政府对于农村义务教育的投资重责，以摆脱农村义务教育发展依托于地方经济发展水平的窠臼；还要避免因投资主体上移导致的农村义务教育成为"悬浮型有益品"的状态，造成农村教育资源的流失。今后改革的路径应该遵循以下两个方面：

（一）构建城乡一体化的义务教育投入体制

纵观农村义务教育投入体制的变迁，无一不是在一种城乡分立的制度框架下进行的。城乡教育差距不断拉大，农村义务教育出现衰败的气象。当前，我国城乡教育间存在着很大差距，城市集中了优质教育资源，农村在教育发展上与城市很不均衡，城乡教育的二元结构依然突出。由于供给水平上存在的差距，城乡间在义务教育办学水平、教师待遇和教育质量等方面存在着很大差距。导致城乡教育间存在巨大差距的主要原因，在于教育资源配置的不均衡，以及农村教育投入的不足。城乡义务教育投入差距也比较明显。由此，构建城乡一体化的义务教育投入体制应该成为我国农村义务教育投入体制改革的新趋向。

首先，必须打破城乡二元教育体制。构建城乡一体化框架下的义务教育投入体制，不仅有利于克服城乡二元结构带来的种种弊端，而且有利于促进我国城乡经济社会发展走向一体化。新中国成立之后，形成并固化了特征明显的城乡教育二元体制。在城乡教育二元体制框架之下，城乡教育处于断裂与分化的状态，缺乏良好的互动与共同发展。同时，一系列有利于城市教育发展的制度和政策相继出台。在义务教育投入体制上，城乡两策。农村义务教育的投资主体始终以县乡政府为主，中央、省、市各级财政对县级义务教育的经费支持力度不仅相对较弱，而且处于不确定、不均衡的状态。城乡教育一体化就是要打破制度瓶颈，即城乡教育二元结构，其中包括教育财政制度，打破城乡教育二元体制是构建城乡教育一体化的义务教育投入体制的前提。

其次，必须把"以县为主"改为"以国为主"。纵观我国的历次变革，不难发现，农村义务教育投入体制均未能走出基层政府作为义务教育投入主体的窠臼。农村义务教育投入的重心太低，中央、省、市各级财政经费支持力度较弱。义务教育的性质决定了其应该由政府提供，并且应该由高

层次的政府提供。无论是"以乡为主"体制，还是"以县为主"体制，都面临着一种尴尬局面，即财权与事权不对称。主要财力掌握在中央和省级政府手中，但其摆脱了担负义务教育投入主体的责任，而财政薄弱的县乡政府却承担了绝大部分的义务教育经费。[①] 这种"小马拉大车"及"大马拉小车"的制度设计缺陷，成为农村义务教育经费短缺的主要制度根源。

由上文可知，把县级政府作为农村义务教育的投资主体，对发展农村义务教育进行统筹安排，是"以县为主"的农村义务教育管理体制的主要特征，在一定程度上能够平衡县内的贫富差距，但对于一部分财政比较困难的县来说，这种做法加剧了县级财政的负担，造成其难以承担农村义务教育投入的重任。同时，鉴于中国地域的宽广，区域差距明显，县域经济发展并不均衡。县级之间的不均衡必然造成义务教育发展的不均衡，大多数贫困县的财政基本沦为"吃饭财政"，根本难以支撑农村义务教育的发展。

另外，"分税制"改革之后，中央和地方在财政分配关系上有所变化，中央财政在全国财政收入的比重有了明显提高，高达 50% 左右。而县乡财政收入的比例明显降低，仅为 20% 左右。因此，在"以县为主"的义务教育管理体制之下，出现了县乡政府财权和事权之间的不对称，具有义务教育投入主体责任的县乡政府并没有足够的财力作为支撑，必然产生农村义务教育发展过程中的诸多乱象。因此，今后的改革应该致力于义务教育的事权划分继续上移，改"以县为主"体制为"以国为主"体制，使国家成为农村义务教育经费投入的主体。这样不仅可以有力地缓解农村义务教育的经费困难，而且有利于构建城乡教育一体化的新格局。

（二）建立乡村社会与农村义务教育的有机联系

如前所述，新中国成立后，农村义务教育投入主体逐步上移，其演变过程具有明显的集权倾向。这种集权取向的改革不可避免地造成了"村落学校的终结"，使农村义务教育成为"悬浮型有益品"。乡村社会与农村义务教育逐渐失去了良性互动和有机联系。另外，构建城乡一体化的义务教育投入体制，改"以县为主"体制为"以国为主"体制，有可能会继续导致乡村社会的"悬浮"，致使农村义务教育继续成为"悬浮的有益品"，这无疑与国家在农村推行义务教育的初衷相悖。要破解这一矛盾，就必须重

---

① 汪柱旺. 构建"以国为主"的农村义务教育投入体制 [J]. 改革与战略，2004（12）：81-82.

新建立乡村社会与农村义务教育的良性互动。

首先，对乡村社会进行制度化赋权。2001 年"以县为主"体制全面实施以后，集权取向的农村义务教育投入体制改革已成为主要趋势。目前，构建"省级统筹"的农村义务教育经费保障机制已经成为破解农村义务教育投入困境的主要举措，"以省为主"的投入体制已现雏形，将来发展到"以国为主"的可能性相对较大。进一步集权改革是否真的可以解决农村义务教育投入的难题？如果把农村义务教育的投入主体上升至省级政府，甚至上升到中央政府层面，中央政府对于农村义务教育的直接投入固然会越来越多，但也会继续导致农村义务教育与乡村社会进一步分离，农村义务教育的发展不仅会继续出现治理失衡，而且将继续其"悬浮的有益品"的命运。由此可见，将财政集权变革作为主要趋势的今天，在农村义务教育事业的发展上做适当的分权改革，对乡村社会进行制度化赋权，将农村义务教育的一部分决策权力交给乡政府，在制度层面构建乡政府、乡村社会和学校的良性互动，可使农村学校重新成为"村落中的国家"。

其次，提高农村义务教育在县乡政府目标函数中的权重。在基层政府目标函数中，农村义务教育的权重过低，究其原因，在于县乡政府仍然是经济建设型政府而不是服务型政府。[①] 这就需要转变县乡政府的职能，建设服务型政府并实行公共财政制度。在以往的官员政绩考核体系之中，教育发展所占权重明显低于以 GDP 为核心的发展指标。特定的政绩考核标准和体系往往会引导和产生特定的政府行为，地方官员因此会形成一种普遍的"应试"心理，将以 GDP 为核心的经济发展指标作为政绩考核的主要参照系数。而中央政府在要求各地方政府重视发展农村义务教育，要求其承担义务教育投入职责的时候，并没有在官员的政绩考核中体现出这种要求，这就不可避免地造成中央和地方对于农村义务教育的投入和保障上的矛盾，"经济大省的教育贫困"现象便由此而来。由于"义务教育的投入规模问题，更是一个有关制度环境约束和激励下的官僚组织及其官僚行为的问题"[②]，所以，应该突破以往以 GDP 为核心的基层政府官员政绩考核观，形成鼓励其积极参与义务教育供给活动的制度环境。

[原文刊载于《社会科学战线》2017 年第 2 期（曲铁华）]

---

① 陈静漪，宗晓华. 集权趋向与治理失衡：农村义务教育供给机制变革的制度分析 [J]. 现代教育管理，2013（09）：35-39.

② 江依妮. 中国式财政分权下的农村义务教育投入研究 [D]. 天津：南开大学，2010：6.

4　城乡义务教育一体化：理论基础与必然性

自 2002 年党的十六大以来，党和国家把农村教育摆在了重中之重的战略地位，采取了一系列重大措施，如加快农村教育发展，努力缩小城乡、区域教育差距等，我国农村义务教育可以说取得了很大的成绩。然而，我国农村义务教育发展到今天，仍然存在着一些问题。如经费问题未能根本解决，农村转移支付过程中产生"挤出效应"或"替代效应"，教师收入水平不高，优秀教师向城市"逆向流动"而流失等。回顾过往，农村义务教育问题难以解决的根本原因就在于城乡二元结构的存在，要解决这些问题，就应该从制度上消解城乡二元对立。2010 年《国家中长期教育改革和发展规划纲要（2010—2020 年）》提出了"加快缩小城乡差距，建立城乡一体化义务教育发展机制"；2016 年 7 月，《国务院关于统筹推进县域内城乡义务教育一体化改革发展的若干意见》指出，我国已进入全面建成小康社会的决胜阶段，正处于新型城镇化深入发展的关键期，这对整体提升义务教育办学条件和教育质量提出了新要求，鼓励有条件的地区在更大范围内开展城乡义务教育一体化改革发展试点。城乡义务教育一体化发展是有效解决城乡教育的二元分立，摆脱现有农村义务教育问题的必由之路。

一、城乡义务教育一体化的理论基础：思维的辩证

农村是以从事农业生产为主的农业人口居住的地区，是同城市相对应的区域，具有特定的自然景观和社会经济条件，也叫乡村①。它不同于农业，不是一个产业概念，农村是一个同城市相对而言的地域概念，不仅包括分布于这一地域之内的国民经济各部门，而且是生态环境、经济、社会的综合体。城市是农村发展的产物，但是，城市同农村分离后在社会经济

---

① 中国农业百科全书总编辑委员会农业经济卷编辑委员会，中国农业百科全书编辑部. 中国农业百科全书：农业经济卷 [M]. 北京：农业出版社，1991：160-161.

各方面领先于农村，形成极为明显的城乡差别，这种差别是一种历史现象①。首先要说明一下"城乡"的区分问题。在涉及人口和收入——消费方面的统计资料上，一般基于户籍性质分为"城镇"和"农村"两种口径；而有关教育的统计资料大多分为"城市""县镇"和"农村"三类。考虑到"县镇"所属学校对辖区内乃至周边地区的农业户籍学龄人口也是开放的，以及县一级是高中阶段教育的整体学区，本部分所言"城乡"中的"乡"包括县镇和乡村两个部分，指县以下的整个农村地区，而"城"是指城市本身及其郊区②。

人类社会初期，并无农村和城市的区别。在原始社会中期，人类开始驯养畜禽和栽培作物，出现了原始农业和畜牧业，逐渐由迁徙转向定居，构成原始村落。随着生产力的发展，出现了第二次社会大分工，城市从农村中孕育、发育和分离出来，才形成了城市与农村的区别。"农村"和"城市"是一对范畴。辩证法范畴的对立不是绝对的，其中一极作为胚胎存在于另一极之中，在一定条件下一极就转化为另一极。"农村"和"城市"作为一对概念范畴，二者之间既互相区别，又互相联系和转化。作为一极的"农村"中的问题存在于另一极的"城市"中。从这一思维逻辑来看，"农村"义务教育存在的问题是相对于"城市"义务教育而言的。没有"城市"义务教育的"优良条件"，也就没有"农村"义务教育的"薄弱基础"，这些问题都是相对的。

要解决"农村"义务教育问题，不能忽略其对立统一面的"城市"。因而解决"农村"义务教育问题要把"城市"纳入进来，找出二者之间的联系，从统摄二者的更广的范围解决城乡义务教育存在的矛盾。只有辩证地看问题，找出矛盾双方的内在联系，将"农村"和"城市"作为一对范畴统一审视、统一布局和统一管理，才能解决农村义务教育中存在的问题。

二、城乡义务教育一体化的必然性：历史的选择

（一）城市偏向政策理应终止

中华人民共和国成立初期，在经济落后、资源贫乏的情况下，采取效率优先的国家发展战略，将有限的资源集中到少数行业、地区，以剪刀差

---

① 秦志华，李可心，陈先奎. 中国农村工作大辞典 [Z]. 北京：警官教育出版社，1993：411.

② 张玉林. 分级办学制度下的教育资源分配与城乡教育差距：关于教育机会均等问题的政治经济学探讨 [J]. 中国农村观察，2003 (01)：10-22，80.

的方式将农村资源集中到城市，用最快的速度迈向工业化、现代化。后来又实行了城市和农村两种类型的户籍制政策，以此限制农村人口向城市流动，我国城乡二元经济逐渐形成，城乡差距也逐渐拉大。在教育方面，同样产生了城市偏向的公共教育政策，国家将有限的教育资源集中投入城市，农村教育资源相应减少。

新中国成立后，经过三年的经济恢复期，从 1953 年起，我国开始了逐步向社会主义的过渡。过渡时期的总路线就是逐步实现国家的社会主义工业化，逐步实现三大改造，并且从 1953 年开始执行发展国民经济的第一个五年计划，其基本任务是集中主要力量发展重工业，建立国家工业化和国防现代化的初步基础。工业化建设主要在城市，政府开始将工作重心由农村转到城市。随着工作重心的转移，政府把力量放在工业化和城市化上。由于当时国家十分贫穷落后，极度缺乏工业化所需要的原料和资金，为了尽快实现社会主义工业化，国家只好大量投入农业劳动，开展农业生产以支援工业，相应地农村的初级农产品源源不断地流向城市。

另外，国家为支持工业发展，人为地压低农产品价格，抬高工业产品价格，这样工业便以价格的"剪刀差"从农业获得资金。为了稳定这种城乡二元经济发展格局，又区分了农业户口和非农业户口，这样，我国城乡居民便有了两种户籍和两种身份，农村人口基本被限制在农村，在以后的社会保障制度上越来越不利于农民。经济发展重点在城市，与之相适应的，教育发展重点也集中在城市。

1953 年 9 月 24 日《中共中央批发中央教育部党组等〈关于检讨官僚主义和对今后普通教育方针的报告〉等三个报告给各级党委的指示》中指出：

今后首先应集中力量办好城市小学、工矿区小学、农村完全小学和中心小学。大城市、工矿区、少数民族区及老革命根据地，则应按具体情况，做一定的发展。农村小学在确有发展需要时，应以发展民办小学为主……对教师工资标准及教师与学生编制比例，均应按各地区工资分值及城市与乡村、平原与山区等不同特点加以规定。[①]

"工农业余教育的重点是工人，首先是产业工人。在可能条件下，对

---

① 中共中央，中央教育部党组等.《关于检讨官僚主义和对今后普通教育方针的报告》等三个报告给各级党委的指示［G］//何东昌.中华人民共和国重要教育文献（1949—1975）.海口：海南出版社，1998：241.

职工业余学校高小班和职工业余中学应做适当发展。农民业余学校高小班除对现有的切实加以整顿巩固外，今后原则上不做发展。"①

1953年11月26日，政务院第195次政务会议通过的《政务院关于整顿和改进小学教育的指示》中指出：

> 由于国家逐步工业化，城市人口增加较快，而过去几年内城市小学增加的比例一般地较乡村为小，因此，在工矿区、城市特别是大城市，公立小学应做适当发展。……在农村，为适当解决农民子女入学问题，应根据需要与自愿的原则，提倡民办小学（包括完全小学）……对乡村公立小学，除在学校较少的少数民族地区和老革命根据地应做适当发展外，其他地区均以整顿提高为主，一般不做发展。②

> 由于我国经济发展不平衡，小学教育的发展也不平衡。我们应根据不同的情况，采取多种形式，提出不同的要求来办小学教育；如果要求全国小学整齐划一，那是做不到的。今后应首先着重办好城市小学、工矿区小学、乡村完全小学和中心小学。在农村，则除办集中的正规的小学外，还可以办分散的不正规的小学。③

由于原本农村的教育条件就落后于城市，加之国家政策的导向，就使城乡教育的发展出现不平衡的状况。1978年12月，在谈到经济政策时邓小平指出："我认为要允许一部分地区、一部分企业、一部分工人农民，由于辛勤努力成绩大而收入先多一些，生活先好起来。"④ 于是，"让一部分人先富起来"的效率优先、城市中心、非均衡发展，就成了经济发展的指导原则，教育上也贯彻了这一方针。

城乡教育二元分化、教育的城市化取向一步步在实践中得到落实，以后的许多教育政策只是对教育的城市取向做了具体规定，进入了实际操作阶段，并逐步强化了义务教育的城市偏向。农村义务教育的困境根源于长期以来的义务教育城市偏向政策。这一政策使义务教育资源由农村不断流

---

① 中共中央，中央教育部党组，等.《关于检讨官僚主义和对今后普通教育方针的报告》等三个报告给各级党委的指示 [G] //何东昌. 中华人民共和国重要教育文献（1949—1975）. 海口：海南出版社，1998：241.

② 政务院关于整顿和改进小学教育的指示 [G] //何东昌. 中华人民共和国重要教育文献（1949—1975）. 海口：海南出版社，1998：263.

③ 政务院关于整顿和改进小学教育的指示 [G] //何东昌. 中华人民共和国重要教育文献（1949—1975）. 海口：海南出版社，1998：263.

④ 邓小平. 解放思想，实事求是，团结一致向前看 [G] //何东昌. 中华人民共和国重要教育文献（1976—1990）. 海口：海南出版社，1998：1 658.

向城市，从而导致农村教育资源贫乏，教育质量不高，优秀教师不断流向城市。这种城市偏向的政策带来的是城乡义务教育财力的极大反差及发展的严重失衡。城市义务教育在公共财政的支持下快速发展，而农村义务教育的发展却受各方面因素制约停滞不前，举步维艰。

进入 21 世纪后，教育公平的思想深入人心，体现在国家政策中，城乡义务教育均衡发展的话语出现在法律法规中。但是，长期以来城乡不均衡发展的历史惯性没有让人跳出城乡二元的思维定式，没有从更高的制度设计上解决城市偏向政策带来的农村教育的落后。2005 年实施的"新机制"，通过中央和地方转移支付的方式，解决农村义务教育公用经费短缺问题。"新机制"虽然取得了很大的成效，然而，历史的问题是长期积累的，非一时能解决，农村义务教育的一些问题至今仍然存在，没有从根本上加以解决。人们需要转换思维，寻找问题解决的突破口。其方法就是从问题产生的根源——"城乡关系"入手，既然新中国成立初期因特殊政治经济战略的需要，将农村教育资源向城市转移，那么，现在城市义务教育达标了，资源富余了，那就应该城市帮助农村，"先发展帮助后发展"，城市反哺农村，通过这种方式走均衡发展的道路。

（二）"农村教育农村办"的制度路线必须改变

新中国成立后我国走的是城市中心发展战略，因而形成了城乡二元经济模式。在义务教育方面，也形成了农村和城市两个系统的办学体制，二者相互独立，我们可以概括为"农村教育农村办""城市教育城市办"。

我国义务教育从 20 世纪 50 年代到 80 年代，基本上是城乡基层单位办学。1957 年 3 月，教育部在北京召开了第三次全国教育行政会议。会议指出："小学教育必须打破由国家包下来的思想，在城市里，要提倡街道、机关、厂矿企业办学；在农村，要提倡集体办学。"[①] 20 世纪 80 年代后，我国经济体制做了重大改革，由计划经济向市场经济转变，但"农村教育农村办""城市教育城市办"的体制并没有改变。

1985 年，《中共中央关于教育体制改革的决定》规定了"以乡为主"的分级办学、分级管理的办学管理体制：县、乡、村三级办学，县乡两级管理。由于乡（镇）级财力有限，再加上"普九"的压力，集资、借贷建

---

① 中央教育科学研究所. 中华人民共和国教育大事记（1949—1982）[M]. 北京：教育科学出版社，1984：192.

校便成为农村义务教育发展的重要途径。这时，城乡两条办学路线在实践中得到确认，并在此后进一步法制化。

1986年9月11日，《国务院办公厅转发国家教委等部门关于实施〈义务教育法〉若干问题意见的通知》规定，城镇义务教育的设施要列入城镇建设规划，并要和当地实施的义务教育规划相互协调。农村中小学校舍建设投资，以乡、村自筹为主。农村集镇建设规划也应包括义务教育设施，所需资金由乡（镇）政府负责筹集。这一政策就是所谓的"以乡为主"的农村义务教育管理体制，并且这一体制逐渐纳入了法制化的轨道。

进入新世纪，城乡义务教育均衡发展的政策已经提出，但在体制上依然是城乡并行，农村教育还是由农村办，只不过将"以乡为主"的管理体制提高到"以县为主"而已。2001年《国务院关于基础教育改革与发展的决定》提出了农村义务教育"地方政府负责、分级管理、以县为主"的管理体制。2003年《国务院关于进一步加强农村教育工作的决定》提出以县为主的农村义务教育管理体制，……乡镇政府要积极筹措资金，改善农村中小学办学条件。"以县为主"的管理体制，县级政府兼有行政管理和筹措经费两项职能。从我国现阶段来看，县级区划仍以农业为主，仍可算作农村。无论是"以乡为主"还是"以县为主"，都是"农村教育农村办"的制度路线。中央和省政府只是起到应时的帮扶作用，没有规范的强制责任和具体细则。

由于历史的原因，我国长期以来形成的城市中心战略已经使农村十分贫困。在农村义务教育方面，存在着教育资源匮乏，经费不足，师资缺乏且学历不高，教学质量低等诸多问题，在这种情况下，"农村教育农村办"的制度路线必须改变。进入新阶段，我国应把城乡义务教育一体化作为切实走出农村义务教育困境的突破口，打通城乡壁垒，建立"以市为主"的管理体制；建立教师公务员制度，实现城乡教师同质；构建城乡义务教育一体化评估指标体系；进一步加强学校标准化建设，使城乡均衡发展，切实体现教育公平。

[原文刊载于《河北师范大学学报（教育科学版）》2017年第3期（曲铁华）]

5 城乡一体化：农村义务教育发展困境的突破口

自党的十六大召开以来，党和国家把农村教育放在重要的战略位置，并采取了一系列重大措施，加快农村教育发展，努力缩小城乡、区域教育的差距，我国农村义务教育取得了很大的成绩，但是仍存在许多问题亟待解决。

一、农村义务教育发展的困境

2005 年 12 月 24 日，《国务院关于深化农村义务教育经费保障机制改革的通知》（以下简称"新机制"）指出，要按照"明确政府责任、中央地方共担、加大财政投入、提高保障水平、分担组织实施"的基本原则，将农村义务教育全面纳入国家公共财政保障的范围，建立中央和地方分项目、按比例分担的农村义务教育经费保障新机制。"新机制"使我国农村教育由长期以来的"人民教育人民办"转变为"人民教育政府办"，这是一件具有历史意义的大事。"新机制"提高了农村公用经费的保障水平，促进了农村义务教育的发展。但是，"新机制"在运行过程中也还存在着一些问题。

（一）经费问题未能得到根本解决

教育经费指中央和地方财政部门的财政预算中实际用于教育的费用。教育经费包括教育事业费（各级各类学校的人员经费和公用经费）和教育基本建设投资（建筑校舍和购置大型教学设备的费用）。目前，"以县为主"的教育体制还存在诸多问题：义务教育经费投入缺口太大，"以县为主"的财政投入无法满足农村义务教育的实际需要；在不少贫困县出现了典型的"吃饭财政"和"教育财政"现象，教师的工资支出成为教育财政支出的主要部分。为了保证不断上涨的人员经费，当地政府和学校不断压缩公用经费的开支，使学校公用经费不断下降，导致人均公用经费过低，矛盾十分突出①。

农村税费改革之后，中央与地方政府在农村义务教育方面事权与财权不对等的问题更加严重。按照"新机制"的要求，中央虽然提高了农村义务教育阶段中小学公用经费的保障水平，但中央和地方仍然按比例共同承担，其比例西部地区为 8:2，中部地区为 6:4，东部地区除直辖市外，按照财力状况分省确定。地方政府所承担的公用经费主要由省级政府和县级政府负责。省级政府一般对经费支付困难的县进行转移支付，其他各县大部分公共经费还由各县财政支付。《国务院关于进一步加大财政教育投入的意见》（国发〔2011〕22 号）也只提出"省级人民政府要根据财力分布状况和支出责任划分，加大对本行政区域内经济欠发达地区的转移支付力度"，地方政府承担的公共经费实际上还是由县级政府承担，但我国很多县级部门财力有限，难以承担这部分公用经费。

在国家转移支付和按比例承担公用经费的政策指导下，我国义务教育不论是生均预算内公用经费，还是生均预算内事业费都迅猛增长，但是，农村义务教育生均预算内经费投入仍低于全国平均水平，存在着较明显的城乡差距。教育经费中的人员经费仍然由县级政府"统筹"，中小学校舍维修经费由中央和地方政府按照 5:5 的比例共同承担。也就是说，农村义务教育依然由县级政府承担主要责任。我国县际经济差距较大，中西部以及少数东部贫困县很难承担"责任内"经费，义务教育经费紧张的困境依然没有改变。而且，"新机制"未能对中央、省、地、县、乡各级政府承担农村义务教育各项初始资金的责任进行合理的划分，导致大部分地区农村义务教育各项经费均短缺，都需要补助却都补不足。虽然《国家中长期教育改革和发展规划纲要（2010—2020 年）》（以下简称"教育规划纲要"）对教育财政拨款提出了要求，但只是针对整个教育系统的义务教育，农村义务教育能分得多少新增投入，《教育规划纲要》并没有提出解决问题的具体方案。

（二）产生"挤出效应"

中央和省级政府通过财政转移支付，确保农村义务教育经费保障机制改革的资金，分担农村义务教育公用经费。中国现行的政府间财政转移支

---

① 李文学，彭华. 公共政策视角下城乡义务教育改革：比较与分析〔J〕. 兰州学刊，2009（04）：162-165.

付制度是在 1994 年分税制改革基础上形成的，并自改革以来得到不断改进和完善。转移支付是指各级政府之间为解决财政失衡而转移财政资金的活动，是为保障公共产品和服务而提供经费的财政制度，是政府调节区域经济发展的重要政策手段。政府间转移支付（中央补助地方支出）包括税收返还和体制性补助、财力性转移支付和专项转移支付。

适当的财政转移支付政策能够起到缩小地区经济发展差距的作用。财政转移支付改进了地区间财政支出均衡，但如果中央和省级政府对农村义务教育进行财政补助，县级以下地方政府就可以减少其对本区域内教育经费的投入，只需要保证农村义务教育财政资金的整体稳定即可。这样，转移支付就会产生"挤出效应"或"替代效应"。在我国财政分权的体制下，中央和省转移支付越多，县级以下地方政府代理角色的倾向就越明显，从而会挫伤地方政府提供农村义务教育服务的主体性和积极性。这是"新机制"实施以来部分地区农村义务教育投入没有得到提高的根本原因之一。

（三）教师"逆向流动"流失

我国农村地区教师收入一直处于较低水平，且住房、医疗得不到有效保障，生活条件艰苦，与城市教师相比存在较大的差距。另外，2001 年以来，国家启动农村税费改革，从减免征收直至全部取消农业税、屠宰税、牧业税和特产税（烟叶除外），相应地，农村教育费附加、乡统筹、农民集资（含教育集资）先后被取消。乡镇和行政村收入锐减，农村义务教育经费也受到了重大影响。尽管中央和省级政府加大了转移支付力度，但仍无法走出农村义务教育经费不足的困境，义务教育中的"人员经费"受到影响。

2005 年"新机制"做出全部免除农村义务教育阶段学生学杂费的规定。免学杂费资金由中央和地方按比例分担，西部地区为 8∶2，中部地区为 6∶4；东部地区除直辖市外，按照财力状况分省确定。大部分农村中小学教师各种奖金、福利和津贴是靠收取学杂费维持的。取消学杂费后，中央补贴远远不够，学校和地方政府又没了这一项收入，教师实际收入反而比"新机制"实施前减少了。在这种情况下，教师呈现出一种"逆向流动"，即从条件较差的地区流向条件相对较好的地区，从乡村流向乡镇、从乡镇流向县城、从县城流向城市。这种流向使农村学校教师缺编严重，乡中心校和县城学校则超编，直接影响了区域内农村义务教育的整体均衡发展。

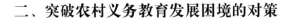

二、突破农村义务教育发展困境的对策

农村义务教育存在的问题是相对于城市而言的。没有城市作为参照，就不能形成特有的农村义务教育问题。所以，要突破农村义务教育发展的困境，就应紧紧把握这一矛盾，将"农村"与"城市"作为解决问题的出发点。

（一）打通城乡壁垒，建立"以市为主"的管理体制

我国农村义务教育采取"以县为主"的管理体制，即"经费省级统筹、管理以县为主"。但在具体实施过程中，教育事权不断下移，县级政府实际上成为义务教育的保底者，承担着义务教育实施90％以上的费用。在一些经济薄弱县，其财政收入根本无法满足农村义务教育的实际需要，教师人员工资支出成为教育支出的主要部分，呈现出"吃饭财政"和"教育财政"并存的双重特征[①]。

义务教育作为一种特殊公共产品，其"全国性"特征远高于"地方性"特征。义务教育的"溢出效应"使义务教育的受益范围超出某一特定区域而影响到整个国家。目前实行"以县为主"的投入体制，实际上还只是"农村教育农村办"的路子，是将义务教育视为"地方事业"，未涵盖城市义务教育。因此，农村义务教育管理层次要上移，涵盖城市和农村义务教育。国家应在巩固城市义务教育现有成果、保证城市教育质量的前提下，城乡统筹，统一布置，以高于城乡的管理手段对教育资源通盘考虑，以更多人力、财力、优惠政策来发展农村义务教育，使现有城市教育资源向农村合理流动、精确配置。

能涵盖城乡义务教育的教育行政单位是地市及以上教育行政部门，包括地市级、省级和中央教育行政部门。那么，在这三级教育管理部门中，应由哪一级来管理呢？

确认农村义务教育投入和管理主体，要以"公平"和"效率"作为标准。首先是公平标准。我国义务教育不公平主要体现为地区、城乡、校际发展的不平衡。地区间不平衡问题的解决可以通过中央转移支付的形式，加大我国中西部欠发达地区的投入；校际间不平衡问题是指本区域内学校

---

① 樊继达. 公共经济视角下的城乡义务教育：差距及收敛［J］. 中央财经大学学报，2009（09）：1-6.

间的差异，一般以县和市区为比较范围，这一问题当地政府可以解决；而城乡间不平衡问题应通过地市一级政府统筹解决。当前，可通过帕累托改进原理实现城乡教育资源的转移。我国城市义务教育已经发展到相当高的水平，应该对义务教育发展水平相对落后的农村地区财政进行转移支付，实现帕累托改进。

其次是效率标准。英国学者巴斯特布尔（C. F. Bastable）认为，受益对象是全国居民，由中央政府负责支出；受益对象是地方居民，则由地方政府负责；统一规划的领域由中央政府负责，需因地制宜的领域则由地方政府负责；规模大且技术复杂的项目，由中央政府负责，否则即由地方政府负责。美国经济学者塞力格曼（Seligman）提出了以效率和规模为准则的划分方式，即规模大的由中央支出，规模小的由地方支出。按照经济学理论，经费管理可能出现四种情况：花自己的钱办别人的事时，只讲成本不讲效果；花别人的钱办自己的事时，只讲效果不讲成本；花别人的钱办别人的事时，既不讲成本也不讲效果；花自己的钱办自己的事时，才是既讲成本又讲效果。农村义务教育经费管理要实现"花自己的钱办自己的事"，就应实现经费投入主体与管理主体的统一[①]。在涵盖城乡义务教育的三级政府中，无疑地市级政府才能实现经费投入主体与管理主体的统一。

从管理效率来看，管理者与被管理层级越多、管理距离越远，则管理效率越低。中央管理地市义务教育没有地市直接管理本区域义务教育的效率高。这是因为：

> 地方政府能较好地了解和掌握居民的偏好，而中央政府所掌握的关于居民偏好的信息带有随机性和片面性。中央政府在提供公共产品时必然会受到失真信息的误导，提供的公共产品或者会太多造成了浪费，或者会太少满足不了需要，从而不能达到资源配置优化与社会福利最大化。如果由地方政府来提供公共产品，情形就不一样，就不会发生偏差。[②]

地市级政府在整个国家行政体系中处于相对偏下的"地方性"位置，地市级政府拥有相对雄厚的财力，有条件平衡城乡管理，解决农村义务教育问题，这就决定了地市级政府承担经费管理责任的优势。

目前，城乡一体化管理义务教育的思想已初现端倪。《教育规划纲要》

---

① 马青. 农村义务教育投入的主体再认与保障制度变革［J］. 教育发展研究，2009（21）：1-5.

② 樊勇明，杜莉. 公共经济学：2版［M］. 上海：复旦大学出版社，2007：309.

指明了摆脱农村义务教育困境的方向："建成覆盖城乡的基本公共教育服务体系，逐步实现基本公共教育服务均等化，缩小区域差距。""加快缩小城乡差距。建立城乡一体化义务教育发展机制。"很明确，"覆盖城乡的基本公共教育服务体系""建立城乡一体化义务教育发展机制"是问题解决的方向。只有按照《教育规划纲要》所指明的方向，将目前"以县为主"的管理体制"逐步在更大范围内推进"，上升到"以市为主"，建立"覆盖城乡"的地市教育行政体制，才能打通城乡壁垒，统筹城乡教育资源，将雄厚的城市教育资源整合到农村，从根本上解决农村义务教育问题，实现义务教育区域均衡发展。

（二）建立教师公务员制度，实现城乡教师同质

我国经费新机制的重点仍在保工资、保运转、保安全层面，多数农村地区教师队伍仍然薄弱，须采取更有力的政策措施。国家明确要求完善和落实教师工资和津贴补贴制度，然而，除需要解决农村教师工资收入偏低的问题外，其医疗保障、住房、培训等待遇问题也需要统筹解决。《教育规划纲要》也明确指出，要"提高教师地位待遇。不断改善教师的工作、学习和生活条件，吸引优秀人才长期从教、终身从教。依法保证教师平均工资水平不低于或者高于国家公务员的平均工资水平，并逐步提高。落实教师绩效工资。对长期在农村基层和艰苦边远地区工作的教师，在工资、职务（职称）等方面实行倾斜政策，完善津贴补贴标准。建设农村艰苦边远地区学校教师周转宿舍，研究制定优惠政策，改善教师工作和生活条件。关心教师身心健康。落实和完善教师医疗、养老等社会保障政策"。这些努力虽然能在一定程度上提高农村中小学教师的待遇，稳定教师队伍，但还只停留在政策层面，还未形成具体、有效的机制。基于义务教育城乡一体化发展所需，应对所有公办学校教师工资和福利待遇做出统一要求并予以保障，最好的做法就是建立教师公务员制度。而《教育规划纲要》提出的"逐步实行城乡统一的中小学编制标准"，是改革的第一步，还需要进一步推进。

政协委员朱鸿民曾提出教师应确定为公务员。他认为，只有这样，才能从根本上保证教师的待遇。从国外的情况来看，法国早在1889年就通过立法确定小学教师为国家公务员，其工资由国家财政负担。法国小学教师国家公务员身份的确立，有效地保障了教师的社会地位和各种合法待遇，对教师队伍的稳定和质量的提高，发挥了明显的作用。日本、韩国也都实行了教师公务员制①。从国外的经验可以看出，教师公务员制是一个实现城乡教师同质化的值得尝试的新制度。

（三）加强学校标准化建设，实现城乡均衡发展

由于农村义务教育基础薄弱，很多地区在硬件投入和校舍建设方面没有相应的资金配备，只能勉强维持最基本的课堂教学。"新机制"提出了建立农村义务教育阶段中小学校舍维修改造的长效机制。只要是学校，就要有最基本的建校条件。那么一所学校需要具备哪些条件，政府对学校的硬件和校舍投入达到什么程度才算合格，这就需要一个标准或底线。国家需要制定统一的最低建校标准，由中央出资，对不达标准的学校进行专项补助。这样既可使学校硬件投入有章可循，又解决了农村资金短缺的问题，从而体现义务教育的公平性，教育质量也能得以保障。

国家提供的义务教育服务标准，包括两个方面：一是政府教育拨款，即日常教育运转经费的均等化；二是政府提供的教育环境和条件的标准化。前者在我国已取得了重大进展，但后者还没有进行很好的整体设计。《教育规划纲要》在这方面指明了方向："建立健全公共教育服务体系，逐步实现基本公共教育服务均等化。""建立国家义务教育质量基本标准和监测制度。严格执行义务教育国家课程标准、教师资格标准。深化课程与教学方法改革，推行小班教学。配齐音乐、体育、美术等学科教师，开足开好规定课程。"因此，国家应尽快制定中小学设计标准。这个标准至少包括学校占地标准、校舍建设标准、教学设施配备标准、公用经费标准、教职工配备标准等。依据这个标准，由各级政府全面启动合格学校建设工程，对达不到合格学校标准的，全面实施"弱势补偿政策"②。只有通过这些努力，我国才能走出农村义务教育困境，减小城乡义务教育资源差距，切实体现教育公平。

[原文刊载于《教育理论与实践》2014 年第 25 期（曲铁华 朱永坤）]

---

① 李斌.朱鸿民委员：老师应确定为公务员［EB/OL］.（2009-03-06）［2013-09-15］http：//news.163.com/09/0306/10/53NCJ3BL000120GU.html.

② 张志勇.公共财政支持农村义务教育政策面临的挑战与对策［J］.当代教育科学，2009（11）：10-14.

6 历史视角下"农村教育"含义辨析

　　随着教育科学领域研究的深入，很多方法、范式被引入这一领域，教育学研究视域大为扩展。但是，另一方面，由于研究的细化，以及研究对象及其文字表述在不同的历史时期会有不同的指代，也即一个词在不同历史时代的语境下或多或少存在一些差别，很多时候研究者在对自己的研究对象进行历史考察时，往往出现使用同一个词，前后含义不同的情况。而"农村教育"正是一个典型例子，它虽然成为社会广泛使用的大众话语，但其含义的边界往往是模糊的。

　　作为"农村"和"教育"组合而成的偏正结构短语，"农村教育"和"农村""教育"已经成为当今社会中经常涉及的高频词汇。不仅专业领域，公共传媒、大众话语中也经常使用到。语言文字的表述与其所表达的意义之间存在着密切而复杂的关系，在现实生活中，往往最经常用到的、最习以为常的词也是最难说清含义的。但是，在教育史研究中，必须明确其意义的内涵和外延，清楚其不同语境下的具体含义，把握其指代内容的嬗变历程，这样才能够围绕研究对象的核心开展研究。

一、关于"农村"

（一）以"农"来定义农村

　　定义"农村"势必要涉及"农业"和"农民"。《说文解字》中说："农，耕也。"[①] 也就是说，"农"的本义就是耕种，做动词。与这个本义最接近的应当是"农业"，因此，以"农业"为开端，以"农村"为归宿，按照"农业—农民—农村"的顺序进行含义的梳理是比较合乎逻辑的。

　　关于"农业"的含义，笔者认为在比较广泛的程度上已经达成了共识。所谓农业，就是指利用土地资源，培育动植物、生产食品和工业原料

---

① 许慎. 说文解字 [M]. 北京：中华书局，1963：60.

的生产部门。传统的农业包括种植业、畜牧业、林业、副业和渔业（水产业），现在又在此基础上派生出观光农业、休闲农业等新兴农业类型。这里的农业是广义上的，而狭义上的农业仅指种植业，不包含其他产业。现代语境下，广义和狭义都在使用，这里使用广义上的农业概念。

而"农民"就是长时间参加上述农业生产，以农业劳动为主要生活来源的人。当然，这是一种基于产业类型的职业划分方式。也即这样定义的农民，是一种职业，是一个个体概念。如果脱离了农业生产或不再以农业劳动为主要生活来源，则可以说其不再是农民，而是其他职业者。

但这种情况并不完全适合中国社会。在中国近现代以来，农民不仅仅是一种职业，也是一种相对固定的个人身份。在新民主主义革命时期，中国共产党将"人民"的范围确定为工人阶级、农民阶级、小资产阶级和民族资产阶级，农民成为一个集体概念。这个概念中分为几个层次——地主、富农、中农、贫农、雇农，其中地主又分恶霸地主、开明地主、经营式农场主等，中农也包括富裕中农、上中农、下中农等阶级和类型。这样划分主要依据新民主主义革命时期土地改革以前，个人和家庭的土地关系、雇佣关系、生活状况、高利贷、生产工具数量、政治表现等，而划分的标准是因时因地而异的。而且，这样一种阶级成分一旦确定，即便日后条件发生变化，这一身份也不会受到影响，甚至还会由后代继承，即所谓家庭出身。这样的状况在新中国成立之前便已存在，一直持续到20世纪70年代末80年代初。

另外，新中国成立以后，人为地将居民划分为农业户口和非农业户口，而且这种户籍制度在长时间内一直在比较严格地执行，并利用各种政策限制了人口流动。因此，长久以来，拥有农业户口的人久居农村，因而也被称为农民，而不论其是否成年、是否参加农业生产、是否以农业劳动为生。可见，关于农民的含义，从不同的时期、不同的角度来看，已经存在着比较大的差别。

根据"三农"的顺序，梳理了"农业"与"农民"，农村的含义便容易确定了。农村就是农民长期聚居的地方。即长期利用土地资源，培养和培育动植物，用以生产食品或工业原料为主要生活来源的人们，为了这种生产而长期居住的地方。

但这只是一种定义方式，现在提到的"农村"，多数都与"城市"这一概念相对。因此，通过定义城市再来定义农村也是一种方法。

（二）以"城"来定义农村

人类社会本来没有城市，当城市孕育产生之后，才有了城市与农村的区别。因此，农村只是一个历史概念。城市起源于何时，目前尚无确切的定论。但是，可以确定的是，城市的产生与人类社会三次大分工密切相关。三次社会大分工产生了种植业、畜牧业和手工业等生产部门，而且促使了生产力的提高，劳动产生了剩余。以物易物的交换由此产生。而交换的地点，由流动逐渐趋于固定。这样就形成了原始的"市"。与此同时，随着私有产品的增加，私有制代替公有制。贫富差距的分化进一步促使有产者使用坚固的材料构筑城池，以保卫私有财产，这样就形成了原始的"城"。生产的发展和私有制的产生，使古代的城市从原先的蛮荒原野中独立出来，成为一种新型的聚落形态。我国古代的城市有着不同的规模、不同的功能，因此也有着不同的称谓，如都、国、郭、邑等。

城市只是一个点状的聚落形态，城外还有广阔的空间。《说文解字》云："距国百里为郊。"[①]《尔雅》云："邑外谓之郊。郊外谓之牧。牧外谓之野。野外谓之林。林外谓之坰。"[②] 城外分布的聚落一般称为乡村或农村。当然，乡村或农村有时候也泛指城市之外所有的地区，不仅包括有人居住的村落，也包括无人居住的田野、山林等。这很明显是作为城市的对称出现，城市的含义较明确，农村的含义则相对模糊一些。

古代"城"的概念和形态相对来讲比较明确，但近代以来随着城墙的消失和城市范围的扩大，城市和农村的交界日益模糊，加之生产和生活方式趋同，城市和农村的划分失去了客观的标准。世界各国逐步采用居民点人口数量来划分城市和农村，即规定一个具体数值作为界线，线上为城市或城镇，线下为农村或乡村。20 世纪 70 年代中期，这一界线最低为 200 人，最高为 10 000 人，而采用 2 000 或 2 500 人的国家数量比较多[③]。

新中国成立以后，根据城镇行政建制，将城市与农村较为明确地区分开来。1955 年，国务院颁布的《关于城乡划分标准的规定》中，将"城镇"限定为政府、工矿基地、大专院校、交通要冲、商业中心等人口达到一定数量，且非农业人口占一半以上的区域[④]。此后，用以划分城镇的人

---

① 许慎. 说文解字 [M]. 北京：中华书局，1963：132.

② 胡奇光，方环海. 尔雅译注 [M]. 上海：上海古籍出版社，2004：257.

③ 胡焕庸，张善余. 中国人口地理：上册 [M]. 上海：华东师范大学出版社，1984：267.

④ 中华人民共和国国家统计局. 统计工作重要文件汇编：第 2 辑 [G]. 北京：统计出版社，1957：38-39.

口数量、非农业人口比例标准，随着经济发展和人口增加又有所提升，但人口因素作为区分城乡依据的状况，一直没有改变。因此，我国城市或城镇的划分标准可以归纳为：人口相对聚集，且达到一定数量，总人口中非农业人口占大多数的居民点或区域范围。

根据人口的规模，还可以将城市分为大城市或都市、中小城市、市镇或集镇等等。在行政建制上一般对应各级的市、镇。但是一般来说，市辖县、县级市所辖乡不包括在内，如果将这部分地区排除，则城市的范围仅限于各级市辖区及街道、镇。而相反，县域之内除去镇以外的地区，都可视为农村。

但是事实上，在这样定义的农村中生活的并不完全是农民或农业人口，农村中也有非农业人口，城市中也有农业人口，农村人口不等于农业人口，城市人口也不等于非农业人口。这种情况古已有之，但在中国近代城市化进程开始之后，尤其是 20 世纪 70—80 年代以后更为明显，这也是"三农"关系分离的一种表现。

（三）"三农"关系的统一与分离

所谓"'三农'关系"，就是指"农业""农村""农民"三个概念之间的关系。

农村往往和农民、农业一起构成一组密切相关的概念群，它们之间存在一种相互依存又相互指代的关系。在农村居住着的是农民，农民从事的工作是农业，农业在农村里进行；农民居住在农村，农业生产由农民承担。每两个词之间都形成一种互为充要条件的关系，三个词无论依怎样的顺序，都能形成一个环状的链条。

长久以来，人们已经形成了这样的意识。传统农村中的"三农"关系就是这样。但是，由于农村生产力、生产关系的发展，农村地区产业结构出现了一定的变化。加上人口流动的加剧，很多生于农村、长于农村的人，并不再局限于从事农业劳动，或直接走出农村，进入城市。因此，当代农村呈现出"三农"关系发生分离的状况。如前文提到的农村人口不等于农业人口；乡镇企业虽然仍然地处农村，但并不局限于农产品的加工；农民工，主要在城市中从事各种非农产业；一些集约化的农业生产中，出现了来自农村以外的劳动者或管理者、技术人员等等。因此，当代农村不再是以农业为自身产业的全部，从事农业生产的人，并非都是土生土长的农民，而土生土长的农民也并非全部从事农业生产。"三农"关系逐渐分

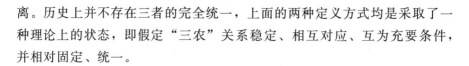
离。历史上并不存在三者的完全统一，上面的两种定义方式均是采取了一种理论上的状态，即假定"三农"关系稳定、相互对应、互为充要条件，并相对固定、统一。

二、关于农村教育

（一）"农村教育"的含义

农村教育，概括地说就是农村的教育。但是，由于"农村"的定义方式不同，对于农村教育的内涵，也存在着不同的观点，这里也应做一定的分析。

一种观点认为，农村教育就是施于农民的教育，如"农村教育主要是指在农村经济社区环境里，对农村居民（或农民）及其子女进行的教育"[1]；另一种观点认为，县及县以下的教育，即"在"农村的教育；还有一种观点认为，农村教育是服务于农村发展的教育，即"为"农村的教育，如农村教育也曾被定义为"由扫盲教育、基础教育、职业和技能教育、成人继续教育所组成的，为农村发展服务的综合化教育体系"[2]。

第一种观点偏重教育对象或受教育者，第二种观点偏重地域特征，第三种观点则偏重功能或目的。就现有的研究来看，多数倾向于前两者，而且尤以第二种居多。究其原因可以发现，因为不论从统计材料的针对性还是从研究对象的明确性，或者从大众语境的普遍性上来说，第二种的含义范围都较为清晰，易于理解，便于统计说明；第三种含义范围较广，涵盖了关于农村、农业、农民的绝大多数教育，因此属于广义的农村教育概念，在某些情况下可以使用。但多数情况下，"农村教育"还是侧重前两种含义。

笔者认为，前两者的含义差别较小，它们是经由前述两种"农村"的定义而得来，只是在表述上的侧重点不同，在"三农"关系统一这样理想的状态下可以等同，成为狭义的"农村教育"。因此，可以认为，狭义"农村教育"在不同的表述中侧重点不同，说明这个含义具有指向地域和

---

① 明庆华，程斯辉. 发展我国农村教育要处理好几个关系 [J]. 中国教育学刊，2004 (10)：4-7.

② 孙志河. 教育为农村转型服务：2003 年国际农村教育研讨会综述 [EB/OL]. (2005-03-08) [2013-6-12]. http：//www. wanfangdata. com. cn/details/detail. do？_ type=perio&id=zjlt200305009. html.

对象的双重属性。

（二）"农村教育"与"乡村教育"

与"农村"一词含义极为相近的还有"乡村"，二者在使用上存在一定的联系。因此，"农村教育"与"乡村教育"也成为一对近义词。

近代以来，尤其是 20 世纪 20 年代到 30 年代，中国教育史上兴起了一次规模庞大、影响深远的"乡村教育运动"。这一时期，乃至 1949 年以前，"乡村教育"一词使用得极为频繁。但是，也有使用"农村教育"的情况。近些年，农村教育受到国家和社会的高度重视。因此，农村教育也在沉寂了近半个世纪后，重新出现在人们的视野中和语境里。

表 1-1 是在大成老旧刊全文数据库（简称"大成"）和中国知网学术期刊网络出版总库（简称"知网"）两个资源较为丰富的期刊数据库中，通过题名的方式分别搜索"乡村"和"农村"，及其分别与"教育"搭配得出的使用频次情况。

表 1-1 　"乡村""农村"及相关词语频次表

搜索项	大成/次	知网/次
乡村	3 585	24 687
农村	10 605	319 853
乡村、教育	551	1 003
农村、教育	475	19 608
乡村教育	307	372
农村教育	275	3 104

（说明：1. 搜索时限范围：均采用数据库默认时限范围。大成——清末至 1949 年；知网——1949 年至今，部分扩展至 1949 年以前。2. 搜索日期截至 2013 年 9 月 29 日）

从上表中可以看出，"乡村"与"农村"作为一对近义词，其出现的频次有一定的差距。不论 1949 年以前还是之后，"农村"的使用频率都较"乡村"高。但当它们分别与"教育"搭配在一起的时候，其频次多寡在 1949 年前后两个时段则出现了不同的情况。

在以知网为代表的 1949 年以后的语境中，"农村教育"及相关搭配的使用明显多于"乡村教育"及相关搭配，这与"农村"与"乡村"的整体频次差别一致。而在以大成为代表的 1949 年以前的语境中，"乡村教育"及相关搭配则多于"农村教育"及相关搭配。这种差别可以概括成：总体上，百年来社会各个领域多使用"农村"；但在教育领域，1949 年以前多使用"乡村教育"，以后多使用"农村教育"。至于原因，笔者认为主要出于以下几点。

第一，乡村与农村从经济基础和经济结构上来看，都是以农业生产为主，地域上都是城市以外的地区。因此，"乡村"和"农村"、"乡村教育"与"农村教育"在绝大多数语境下指代相同，是可以通用或相互代替的，而不会产生理解上的歧义和偏差。这也是大成中"乡村"与"农村"、"乡村教育"与"农村教育"的使用频次有差别但不大的原因。

第二，"乡村"和"农村"在不同时期使用上的差别可能与"农业"含义的发展有关。前文从"农业"来定义"农村"，是默认了广义的"农业"。而民国时期，部分学者默认了狭义的"农业"，即特指种植业。下面就是一个例证：

> 或以为乡村教育即农村教育……。由表面上观之，似是一而二，二而一，其实此二名词所包含之意义各不相同。乡村非尽是农村，乡民非尽是农民。乡村的人民，除耕田的农夫而外，尚有砍柴的樵子，打鱼的渔家，放牛羊的牧人，捕野兽的猎者，至做小工小商者亦不少，或有一村各种职业之人杂居一处；或有一村居民皆务农或皆打鱼，或皆牧畜猎兽。乡村人民职业之不同，与地势及环境有密切之关系：如在平原者多务农，近海者多业渔，山岭中之人多以樵猎为生，居水草繁殖之地者多以游牧为事，盖地势与环境使之然也。[①]

因此，民国时期"农村"的含义小于现在，而"乡村"的含义约与现在的"农村"相当。所以，1949 年以前的"乡村教育"含义大于"农村教育"，与 1949 年以后所说的"农村教育"的指代大致相同。这样便能够解释，为什么民国时期使用"乡村教育"的频次高于"农村教育"了。

第三，产生使用上的区别，主要原因在于社会大众整体的使用偏好。民国时期兴起的乡村教育思潮和乡村教育运动曾经广泛地影响了中国社会各界，不仅教育团体将设想中的教育形式带到田间地头，与乡村民众打成一片，而且运动的主要倡导者受邀参与相关政策的研讨和制定，并受聘于

---

① 傅葆琛. 乡村平民教育大意 [J]. 教育杂志，1927 (09)：1-8.

政府直接负责相关地区的乡村建设和教育改造事宜。因此，乡村教育思潮和乡村教育运动的影响，上至国家最高决策层，次至省县政府，下至乡间民众，范围不谓不广，力度不谓不小。因此，社会各界受其影响多使用"乡村教育"是可能的。而新民主主义革命时期，中国共产党关于阶级的划分是以生产资料的所有权和所属产业部门进行的。因此，有了"农民阶级"的称谓。由此，与农民阶级相对应的区位概念便是"农村"。"农民阶级"和"农村"强调的是生产关系和经济形态，可以理解为是经济学名词。中国共产党出于阶级斗争的考虑，更多地使用了"农村包围城市"这样的口号，在 1949 年取得全国政权之后，其在政治领域的使用偏好自然而然地影响了社会大众。这样就可以理解为什么 1949 年以后"农村教育"的使用频率高于 1949 年以前，同样也可以解释为什么"乡村教育"与"农村教育"在 1949 年前后使用频次发生了相对变化。

第四，虽然"乡村"与"农村"、"乡村教育"与"农村教育"在绝大多数情况下含义相同，但其在使用上确实存在一些细微的差别。1949 年以前多以"都市"和"都市教育"作为"乡村"和"乡村教育"的对称。如 1931 年 4 月 29 日，南京政府教育部同时颁布《繁盛都市推广小学教育办法》和《乡村小学充实儿童学额办法》，就是一个典型的例子。这里，都市泛指南京、上海、北平、武汉等作为全国或区域政治、经济、文化中心的大型城市，也包含经行政院核准的建制市；除此之外的地区都视为乡村，因此乡村的范围包括县域全境。而 1949 年以后，多以"城市"或"城镇"作为"农村"的对称。"城市"指各级建制市的市区部分，有的包括郊区，一般不含所辖县。"城镇"则在"城市"的基础上包括县城和其他建制镇。但这些细微的差别只表现在统计数据中，而一般情况下，它们的区别并不十分明显，使用上也并不十分严格。因此，"城乡"一词既可以视为都市与乡村的合称，又可以视为城市（镇）与农村的合称。

第五，以知网为代表的现代话语中，"乡村教育"依然存在，但使用的频率远小于"农村教育"。从对使用"乡村教育"为题名一部分论文的内容分析中可以看出，相当一部分论文的研究对象是 20 世纪 20—30 年代的乡村教育运动或乡村教育思潮、流派等，或与其相关的领域。由此，我们也可以得出这样的结论，虽然"乡村"与"农村"、"乡村教育"与"农村教育"在绝大多数情况下含义相同，但是在现代语境中，"乡村教育"在某些条件下作为专有名词，特指 20 世纪 20—30 年代的那场以改造乡村、建设乡村为目的的社会运动的一部分，而非泛指。如苗春德著《中国

近代乡村教育史》（人民教育出版社 2004 年出版）中，所使用的"乡村教育"就是这样的含义。

（三）农村教育的类型

农村教育的类型可以根据教育的种类和层级进行划分，也可以根据教育内容、教育形式等其他标准来划分。

表 1-2　几种主要的教育类型的划分

划分标准	类别
教育组织形式	学校教育、社会教育、家庭教育、远程教育
教育对象	儿童教育、成人教育、女子教育、特殊教育、民族教育
教育内容	普通教育、职业（技术、劳动）教育、社会教化
教育时段	全日制教育、半农半读教育、巡回教育、短期（速成）教育、业余教育
教育的历史形态	私塾教育、新式学校教育
学历	学历教育、非学历教育
教育产权归属	公立教育、私立教育；官办教育、民办教育；教会教育
教育层级	初等教育、中等教育、高等教育、继续教育、终身教育

根据某一项标准进行划分，各个类别之间有些并非互斥，有些也并不具有穷尽性。因为各个历史时期、不同的文献材料所采用的标准不同，因此，其划分的农村教育类别也不一致。而且，多数时候出于需要，往往采用将数个标准进行综合的方法来划分。最常见的方法是将农村教育分为农村基础教育、农村职业教育和农村成人教育，这样的分法基本上涵盖了近代以来农村地区的主要教育类型。

以上的划分基于农村教育的一般意义，即前提是地处农村地区的教育。而从广义的农村教育含义来看，凡是"为农"或与"农"相关的教育，都可以视为"农村教育"的一部分。如李水山主编的《农村教育史》（广西教育出版社 2007 年出版），就将高等农业教育与农村基础教育、职业教育和成人教育并列作为一个重要部分。如果依这样的逻辑思考，笔者认为，可以按照农村、农业、农民（包括成人和儿童）三个因素，每个因素含有是、非两种情况进行搭配，来探讨农村教育的形式及样态（参见表 1-3）。

表 1 - 3　"三农"要素的搭配方式与对应的教育形式

"三农"要素的搭配	典型教育形式举例
农村—农业—农民	农业技术下乡
农村—农业—非农民	"知青"上山下乡
农村—非农业—农民	普通教育、扫盲教育
农村—非农业—非农民	
非农村—农业—农民	城市中提供的农业技术培训
非农村—农业—非农民	高等农业教育
非农村—非农业—农民	随父母来到城市的农民工子女教育
非农村—非农业—非农民	

　　表 1 - 3 中所举出的典型例子含有 6 个类别，都是与"农"有关的教育或培训，所以，均可视为广义上的农村教育，或"大农村教育"的一个类型。

　　综上，从对农村教育类别的分析中也可以大致确定"农村教育"概念的内涵和外延以及具体的样态。这样就从文字本身和具体指代两个方面厘清了"农村教育"，并可以得出如下结论："农村教育"含义的产生与近代以来城乡关系的演进密不可分，其在现代语境中包含广、狭两种含义，其使用和指代也因研究视域与对象的不同而具有一定的区别。

［原文刊载于《四川师范大学学报（社会科学版）》2014 年第 3 期（曲铁华　樊涛）］

7 城镇化进程中乡村教化的发展路向

在整个人类社会向现代化、全球化，乃至向后现代化方向发展的时代潮流中，乡村的前途面临着前所未有的考验。"从 1985 年到 2001 年，在这不到 20 年的时间里，中国村落的个数由于城镇化和村庄兼并等原因，从 940 617 个锐减到 709 257 个。仅 2001 年一年，中国那些延续了数千年的村落就比 2000 年减少了 25 458 个，平均每天减少约 70 个。"[①] 有学者提出，以新农村建设为契机，重建农村生活方式，提高农民的主体地位和文化感受力，让农民可以分享到现代化的好处，从而能过上体面而有尊严的生活；同时重建田园牧歌式的生活，农民可以继续享受青山绿水和蓝天白云，可以继续享受家庭和睦和邻里友爱，可以继续享受陶渊明式的"采菊东篱下，悠然见南山"的休闲与情趣。[②] 这一幕美妙的乡村前景含带了很多学者式的理想，其中的很多"继续"在现实中可能无法继续，也可能以另一种样态继续。可以肯定的是，乡村发展绝不是断裂颠覆式的重建，而是一个日积月累的过程。所以，面对城镇化的方向，植根于乡土，是乡村教化在农村现今境遇中的发展路向。

一、教化——一个古老概念的新使命

教化是中国古代教育的一个重要组成部分，"教化"一词在我国经典史籍中古而有之，源远流长，最早见于《战国策·卫策》："治无小，乱无大，教化喻于民，三百之城，足以为治。"关于"教化"这一古老概念的内涵，学术界大多数已有的研究都是在考察儒家、法家、道家等经典关于教化的表述基础上，从作用、特点等方面进行阐释。在教化的作用方面，大多从对个体的作用和对社会的作用两方面进行论说，但各有偏重。重教化之社会作用的研究成果表明，由于统治者意识到"民"在维护其政权

---

① 李培林. 村落的终结 羊城村的故事 [M]. 北京：商务印书馆，2004：1.
② 贺雪峰. 乡村的前途 新农村建设与中国道路 [M]. 济南：山东人民出版社，2007.

"长治久安"中的重要作用，而"教化"在"统一思想、维系民心"方面具有"'春风化雨'的作用"，因而中国历史上形成了"教民"的传统。①

　　还有研究倾向于从个体作用入手界说教化，认为教化"盖指在'下'者经过在'上'者的价值施予与导向，致使其内在的人格精神发生深刻变化"，并"导致""社会良风美俗"②。这一观点的表述中，出现了"人格精神"和"良风美俗"两个不同层位的概念，表明了教化之作用发挥首先要关涉个体再则才功效社会的逻辑顺序。在教化的特点方面，有研究认为教化的精髓在于"化"，并以水相喻。"教的特征是'以言相感'，而化的特征是'以神相感'……'化'仍然具有至高无上的地位，它恰恰体现了水的基本特征。"并且进一步论述"化"是指由渐变所造成的根本改变，教化的理想境界是天人合一，是生命与宇宙的合一。③ 也有研究从教化所载负的功效出发表述中国传统教化浓厚的"官方"特点，即传统教化以政府和官方意志为主导，教化的目的、对象、内容等主要指对民众而言，不包括人才教育或以选官和做官为目的的学校教育和科举制度。④

　　上述两种观点基本代表了教育史界对教化特点的两种不同看法。一种是强调教化是软性的，具有春风化雨般温润濡沫的"默成"特点；另一种是强调教化是"严厉"的，即承担着官方"化民成俗"的责任，对民众而言具有不可选择性。总而言之，即教化就是以一种无所不在、无时不在的濡洒润泽，使民众无可选择地蒙接承受，从而形成淳厚有序的社会氛围。

　　鸦片战争之后，伴随着社会情势的巨变，中国传统教化呈现出新的动向。目前已有研究认为，在"民权"思想的作用下，"民"在教化中地位发生了本质的改变，因而促生了其后蓬勃发展的民众教育运动。

　　民众教育应是以民众为本位的教育，办理民众教育者不能代替民众做事，应以民众为主体，引起民众的觉悟并培养其自动的精神和能力，使民众能够自动去做，自动去解决一切自己生活中的问题，当然，更重要的是应有一定的社会政治和经济环境来做保障。这样，民众教育运动与民众发

---

①　周慧梅，王炳照. 沿革与流变：从古代社会教化到近代民众教育 [J]. 河北师范大学学报：教育科学版，2005（04）：59-64.

②　黄书光. 中国社会教化的传统与变革 [M]. 济南：山东教育出版社，2005：1.

③　金忠明. "软文化"模式与水的教化意味：兼论中国传统教育的理想境界 [J]. 教育学报，2008（04）：88-96.

④　王雷. 论传统教化思想在近代中国的演变 [J]. 华东师范大学学报：教育科学版，2002（01）：52-59.

展方可相得益彰。①

还有一些研究从教化的目的、旨趣等方面论述鸦片战争后教化的"转型",认为教化的目的由"得民心"转向了"开民智",②由绝对忠君的"臣民"意识转向了人格独立的"新国民"意识,并经过五四运动的洗礼,最终生成了一种以自由平等、科学民主、个性独立、生命关怀为旨趣的新式教化理念,完成了从传统教化向现代教化的转型。③同时,"教化"这一似乎"老旧"的概念逐渐鲜见踪影。

现今,随着时代的发展,中国农村发生了翻天覆地的变化,民众物质生活水平有了前所未有的改善和提高,"城镇化"已成为大部分农村不可回避的发展前景。在未曾有过的相对富足的物质条件面前,民众在精神文化生活方面有着前所未有的渴求。如何让农村、农民的精神文化生活有着与物质生活相应的提升?如何让逐渐失去田园乡土的乡村文化存延、更新?如何让城镇化进程中"背井离乡"的村民在纷繁复杂的现代社会中找到安身立命的精神信念?这些成为当下亟待解决的现实问题。"教化"作为中国教育史上一个古老的概念,是一个民族特色浓厚的本土性概念。

综合前文所叙,就其本身的价值意蕴来说,教化是通过教者的施予与导向使受教者的人格精神发生深刻变化,进而养成社会的良风美俗。"教化"是一个既关注"教"之过程又指向"化"之结果的主客观兼顾的概念,其精髓是顺应人心、人情、人性,如"春风化雨"般不显山、不露水,但润物无声,无所不在,无时不在。这正是城镇化进程中的乡村所需要的"化民成俗"的关键。除其本身所蕴含的民族品性、文化意味、价值旨归等等诸多良端,其在两千多年的发展嬗演史中积累了大量的经验与教训。所以,在新的历史条件下,在当今乡村的城镇化进程中,这一古老的概念可以被赋予并履行新的使命,绽放新的光华,从而推动城镇化进程中乡村的健康发展。

① 周慧梅,王炳照. 沿革与流变:从古代社会教化到近代民众教育 [J]. 河北师范大学学报:教育科学版,2005(04):59-64.

② 王雷. 论传统教化思想在近代中国的演变 [J]. 华东师范大学学报:教育科学版,2002(01):52-59.

③ 黄书光. 中国传统教化的现代转型 [J]. 华中师范大学学报:人文社会科学版,2005(06):166-171.

二、城镇：乡村教化无法回避的方向

社会生产力的发展必然使农业社会转向工业社会，城市化便成为人类社会发展的必然命运。在《中华人民共和国国家标准城市规划术语标准》中，给"城市化"下的定义是："人类生产和生活方式由乡村型向城市型转化的历史进程，表现为乡村人口向城市人口转化以及城市不断完善的过程。"城市化作为一种人类社会进步的历史过程，其首要之义就是农村的城市化，就是乡村社会转变为城市社会。由于我国在人口、地理、体制等等方面的特殊国情，城镇化成为农村城市化的途径之一。中央政府在《中华人民共和国国民经济和社会发展第十个五年计划纲要》中，首次提出了"城镇化"这一概念，并出台了一系列实施城镇化战略的方针、政策，将"实施城镇化战略、促进城乡共同进步"确立为我国国民经济和社会发展的内容之一。

关于"城镇化"这一概念的定义，学术界的界说颇多，但对其内涵有着较为统一的认识。即首先是农村人口向城镇地区集中，农业人口转化为非农业人口，城镇人口占总人口的比重提高；其次是城镇数量的增加，城镇规模的扩大，城镇内部现代化程度提高；再次是农村中非农产业和非农就业人员的比重不断提高；最后是农村中基础设施水平提高，生产、生活方式、文化观念、价值观念向城市型转化。概而言之，农村的城镇化不仅表现为居住区域、生活设施、从业种类等等可见因素的"城镇化"，更包含着融释在乡民的价值观念、行为方式和生活样态等等方面的原有乡村文化的"城镇化"。

就目前全国的整体实际情况而言，虽然城乡二元结构还没有从根本上打破，城乡差距依然明显，但"城镇化"已成为大部分农村不可回避的前途命运。一些经济发达地区的农村已经率先步入了城镇化进程。必须说明的是，"率先步入城镇化进程"在当下有两种不同的具体情况：一是"水到渠成"型的城镇化，即"城镇化"是这一农村地区经济、文化等等方面蓬勃发展的自然结果，如江苏省南部的华西村；二是"水涨船高"型的"城镇化"，就是某一农村地区的"城镇化"，并非由于其经济等等方面的良好发展，而是由于其所处地理位置的优势，在有关政策的直接或间接作用下发生、发展的。这种类型的"城镇化"是当前大多数农村城镇化的缩影。这一类的农村大多处于城乡接合部，本身有着较好的发展基础，在政府的基础设施建设、旅游区开发、工业园区开发、大学城建设或房地产开发等等政策需要下，失地、搬迁、入住位于邻近城市或集镇的安置房，极度迅速地"城镇化"。本研究所选取的田野地点——石村就属此例。

石村地处长江下游，古运河畔，江苏省中部地区，位于历史文化名城扬州和古镇瓜洲之间，有着较为醇厚而深远的历史文化底蕴和传统。近年来，由于江苏省"抓沿江开发、促苏中崛起"政策的出台、外出人员打工等因素，石村的面貌在物质方面发生了巨大的变化，然而民众在文化生活方面的饥渴及潜藏的危机越来越严重。几乎同时，该村所在地被划入待开发工业园区内，各小组陆续拆迁，迁入镇上统一兴建的安置小区。2008年10月—2009年10月，笔者先后多次到"石村"（包括拆迁农户所搬入的小区）进行田野调查。以石村为代表的这一类农村在居住区域、生活设施以及从业种类等方面，已经毋庸置疑地"城镇化"，然而在村民的意识层面、文化层面，却远未实现"城镇化"。或者简单地说，脱离了乡土田园、离土又离乡的村民，在精神层面没有与物质生活同步地实现"城镇化"。

在所迁入的安置小区中，石村民众很快有条不紊地生活起来。他们一方面接受并且按照"街上人"的一些方式开始了新生活，如每家每户都进行了或简或繁的装修，无一例外的是进门都需要换鞋子；晚饭后走出家门到街上逛逛成为一种习惯，有些人去"跳舞"（跳健身操），有些人去"看跳舞"，有些人去逛超市和商店，有些人在小区门口站着聊天，还有一些人在街上逛逛后相约到某个棋牌室打麻将；另一方面，也"固执"地保存着很多积年的旧习，如大清早见面后非常大声地互相打招呼；家庭主妇们去菜场都是三五成群地互相招呼着去，然后在不同幢楼的岔路口依依不舍地交谈半天；无事在家的人照例以去棋牌室"看牌"（打麻将）打发时光；老人过大寿、婚嫁、治丧等"大办小事"，还是热衷于按照旧俗在家中操办，即使场地局限带来了种种不便。

更令人惊叹的是，小区绿化带的很多区域被有着深厚"泥土情结"的乡民们改造成了"菜田"，有的是遮遮掩掩地直接撒了些菜籽，零零散散的小青菜在草坪上羞羞答答地长着；有的干脆掀掉了草皮，光明正大地整理成了一块一块的菜地，菠菜、茼蒿等等长得神气活现。暂时空置的停车位也全部被利用，晒满了从以前稻田里收回的豆子。偌大的一个安置小区，仿佛成了城乡接合部的缩影，正如村里一位在省城南京上大学的女孩"十一"回来后对小区的评价："从一个农村搬到了另一个农村。"

在过去的研究中，"人们通常以为，村落的终结与农民的终结是同一个过程，就是非农化、工业化或户籍制度的变更过程，但在现实中，村落作为一种生活制度和社会关系网络，其终结过程要比农民的职业身份转变更加延费和艰难。城市文明的发育并非仅仅是工业化的伴随曲，它展现出自身不同于工业化的发展轨迹"[1]。进入城镇的农民仍然秉持旧有的文化规则，在无意识中"固执"地坚持着一些世代相传的传统习俗和习惯性的生活方式，文化意义上的乡村仍然存在着，这与其所置身的"城镇"社会环境极不协调。

快速的市场经济、现代传媒及社会流动，深刻改变了农民的生活样式，传统的构成农民人生意义的文化与活动，要么被现代社会宣布为愚昧、落后，要么被市场经济边缘化。在快速的社会变动中，农民不再能从传统中获得人生的稳定感，又因为现金收入有限而不能从被广告和时尚引领的消费主义价值观中获得现代的人生意义。这样，农民就被抛入一个传统已失、现代又不可得的尴尬境地。[2]

所以，"城镇化"作为我国农村社会走向城市化、走向现代化的一个重要步骤，不仅表现为居住区域、生活设施、社会制度及经济结构的调整与变化，在更深层意义上，是一个文化变迁和更新的过程。只有通过这种文化的变迁和更新，遵循文化整体律，曾经的乡村才能真正实现"城镇化"。所谓文化整体律，就是各种文化价值力量的运动、发展、变化有着整体的相关性和一致性。这条定律一方面表示个体的价值（如自我的价值、个别群体的价值）与文化整体价值的相关性，即任何自我和个别群体的价值存在都离不开所处历史时代的文化整体的价值，受整个时代文化价值力量的统辖、威慑和制约；同时，另一方面，也表示着文化整体价值与个体价值的相关性，即任何历史时代的文化整体价值都涵盖或包含着自我和个别群体的价值，或者说，由无数自我和各种社会群体的价值力量交互作用构成的总的客观情势、趋势及广泛的联系、关系、照应、反应、应验等。[3]

不论是从单纯地实现乡村文化的改进和更新出发，还是全盘性地从文化整体律考虑，乡村教化都担负着不可推卸的责任，需要以"城镇化"为

① 李培林. 村落的终结　羊城村的故事 [M]. 北京：商务印书馆，2004：2.
② 贺雪峰. 乡村的前途　新农村建设与中国道路 [M]. 济南：山东人民出版社，2007：116.
③ 司马云杰. 文化悖论　关于文化价值悖谬及其超越的理论研究 [M]. 西安：陕西人民出版社，2003：246-247.

方向，在"新"与"旧"的交锋中起到继往开来的作用。一方面协助被动卷入城镇化进程、过快进入城镇的农民重建生活方式，"提高农民的主体地位和文化感受力，让农民可以分享到现代化的好处，从而能过上体面而有尊严的生活"，对城镇产生安身立命的认同感；另一方面，化民成俗，使曾经的乡村社会健康地"城镇化"，而不是成为一个怪胎般的"城中村"或"镇中村"。

三、乡土：乡村教化不可拔离的土壤

城镇化是中国农村发展的前景，但这是一个漫长的承前启后、继往开来的过程，而不是简单的推倒一重建。然而，在现实的情况中，人们（包括村民自身）往往会在一种"凯歌高昂"式的破旧立新中兴奋得忘乎所以。

它们悄悄地逝去，没有挽歌、没有诔文、没有祭礼，甚至没有告别和送别，有的只是在它们的废墟上新建的文明的奠基、落成仪式和伴随的欢呼。人们似乎忘却或忽略了，在故去的老人和新生的婴儿之间存在的继替关系，以及后者的血脉和身躯里依旧流淌和生存着的祖辈的血液和基因。[①]

当兴奋的热度消退之后，人们又会在现实与想象的差距中，在现在与过去的落差中，在一种习惯的无意识中，缅怀过去，留恋过去，甚至想方设法"复制"过去。"历史的否定不是简单的抛弃，现实的东西变成了传统的东西，传统的东西作为'遗迹'仍存在于现实生活中间。"[②] 城镇化进程中的乡村教化在种种"遗迹"的作用下似乎难以随人所愿大展拳脚地行其教化之效。卢梭在其著名的《社会契约论》中说："正如建筑家在建立一座大厦之前，先要检查和勘测土壤，看它是否能担负建筑物的重量一样；明智的创制者也并不从制定良好的法律本身着手，而是事先要考虑一下，他要为之而立法的那些人民是否适宜于接受那些法律。"[③] 与此类同，在城镇化进程中，乡村教化欲切实地达到"化民成俗"的功效，首先要考虑其所生的土壤。

中国有着两千多年的农耕文明，两千多年所形成的社会本质是乡土社会。乡土中国里基本的社会结构是"差序格局"，这有异于西方社会讲求

---

① 李培林. 村落的终结 羊城村的故事 [M]. 北京：商务印书馆，2004：1.

② 张乐天. 论人民公社制度及其研究 [J]. 华东理工大学学报：文科版，1996（03）：23-30.

③ 卢梭. 社会契约论 [M]. 何兆武，译. 北京：商务印书馆，2008：55.

权利—义务对等的团体格局。差序格局就是"以'己'为中心，像石子一般投入水中，和别人所联系成的社会关系，不像团体中的分子一般大家立在一个平面上的，而是像水的波纹一般，一圈圈推出去，愈推愈远，也愈推愈薄"①。因此，所谓的差序也就是从自己推出去的和自己发生社会关系的那一群人里所发生的一轮轮波纹的差序，推出去的路线就是亲属关系的亲疏远近。在这种差序格局的社会中，表现出种种乡土气息浓厚的文化特质，如重情而轻法，重理而轻罚，重礼而轻利。这些文化特质不但在日渐"现代化"的中国城市中仍然有一定的影响（各行各业"人情"的存在，法治社会建设的滞钝可算是明证），在最基层的乡村中更是作用巨大。"乡土"不仅概括出了农村以土为生的地域特点、产业特点和社会特点，更代表了农村文化的特色。乡村教化"天生地"植根于"乡土"这种土壤中，在乡土文化基因般的作用下发挥化民成俗的功效。

伴随着改革开放和全球化，"当前的市场经济及现代价值使农民传统的生存价值边缘化，农民作为生活主体的地位被一种强大的外来力量压抑和排斥，他们已经不能成为自己生活的主人"②。农村文化更是因其本身浓厚质朴的乡土气息而被视为"落后"的代名词。如今的现实与费孝通先生在 20 世纪中叶的阐述重合，"在我们社会的急速变迁中，从乡土社会进入现代社会的过程中，我们在乡土社会中所养成的生活方式处处产生了流弊。陌生人所组成的现代社会是无法用乡土社会的习俗来应付的。于是，'土气'成了骂人的词汇，'乡'也不再是衣锦荣归的去处了"③。

但是，现代社会，或者更就近地说，农村城镇化之目的的社会，有着很多令人无所适从的弊病。人们之所以服从社会习俗，在于他们恐惧惩罚，也在于他们渴望得到认可。所以，从他人那里获得情感反应的心理需要普遍而强烈。这种要求情感反应的心理，尤其是要求得到赞许的心理反应，使个人拥有了走向社会而且希望被社会接纳的主要动力。但是，在现代都市中，个人完全有可能与许多其他个体进行正式的、遵循文化范式的交流，从他人那里取得服务之需而不必发生情感反应。

在这种情况下，人的心理需要并未得到满足，他遭受着情感的孤独与疏离，这种感觉深切之至就仿佛眼前根本没有他人一般。说实话，这种体

---

① 费孝通.乡土中国　生育制度 [M].北京：北京大学出版社，1998：27.
② 拉尔夫·林顿.人格的文化背景 [M].于闽梅，等译.桂林：广西师范大学出版社，2007：11.
③ 费孝通.江村经济　中国农民的生活 [M].北京：商务印书馆，2007：20.

验要比真正的独居更令人灰心丧气，因为我们都很清楚在人群中受到孤立是什么滋味。因此，造成了人们在心理上的苍白、倦怠、空虚、绝望。加之西方工具理性潜移默化的影响，人们比以往任何时代都更加急功近利，更加浮躁。在差序格局的乡土社会中，待人接物常常言及的是"都是自己人""一家人不说两家话"，通过这种家庭模式、亲属关系的类比来获得情感反应心理的满足。这无疑是有利于化解上述种种不利心理因素的。因此，在农村走向城镇化的漫长过程中，乡村教化能够从其所着生的土壤——乡土中一直汲取养料，滋育社会的健康发展。同时，"乡土"文化对于国家和民族的存在及发展具有"根脉"的意义。在城镇化进程中，使乡土文化得以绵延弘扬是乡村教化不可逃避的历史责任。

在石村调查期间，即将入住小区和已经入住小区的村民，都提出了在小区内"要一个公共场所"的要求。其理由一是为了方便大家能够聚到一起谈话聊天，不仅使全村人仍有一种整体感，还能够制造一些"舆论压力"，对民众个人和村集体都有一定的"引导"作用；二是方便村集体举办一些已经出现的"时髦"活动，如跳健身操，甚至是以家庭为单位的才艺表演赛；三是方便按传统风俗操办婚丧嫁娶等"大办小事"，减少场地带来的麻烦。"公共场所"是村民们在"小区"这样的新天地中的一个渴望，一方面表明了他们对以传统习俗为代表的乡土文化的难舍情结，另一方面也反映了他们希冀通过在这么一个公共场所中的及时沟通和集体所组织的有着教化意义的活动，能够真正地适应、融入他们不得不适应、不得不融入的"城镇化"的生活。在某种意义上，村民所要求的这个"公共场所"担负着使石村从乡土走向城镇的神圣使命。

继往开来是乡村教化在农村城镇化进程中所应满足的需求、所担当的职责和所应发挥的能效，融合了原先所具有的"乡土"意蕴和将来应含有"城镇"含义的呼之欲出的文化，是乡村教化的依循之径。强调传统力量与新的动力具有同等重要性是必要的，因为中国经济生活变迁的真正过程，既不是从西方社会制度直接转渡的过程，也不仅是传统的平衡受到了干扰而已。无论是乡村社会的发展，还是乡村教化本身的功效发挥，都不是裂变式的革命，而是渐进式的积累。所以，乡村教化采取"亦此亦彼"的理念，依循文化这一基因，摆脱热闹而又寂寞的尴尬，继往开来。

［原文刊载于《社会科学战线》2011年第9期（曲铁华　袁媛）］

8　由依附到整合：近 *30* 年农村教育价值观的历史变迁与现实审思

　　从改革开放至今的三十多年，中国农村教育发生了巨大的变化：教育经费大幅增长，教学基础设施不断得以改进，师资质量不断得到提高，教育改革取得突破性进展。与这些有形的变化相比，人的教育观念由传统到现代的变化是更本质，影响更深远，也是诸多变化中更加重要的变化。当前社会转型时期，农村教育价值观的矛盾与冲突已成为制约农村教育持续稳定发展以及农村教育现代化的重要因素。本部分通过对改革开放以来不同时期农村教育价值观念变迁的历史回顾，厘清农村教育价值观念变迁的基本脉络与规律，探索符合时代要求的现代农村教育价值观念，通过教育价值观念的更新与重建，为当前农村教育发展提供新的动力。

一、由依附到整合：近30年中国农村教育价值观的历史变迁

　　教育价值观是人对于教育活动满足其生存需要的关系在人的观念上的反映，它源自于教育实践同时影响教育实践活动的开展，它决定了人们对教育目的的认识、对教育方针的制定、对教育功能的选择和对教育活动的评价。历史上形成的城乡二元社会经济结构，造成了城乡文化教育之间的巨大差距，农村教育不可避免地经历了一个依附城市教育的价值发展过程，农村教育价值观的错位使农村教育职能发生变异与扭曲，教育表现为单一的应试性、城市性与离农性。2005 年，十六届五中全会确立了科学发展观与建设社会主义新农村的基本理念，农村教育逐渐实现"农本主义""城本主义""人本主义"教育价值取向的有机整合，这将促使农村教育不断走向独立与成熟。

（一）依附城市文化"知识本位"的农村教育价值观

　　1978 年，十一届三中全会确定了改革开放的伟大战略，由此也展开了全面化的农村教育现代化探索。高考制度的恢复为农村青年提供的平等竞争权利极大地激发了他们的学习积极性，并且在农村形成了浓厚的向学

风气。考上大学，将户口从农村迁到城市，成为国家干部身份，就成为当时农村学生的主要追求。改革开放之初，由于精神生活与价值取向受到长期僵化的计划经济体制的束缚，广大农民缺乏主体意识，就范于丧失自我个性的社会本位角色，于是围绕单一的升学目标，跳出农门、改变农业人口身份——"离农"的泛学历主义教育便成为农村教育唯一的价值取向，它强调"知识本位"，将学生个体生命异化为适应社会现实需要的工具人，使之不能和谐融入农村生产建设与社会现实之中。这种教育价值观缺乏对农村教育特殊性、差异性和不平衡性的思考，妨碍了农村教育与社会的良性互动，在耗费了大量农村资源后，只为城市输送少数精英而已，而"使大量接受完基础教育的农家子弟基本上处于边缘人的状态"①。

（二）依附城市经济"市场本位"的农村教育价值观

20 世纪 80 年代是中国社会经济进入全面改革开放的年代。1982 年 1 月 1 日，中共中央批转《全国农村工作会议纪要》，肯定了"双包"制度，明确说明它"不同于合作化以前的小私有的个体经济，而是社会主义农业经济的组成部分"。这是党对于农村改革的重大理论创新，推动了农村经济的快速发展②。同时，农村开始调整产业结构，鼓励农民面向市场，确立农户独立的市场主体地位。

80 年代中后期，以计划经济为主的传统农耕文明向以市场经济为主导的现代农业转变，农村乡镇企业迅速发展，城乡个体私营企业和中外合资企业、商贸服务业广泛兴起，以及农村户籍管理制度、劳动力管理制度改革，促使农民就业观念发生改变，大量的农村劳动力从土地上解放出来，转移到第二、三产业，使农村三个产业同步发展，此时由于中国社会改革的主要任务是消解旧体制、旧观念，市场改革的平等化效益能够比较明显地体现，社会结构和利益开始出现分化，但还没有造成严重的贫富差别，以农民为主的体力劳动者首先参与市场经济并从中获利，伴随着农民收入的大幅度上升，社会上出现了所谓的"脑体倒挂"现象③。社会主义市场经济体制的建立使农村教育观念发生了深刻的变化，形成了教育知识本位与教育市场本位并举的两极分化，过去知识可以摆脱自己低下的社会

① 周洪宇. 农村、农民与农村教育 [J]. 当代教育论坛，2005（01）：18-24.
② 中共中央文献研究室，国务院发展研究中心. 新时期农业和农村工作重要文献选编 [G]. 北京：中央文献出版社，1992：117.
③ 李培林. 中国社会分层 [M]. 北京：社会科学文献出版社，2004：17-28.

地位，现在金钱也可以拥有一切，农民迅速致富的愿望远比获得高学历和社会地位强烈得多。

（三）依附城市政治"教育产业化"的农村教育价值观

进入20世纪90年代以后，市场经济体制越来越趋于成熟，同时伴随着知识经济的逐渐兴起，受过良好教育的人与文化水平低的人在社会地位和经济收入上拉开了很大差距，新的社会结构相对定型，中国社会贫富差距、城乡差距持续扩大，社会阶层的分化造成了一个包括失地农民、下岗工人、失业和半失业人群等构成的庞大的弱势阶层和底层社会。此时，中国社会改革已经上升到"转型阶段"，"转型是由上层发起，以明确的创造市场经济为目的，通过决定性的立法行动实现"①。在实现国家主义的发展目标与追求经济利益的双重驱动下，教育走上了以教育规模、数量的急剧扩张为主要特征的产业化发展的道路，通过国家政策把市场关系强行引入公共教育领域，教育体制改革被搁置。

追求利益最大化的"教育产业化"倾向，很大程度上损害了教育的公共性、公益性和公平性，加大了基础教育的城乡差距、地区差距和阶层差距。在教育产业化理念指导下，所有的一切都要用投入和产出比例来衡量，高昂的学费让大量农村贫困家庭感到大山一样的沉重。同时，花了学费大学毕业后却不能找到工作，在这样的难题面前，导致新"读书无用论"在农村抬头。

（四）"农本""城本""人本"三位一体相整合的农村教育价值观

自改革开放至2005年相当长的一段时期，中国农村教育的运行由于无法摆脱对城市行政命令的高度依附，陷入"一时依附于政治，一时依附于经济，今天是政治的奴仆，明天是经济的婢女，忽而政治化，忽而商品化，忽而又产业化"的浪潮中，农村教育只为了模仿城市，只是具有一种对城市的服务性与从属性。教育规律所要求的教育的相对独立性以及人的发展需求，在很大程度上也被模糊和忽视了。这种城市本位价值取向农村教育发展模式，忽略了农村教育自身的现实处境与需求，这种畸形的耦合关系及其低下的运转效率，已使农村教育成为我国教育现代化战略的牺牲

---

① RONA-TAS A. The First Shall be Last Entrepreneurship and Communist Cadres in The Transition From Socialism [J]. American Journal of Sociology，1994：40-69.

品。如何重塑农村教育价值取向，有效实现农村教育与城市教育之间的平衡，成为农村教育发展的主要问题。

20 世纪以后，伴随着经济与社会的发展，党和政府已经认识到城乡协调发展是现代化建设成功的重要前提，是构建社会主义和谐社会的重要基础。十六届五中全会确立了科学发展观与建设社会主义新农村的基本理念，强调以科学发展观统领农村经济、社会发展全局，实现农业经济结构转型与经济增长方式转变。《中共中央、国务院关于做好 2001 年农业和农村工作的意见》强调指出："坚持实施'科教兴农'战略，加快农业科技进步，把农村和农村经济的发展真正转到主要依靠科技进步和提高农民素质的轨道上来，这是增加农民收入的根本出路。"

因此，在教育价值观问题上必须突破个人与社会、农村与城市所构成的二维认识平面的局限，不断修正发展过程中出现的种种不平衡，实现"农本主义""城本主义"与"人本主义"教育价值的整合，通过教育进而全面提升农民的综合素质，实现农民人格范式的现代化，以使我国由人口大国逐渐发展成为人力资源强国。这标志着农村教育价值观主体意识的增强，它将促进我国农村教育不断走向独立与成熟。

二、中国农村教育价值观变革的现实审思

改革开放至 2005 年，中国农村教育价值观经历了知识本位、经济本位、政治本位几个发展阶段，而每一种教育价值观念都试图以城市为摹本对农村教育进行本质把握，其结果是使农村教育离农村现实社会生活越来越远。为了促进农村教育综合改革与全面进步，笔者认为，当前农村教育应该实现"农本主义""城本主义""人本主义"教育价值取向的有机整合，以尽量小的代价获得效益的最大化，异质价值取向相互规范、相互制约，在不同的价值维度之间保持适度的张力。透过改革开放以来农村教育价值观念的历史变迁，我们可以分析得出影响新的"三位一体"农村教育价值观念建构的现实基础、关键所在、具体实效与战略全局的基本因素，由此为当前现代化农村教育观念的建构提供一定的启示与借鉴。

（一）现实基础：农村社会现代化进程

农村社会现代化进程决定了教育观念变革的内容与作用，它是新的农村教育价值观念建构的现实基础。纵观改革开放以来农村教育价值观念的历史变迁，几乎每一次变革都与农村社会现代化历程息息相关。农村社会

现代化进程对农村教育价值观的变革，既提供要求又提供条件，这是社会存在与社会意识之间辩证关系的具体体现。因此，要建构新的农村教育价值观，必须实现农村经济、政治与教育的整合，创建新教育观存在的社会条件。"没有社会政治结构的现代化转化、没有现代经济体系的建构与发展，实现教育现代化是不可想象的事情"①。所以，要实现农村教育的现代化，必须立足于农村社会发展实践，必须结合农村经济、政治发展实际，根据农村教育和社会的需求进行恰当的教育价值选择，其根本点在于解放与发展农村生产力。

因此，要大力发展农村生产力与科学技术水平，加大农村科技普及和推广力度，深化农村经济体制改革，优化农村产业结构，创建以科学发展、公平正义等价值理念为主导的农村经济生活规范；完善和发展村民自治制度，加强农村的民主和法制建设，努力创建以平等、民主、法制等价值理念为主导的农村政治生活规范，创建新教育价值观存在的社会条件。另外，应该看到，农村社会现代化是一个动态的发展过程，这决定了农村教育价值观念的变革也是在实践中克服各种矛盾动态发展的，因而应该努力推进农村社会改革实践中矛盾的解决，进而推进农村教育价值观念的不断发展。

（二）关键所在：农民整体素质的提升

农民主体需要与认识能力影响教育价值观念变革的实际水平，它是新的农村教育价值观念建构的关键所在。人的观念变革是人的主观世界的变化，只有通过认识主体积极活动才会实现，而认识主体的活动状况是以他的整体素质，即活动所需要的内在动力和能力为依据的，反过来观念的变革又会提高人的整体素质。中国农民经历了两千多年的专制社会，自然经济和宗法社会严重地制约了自身的主体性思维和创造性行为，使占我国总人口大多数的农民，因主体性的缺失至今仍游离于现代性之外。

要重塑农村教育价值观念，必须深入搞好农村的教育改革，全面提高农村教育质量，不断探索适合农村学生发展、农村经济发展的农村教育改革之路；另一方面，应大力加强农村精神文明建设，大力弘扬和培育民族精神，用社会主义先进文化占领农村的思想阵地，不断提升农民的文明素质。在此基础上，切实抓好农村环境整治、秩序规范等项工作，全力推进

---

① 高书国. 中国城乡教育转型模式 ［M］. 北京：北京师范大学出版社，2006：285-286.

农民综合素质的不断提高。要通过实现农民内在素质的有机整合，建构能力本位的现代化农民人格范式，使农民自主地融入新农村建设当中，并与之形成良性互动，使农民成为农村真正的主人，成为农村教育的真正主人。

（三）具体实效：农村教育价值观各种关系的协调

农村教育价值观念是一个多层次、多维度的观念系统，本身内部存在着特殊复杂的关系。

一方面是农村已有的旧教育观念与新教育观念的关系，因此要处理好破旧与立新、继承与创新的关系，做到既破旧又继承，既立新又不断创新。正确认识当代农村农民价值观念变迁的新特点，把握和处理好新农村社会主导价值理念与传统价值观念之间的关系，不断缓解现代价值体系与农村传统文化习俗之间的内在冲突，不仅要关注农村学生个体生命的差异性，还要适应并超越农村城市化发展的实际需要。

另一方面，是教育新观念内部的各种关系，主要是个别形成的教育新观念与教育观念体系之间、自发形成与自觉形成的教育新观念之间、教育新观念稳定和发展之间的关系。个别形成的教育新观念是教育观念体系形成的量的积累，要重视对新形成的教育新观念的鉴别与扶持，同时要把个别教育观念与教育观念系统联系起来，紧紧围绕并确立"教育是人的最基本的权利"这个最核心的教育价值观，观照"三位一体"的农村教育价值观念整体系统的形成；在教育观念结构中，自发的观念属于社会心理的较低层次，但是它具有易于流行的特点，自觉的教育观念属于较高层次，但受理论工作与水平的制约，难以流行迅速而广泛。

因此，教育理论工作者必须深入农村教育实践，在理论高度上分析提炼新的农村教育观念，使之清晰与系统化，用以指导农村教育实践。另外，在农村新教育观念形成中，要不断强化新教育观念，使之日益适应复杂的农村社会现代化进程，这样才能不断克服农民旧有教育观念的侵袭，尽力避免农村教育观念变革中的曲折与反复。

（四）战略全局：党与国家工作的规定落实

当前农村教育价值观的成因有着一定的历史与现实的客观因素，但是党和国家对农村教育价值观念的理解与规定直接制约着观念变革的方向；党和国家工作中对农村教育价值观念变革的相关工作的组织与领导状况，直接制约着农村教育价值观念变革进程的发展水平。

其实在任何历史时期，农村教育价值观都是多元化的，它们之间会发生冲突，关键就要看主导的教育价值观是什么。这决定于掌握着国家机器的领导集团，用什么样的价值观去教育公众，引导社会。当前要确立"农本主义""城本主义""人本主义"三位一体的农村教育价值整体，党和国家必须把握与处理好农村与城市、整体与个体、教育引导与机制规范以及按纲施教与注重创新的辩证关系。树立系统观、和谐发展观与优化意识，这对于当前农村核心教育价值观的生成意义重大。另外，对于教育，不仅要有正确的方针政策与完善的教育法规，而且要有切实可行的措施和有效的监督机制，以确保方针和法规的贯彻落实，保证政策的长期性与实施的实效性，而这些正是当前最缺失的。

首先，应建构城乡一体化发展机制。中国社会的现代化历史进程是不可阻挡的，农村城市化是不可遏制的时代潮流。因此，要打破划地为限的农村教育价值观，就要打破城乡分割的壁垒，"从根本上改变城乡分割的二元经济社会结构，实现城乡建设规划的一体化，生产力布局的一体化，就业和户籍管理的一体化，社会保障的一体化，包括教育发展的一体化等，使城乡经济、社会、科技和教育发展更加紧密地结合起来，协调发展"①。

其次，建构实现农村教育系统的内部整合机制，努力推动"三教统筹"，构建农村终身教育体系。教育发展与观念变革应同步进行。应通过不断深化综合配套的农村教育体制改革，不断扩大农村学校办学的自主权，使农村学校明确自身办学任务与管理职责，使农村基础教育、职业教育和成人教育同步发展，构建各类教育相互衔接、补充灵活的教育体系，使学生在接受正规教育的同时，还能够得到职业训练，发挥农村教育整体性教育功能，既能够负担起社会"上升阶梯"的职能，又能够服务于乡村社会，同时能够关注农村学生个体生命的差异性，促进学生个性全面、和谐地发展。

〔原文刊载于《东北师大学报（哲学社会科学版）》2012 年第 5 期（曲铁华　王丽娟）〕

---

① 褚宏启. 教育现代化的路径［M］. 北京：教育科学出版社，2000：11-12.

9 新中国农村基础教育政策的变迁 及影响因素探析

新中国成立 60 年来，农村基础教育在中国共产党和中央人民政府各项政策的指引下，经历了从积贫积弱到蓬勃发展的巨大转变，取得了举世瞩目的成就。这其中相关政策起到了至关重要的支持和保障作用。

一

新中国农村基础教育政策的变迁历程，主要是党和国家对于农村基础教育办学、管理体制的调整过程。在这一过程中，政策的着力点和实施目标往往由于社会条件的不同和政策制定者自身的原因表现出阶段性特征。

（一）革新（1949—1955）

1950 年 3 月，中央人民政府政务院规定：乡村小学经费由县人民政府随同国家公粮征收地方附加公粮解决①。1952 年，《小学暂行规程（草案）》和《中学暂行规程（草案）》规定小学不论公办、民办，均由市、县人民政府教育行政部门统一领导；中学则由省、市教育行政部门统一领导②。这样，就初步形成了我国由政府包办教育事业的体制框架。国家运用行政手段将农村基础教育支出纳入政府财政之中，同时实行分级领导、统一管理的方法，这就为农村中小学的恢复与改造提供了可靠的物质保障。

1953 年 1 月，中央认为三年来文教事业基本恢复，并且取得了一定的发展，但是文教工作的计划性不足、盲目性很大，追求数量的同时，忽视了质量，于是提出当年全国文教工作的方针是"整顿巩固、重点发展、提高质量、稳步前进"，强调文教工作要按计划进行③。这一方针的提出拉

---

① 何东昌. 中华人民共和国重要教育文献 1949—1997 [G]. 海口：海南出版社，1998：11.

② 中央教育科学研究所. 中华人民共和国教育大事记 1949—1982 [M]. 北京：教育科学出版社，1983：55-56.

③ 中央教育科学研究所. 中华人民共和国教育大事记 1949—1982 [M]. 北京：教育科学出版社，1983：72-73.

开了我国教育事业计划管理体制的序幕。

（二）推进（1956—1966）

1956 年 1 月，中央首次提出："乡村小学基本上由农业生产合作社办理。"[①] 1957 年 3 月，第三次全国教育工作会议再次强调：小学教育的发展必须打破由国家包下来的思想，在农村要提倡群众集体办学，允许但不提倡私人办学[②]。1958 年 3 月，教育部正式提出"两条腿走路"的方针，即提倡国家和群众办学并举，号召全民办学。这次整顿使我国农村基础教育由县、乡和农民集体承办的体制基本形成。从此开始的很长一个时期内，人民公社始终扮演农村基础教育办学主体的角色。针对农村基础教育规模有限、许多农村学生升学遇到困难等状况，1958 年，中央创造性地提出了"两种教育制度、两种劳动制度"的设计，即在当前的全日制学校教育制度和八小时劳动制度以外，在学校、工厂、机关、农村中广泛采用半工（农）半读的制度，以缓解升学需求与学校承载能力不足的矛盾。各地根据具体实际，采取灵活多样的办学模式，如出现耕读小学、送教上门、巡回小学、马背小学、船上小学以及农业中学等。这一制度由此成为国家教育政策的一个重要方面，并在之后 1965 年发布的《关于学制改革问题的报告》中被正式列为学校形式的一种[③]。

另一方面，为了提高地方的办学积极性，扩大农村教育规模，吸收数量巨大的农村学生就读，中共中央、国务院发布《关于教育事业管理权下放问题的决定》，将各项管理权限下放至地方，公办的全日制小学由公社直接管理，民办小学由大队直接管理。虽然入学压力得到缓解，但是这样的局面使刚刚形成的教育事业计划体制再一次趋于失控。鉴于此，中央不得不重新将教育管理权适当上收。1963 年，《全日制小学暂行工作条例（草案）》和《全日制中学暂行条例（草案）》出台，重新规定了地方政府分级管理中小学的职责，农村基础教育实行由专区、县负责的体制[④]。

[①] 中央教育科学研究所. 中华人民共和国教育大事记 1949—1982 [M]. 北京：教育科学出版社，1983：155.

[②] 中央教育科学研究所. 中华人民共和国教育大事记 1949—1982 [M]. 北京：教育科学出版社，1983：192.

[③] 中央教育科学研究所. 中华人民共和国教育大事记 1949—1982 [M]. 北京：教育科学出版社，1983：376.

[④] 中央教育科学研究所. 中华人民共和国教育大事记 1949—1982 [M]. 北京：教育科学出版社，1983：328-329.

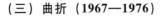

（三）曲折（1967—1976）

这一时期，农村基础教育管理权再次全面下放，并出现"小学不出村、初中不出大队、高中不出公社"的现象。公办学校改为民办、公办教师下放，不仅增加了地方的负担，而且挫伤了教师工作的积极性，对农村基础教育影响很大。

在农村普及小学教育成为此期间农村基础教育的一项重要政策。1971年《全国教育工作会议纪要》提出，要大力普及教育，争取在第四个五年计划期间，农村普及小学 5 年教育，有条件的地区普及 7 年教育[①]。在政策执行的过程中，各地多采取削减教学内容、降低课程难度、缩短学制等做法，以硬性地达到指标。

（四）恢复（1977—1984）

1978 年 1 月，中央要求各地应以相应数量的民办教师来补充公办教师的自然减员；各地组织教师参加多种形式的培训和进修，以提高自身素质。1979 年开始，农村一部分优秀的民办中小学教师分批转为公办，农村教师的积极性被充分调动起来。

政治上的拨乱反正直接促成了教育体制向"文革"前的回归，农村基础教育管理权限被重新上收、集中。1978 年，教育部规定全日制小学由县教育行政部门统一领导和管理；全日制中学由县以上教育行政部门管理；社队办的中小学可在县的统一领导下，由社队管理[②]。我国教育行政管理体制基本上恢复到了 60 年代初实行的统一领导、分级管理格局。进而，1980 年在《关于普及小学教育若干问题的决定》中，重申了"两条腿走路"的方针，继续鼓励群众自筹经费办学。1982 年 1 月 1 日，中共中央批转的《全国农村工作纪要》指出，教育是发展科学技术的基础，要创造条件加强农民教育，提高其科学文化水平[③]。1983 年 1 月和 5 月，中央先后发出通知、文件，反复强调农村教育的重要性，要求结合实际改革农村基础教育制度，采取灵活多样的办学方式逐渐普及农村小学教育乃至于

---

① 中央教育科学研究所. 中华人民共和国教育大事记 1949—1982 [M]. 北京：教育科学出版社，1983：440.

② 中央教育科学研究所. 中华人民共和国教育大事记 1949—1982 [M]. 北京：教育科学出版社，1983：528.

③ 何东昌. 中华人民共和国重要教育文献 1949—1997 [G]. 海口：海南出版社，1998：1995.

初中教育。与此同时，为解决经费紧缺问题，1984 年底国务院发布通知指出，"乡人民政府可以征收教育事业费附加"，这就为农村筹措教育经费开辟了新的渠道，为农村基础教育的发展提供了一定的物质和政策保障。

（五）改革（1985—2000）

1985 年出台的《关于教育体制改革的决定》和 1986 年颁布的《中华人民共和国义务教育法》，提出"实行九年制义务教育，把发展基础教育的责任和管理权限下放给地方，实行基础教育由地方负责，分级管理的原则"[①]。1987 年 6 月，《关于农村基础教育管理体制改革若干问题的意见》指出，县级政府有根据中央的方针政策，制定本县教育总体规划和各类具体办法、改善办学条件、指导教育教学等权利；乡级则要成立教育管理机构，在乡政府和县级教育行政部门的领导下开展各项工作[②]。1992 年《义务教育法实施细则》规定乡级人民政府在支付教师工资、改善办学条件、补充学校公用经费等方面起主要作用[③]。这一系列政策的重点，就是扩大乡一级管理农村学校的职责权限，教育的规划基本上是按照乡镇为单位进行，使农村基层的乡、村成为教育经费负担的主力，从而形成"以乡为主"的管理体制。

在之前的普及小学教育的目标基础上，《关于教育体制改革的决定》进一步提出了普及九年义务教育的宏伟目标，《中华人民共和国义务教育法》第一次将普及教育的政策建立在法律的基础之上。1992 年，党的十四大将到 20 世纪末"基本普及九年义务教育，基本扫除青壮年文盲"，作为 90 年代我国教育事业发展的重要目标。1993 年 2 月，《中国教育改革和发展纲要》正式将"两基"作为我国教育的奋斗目标。而农村地区的"普九"工作成为最核心、最艰巨的任务。此后，国家出台了各项资助、扶持政策对农村地区"普九"进行了详细的规划和部署。到 2000 年底为止，我国 85% 的人口和地区普及了九年义务教育，基本上实现了普及义务教育的初期目标。

---

①　何东昌. 中华人民共和国重要教育文献 1949—1997 ［G］. 海口：海南出版社，1998：2 286.

②　何东昌. 中华人民共和国重要教育文献 1949—1997 ［G］. 海口：海南出版社，1998：2 623.

③　何东昌. 中华人民共和国重要教育文献 1949—1997 ［G］. 海口：海南出版社，1998：3 290-3 292.

（六）创新（2001—2009）

2001 年 5 月，《关于基础教育改革与发展的决定》中提出，要"进一步完善农村义务教育管理体制。实行在国务院领导下，由地方政府负责、分级管理、以县为主的体制"①。2003 年 9 月，《关于进一步加强农村教育工作的决定》中再一次重申这一管理体制，并要求"县（市）人民政府要真正担负起发展本地农村义务教育的主要责任"②。至此，农村中小学管理体制改革基本完成了由"以乡为主"向"以县为主"的重大转变。

与此同时，从 2000 年开始，国家逐步开展农村税费改革试点，要求通过试点逐步取消教育集资等专门面向农民征收的行政事业性收费，中央财政通过转移支付以及各种重点工程和措施加大对农村基础教育的投入力度。2003 年 9 月，《关于进一步加强农村教育工作的决定》强调继续巩固和完善"以县为主"的农村基础教育管理体制，全面推行"一费制"，从西部贫困地区和农村地区开始实施"两免一补"政策等。

2005 年 12 月，《关于深化农村义务教育经费保障机制改革的通知》要求以"明确各级责任、中央地方共担、加大财政投入、提高保障水平、分步组织实施"为原则，建立中央和地方分项目、按比例分担的农村义务教育经费保障机制，将农村义务教育全面纳入公共财政保障范围，并逐步免除农村义务教育阶段学生的学杂费、免费提供教科书、补助家庭困难学生寄宿生活费，确保农村中小学教师工资按时、足额发放③。2006 年 6 月新修订的《中华人民共和国义务教育法》，以法律的形式确定了义务教育免费的原则。2007 年，全国农村义务教育实现全部免除学杂费，同时国家承诺"要完善农村义务教育经费保障机制，不断提高保障水平"④。

二

我国农村基础教育政策始终体现了中国共产党对农村和对教育的认识。农村基础教育政策是我国农村社会经济政策的重要子部分，受农村社

---

① 何东昌．中华人民共和国重要教育文献 1998—2002 [G]．海口：海南出版社，2003：887.

② 国务院．关于进一步加强农村教育工作的决定 [EB/OL]．（2008-03-28）[2009-10-12]．http：//www．gov．cn/zhengce/content/2008-03/28/content_5747．html.

③ 国务院．关于深化农村义务教育经费保障机制改革的通知 [EB/OL]．（2005-12-24）[2009-10-12]．http：//www．gov．cn/gongbao/content/2006/content_185157．html.

④ 温家宝．政府工作报告：2007 年 3 月 5 日在第十届全国人民代表大会第五次会议上 [N]．人民日报，2007-03-18（1）.

会经济政策的影响极为深刻。

（一）土地改革对农村基础教育政策的影响

1950 年颁布的《中华人民共和国土地改革法》的宗旨，是要将封建剥削的土地所有制改变为农民的土地所有制，将地主的土地没收后分配给没有土地或缺少土地的农民。到 1952 年底，全国范围的农村土地改革基本完成。1954 年《中华人民共和国宪法》规定："国家依法保护农民的土地所有权以及其他生产资料的所有权。"农民获得土地等生产资料后，生产积极性高涨，全国农业经济快速得到好转。而随着农业经济的恢复和农村社会条件的好转，发展农村文化教育事业成为党和国家所关注的一项重要内容。国家通过将教育支出纳入财政的办法，以及确立管理体制等措施保证了农村基础教育迅速的恢复和发展。

（二）农村社会转型对农村基础教育政策的影响

改革开放以后，家庭联产承包责任制逐渐孕育产生。至 1984 年底，全国基本上撤销了政社合一的人民公社，代之的是只负有管理职能的乡政府。同时在乡以下设立基层群众性自治的村民委员会，负责办理本村的公共事务和公益事业。"乡村政治"结构改造的基本完成，确保了国家行政网络在农村基层的有效延伸。农村公共事业的投入、管理权限也相应地集中在了乡、村层级上，由此就延续了农村基础教育主要由乡、村负责的体制。这一体制的固定化建立在对农村基层组织公共管理能力的肯定认识上，未能充分估计到在各项因素的影响下我国农村经济发展迟缓，以及管理层级过低和低层级政府组织经济能力不足的问题，导致 20 世纪 80 年代到 90 年代，我国农村基础教育的政策倾向始终是沿着过去鼓励多种渠道筹措资金、过多依靠农民自己办学的老路。而且，在普及九年义务教育的压力下，农民的负担更加沉重。

（三）社会主义新农村建设对农村基础教育政策的影响

多年以来我国实行的非均衡化发展战略，在工业与农业、城市与农村、市民与农民的对比中，凡是涉农问题，都处于不利的政策地位。为了从根本上改变"三农"的危险处境，2005 年 10 月，中央正式提出"建设社会主义新农村"的概念。2006 年《关于推进社会主义新农村建设的若干意见》的颁布标志着我国社会主义新农村建设正式拉开帷幕。本着"生产发展、生活宽裕、乡风文明、村容整洁、管理民主"的原则，按照新时代的要求，对农村进行经济、政治、文化和社会等方面的建设。国家将农村基础教育的投入和管理权限上收至县级政府，并实行"一费制""两免一补""义务教育免费"政策，建立义务教育经费保障新机制。同时加大专项资金投入，大力解决长期困扰和阻碍农村基础教育发展的问题，旨在减轻农民教育负担、平衡城乡教育差距、改善农村教育状况、提高农村教育质量、促进农村教育为农业发展服务，保障农村基础教育健康发展。

由此可以看出，我国农村基础教育政策依赖于国家对农村政治、经济、社会的制度认识和改革创新。农村基础教育是农村公共事业的一部分，这一认识逐渐被政策制定者接受，并直接促成了"人民教育人民办"向"人民教育国家办"的转变。国家和地方政府更多地承担起管理和发展农村基础教育的职责。

三

在 60 年的发展过程中，公平与效益、普及与提高始终是我国宏观教育政策的具体价值取向，在不同时期有着不同的侧重。这一价值取向的变迁对于我国农村基础教育政策的发展也产生了相当大的影响。

(一)"向工农开门"的公平取向

新民主主义教育强调教育要面向广大群众，"向工农开门"。新中国成立的最初几年里，由于中国共产党为了实践政治理想，兑现执政承诺，故而国家教育政策重在普及各类初等教育，价值取向上更倾向于公平，所以这一时期农村基础教育政策重在推动和发展农村基础教育的规模，使尽可能多的农村人口都能接受教育，在一定程度上保障了农村基础教育受教育权的实现。1951 年 10 月，《关于学制改革的决定》认为，小学四二分段不便于广大劳动人民子女接受完整的初等教育，故将小学改为五年一贯制，便体现出鲜明的教育公平取向。

(二)"让位于工业化"的精英取向

1953 年，国家进入"一五"建设时期，基础教育因为不能够直接为生产建设提供支持，所以基础教育开支被视为纯粹消费性支出，而遭到压缩。反之，为了弥补基础教育的不足，国家开始实行优先发展高等教育、扶持重点中学的教育政策。1954 年，第一届全国人大《政府工作报告》

中提出："为适应经济建设的需要，教育部门应当首先集中力量发展和改进高等教育。中小学教育已有很大的发展，今后应当着重质量的提高。"[①]优先发展高等教育和重点发展一批中学的政策，片面追求直接经济效益的同时，导致教育资源配置严重失衡，使教育资源长期偏向高等教育、城市教育和重点学校，农村基础教育政策也成为这一体制的帮手，限制了农村基础教育的发展。明显的对立化、等级化政策注重效率、忽略公平的功利性价值取向，导致我国整体形成"精英化"的教育观念，并长期影响农村基础教育的发展。

（三）"效率优先，兼顾公平"的取向

"文革"结束后，教育事业确立了"回到 50 年代"的目标。虽然新时期教育的发展要依照"既注意普及，又注意提高"的原则，但也要尽快培养出一批优秀的高水平人才。在公平与效益之间，国家宏观教育政策显然开始倒向效益一侧。教育重新走上了精英化发展的道路，其最直接的表现，就是重新重点发展高等教育和城市教育，恢复重点学校制度，从而造成农村基础教育政策导向的再一次缺失，农村基础教育地位下降，发展放缓。虽然 90 年代中期以后全民教育时代到来，但在宏观教育政策价值取向的指导下，农村基础教育始终是"效率优先"模式的最大受害者。这一问题直到 2006 年新修订的《中华人民共和国义务教育法》出台，才开始有所松动。新的《义务教育法》明确将促进义务教育均衡发展作为方向性要求确定下来，提出要促进城乡义务教育均衡发展。由此，国家的宏观教育政策在形式上重新回归公平的价值取向，并以法律的形式确定下来。

宏观教育政策对于公平和效益两方面侧重的不同，造成了我国教育发展的大众化和精英化模式。前者以农村地区为主、以普及基础教育为主，后者以城市为主、以升学教育为主。新中国宏观教育政策的天平始终在这两者之间摇摆，当偏向前者时，农村基础教育政策以鼓励、保障发展为主要内容，在这样的政策指导下，农村基础教育就能够蓬勃发展；反之，农村基础教育政策以整顿甚至是变相限制为主，农村基础教育往往失去有力保障，依靠自身的能力在夹缝中生存，发展缓慢。所以，宏观教育政策的制定者必须正确处理发展中公平与效益的关系，注重基础教育的公益性、

---

① 中央教育科学研究所. 中华人民共和国教育大事记 1949—1982 ［M］. 北京：教育科学出版社，1983：113.

公共性、公正性和农村教育关系全局的重要性。

四

农村基础教育政策的形成还与基础教育政策本身的制定与决策机制有着密切的关系。基础教育政策机制对农村基础教育政策的影响最为直接。

（一）对于教育政策问题的认定

应当选择那些在社会上或教育领域里有争议，而且必须是政府有能力解决的公共教育问题，作为教育政策问题。我国教育问题的发现主要依靠：国家领导者、教育行政部门对问题的认识，人大代表或政协委员的提案，教育行政机关由下而上反映的意见，研究机构对问题的分析，大众传媒的宣传以及民众的呼吁等。

党和政府作为教育政策制定的权力核心，通过上述各种途径发现教育现实中存在的问题后，主导这些政策问题进入政府的政策议程之中。在很长一段时间内，我国主要依靠第一种途径来发现问题，并将教育问题转化为政策问题，以最终形成政策决策。

（二）基础教育政策的审定和决策

教育决策的程序一般来讲要比较规范、比较严格，要遵循一定的原则：既要体现民主，增强可信度，又要当机立断，保证教育政策的效率和效益，尽量降低决策成本。而我国教育决策过程还无法完全达到这样的标准。比如，基础教育政策决策过程中，政策涉及的对象参与程度不够、政府主导性强，这就导致有些民众呼声很高、迫切需要的政策，迟迟不见出台；另外，我国教育决策往往缺乏连续性和稳定性，朝令夕改、频繁变动。五六十年代，农村基础教育政策的发展与整顿的剧烈转换就是一例明证。

教育决策是一个各方面利益平衡的过程或者角力、协商的过程。"各种社会主体运用其所掌握的政治资源，表达其利益要求和愿望，影响政府决策，以在最后的政策结果中使自己的利益偏好得到优先照顾，实现自我利益最大化"[1]。我国教育政策表现为价值取向的长期二元对立，在城市与农村、高等教育与基础教育的对比中，总是重视一方面，忽视另一方面，

---

① 吴遵民.基础教育决策论 [M].上海：华东师范大学出版社，2006：169.

往往对一部分人有利的同时，损害另一部分人的利益。"强势主体往往决定着政策价值方向，而其他各决策主体都用各自的价值标准去影响政策制定。"① 农村基础教育实然的地位和处境导致其话语权不足、竞争力不够，成为利益平衡过程中最大的受害者。

（三）基础教育政策的最终确定

在政策被正式采纳以前，还必须以书面的形式表现出来，成为议案，只有在征求意见并反复讨论修改后，政策文本才能从方案进入向合法地位转变的过程。意见的征集与文本的修改应当遵从时效性原则，在高效的完善过程中体现其价值。否则现实发生变化，此前所有的努力将白白浪费。

在我国政治体制改革、党政关系逐渐理顺的新时期，教育政策议案主要由国务院及教育部负责提议、完善和颁布。首先由有关部门撰写政策方案，交法制工作机构审查，合格后报上一级领导审批或领导办公会讨论决定；其次，对于一些比较重要的政策方案，一般须经过政府常务会议或全体会议讨论决定；最后，通过的政策方案由总理或教育部长签署发布。在签署时一般要有主管相关事务的副职附署。这一类行政性教育法规政策，在实行过一段时间、经过一定的实践检验调整稳定之后，比较重要的、具有宏观导向性和原则性的就可以成为法律。我国现有教育法律7部，全部是改革开放以后制定的，涉及学位、教师、职业教育、高等教育、民办教育、义务教育等方面。农村基础教育政策在相关法律中有所体现，但并不十分明显。

（四）基础教育政策机制中的民主因素

除了国家权力体制内的运作外，民众的诉求也成为政策制定与决策的一个重要因素。基础教育问题关系每一个群众的切身利益，所以基础教育政策的制定，是在人民群众文化素质和政治参与热情双双提高之后必定要关注的，有了大量利益相关者的关注，基础教育政策的决策也呈现出日益透明、切合实际的倾向。而且，当前国家政策制定日益专业化，许多专家学者对教育问题的研究和相关政策制定时的直接参与，使政策制定由过去以视察、观看实际情况而得出经验的模式日趋科学化。专业人士的意见已

---

① 朱永坤. 教育决策价值标准：教育政策公平性的影响因素：兼论义务教育公平问题的成因及策略 [J]. 东北师大学报：哲学社会科学版，2009（01）：124-130.

经成为左右教育政策制定和决策的重要参考。

当今世界经济全球化运动正深刻变革着我们周围的生活，也包括人们的思想观念。全民教育、终身教育理念正在深入人心，成为普通人和政府决策者的共同追求和核心教育价值理念。各国的教育改革政策在这一核心价值理念的影响下，日趋一致地注重增加教育投入，保障最广泛的教育权利，追求教育公平与教育品质的提升。这也势必推动我国农村基础教育政策的发展要与世界同步进行。

[原文刊载于《东北师大学报（哲学社会科学版）》2011年第1期（曲铁华　樊涛）]

10　余家菊的乡村教育思想探析

20 世纪二三十年代，在中国掀起了乡村教育运动，余家菊是其中的参与者之一。他重视乡村教育，1919 年就在《中华教育界》上发表《乡村教育之危机》一文，最早指出乡村教育的危机，并提出一套比较系统的乡村教育思想及实施办法，有力地推动了乡村教育思潮的形成与发展。

一、论乡村教育的目的

在余家菊看来，乡村的本质特性，即以农业为主业、人口稀少、耕地不足、农民为经济界的弱者、人口集中都市和乡民性格保守，这也是全面认识乡村、研究和发展乡村教育的前提条件。乡村教育是实施于乡村这一特殊地域范围内的教育，其相对于城市教育而得名。乡村教育类型丰富，其囊括于其他一切教育分类内容。

余家菊认为，教育是立国之本，乡村教育是比都市教育更为重要的问题。他说：

乡村教育为教育事业之一部分，乡村教育之目的当然不能自外于一般教育之目的。其着重之点，可以有异于都市教育；其贯彻目的之具体标准可以有益于都市教育；然而教育之根本目的，则无间于都市教育与乡村教育而应完全一致也。[①]

研究乡村教育目的必须以充分认识和掌握一般教育目的为基础前提，同时，讨论乡村教育的目的，必须树立适当的根据，然后才可避免闭目摸索逞臆妄谈的弊端。为此，余家菊提出了讨论乡村教育目的的四则根据，并据此得出了乡村教育目的四则结论。

首先，以一般可以笼罩特殊、局部不能违背全体为第一原则；结论一为乡村教育目的必然遵循于一般教育目的之内，乡村教育必须以实现普通教育目的为基础内容。其次，以乡村教育必须适应乡村环境以谋求教育目

[①]　余家菊. 乡村教育通论 [M]. 上海：中华书局，1934：43.

的的实现为第二原则；结论二为乡村教育目的必须乡村化，这是发展乡村教育的根本方向和本质内容。再次，以乡村教育需要与改善乡村、发展乡村、纠正乡村缺点和供给乡村需要相结合为第三原则；结论三为建设乡村社会、纠正乡人缺点，则具体落实于乡村教育的培养目标。最后，以"教育的立场"为第四原则，并以此为补充依据；结论四为乡村教育应该为乡村这一地域范围内的大教育，其不应只局限于学校教育与知识讲授，发展乡村教育应与改造乡村和建设乡村紧密结合，因地制宜，因时制宜，乡村教育目的的实现将成为乡村社会改造的动力与系统内容，其积极功用明显。

总之，乡村教育目的是基于一般教育目的之上的，以教育乡村化为本质内容，以发展乡民素养、纠正乡民缺点为具体内容，以达到改造与建设乡村为最终的发展目标。

由此可见，余家菊提出乡村教育的目的，在于改进乡村教育与乡村社会生活联系不密切的状况，用适合于乡村生活的教育来挽救乡村社会的危机。他将教育与社会紧密联系起来，以乡村教育促进社会的和平进步。正如余家菊所说："乡村教育运动乃所以救济社会的危机，直接是救济乡村的危机，间接就是救济全社会的危机。"[①]

二、论乡村教育学制系统

关于乡村教育学制，余家菊认为，一方面，今日的学校是贵族阶级的学校，不是教育的授予场所，是资格的养成机关。小学毕业相当于培养成秀才资格，中学毕业相当于培养成举人资格，大学毕业相当于培养成进士资格，完全诉求于学历学别的教育认同，从而使教育在培养人才的过程中逐渐走向以功名阶梯为中心内容的桎梏，多接受一年的教育，则意味着多拥有一级的功名，高一级的功名是以多一年的教育赢取的，在这种功利诉求的教育氛围下，学生学习多以外界功名刺激为求学动力，教育精神与学识精神迷失，科学意识匮乏，学校教育更是成为知识贩卖与文凭批发的集中场所，教育发展已然偏离提高国民智识与国民精神的目的轨迹。余家菊强调，要制定真正有利于乡村民众发展和乡村社会改造的学制系统，最重要最首须的，即为打破学校教育与资格养成两者的危机关系，摆脱这一封建观念认识。

---

① 余家菊. 余家菊景陶先生教育论文集：下册 [M]. 台北：台湾慧炬出版社，1997：402.

因此，制定有利于乡村人民接受和乡村教育发展的科学学制，应以"第一，于阶段之划分，应求便于乡村学校之设置，以期乡村学校系统之逐渐完备。第二，应完成补助学校系统，使乡民之也已投身职业者，能有机会继续享受教育以增高其智能。第三，各级学校新生入学，废除资格证书之限制，只需诊察能力，而不问资格证书之有无。第四，承认私家教授"①。四者为科学前提，学制系统制定应真正做到为人才培养服务。

在全面考察和充分考虑乡村教育现行学制理论体系与实践现状的基础上，余家菊最终提出，以"小学仍旧定为六年，十二岁以下之学生入之。中学定为四年，以十二岁至十六岁为其标准年龄。大学则定为三至六年，随其科别之性质而伸缩之。小学由各学区设立之，中学一县最少须设一所。大学一省须设立一所，且应逐渐广设乡村分院"②为基本架构的学制系统，其所期望制定的乡村学制系统，是学校教育打破功利困境、切合乡村实情的理想范式。

三、论乡村教育的实施

（一）乡村初等教育的实施

余家菊认为，乡村初等教育是乡村教育实施体系最重要的组成部分之一。他十分重视乡村初等教育的实施，其在强迫入学、小学设置、校舍设备、经费出入、教师执掌、课程编制以及学级编制共7个方面均有详尽阐述。

在强迫入学方面，余家菊认为，初等教育应由法律规定为义务教育，人民有受教育的义务，政府有设教育的义务。在教育政策法治化进程中，以法律保证初等教育即义务教育的发展与普及，将会极为有力地促进乡村初等教育强迫入学的实现。同时，余家菊指出，我国强迫年数定为四年，唯强迫年限的最低限度应提高，并在强迫教育年限规定为四年的基础上，还须规定离校程度，并规定每年在学日数，且除去休息时间外，可规定上课时数为每天4小时。

在小学设置方面，余家菊强调，小学设置为筹划义务教育最重要的事项，因为施行强迫教育，必须有星罗棋布的小学，然后才能进行。设置小

① 余家菊. 乡村教育通论［M］. 上海：中华书局，1934：69-70.
② 余家菊. 乡村教育通论［M］. 上海：中华书局，1934：69.

学，首先应当划分学区，这是小学设置的前提条件。学区划分，区域不可太大，亦不可过小；要根据习惯上已有的划分，以选择适宜的区域设置小学。

在校舍设备方面，余家菊认为，构造校舍，当求合于卫生的条件；合于教育的需用；须注意美观，使其坚朴厚重，开朗大雅；尤须注意经济。另一方面，设备则以教育的必要为前提，以经济的可能为限度，以最少的金钱得应有尽有的设备。

在经费方面，余家菊认为，乡村小学的经费，多由地方公款支出，而且由公款拨付，本极确实，只需预算得宜，即不致发生恐慌。因此，余家菊指出，经费宜量出以为入，即"支出之估量，是为预算。预算各目款额之分配是否得宜，为经费支用是否经济之所由决定，亦为教育效率能否发挥之所由判别。故第一当有良好的预算，第二当恪守预算"①。

在教师执掌方面，余家菊针对乡村小学多数仅有教员二人的实情，认为将来遍设学校于各学区后，也只能设置二人，这样每人任课的时间既多，而保护训育事务各端，也极繁重。所以，二人一面须通力合作，一面也须略带分工而治的方式。

在课程编制方面，余家菊认为，小学课程以发育身心并授予人生工具及常识为主旨。其范围应包括身心需要与人生需要的各个方面。乡村初等教育课程编制：

> 大抵年级愈高，则科目之分化愈多；年级愈低，则混合之范围可以愈广。在低年级，虽采用一科制，冶各科于一炉，亦无不可。在高年级，则为技术的熟练与夫知识之条贯计，实有分科之必要。国语、算术、社会、自然、艺术、体育，性质上各有其固定的界限，宜各成一科。在中间学级，自然与社会可合为一科，名曰常识。在高年级，农业可从自然中分化而出自成一科。②

在学级编制方面，余家菊认为，每级人数不可太多，太多则教师的注意难以周到，教育的效率必减，即一级 40 名，最为合宜，因经济的压迫，增至 60 名也多有之，但最低限度，应当在 25 名上下，其目的在于，用最小的经费得最大的教育效果。同时，学级编制法有单级编制与多级编制两种，具体而言，"单级编制，系将全校儿童不同年龄学级一律编为同一的

---

① 余家菊. 乡村教育通论 [M]. 上海：中华书局，1934：88.
② 余家菊. 乡村教育通论 [M]. 上海：中华书局，1934：93.

班级以教授之方法。多级编制又有三种。一为单式学级，将同一学年之儿童分别各编一个学级。二为复试学级，将两个学年以上程度相异之儿童编为一个学级。三为二部教授，即将全校学生分为两部，由一教师轮流教授之者也"[①]。

在余家菊看来，乡村初等教育是乡村教育实施体系的基石，乡村初等教育在于给予受教育者最基础的文化常识和知识信仰，非常重要。

（二）乡村高级教育的实施

余家菊非常重视乡村高级教育，他认为，初等教育无法完成启发乡村人民、繁荣乡村经济、改善乡村社会和巩固乡村民治的教育使命，这就促使着乡村教育以乡村初等教育为出发点，进而逐步发展乡村高级教育。乡村高级教育是指初等教育以上的一切教育而言，凡中学教育、大学教育都包括在内。

一方面，乡村高级学校是乡村高级教育的存在载体，乡村高级教育主要由中学教育和高等教育构成，乡村高级学校则包括中学和大学在内。余家菊清楚地认识到发展乡村高级教育的时需性，因为中等学校和高等学校数量较少，省立中学又都设立在重要都市之中，乡村学生接受高级教育多需要跋涉远距离的路途，乡村中学教育存在于城市的现实性与可能性不大。因此，为了更好更快地发展乡村高级教育，必须改变高级教育在乡村与都市分布极不均衡的发展困境。在中学教育方面，余家菊提出，应以县立政策取代省立政策，即现有省立中学应当作为中心学校不断改良完备，且在过渡时期发展成为乡村高等学术广播所，并在此后一段时间内不再新设立省立中学，通过节省省立中学教育经费，用以补助各县的教育经费，普及乡村初等教育，并倾向于乡村高级教育的发展。在高等教育方面，发展高等学校应明确由省政府主办，并将全省划分为若干学区，每区至少设立乡村学院一所或省立大学乡村分院一所，在政策的方向指引下，推动乡村高等教育事业的稳步发展。

由此可见，余家菊在全局规划的大视角下，发展乡村中学教育希冀以县立政策为导向，努力寻求农村中等学校改善与发展的契机，发展乡村高等教育渴求以政策支持为助力，逐步改变农村高等学校设置与分布极少的实情，设置与发展高级学校，进而达到推动乡村高级教育全面稳定发展

---

① 余家菊. 乡村教育通论 [M]. 上海：中华书局，1934：96.

的目的。

另一方面,余家菊认为,设置乡村高级学校是培养人才、推动乡村发展的重要途径,而高级学校课程是乡村高级学校培养人才的核心内容。乡村高级学校的课程设置必须适合于乡村社会发展的需要。因此,乡村高级学校的课程设置必须考虑人类活动。余家菊将人类活动分为公民活动、经济活动、教育活动、保健活动和娱乐活动五类,乡村学校课程则通过详细分析人类活动,以此为参照标准进行清晰设置,即政治学科,经济学科与自然学科,教育学与心理学等,卫生学与操练术等,音乐与文学、美术等。其共同构成了乡村学校课程设置的主要内容,同时,语文和数学两门课程虽存在于五类活动范围之外,但作为人类活动中必不可少的工具学科,也是乡村高级学校课程设置的重要内容。

(三) 乡村师范教育的实施

余家菊十分重视乡村师范教育的发展,他指出,教育的效率,所系于教师的优劣者甚大。余家菊充分认识到:"教育的发源地是师范学校,教育的根本是师范教育。"[①] "师范教育不改进,乡村教育将无从改进。"[②] 因此,他曾从乡村师范教育特点、乡村师范学校设置、乡村师范教育旨趣和乡村师范课程等方面,详细讨论了乡村师范教育的主要内容。

关于乡村师范教育特点。余家菊认为,乡村师范教育作为师范教育的重要构成部分,其必然符合师范教育特点,同时,基于乡村这一出发点,乡村师范教育又必然独具"乡村"特点,即"乡村师范教育,为师范教育之一种。师范教育之特点如是,乡村师范教育之特点,自亦如是。特是乡村教育更为清苦艰难,乡村教师尤须有远大的抱负,高超的胸怀,优越的能力而已"[③]。由此可见,乡村师范教育因其条件限制,其所培养的乡村师范教师更需要有高水平的专业素质,乡村师范教育所承担的教育任务也更为艰巨。

关于乡村师范学校设置。余家菊强调,师范学校应该独立,而乡村师范学校又应与都市师范学校分离,这与乡村师范教育的根本性质与培养目标是直接相关的。乡村师范学校是培养安心服务于乡村教育,并使受教育者立志发展成为乡村教师的专门学校。乡村师范学校所培养的教师是能够

---

① 余家菊. 余家菊景陶先生教育论文集:下册 [M]. 台北:台湾慧炬出版社,1997:418.
② 余家菊. 余家菊景陶先生教育论文集:下册 [M]. 台北:台湾慧炬出版社,1997:418.
③ 余家菊. 乡村教育通论 [M]. 上海:中华书局,1934:114-115.

成功讲授与城市学校课程颇有差异的乡村学校课程的专业教师，同时，也是能够领导乡村建设并推进乡村社会发展的优秀教师。在保证乡村师范教育独立的前提下，也可以暂时采取乡村师范学院与乡村学院或省立学院的乡村分院联合设立的设置方式，从而推动乡村师范教育不断地向前发展。

关于乡村师范教育旨趣。余家菊认为，乡村教师承担着培养乡村学童的重要使命，是乡村社会发展的导师和领袖，同时，也是推动乡村社会发展的源力量。乡村师范学校所培养的教师不仅应该具备专门学识、教育兴趣、驾驭技能，以及静谧忍耐淡薄诸种性格等一般教师智能性格基本素养，还必须拥有丰富的常识、真挚的感情、勤劳的习惯、谦和的态度、与人为善的精神以及开创的气概六项必备修养。乡村师范教育旨趣所要求乡村教师具备的一般教师基本素养与六项教师必备素养，虽不能完全包含乡村教师全部修养，但已足以担当乡村教育改造乡村和发展乡村的使命。

关于乡村师范课程。余家菊强调，乡村师范教育具有根植于且直接面向于乡村的独特性，乡村师范学校所培养的学生，既要有教育教学的专业能力，又要有改造乡村的领导能力，基于此，乡村师范学校的课程编制"（1）须依据设学之目的，学生所具之知能须足以担负实现使命之任务。（2）须依据学生已有的教育，深造其所已习，补救其所缺乏。（3）须依据学生将来的任务，适合于学校内分工而治的实况"[①]。依据设学目的，乡村师范课程应包括担任学科、教育学科、公民学科和技术学科四类；依据教育对象已有知识程度的差异，长善救失，乡村师范学校课程再设立第五大类常识学科；依据学校分工而治的现状，单级学校教师须兼任多门功课，乡村师范学校课程应均衡发展，无所偏倚。担任、教育、公民、技术和常识五类学科，共同构成乡村师范课程的重要内容。

四、结　语

纵观余家菊的乡村教育思想，是建构在乡村和乡村教育等核心基础概念的厘清与界定基础上形成的；是植根于中华民族的现实土壤，以爱国主义和民主主义为思想基础的，是对国内乡村教育实况进行调查以及借鉴国外乡村教育先进经验的基础上提出的。其特点是具有鲜明的创造性、民主性、科学性和民族性。他勇于探索，与时俱进，整体系统，全面规划乡村教育的改进，以此来提高农民的民族觉悟，丰富农民的民族文化。他对乡

---

① 余家菊. 乡村教育通论［M］. 上海：中华书局，1934：122.

民、乡村和乡村教育的准确性认识，对乡村教育目的的整体性把握，对乡村教育学制系统的创新性阐述，以及构建由乡村初等教育、乡村高级教育、乡村师范教育等于一体的乡村教育实施体系等系统性、专业性思想，不仅对于当时全面认识和高度关注乡村教育、推动乡村教育思潮的形成和发展，具有导向性与总结性的理论意义，对中国乡村教育运动和中国乡村教育的发展，起到了不可低估的推动作用，而且对于我国当前重视农村教育研究、大力发展农村教育，也同样具有专业性与科学性兼备的借鉴价值。发展农村教育要以农民为主体，切实提高广大农民的文化素质，使教育成为全体乡民的福祉；同时要重视提升农村教师的整体水平，加强农村教师队伍建设，以改进农村教育，发展农村教育，从而促进新农村建设的健康发展。

［原文刊载于《东北师大学报（哲学社会科学版）》2013 年第 6 期（曲铁华）］

11　王拱璧"新村"教育思想及其本土化实践

　　王拱璧（1886—1976），是中国早期的同盟会会员，民主革命时期致力于河南乡村文化教育工作，为河南乡村文化教育事业做出了重要贡献。

　　中国现代基础教育体系的创建启动于西学东渐后西方教育制度对中国传统教育的冲击，并经洋务教育运动等教育改良的实践，最终在清末新政中正式诞生。由于这套体系是对国外教育体系的模仿，因为它与中国本土实际情况有着很大差距，这使中国现代基础教育体系的构建、完善经历了一个漫长的本土适应过程。[①]

　　王拱璧留学日本期间，曾亲自拜访过武者小路实笃（1885—1976），且深受武者小路实笃及其所倡导、发展的"新村学派"教育思想影响，同时他还深刻认识到当时我国教育尤其是城乡之间教育发展极不均衡，农村教育发展极端落后，教育政策制定、执行和评价脱离国家发展需要和人民现实需求，人才培养直接面向城市，农村人才大量流失，农村教育和农村发展均被放置于被忽略、被漠视的境地，长此久往，这对于农村未来前景甚至是国家社会发展都将是危险的，危害极深。因此，王拱璧深刻分析中国现实国情，从中国实际出发，借鉴武者小路实笃"新村"思想，积极超越其空想色彩，主张进行旧有乡村改造，而不是破"旧村"立"新村"，发展和普及农村教育，以农村发展挽救民族危机并带动整个国家社会向前发展。

　　新村主义主张避开喧嚣的城市和旧社会的势力，另辟天地以试图建立一个没有剥削制度的人人工读、人人平等的新农村，其本质是小资产阶级性质的社会改良思想。"新村建设实验，国外早已有之"[②]，20 世纪初期，日本自然主义作家武者小路实笃就在深刻学习西方空想社会主义理论的基

---

　　① 黄书光. 中国基础教育改革的历史反思与前瞻 [M]. 天津：天津教育出版社，2006：5.

　　② 河南大学教育科学学院志编写组. 河南大学教育科学学院志 [M]. 开封：河南大学出版社，2002：145.

础上提出一套完整系统的"新村"理论，并创办《新村》作为研究和讨论"新村"思想的核心刊物，直至 1918 年创办九州"第一新村"，最终将理论研究付诸具体实践，这在日本社会各界影响极为广泛，形成了"新村运动"。

时值"五四"时期，武者小路实笃的新村思想及其实践经周作人介绍，在中国的先进知识分子中广为影响，"毛泽东曾拜访周作人，希望更深地了解新村的情况，蔡和森、瞿秋白等知识分子都曾接受武者小路新村的主张，企图通过新村的计划，实现改造社会的理想"①。"王拱璧是五四运动的积极参加者和组织者，从 1920 年至 1927 年，他在故乡青年村进行了长达七年之久的'新村生活'实验活动"②。建设新村，改造旧村，进行以"青年公学"为核心内容的本土化实践，王拱璧立足于中国国情和农村实情，在模仿、借鉴小路实笃新村理论及其实践经验的基础上，广泛考察我国 20 世纪 20 年代至 30 年代乡村教育思潮中影响重大的其他实践实验，取长补短，强调中国意识和时代意识，以期寻求从模仿到探索及至创新的新村建设本土化科学路径。

一、建设新村、改造旧村

王拱璧于 1920 年从日本早稻田大学留学归国，他满腹"新村"理想，决然放弃了北洋政府教育部提供的仕途之路，以身作则，劳作于农村，服务于农村，"立下了'宁到农村走绝路，不进都会求显通'的誓言"③，他"看到农村的希望和力量。于是就决定留下来，要在农村扎根"④，改家乡孝武营村为自治青年村，在理想与现实的博弈中探索着建设新村、改造旧村的农村发展之路。

（一）组织政治团体"素社"

为了建设新村，改造旧村，王拱璧组织成立五人政治团体"素社"，并将其作为行政领导核心，以期更好地进行新村建设，领导自治青年村的改革与发展。以王拱璧为最重要成员的"素社"，努力将自治青年村改造成为"人人有劳动，家家有地种，贫富有饭吃，男女有权柄"⑤ 的"新

---

① 沈贞伟. "五四"新村主义在现代中国的影响及破产原因探析 [J]. 党史研究与教学，2005（05）：37-41.

② 窦克武. 王拱璧文集 [M]. 开封：河南大学出版社，1991：369.

③ 窦克武. 王拱璧文集 [M]. 开封：河南大学出版社，1991：355.

④ 窦克武. 王拱璧文集 [M]. 开封：河南大学出版社，1991：304.

⑤ 窦克武. 乡村教育家王拱璧的一生 [J]. 河南文史资料，1996（03）：38-58.

村"，这也是政治团体"素社"领导运行的宗旨和信条。"素社"一则研究社会问题，一则分析教育问题，创办《绿野》刊物以促进师生之间的文字写作与理论交流。建设自治青年村，相关社会、教育问题都必然先在"素社"研究和讨论，再贯彻实施于具体的改造"旧村"过程之中。

王拱璧及其领导的政治团体"素社"，一方面，组织青年、老人和知识分子共计五十余人召开村民座谈大会，深入调研，认识乡村，了解村民，同时充分调动乡民改造"旧村"建设"新村"的积极性，最终在村民建言建议的基础上初步拟定一个包括"改组村事务所、改组保卫组织、遏制匪盗豪霸、减轻租息、组织青年自治会、改良学校、息讼禁烟、治理河渠、妇女放脚"[①] 等诸多事项的建设规划。另一方面，王拱璧又根据自治青年村"分东西两派，长期不睦，赌风亦较别村为盛的这一情况"[②]，补充了团结息争、禁止赌博两项，从而编订出一个符合自治青年村实情以及村民愿望与需求的建设新村与改造旧村计划。该新村建设计划也于同年夏初召开的村民大会上予以通过，村民都非常积极，并最终逐步落实于实践过程之中。

（二）推行减租减息

自治青年村成立之初，王拱璧及其领导的政治团体"素社"也曾试图以完全平等化的理想土地平分策略进行土地改革，以期在"平均地权"的引领下实现本村村民"耕者有其田"的土地分配，但由于其严重脱离中国国情现状以及自治青年村的社会详情，在各方利益的冲击下，必须充分考虑乡村地主、富农以及部分中农的利益需求，以寻求其积极支持和大力配合，最终于 1921 年选择了推行减租减息的土地改革方法，并在年会公开宣布。推行减租减息，即"地租由原来的上地 105 斤，中地 70 斤，下地 52 斤半，减为上地 70 斤，中地 50 斤，下地 40 斤，麦秋各半。借贷利息由原来最低月利三分，减为不得超过年利二分"[③]。

减租减息方法是王拱璧建设青年新村迫于现实需要而逐步进行土地改革的调节性措施，为了进一步达到公平，抑制富农，扶助贫农，自治青年村随后开始实行根据土地多少逐级累进征收费用的累进征收公费方案：

---

①　窦克武. 王拱璧文集 [M]. 开封：河南大学出版社，1991：304.

②　窦克武. 王拱璧文集 [M]. 开封：河南大学出版社，1991：304.

③　窦克武. 王拱璧文集 [M]. 开封：河南大学出版社，1991：305.

每口不过一亩半地者免收。凡保卫、护青、水利、福利等费用以及青公中学部的学费，都是如此征收。扶持贫农的办法，主要是无息贷款买地租地和缺粮补助。这样就使地主感到地多不利，不得不舍去一些……于是地主的收入逐年减少，贫农都多少获得一些田地①。

即"自治费征收也按亩进制，土地多者多交，土地少者少交，对贫困户适当照顾，尽量减少贫富矛盾"②。推行减租减息虽未从根本上改变封建土地所有制剥削的本质特点，但也从一定程度上极大地缓和了贫富矛盾和阶级矛盾。虽然此后王拱璧及其领导的"素社"，一直努力试图从根本上改变封建土地所有制性质，尤其是 1925 年，"青公'素社'开始研究孙中山的三民主义。对于民生主义的'平均地权'，有不同认识，认为只限于'耕者有其田'就不能实行大经营"③。

为了更进一步推动土地改革，达成平等，自治青年村曾组织地主开会讨论土地公有问题，王拱璧更是提出期望地主、富农以及部分中农这些土地所有者基于每户每人平均五亩土地的数量所有下，其余土地全部捐赠公有，以提供给无地或少地村民耕种。虽然王拱璧及其领导的"素社"同仁一再努力，但终因其不符合村情民情无法得到地主、富农的认可，土地会议必然失败。此后，王拱璧仍"还想取得时间，继续软化、说服地会，当时绝没有思到，'和平土改'是不会成功的"④。

综观新村建设过程中触及封建制度根本的彻底土地改革，是不被占有政治、经济优势的上层阶级接受的，也是没有存在土壤的，而相对缓和多方矛盾的减租减息措施，势必会成为可以接受和推行的合理有效手段。

（三）建立青年自治会与保卫团

孝武营原是旧制"编村"，一个主村属有大小七个村子，孝武营村为主村，建设新村、改造旧村，改组村事务所，根据大家意见，以主村孝武营村为核心，拓展三里以内的四个村子为"新村"编成，进行民主选举，成立村委员会，设正副村长，王拱璧当选为主委，中农张自新和王俊

---

① 窦克武. 王拱璧文集 [M]. 开封：河南大学出版社，1991：309.
② 苗春德. 中国近代乡村教育史 [M]. 北京：人民教育出版社，2004：79.
③ 窦克武. 王拱璧文集 [M]. 开封：河南大学出版社，1991：309.
④ 窦克武. 王拱璧文集 [M]. 开封：河南大学出版社，1991：309.

（濂）当选为正副村长，且村事务所仅为办事机构，所内设一个调解委员会①。随后，1920年仲夏，成立青年自治会，"会员以保卫团员为骨干，又吸收村内外两千多户。不限成分，以一户为一个成员"②。青年自治会以"不留发辫，不缠脚，不娶缠脚妇女，不娶妾，不吸鸦片烟，不赌博"③的"六不"标准为会规，严格自律，以完成青年自治会移风易俗、改造旧村、建设新村的领导使命，并正式将孝武营村更名为自治青年村，"自治"二字明确表达青年新村自治管理的领导方向。同年，王拱璧"把原'看家队'改组为'保卫团'。团员四十余人，多是中农及贫农青年。贫农青年张铁生、朱天明任正副队长，武器只有刀矛，农暇积极训练。我和一位拳师给他们上课。'保卫团'不仅是个保卫组织，也是实施建村计划的骨干力量"④。建立青年自治会与村民自卫武装保卫团，也是王拱璧开展新村建设、改造旧村的科学探索路径。

二、"青年公学"本土化实践

1920年10月9日，王拱璧在其父亲王际泰于清末所创"崇实小学堂"的私塾积淀下，经过改组改造最终建立"青年公学"。"青年公学"以"农教合一"为教育管理体制，其创办之时，仅有"学生三班，一百四十人。教师有郭立唐、张俊民等六人，校董张自新，校长王拱璧"⑤，学校最初发展极为艰难，但王拱璧一直为"青年公学"规划"次第设立幼稚、小学、中学、职业、贫儿院，农村师范各部及各种补习专科，各种工厂"⑥的美好前景，且"前列计画（划），以农村需要为本"⑦。

同时，王拱璧还为"青年公学"创作校歌《青年公学乐乐乐》，其"精心设计的校徽是铜质圆形，兰底青天，下大半边黄色麦穗烘托，内为众字，含万众一心，众志成城之意"⑧。本着"各本良知（职），各尽良能；

---

① 窦克武. 王拱璧文集 [M]. 开封：河南大学出版社，1991：304.
② 窦克武. 王拱璧文集 [M]. 开封：河南大学出版社，1991：304.
③ 窦克武. 王拱璧文集 [M]. 开封：河南大学出版社，1991：304.
④ 窦克武. 王拱璧文集 [M]. 开封：河南大学出版社，1991：304.
⑤ 窦克武. 王拱璧文集 [M]. 开封：河南大学出版社，1991：385.
⑥ 同力. 介绍"青年公学" [J]. 晨报副刊，1924-08-19：3-4.
⑦ 同力. 介绍"青年公学" [J]. 晨报副刊，1924-08-19：3-4.
⑧ 窦克武. 王拱璧文集 [M]. 开封：河南大学出版社，1991：388.

相助以爱，相见以诚"① 的合作要义，在王拱璧的全力领导下，青年公学经过几年努力，逐渐发展成为集学前教育、小学教育、中学教育、妇女教育、职业教育以及社会教育于一体的乡村学校，其拥有学生七百余人，班级总数超过二十，且聘请优秀教师，自编课程教材，注意结合村民生产生活，强调理论联系实际②。以"青年公学"为实验学校，王拱璧已经开启探索新村教育和新村建设的具体实践过程。

（一）关于乡村自治

"青年公学"是乡村自治的精髓，同时乡村自治又是新村教育思想的核心内容。青年公学的教育宗旨是："在全面发展基础上，以'劳动''健康'为中心，把学校和农村建设成为幸福的乐园。"③ 这是依据"我国现在教育状况——城市化，工商化，不合国情民性"而"主张以农立国，应先普及农村教育"④ 为出发点，面对教育发展目标及理想，将教育发展与社会发展相结合，最终形成的以"发挥平民精神，改进农村生活"为核心的办学宗旨。王拱璧从我国当时的现实国情出发，进行新村建设，努力把青年村改造成一个"人人有劳动，家家有地种，贫富有饭吃，男女有权柄的农村乐园"⑤。王拱璧在制定道德规范和做人目标时，总是把对学生的要求和对村民的要求相提并论。

把青年公学作为青年村自治的核心，以提高青年和广大农民的基本素质为目标，主张人民大众的普及教育，提出"人人爱劳动，人人爱学习"；"要增产、要节约、要团结、要防灾；不缠足、不赌博、不上告、不骄傲"的口号，作为学生和村民的道德规范和做人目标。⑥

"青年公学"与乡村自治的紧密结合、融为一体，在一定意义上也最终决定了自治青年村"素社""青年自治会"以及"青年公学"等主要领导机构，均形成了以王拱璧起主要带头作用的核心群体。行政、立法与司法高度集权，却又广泛发动群众，充分调动村民的积极性，民主平等，同

① 同力. 介绍"青年公学"［J］. 晨报副刊，1924-08-19：3-4.
② 窦克武. 王拱璧文集［M］. 开封：河南大学出版社，1991：9.
③ 窦克武. 王拱璧文集［M］. 开封：河南大学出版社，1991：9.
④ 同力. 介绍"青年公学"［J］. 晨报副刊，1924-08-19：3-4.
⑤ 窦克武. 王拱璧文集［M］. 开封：河南大学出版社，1991：9-10.
⑥ 窦克武. 王拱璧文集［M］. 开封：河南大学出版社，1991：10.

时将教育发展立足于整个社会发展的核心内容，以教育发展推进乡村自治，从而实现整个社会的发展与进步。

（二）关于办学方式

"青年公学"建校之初，仅设立小学部。1921年1月，"青年公学"附设"农民夜学识字班，听课农民达五六十人。3月，为培养新制初级师资和新村干部，设高等师资补习班（简称高补班），招收进步知识青年及塾师五十人，聘请李警辰为主任教师。为期半年，毕业后分任各村初级小学堂校长或教师。9月，举办第二期高补班，招收学员四十余名，多培养成为本地区新村制骨干和区政干部"[①]。1923年5月，"为适应本地各村小学需要，增设夏令体育、音乐师资短训班（简称体音训班），为期半年，两期共培训七十余人，聘请沈国栋、贾芳青任教师。毕业后分任各村小学体、音教师"[②]。

时至1924年9月，"青年公学"开始"增招初中班，招收学生五十人，小学已发展为六班，分别以'英、法、德、美、奥、俄'六国国名命名（即英级班、法级班、德级班、美级班、奥级班、俄级班）"[③]，并逐渐形成"初级小学及补习晚、夜各级，概用复式单级法。高级小学，原用单式，现已着手试行'道尔顿制'。小学部仍用四三制，但高级到第三年，分职业、升学二科。各部升级采取弹性的制度"[④] 的学级及学制模式。

除此之外，"青年公学"还设有校友会、自治会、农会、读书会、演说会、商业会、毽子会等各种会社，同时拥有图书约七百九十余种，一千八百余册（大半系王璋捐助），《新教育》《教育》《教育界》《教师之友》《教育月刊》《体育季刊》《国语月刊》《今日》《小说月报》《新村（日文）》《妇女杂志》《中国青年》《儿童文学》《东方》《学生》《少年》《儿童世界》《小朋友》《妇女旬刊》等杂志，《民国日报》《晨报》《申报》《新中州报》《儿童》《努力》《人之友》等报章；会社、图书及报章的设立和完善，亦成为"青年公学"学习、交流的有效辅助方式。

由此可见，"青年公学"办学方式灵活多样，因地制宜最终形成了设

---

① 窦克武. 王拱璧文集［M］. 开封：河南大学出版社，1991：385.
② 窦克武. 王拱璧文集［M］. 开封：河南大学出版社，1991：386.
③ 窦克武. 王拱璧文集［M］. 开封：河南大学出版社，1991：386.
④ 同力. 介绍"青年公学"［J］. 晨报副刊，1924-08-19：3-4.

有幼稚园、小学部、中学部、职业部、农村师范部、农民补习部、补习专科（夏令补习、高等补习、夏令体育、夏令音乐、夏令自治班等）以及夜校、晚校的多层次、多形式、多方向的办学培养方式。

（三）关于教育经费

"青年公学"创办之时，王拱璧"捐田三十余亩，粮四千斤，钱三百元"[①]，且"个人预定捐工资五年"[②]，"并将任县教育局长的两年薪俸全部捐给学校，将家里房宅全部捐给学校，将自己的千余册图书捐给学校，还动员一个地主王道济捐给学校一部分土地和宅基"[③]，用以补充教育经费和改善教育设施。1924 年 8 月 19 日，北京《晨报》副刊所载《介绍青年公学》一文中描述教育经费现状："入项：约一千元。a. 本村公田一百亩，王璋捐田三十二亩。岁租约二百四五十元。b. 县款、区款、补助奖金四百元。c. 学费实收每年约三百五十元至四百五十元。——本年已减至最低款目。"

由此可见，"青年公学"主要教育经费来源由土地岁租、县区款及补助奖金、学费共三部分构成。1922 年夏初，"赴开封募捐。在友人任白涛、杜子动、牛信予等的热情协助和省属教育处的大力支持下，募捐五百余元。为青公扩建了校舍和增添了设备。使青公增设了中学部，并招初中一班，师范专业一班。又开办夏令学校，有师范班两个，体育班一个。前者为农村教师进修教学办法，后者为普及群众体育"[④]。1923 年，冯玉祥也曾"捐助青公三千元，得以扩建校舍数十间，增添一些设备"[⑤]。王拱璧认为，"在农村办教育，校风校貌应力求简朴。校舍以草房为主，教具多半自制"[⑥]，并先后将"土地庙、火神庙、竹园寺、三官庙、清凉寺等庙宇、寺院扒掉。将砖瓦运到了学校扩建了校舍"[⑦]。

尤其要指出的是，对于学费收取标准，"青年公学"则明确表述为补习科及无产者免收学费，且在一定程度上补助以书籍或灯油；小学部则按

---

① 窦克武. 王拱璧文集 [M]. 开封：河南大学出版社，1991：305.
② 窦克武. 王拱璧文集 [M]. 开封：河南大学出版社，1991：305.
③ 窦克武. 王拱璧文集 [M]. 开封：河南大学出版社，1991：10.
④ 窦克武. 王拱璧文集 [M]. 开封：河南大学出版社，1991：306.
⑤ 窦克武. 王拱璧文集 [M]. 开封：河南大学出版社，1991：307.
⑥ 窦克武. 王拱璧文集 [M]. 开封：河南大学出版社，1991：307.
⑦ 窦克武. 王拱璧文集 [M]. 开封：河南大学出版社，1991：388.

产业多少为收费标准，高级小学标准为每亩土地每年收费为 0.1 元，最多收至 60 亩土地合最多每年学费 6 元，初级小学标准为每亩土地收费为 50 文，最多收至 100 亩土地合最多每年学费 5 000 文；小学部所招收女学生学费为收费标准的一半金额；没有土地但经营实业且有一定收入者可酌量收取学费[①]，且希冀"到基金敷用时，小学部免收学费"[②]。

以家庭产业多少作为收取学费的直接标准，即主要针对我国当时农村、农民以土地多寡构成家庭产业最重要部分的社会现实，结合学校类型以及土地多寡，清晰明确地加以分层次规定，"产业多者多收学费，产业少者少收学费"[③]，且对于没有家庭产业的贫穷农民以及参加各种补习班的学生则不收学费，并根据学生实情酌给书籍、灯油等一定数额的物质补助，同时针对农村地区个别没有土地而经营其他产业家庭的学生，适当酌量收取学费。

以产业多少作为收费标准，特别是在经费充足时，"青年公学"小学部免收学费的教育愿景，这在当时不仅是兼顾教育公平的有效措施，更是推动农村义务教育发展和普及的前瞻目标，将会有力地保障农村人口尤其是适龄受教育者接受教育的正当权利和平等机会。"由于兴学育人是功德无量的善举，深得村民的拥护，所以教室和教学用房，全部是村民自己动手建造起来的。到 1924 年，新盖校舍九十余间，添置部分图书仪器，开辟运动场地 12 亩，建造农林试验园地 14 亩，基本满足了教学的需要"[④]。"青年公学"在极为艰苦的情况下，充分发动群众，多种途径、多种方法、多方筹集教育经费，在当时也不失为一种合理、有效的集资办学方法。

（四）关于社会教育

1922 年，"青公联合本县几个学校开展校外教育活动。内容主要是宣传反帝爱国，推行'五不'自治。形式是分区包干，组织巡回讲演。又增设十个专业部和一个顾问会。前者为校内外'大教育'，后者是教育与生产技术、生活知识相结合的桥梁。增辟学校园地，为师生农艺实验之用"[⑤]。

---

① 同力. 介绍"青年公学"[J]. 晨报副刊，1924-08-19：3-4.
② 同力. 介绍"青年公学"[J]. 晨报副刊，1924-08-19：3-4.
③ 窦克武. 王拱璧文集 [M]. 开封：河南大学出版社，1991：11.
④ 苗春德. 中国近代乡村教育史 [M]. 北京：人民教育出版社，2004：84-85.
⑤ 窦克武. 王拱璧文集 [M]. 开封：河南大学出版社，1991：305-306.

一方面，"青年公学"校内事务，初分为八部，后增订为十部：

计有：劳动工作部、农林种植部、社会交际部、时学讲演部、体育运动部、医药卫生部、家事顾问部、医务监护部、印刷（编）写部、会计庶务部。由职教十人分别担任，由学生补助。事务会谈，即由各部主任，联席主持[①]。

其中"劳动工作部"和"农林种植部"的主要职能在于"指导和安排学生在农林试验场从事作物栽培和种桑养蚕活动"[②]。同时，因研究社会与补助职业生的需要，将本村及附近有经验专长的人，男女都有，约三十余名作为顾问，成立顾问会，计有农作、养畜、野菜、果园、林业、故事、歌舞、会社、养蚕、养蜂、磨粉、制糖、裁缝、烹调、建筑、田产、医药、招生、儿科、木工、铁工、漆工、种瓜、菜园等内容，并约定时日，分别集会讲谈[③]，以期教授学生实际知识和实践技能。

另一方面，"青年公学"在积极组织校内教育的同时，积极关注校外教育，主要表现为：（1）对于学生不在校时——毕业或放假——校友会、自治会互相监（督）联络；并由职教按时召集训话，或随时访问。（2）对于学校附近的买卖人，注意其言语（举止），并随时加以指导或限制。（3）对于学校附近没有入学的儿童，随时召集而指导之。（4）对于本村村人，按时到各处讲谈。（5）对于三十里内一般人士，利用节假日，由师生巡回讲演，或简明口号，教授乡人[④]。"青年公学"推行学校教育与社会教育相结合的大教育内容，因此，"青年公学"已然成为自治青年村农村经济发展与产业繁荣的内在助力。

（五）关于移风易俗

基于建设新村、改造旧村的愿景目标，为改变农村愚昧落后的封建思想与行为，王拱璧及其领导的"青年公学"广大师生积极进行移风易俗活动。

一方面，"利用课余、假日、节日四处宣传，破除迷信，移风易俗、

---

① 同力. 介绍"青年公学"[J]. 晨报副刊，1924-08-19：3-4.
② 苗春德. 中国近代乡村教育史 [M]. 北京：人民教育出版社，2004：85.
③ 同力. 介绍"青年公学"[J]. 晨报副刊，1924-08-19：3-4.
④ 同力. 介绍"青年公学"[J]. 晨报副刊，1924-08-19：3-4.

剪辫放脚、扒庙伐神、劝学息讼等。学校周围村庄，只要一唱戏，校长王拱璧都要登台做反帝、反封建迷信、剪辫放脚的演说宣传。校长在台上讲，男女学生在台下见长辫就剪，见姑娘就劝说放脚"[①]，同时"从剪辫放脚运动，发展到扒庙伐神。每到课余，学生集合，高举红旗，携带工具，先后将竹园寺、清凉寺、谷水寺、三官庙、土地庙、火神庙、杨树庙等庙宇、寺院的神、佛全部伐倒打光了"[②]。1924 年 7 月，《新中州报》记者前往访问时，亲眼看到全校中及青年村中，无一吸水烟者，纸烟更属绝迹，村中妇女三十岁以下均天足，尤为特色[③]。

另一方面，提倡男女平等，王拱璧"自读了培培尔的《妇女与社会》和认识了'三八'妇女运动之后，即认为占人口一半的妇女如不得到解放，就不是一个完整的社会。青公和村事务所在解放妇女方面做了不少工作"[④]。"从创办青年公学起就招收女学生，主张男女平等，使女生同男生一样学文化、学体育、学技能"[⑤]，且"男女达到学龄必须入学。男女平权，不得歧视。婚姻自由，不得包办。女子得享受继承权"[⑥]。为了推进男女平等，促进女子教育的开展，"青年公学"不仅在认识和实践上积极号召，更是在学费收取上明确规定小学"两级底（的）女生部都照前数减收半额"[⑦]，这对于当时封建思想根深蒂固的河南中原农村地区来说，无疑是切合实情又惠及村民的具有极强可行力度的有效措施。

在王拱璧及其"青年公学"的积极提倡和惠民规定下，时至 1924 年，"青年公学"家庭业农者占 97％的 310 名在校学生中，女学生共计 65 人，约占总学生人数的比例为 21.97％，其中小学初级女学生共有 34 人，男学生共有 76 人，约小学初级学生总数的 30.91％；小学高级女学生共有 6 人，男学生共有 92 人，约占小学初级学生总数比例的 6.12％；补习学校女班（晚）学生共有 25 人，男班（夜）学生共有 77 人，约占补习学校学

---

① 窦克武. 王拱璧文集［M］. 开封：河南大学出版社，1991：388.

② 窦克武. 王拱璧文集［M］. 开封：河南大学出版社，1991：388.

③ 王金玉，窦克武. 王拱璧"新村生活"述评［J］. 郑州大学学报：哲学社会科学版，1987（04）：51-56.

④ 窦克武. 王拱璧文集［M］. 开封：河南大学出版社，1991：308.

⑤ 窦克武. 王拱璧文集［M］. 开封：河南大学出版社，1991：11.

⑥ 窦克武. 王拱璧文集［M］. 开封：河南大学出版社，1991：308.

⑦ 同力. 介绍"青年公学"［J］. 晨报副刊，1924-08-19：3-4.

生总数的 24.51%①。虽然"青年公学"女学生所占全体学生总数的比例偏低，且呈现随学级增加逐级递减的较大波动，但是这对于 20 世纪 20 年代的中国农村来说，已经成绩显著，影响深远且意义重大。

（六）关于进步活动

一方面，创建"青年公学"义勇团。"青年公学"对于"童子军"这个名词，有些怀疑，因而取名为"义勇团"。"青年公学"义勇团成立于 1923 年，共由 50 人构成，其中团员 24 人，"大致仿照童子军，并含有保卫农村的意思"②。"青年公学"义勇团与自治青年村保卫团共同组成了保卫新村建设、保障学校教育安全的自卫武装力量。1923 年夏初，王拱璧及其"青年公学"，"指挥青年义勇队（义勇团）与村保卫团，合击了残害乡民的河南军阀赵倜残部于张庄。敌被击毙四人，全连溃散，我则无一伤亡。缴获枪械、子弹、赃款、马匹一部。把孙姓肉票救出。乡人大快，对自治自卫更有信心"③。通过发展，"青年公学"义勇团得以有效保卫自治青年村发展成果和成功营造自治青年村安全环境，成果显著，北京《晨报》于 1926 年 10 月 25 日就曾以自治青年村远离匪患战乱为主要内容进行过专题报道。

另一方面，积极开展反帝爱国运动。1915 年 5 月 7 日，日本为实现其侵略中国的霸权目的，提出毁灭性的"二十一条"，王拱璧及其创办发展起来的"青年公学"师生不忘国耻，"因知耻而有勇，亟修身以治国"④，以"青年公学"作为平台，每年 5 月 7 日都会举行大规模的国耻纪念活动，且传诵歌唱创作的《莫忘国耻歌》，努力唤醒自治青年村及周围乡村村民的爱国觉悟，积极调动乡村群众的爱国热情。1923 年，日本侵略加剧，中日形成以争抢旅顺、大连两地为中心内容的直接矛盾，王拱璧深刻认识到矛盾实质，积极主张以强硬措施收复旅顺和大连，坚决反对北洋政府妥协，同年 4 月 3 日，最终成立了以自治青年村为源力量，以西华、商水、郾城、上蔡四县 260 余村共 50 000 村民为主体力量的"中原农民对日外交协会"，通过了《扩大宣传并电请政府派员接受旅大决议》，提出不买

① 同力. 介绍"青年公学"[J]. 晨报副刊，1924-08-19：3-4.
② 同力. 介绍"青年公学"[J]. 晨报副刊，1924-08-19：3-4.
③ 窦克武. 王拱璧文集 [M]. 开封：河南大学出版社，1991：307.
④ 窦克武. 王拱璧文集 [M]. 开封：河南大学出版社，1991：20.

日货、不卖给日本人货物，并电请政府"即日派兵接收旅大，如因此开战，甘愿服兵役、助军饷"，同时为深刻揭露日本帝国主义的侵略罪行，强调旅顺、大连重要地位及必须收复理由，积极散发要求收回旅顺、大连的四字句传单①。

1925 年，帝国主义在上海制造了"五卅惨案"，消息一传来，学校立即召开声讨大会，并组织七八个宣传队、纠察队粘贴"打倒帝国主义"等标语口号，四处检查"仇货"，检查奸商，"并以'中原农人'协会的名义通电全国，强烈抗议帝国主义的暴行，并表示'敝会虽僻处乡村，愿率农人执梃输饷，随国人之后'"②。这些以"青年公学"为领导核心的反帝爱国运动，在当时是极为积极进步的。

王拱璧建设新村，改造旧村，进行以"青年公学"为核心内容的本土化实践，"曾引起北洋军阀、政府教育部及日本、美国学者的注意。国内外学者慕名而来参观者络绎不绝。到一九四二年，共毕业学生二百九十八人，河南省政府曾颁予'惠嘉青年'匾额，北京政府教育部也于是年颁给三等金质奖章，奖励王拱璧先生"③。正当以"青年公学"为核心内容的新村建设实践在前期艰辛创建后愿景美好之时，1926 年 9 月，"青年公学"不幸"遭到土匪和地主豪绅武装二千余人的袭击，校舍及其他设备被焚烧，人员逃避，公学遂辍"④。此后"青年公学"（1942 年后改称"青年中学"）虽仍在匪患战争颠覆中艰难复校，直至新中国成立之后交由政府，但王拱璧及其领导的"青年中学"新村本土化实践，却在本次劫难后不得不宣告失败，并在以后的发展过程中逐渐由教育改良转向于民主革命轨迹，正所谓"五年劳瘁，一旦结束！痛定思痛，恍如一枕梦呓"⑤。

中国 20 年代的教育改革，有条件追随世界的潮流，吸收人类文明的最新成果，博彩各国教育之长，为我所用，改造已不适应国内国际形势的中国教育，为中国的富强独立做出新的贡献⑥。

---

① 窦克武，杨文君. 为河南乡村教育事业做出贡献的王拱璧 [J]. 河南大学学报：哲学社会科学版，1984（06）：119-123.

② 王金玉，窦克武. 王拱璧"新村生活"述评 [J]. 郑州大学学报：哲学社会科学版，1987（04）：51-56.

③ 窦克武. 王拱璧文集 [M]. 开封：河南大学出版社，1991：361-362.

④ 窦克武. 王拱璧文集 [M]. 开封：河南大学出版社，1991：362.

⑤ 窦克武. 王拱璧文集 [M]. 开封：河南大学出版社，1991：311.

⑥ 宋恩荣. 近代中国教育改革 [M]. 北京：教育科学出版社，1994：201.

　　王拱璧及其"青年公学"开启了中国近代乡村教育的最早探索之路，"新村"教育思想及其本土化实践亦成为20世纪中国近代乡村教育思潮中浓墨重彩的重要内容之一。注重政治、经济、文化和人口的实情分析以及战争影响的现实因素，因地制宜，组织政治团体"素社"，推行减租减息，建立青年自治会与保卫团，创建乡村自治的核心精髓"青年公学"，并依据国情村况探索办学方式、筹集教育经费、创新社会教育、推行移风易俗和开展进步活动，充分调动了广大村民参与"新村"本土化实践的积极性，王拱璧在探索与创新中努力以广阔的视野全面审视教育，重视发展农村教育，寻求中国农村教育发展、农村发展的本土化之路，不仅其新村教育思想和"青年公学"本土化实践对于我国当前教育尤其是农村教育改革与发展借鉴意义重大，同时其个人不计功利、无私奉献于农村改革探索的高尚精神更是值得我们学习。

　　[原文刊载于《河北师范大学学报（教育科学版）》2012年第9期（曲铁华　慈玲玲）]

第二专题

科学教育改革与发展研究

12　"五四"时期科学教育思潮 及对当代教育的启示

在中国教育发展史上，科学教育从无到有、从少到多地被纳入学校教育之中，经历了上百年的发展和几代人不屈不挠的奋斗，这一现代科学与传统观念此消彼长的斗争过程促进了中国教育由传统向近代的转变，也"影响着近代教育发展史上的许多重大教育事件和众多重要教育人物"①。因此，研究中国近现代教育史和科学教育的发展史，是不可忽略的重要部分。

一、科学教育思潮的兴起与发展

（一）科学教育思潮的孕育

1840 年，帝国主义的坚船利炮敲开了中国的大门，中国出现了前所未有的大变局。面临亡国灭种的危机，中国的仁人志士开始警醒、奋起，纷纷寻求救世良方，以挽救濒临危亡的国家和民族。地主阶级的开明人士提出了"中学为体，西学为用"的方针。在这一方针的指引之下，洋务派开始兴办外语、军事和技术学堂，在学堂中引进包括西政、西艺、西方历史等新学；又派遣出国留学生，接受纯正的科学教育。虽然最后甲午中日战争的失败宣告了洋务运动的结束，但是它首次在教育中引进西学、西艺，科学随西学、西艺走进中国教育领域，科学教育也开始孕育起来。

（二）科学教育思潮的萌芽

随着民族资本主义的发展，资产阶级开始登上历史舞台，成为探寻救国之路的生力军。在倡学西方民主启蒙思想和抨击封建顽固派的过程中，资产阶级维新派逐渐认识到人才才是一个国家的立国之本，而学校是改良社会之本。因此，维新派由最初的变法救国转变为"教育救国"，提出了

---

① 王冬凌. 中国近代学校科学教育研究［M］. 大连：大连出版社，2004：1.

"开民智为中国第一要义"① "欲求新政，必兴学校"② 等主张。然而，此时所提到的学校绝不等同于中国传统意义上的学校，所倡导的学习内容也不是当时学堂内广泛传诵的儒家经典，他们所提倡的是介绍西方资产阶级的社会学说和近代科学文化知识的新式学堂。

当时热心倡导科学教育的严复就主张全面学习西方文化，引进西方科学。他说："故中国此后教育，在宜着意科学，使学者之心虑沉潜，浸渍于因果实证之间，庶他日学成，有疗病起弱之实力⋯⋯则真中国之幸福矣！"③ 阐述西学教育内容时，严复提出了自然科学为主、社会科学知识为辅的西学教育内容体系。在倡导西学教育内容的同时，严复还努力将西方的科学方法论导入教育和治学的过程中。严复认为，中国教育之积弊不仅仅是教育内容陈旧跟不上时代的步伐，对于教育方法的忽视也是积弊甚深之原因。因此，严复主张以"物理科学"教授学生，而且教授的方法要不同于传统方法，培养学生重实际、轻偏言的习惯。严复作为近代最早提倡科学教育的教育家，虽然并没有明确提出"科学教育"这一概念，但是，他重视科学知识的传授和学习，并将其列为学校教育的重要内容，同时重视科学教育方法的应用，为国人带来了全新的科学概念和科学精神，为"五四"时期"科学、民主"思想的传播奠定了基础。

（三）科学教育思潮的形成

虽然说近代中国从洋务运动时期就开始了学习西方科学技术的"西艺教育"，而在维新运动时期就已经加强了对科学教育方法的重视，倡导在教育中导入西方的科学方法论，但是，由于受社会发展水平的限制和思想家本身思想上的局限，这两个时期对科学和科学教育的认识还有很大的局限性，对中国社会的影响也还有限。

任鸿隽主持的中国科学社的成立及《科学》杂志的创办，是科学教育思潮发展的一个里程碑，标志着近代中国科学教育思潮的形成。

1914 年 6 月 10 日，美国康奈尔大学的一批中国留学生发起组织成立了中国近代第一个科学教育组织——中国科学教育社。该组织一成立就明确了自己的发展宗旨：传播科学知识，促进实业发展。大家推选任鸿隽任社长。为了更有效地传播科学知识，唤醒国人的科学意识，翌年 1 月，任

---

① 梁启超. 论学校一（变法通议三之一）：总论（未完）[J]. 时务报，1896（5）：1-3.
② 梁启超. 论变法不知本原之害（变法通议二）[J]. 时务报，1896（3）：1-4.
③ 王栻. 严复集：第 3 册 [M]. 北京：中华书局，1986：565.

鸿隽又同留美学生胡明复、赵元任、杨铨等人发起刊行《科学》杂志，肩负起传播科学的使命，创刊号发表了一系列科学领域的专业论文及自然科学方面的科普文章。同时开辟了通论、物质科学及其应用、生物科学及其应用、历史传记等专栏，而且在每期的显要位置登载探讨科学世界观、科学方法以及科学精神的论文，大力倡导和促进科学、实业、教育相结合，也主张在学校教育中融入科学的内容、方法、态度及精神，进而推广于社会。

1915 年，任鸿隽在《科学与教育》一文中说："科学于教育上之重要，不在于物质上之知识而在其研究事物之方法；尤不在研究事物之方法，而在其所与心能之训练。"[①] 至此，中国的教育界明确地提出了科学教育的概念。此后，在任鸿隽和中国科学社及其成员的努力下，人们对科学教育及其意义和作用的认识进一步深化，并在全国范围得到了大力推广，科学教育的思潮蓬勃发展起来。

（四）科学教育思潮的高涨

1919 年，"五四"新文化运动爆发。借助新文化运动的强劲力量，科学思想得到了极大的弘扬，科学教育思潮的发展也空前高涨起来。

"五四"新文化运动不仅仅是一场学术文化的变革，更是人们思想和观念的转变。如果说这场运动前人们还只是从"救国图存、挽救危亡"的角度倡导科学教育，那么，新文化运动后人们是站在科学启蒙与中国近代化的高度上来认识科学教育。如陈独秀在谈到中国实现近代化的发展途径时曾指出，依靠引进西方的科技和先进机器来实现富强的想法是"至为肤浅"的，"国人而欲脱离蒙昧时代，羞为浅化之民也，则急起直追，当以科学与人权并重"，而"近代欧洲之所以优越于他族者，科学之兴，其功不在人权说之下，若舟车之有两轮焉"[②]。陈独秀对科学的这种新认识揭示了科学与思想启蒙、人的解放的关系，深化了人们对科学及科学教育与社会发展关系的认识，丰富了科学教育的内涵。

新的历史条件不仅使人们的思想和观念发生了转变，也给各项事业的发展带来了新的契机。因此，借助于五四运动创造的大好形势，中国的教育界人士开始对以往的科学教育进行反思和总结，并对今后科学教育如何

---

① 任鸿隽. 科学与教育 [J]. 科学，1915，01 (12)：1 343-1 352.

② 生活・读书・新知三联书店. 陈独秀文章选编：上 [M]. 北京：生活・读书・新知三联书店，1984：78.

开展进行了讨论。他们认为，过去科学教育的主要精力集中在对西方科学的介绍和传播，研究的方式方法也是停留在对西方成果机械、笼统或简单的搬用上。科学教育想在中国大地上真正得到普及贯彻，必须对其进行中国化的改造，即科学教育的本土化建设。这种观点的主要代表是张准，他在《近五十年来中国科学教育》中指出："欲言教育，必从科学的方法上着手，凡各种科学全恃他人已得之结果，必自己加以研究实验，此盖真正的教育科学开端之时也。"[①] 为了适应社会的需要，此后教育界开始注重自己的科学研究人才的培养，开展科学研究，并在运用的过程中解决教育过程中各种实际的问题。

注重科学精神的培养，强调教育的科学化，是"五四"以后科学教育呈现的又一特点。任鸿隽认为，中国不仅缺乏科学，更缺乏科学精神，在学术界由于存在与科学精神绝对不相容的习气，如"重文章而忽实学"，"笃旧说而贱特思"，这种不良风气代代相传影响学子至深。因此，"今日之急务，莫如科学精神之普及，俾思想之趋于一偏者，得其平衡，而后有进行可言"[②]。科学教育的倡导者不但重视科学精神的养成，而且加强了对教育内容及教学方法的科学研究。他们认为，科学教育既应有科学的教育内容，更应有科学的教学方法，不科学的科学教育不能称之为科学教育。因此应加强对教育问题的科学研究，尤其是对教育原理和教学方法的研究。他们因而大力提倡心理实验、心理测量等手段的应用，同时运用设计教学法、发现法等进行教学。

"五四"时期科学教育思潮的汹涌高涨，既得力于国内教育家、思想家及民主革命家对科学教育思想的大力介绍和传播，也得力于一些留学欧美学生的纷纷回国及美国进步教育家的来华讲学，他们对科学教育思潮的高涨起到了推波助澜的作用。如陶行知、胡适等人的归国，不仅为科学教育群体注入了新鲜的血液，而且为科学教育的发展带来了新思想、新视角，而杜威、孟禄、推士、麦柯尔等在中国进行的有关科学教育的演讲，在为科学教育注入新思想、新理念的同时，又一次大力地宣传了科学教育思想。

孟禄和推士强调"科学的教育化"，他们对中国教育进行了考察，在了解大量事实的基础上，重点研究各门学科、专业的教学内容，对教育教

---

① 舒新城. 近代中国教育思想史 [M]. 上海：中华书局，1932：288.

② 梅加夫. 科学与近世文明 [J]. 科学，1918，04（04）：307-312.

学中存在的方法问题给予指正，对科学教育的弱点提出了中肯的意见。杜威和麦柯尔则更强调"教育的科学化"。麦柯尔还帮助我国编制了 50 余种教育测验，帮助订正了比奈-西蒙智力量表，撰写了《中国教育的科学测量》一文。

（五）科学教育思潮的践行

经过 1923 年"科玄论战"的洗礼，科学概念在中华大地上得到了进一步传播，科学教育也朝着更理智和现实的方向发展，即由轰轰烈烈的理论宣传转为在教育实践中的逐渐落实。

19 世纪 20 年代，北京等高等师范学校建立心理实验室，开设心理学实验课程，用心理测量测试入学考生。1923 年，中国教育改进社进行了一次全国范围的小学教育调查，调查在 22 个城市和 11 个乡镇进行，共抽取测试了 92 000 个儿童，这种规模和范围在当时是绝无仅有的[①]。

新的教学方法此时也在中国大地上得到了广泛的实验和实践。如中国最早开始研究设计教学法的教育家俞子夷，从 1919 年开始在南京高师附小进行设计教学法的实验，此后南京高师附小大力推行，号召全国各地小学进行设计教学法。到了 1922 年秋，道尔顿制也开始在上海进行实验，由舒新城先生首先在上海中国公学中学部开始进行实验，此后迅速得到全国教育联合会的关注，在 1923 年的教育联合会上得到推荐。于是，各地也纷纷进行研究和实验，如南京东南大学附属中学、北京艺文中学等都进行过此项实验。

在广泛进行教育研究和教育实验的同时，科学教育倡导者们开始感到研究人才的匮乏，对科学教育和实验开展的局限，于是，开始培养教育科学研究人才。1920 年初，北京高师首开教育研究班，举行入学试验。1921 年 7 月，首届南京高师教育专科学生毕业，全部从事教务主任、训育主任、学科教师及教育行政工作。

此阶段，科学教育的开展呈现出三个特点：开始将科学方法应用于教育问题的研究；新的教学方法在各级各类学校中进行广泛试验，并加以推广；学校开始重视教育科学研究人才。

---

① 吴洪成，彭泽平. 试论"五四"时期科学教育思潮 [J]. 西南师范大学学报：哲学社会科学版，1999（02）：105-110.

二、科学教育思潮的主要内容

（一）抨击传统教育弊端，大力倡导科学教育

科学教育的倡导者认为：中国传统教育重功名利禄，不讲求社会实际；重伦理道德，忽视物质生产；讲求文辞藻饰，不求实证。如此种种与科学教育正相悖离，欲立科学教育，必破传统教育。因此，科学教育的倡导者倡行科学教育时，即先批判传统教育。

早在维新变法时期，严复就大力倡导改革中国的旧教育。严复首先分析了近代中国衰败落后的原因，他认为中国的衰弱不只是一个原因造成的，但若想使国家走上富强独立的道路，教育改革是救国出发点。他说："为今之计，惟急从教育上着手，庶几逐渐更新乎！"[①] 严复认为中国传统教育体制中，危害最大的首称以八股考试为核心的科举教育制度，它是统治者用来束缚人们的手脚心思、腐蚀人心的工具。其害处有三——"锢智慧、坏心术、滋游手"，因此必须"痛除八股而大讲西学"[②]。

到了新文化运动时期，陈独秀从培养高素质国民的角度来批判传统教育，倡导科学教育。陈独秀剖析传统教育有两大弊端："一是犯主观主义，二是犯形式主义。"[③] 陈独秀认为，传统教育是人们追求功名利禄的手段和途径，接受教育只是为了获得一种身份和资格，这与研究学问、报效社会的求学目的相去甚远。这样的教育根本就不能胜任改造人、改造社会的使命。陈独秀指出，传统教育"精力用得不经济，减少教育的效力，减少训练的效力，减少学术应用的效力，减少文化普及的效力"[④]。陈独秀在批判传统教育弊端的同时，指出了新教育的特征，是"自由的而非奴隶的"，"进步的而非保守的"，"进取的而非退隐的"，"世界的而非锁国的"，"实利的而非虚文的"，"科学的而非想象的"[⑤]……"内图个性之发展，外图贡献于其群"[⑥]。在《新教育的精神》一文中，陈独秀特别强调，新教育的新不仅仅在于课程的设置，更重要的是要有"新精神、新方法"。这里

---

① 王栻. 严复集：第5册 [M]. 北京：中华书局，1986：1 550.
② 王栻. 严复集：第1册 [M]. 北京：中华书局，1986：40.
③ 陈独秀. 陈独秀选集 [M]. 天津：天津人民出版社，1990：104.
④ 陈独秀. 陈独秀教育论著选 [M]. 北京：人民教育出版社，1995：284-286.
⑤ 陈独秀. 陈独秀选集 [M]. 天津：天津人民出版社，1990：11-15.
⑥ 陈独秀. 陈独秀选集 [M]. 天津：天津人民出版社，1990：35.

所说的方法就是陈独秀所提倡的教学过程中的主动式的、启发式的以学生为本的教学,而精神是"科学和民主"精神。

在鲁迅看来,旧中国陈旧、贫乏的旧教育内容是阻碍国家科技进步和社会发展的主要因素。鲁迅所处时代的中国教育,它的落后性和反动性主要表现在教育内容上,灌输"忠、孝、节、义"和"三纲五常",尊孔读经是对各级各类教育的普遍要求,这样的教育严重限制了科学文化的传播和发展,扼杀了新思想的萌芽,阻碍了社会的进步,因而鲁迅明确提出:"据我看来,要救治这'几至国亡种灭'的中国……只有这鬼话的对头的科学!"①

严复、陈独秀等人对传统教育的反思和批判为科学教育的实施和发展做了铺垫性的工作,在科学教育思潮的发展和演变过程中具有重要的意义。

(二)阐明科学的内涵、功能与价值,确立了近代意义的科学观

倡导和推行科学教育,首先要明确什么是科学,它有什么功能和价值,为什么要大力推广和普及,这是科学教育倡导者须首先阐明的问题。

任鸿隽在《说中国无科学之原因》中率先给科学以定义:"科学者知识而有系统者之大名。"② 这是近代中国最早的关于科学内涵的阐述。接着他对科学进行了更具体的论述:

就广义而言,凡智识之分别部居,以类相从,井然独绎一事物者,皆得谓之科学。自狭义言之,则知识之关于某一现象,其推论重实验,其察物有条贯,而又能分别关联抽举其大例者谓之科学。是故历史、美术、文学、哲理、神学之属非科学也,而天文、物理、心理之属为科学。今世普通之所谓科学,狭义之科学也。③

同样是中国科学社成员的杨铨,也对科学的内涵进行了解释:"科学者,有系统有真理之知识也。大之而宇宙,小之而微菌,深入于心灵感应,浅至于饮食居处,莫不有科学存乎其间。"④ 虽然二者对科学内涵的界定具有一定的局限性,但在当时看来应算是较为全面和科学的。因此,学

---

① 鲁迅. 鲁迅全集:第1卷 [M]. 北京:人民文学出版社,1981:298.
② 任鸿隽. 说中国无科学之原因 [J]. 科学,1915,1 (1):8-13.
③ 樊洪业,张久村. 科学救国之梦 任鸿隽文存 [M]. 上海:上海科技教育出版社,2002:19.
④ 杨铨. 介绍"科学"与国人书 [J]. 留美学生季报,1915,2 (01):81-83.

界大致认同了任、杨之说，科学定义遂成立。

至于科学的功能和价值，由于科学教育本身发生于教育救国论的思想，而且当时中华民族处于内忧外患的境地，因此，科学教育的倡导者大多从国家富强、社会发展的高度，来认识科学强国富民的物质性功能与价值。

蔡元培认为，科学的发展是一个国家屹立于世界民族之林的基础。他明确指出："一个民族或国家，要在世界上立得住脚——而且要光荣立住——是要以学术为基础的。尤其在这竞争激烈的 20 世纪，更要依靠学术。"① 鲁迅则认为，在封建迷信思想盛行的旧中国，科学的功能和价值则表现为消除反动统治阶级愚弄、欺骗人民的迷信思想，提高人民的觉悟，增强推翻旧世界的勇气和革命的自觉性。他说，面向广大人民群众，开展科学知识的普及教育工作，可使人们"获一斑之知识，破遗传之迷信，改良思想，补助文明"②。鲁迅提倡科学教育，不但希望通过科学改变中国人民迷信愚昧的精神状态，而且希望借助科学的手段推动人的思想革命，进而促进社会变革，使中国人能在世界人中拥有一席之位。他说："想在现今的世界上协同生长，挣一地位，即须有进步的智识、道德、品格、思想，才能够站得住脚。"③ 因此，必须"有科学头脑和工艺的手"④，否则，中国人就会被"从'世界人'中挤出"⑤。

对科学的功能和价值，还有一种比较特别的认识，即丁文江和胡适等学者所强调的科学对人生观的指导。丁、胡二人的这种观点是在"科学与玄学"的论战中提出的。论战源于丁文江的好友张君劢的一次题为"人生观"的演讲。在演讲中，张先生指责当时社会上和学术界科学万能的趋势和现状，并且对于"科学能否支配人生观"的问题持否定性回答。他提出：人生观是"主观的、直觉的、综合的、自由意志的，单一性的"；而科学是"客观的、为论理的方法所支配的，而且受因果规律支配，起于对象之相同现象"⑥，二者形成鲜明对照。面对张君劢在学术上的挑战，也为了维护科学在思想和教育界的地位，丁文江作了《玄学与科学》，对科学

---

① 蔡元培. 国民修养二种［M］. 上海：上海文艺出版社，1999：20.
② 鲁迅. 鲁迅全集：第 10 卷［M］. 北京：人民文学出版社，1981：151.
③ 鲁迅. 鲁迅全集：第 1 卷［M］. 北京：人民文学出版社，1981：301.
④ 鲁迅佚文［J］. 西北大学学报，1979（10）.
⑤ 王冬凌. 中国近代学校科学教育研究［M］. 大连：大连出版社，2004：301.
⑥ 张君劢. 人生观［J］. 清华周刊，1923（272）：3-10.

对于人生观的指导作用进行了论证，深信科学能够指导人生观。他说："科学不但无所谓向外，而且是教育同修养最好的工具。因为天天求真理，时时想破除成见，不但使学科学的人有求真理的能力，而且有爱真理的诚心。"①

具体说来，科学对人生观的指导是通过科学方法和科学精神来进行的。他说："科学的万能，科学的普遍，科学的贯通，不在它的材料，在它的方法。"② 胡适和丁文江所持观点相近，他认为，人生观是随着知识经验的发展而变换的，而知识的掌握和真理的探寻是有赖于科学教育的。因此，科学的方法不仅是研究学术的方法，还是解决人生观问题的方法。

（三）传授科学内容，弘扬科学精神，重视科学方法

科学内容是科学教育的物质载体，科学精神是科学教育所追求的精神目标，科学方法是实现科学教育目的的方法和途径。因此，科学教育的提倡者在倡导科学教育的时候，大力倡导近代科学知识进入科学教育课堂，加强科学精神的培养，重视科学教育的实施过程中方法论的研究。

严复是近代将科学融入教育的第一人。他在《西学门径功用》中系统阐述了科学教育的内容体系：自然科学为主，辅以一定的社会科学知识。同时他将科学方法导入教育教学和治学过程中，他认为，传统教育腐朽不仅是内容落后，而且教育不得法。因此，严复力倡新的教育方法。他曾说："以中国前此智育之事，未得其方，是以民智不蒸，而国亦因之贫弱。欲救此弊，必假物理科学为之。然欲为之有效，其教授之法又当讲求，不可如前之治旧学。"③

到了科学教育勃兴之时，科学教育倡导者不仅重视将科学内容引入学校教育中来，更强调科学精神和科学方法的重要性。如任鸿隽在论述科学及科学教育的普及时曾这样说：

所谓科学者，非指化学、物理学、生物学，而为西方近三百年来用归纳法研究天然与人为现象所得结果之总和。故所谓科学者，决不能视为奇技淫巧或艺成而下之事，而与吾东方人之用考据方法研究经史无殊，特其取材不同，鹄雀各异，故其结果遂如南北寒燠之互异耳。同时欲效法西方

---

① 丁文江. 玄学与科学（续）：评张君劢的"人生观"[N]. 努力周报，1923（49）：0-3.
② 丁文江. 玄学与科学（续）：评张君劢的"人生观"[N]. 努力周报，1923（49）：1-3.
③ 王栻. 严复集 [M]. 北京：中华书局，1986：278-286.

而撷取其精华，莫如绍介整个科学。盖科学既为西方文化之泉源，提纲挈领，舍此莫由。绍介科学不从整个根本入手，譬如路见奇花，撷其枝叶而遗其根株，欲求此花枝发荣滋长，继续不已，不可得也。[①]

显然，任鸿隽这里所指的"枝叶"代表着科学知识和科学应用，而"根株"指科学精神和科学方法。在他看来，科学之所以为科学，根本在于方法和精神，而非内容。特别是科学精神，任鸿隽将其看作近代科学产生的本源和科学日趋发展的动力。在论及中国科学发展落后的问题时，任鸿隽认为中国不仅缺乏科学，而且更缺乏科学精神。因此，主张"今日之急务，莫如科学精神之普及"[②]。任鸿隽认为，科学依附于物质，物质却不是科学；科学有赖于方法，但方法也非科学，他指出：

于斯二者之外，科学别有发生之源泉。此源泉也，不可学而不可不学。不可学者，以其为学人性理中事，非模拟仿效所能为功；而不可不学者，舍此而言科学，是拔本而求木之茂，塞源而冀泉之流，不可得之数也。其物唯何，则科学精神是。[③]

在论及科学精神的具体内涵时，任鸿隽认为有二要素：崇实和贵确。实，即指事实；确，是精确之意。在任鸿隽看来，科学精神就是不盲从、不轻信，以事实为依据，精确计算和严密推理。

科学社的另外一位成员胡明复，不仅继承了任鸿隽对于科学精神和科学方法的认识，还以科学方法论为独立命题，对其含义和重要性进行了专门的探讨。在《科学方法论》中，胡明复引用了英国科学家卡尔·皮尔逊的话来强调科学方法对于科学的意义："苟科学方法能成习惯，则凡事皆可成科学，此为科学方法之特点。科学之范围无限，取材无穷；举凡自然之现象与社会生活，文化发展之过去与未来，皆为科学之资材。科学之主体在其特异之方法，而不在其资材为何种。"

由此可见，在胡明复看来，虽然科学取材范围广泛，包括自然界、社会生活和文化，但它们不是科学成为科学的依据。只有科学方法养成，诸事之研究才能成为科学。与任鸿隽不同的是，胡明复强调科学方法的界定不应局限于归纳和演绎，只要是真实有效的方法，都应视为科学方法。

---

① 任鸿隽. 科学救国之梦　任鸿隽文存［M］. 樊洪业，张久村. 上海：上海科技教育出版社，2002：468-472.

② 梅加夫. 科学与近世文明［J］. 科学，1918，04（04）：307-312.

③ 任鸿隽. 科学精神论［J］. 科学，1916，02（01）：1-8.

他说：

> 科学方法之唯一精神，曰求真。取广义言之，凡方法之可以至真者，皆可谓之科学的方法；凡理说之合于事变者，皆得谓之科学的理说；凡理论之不根据于事实者，或根据于事实而未尽精确者，皆科学所欲去。[①]

在探讨科学的方法论过程中，胡适的"大胆的假设，小心的求证"对解放人们的思想、推进教育科学化起到了促进作用。而在科学教育的过程中，胡适同样强调科学的方法。他认为，良好的思维习惯和规律的养成依赖于科学方法的训练。胡适根据杜威的"五步说"总结了思维训练的科学方法，同样分为五步：第一步，遇到问题；第二步，找出问题的关键；第三步，想出若干解决问题的办法；第四步，选择其中一个办法；第五步，验证该办法是否管用。胡适将这种方法称为思想的真正训练，它的目的是使受过训练的人有丰富的经验来提出假设；有审视判断假设的能力；能提出合理的解决方案，最后通过实践来验证假设的合理与否。

因此，他认为，经过系统的科学教育培养出来的人，应该具有一种特殊的精神，这样才能使他们的头脑独立思考，并且进行客观的判断。这种精神就是："在看一件事时用批判和客观的态度，而且用适当的智识学问为凭依。他不容许偏见和个人的利益来影响他的判断和左右他的观点。他一直都是好奇的，但是他决不会轻易相信人。他并不仓促地下结论，也不轻易地附和他人的意见，他宁愿耽搁一段时间，一直等到他有充分的时间来查考事实和依据后，才下结论。"[②]

三、科学教育思潮对当代教育的启示

科学教育在中国由萌芽发展至今，已有百余年的历史了。这百余年间，科学教育在学校教育中日益占据主导地位。然而，不可回避的是，今天我们的科学教育仍然存在着不足。此时，我们追根溯源考察一下近代科学教育思潮的成败得失，会对我们今天的科学教育发展提供有益的借鉴。

（一）全面理解科学教育的内涵，树立正确的科学教育观

完整意义上的科学教育包括三个方面：科学知识的传授、科学方法的

---

① 胡明复.科学方法论一：科学方法与精神之大概及其实用 [J].科学，1916，02（7）：719-727.

② 胡适.胡适文集 [M].北京：北京大学出版社，1998：12.

养成和科学精神的培养。如果说科学知识、科学方法的传授是科学教育的实体的话,那么,科学精神的培养则是科学教育的灵魂。这是由严复到任鸿隽、胡明复、胡适等逐渐揭示出来的科学教育的真谛。然而,反观我国当代中小学科学教育会发现,当前我国中小学科学教育中存在着重内容、轻方法和强调理论掌握、忽视精神培养的不足。

科学教育只关注科学知识的传授,而更为重要的科学精神、科学方法却遭到了忽视和冷落,这一点从 20 世纪 80 年代我国教育部小学自然课程制定的教育目标中,就可窥视一斑:传授科学知识;培养与发展儿童对自然和自然科学的兴趣爱好;培养发展儿童学科学、用科学的能力;进行科学自然观的教育和科学态度的教育。根据此表述我们可以看出,小学自然教育目标分为三个层次——科学知识、科学能力、科学态度,而在这一目标指导下,学校对教学工作的安排则自然是知识首位,对能力和态度的培养则基本停留于纸面而在实践中无法实现。因此,今天我们开展科学教育,必须全面理解科学教育的内涵,正确认识科学精神、方法、知识在科学教育中所处的地位和相互关系。在教育教学活动中重视科学态度与科学能力的培养,注重科学方法的传授,只有这样,学生才能学会利用已学的科学知识分析和解决各种问题,才能更善于学习,我们的科学教育才能更进一步。

(二) 准确定位科学教育的价值:以国民科学素养的培育为本

科学教育思潮在中国近代教育史上存在时间之久、影响范围之广是任何教育思潮都无法比拟的。而其所以能在近代中国具备如此强大的生命力,除了其产生和发展顺应了中国社会政治经济文化发展的需要外,还得益于科学教育倡导者对其准确的价值定位。科学教育思潮从其兴起之日就选择了一条提高国民科学素养的道路。

《科学》杂志在创刊之初就明确表明:科学杂志专以阐发科学精义及其效用为主,以饷国人。而任鸿隽认为,开展科学教育是为了增进人民的知识和一切生活的程度。科学教育思潮在由理论宣传转化为教育实践时期,陶行知根据中国科学教育开展的特点又提出了"科学下嫁"的口号,将科学教育的大众化发展推向了高潮。正是由于科学教育倡导者对科学教育事业进行了明确的价值定位,中国科学教育事业才有了广泛的群众基础,为广大民众所享用,同时为科学教育的开展制造了声势,使其影响迅速波及基层,走向民间。这是 20 世纪 20 年代科学教育思潮对我们当今开展科学教育的重要启示。

今天我们开展科学教育，也需要对其进行明确的价值定位。中小学进行科学教育是为了培养科学家或是科学精英，还是着眼于全体国民科学素养的培养？回答当然是后者。基础教育是面向全体国民而开展的教育，是向国民传授基本的生活技能和公民素养。而在中小学开展的科学教育，是为了使学生具备基本的科学常识、科学态度和科学方法，了解科学与社会生活的关系，以适应现代生活的需要，目标也直指培养公民的科学素养。这就要求中小学科学教育应是这样的：面向全体学生，使其具有基本的科学素养；坚持让学生在科学知识、科学精神、科学方法等方面得到全面的发展。

（三）正确认识科学价值，慎防唯科学主义倾向

科学教育思潮是由"科学救国论"发展演化而来的，因此，它从诞生之日起就被看作一种改造社会的万能的工具，陈独秀甚至提出"以科学代宗教"的主张[1]。这种将科学奉为信仰，对其极度推崇的态度，恰恰违背了科学精神的本意，是不科学的表现。它导致近代中国科学教育在实践上成为一种无灵魂的教育——科学精神缺失。因而张君劢评价此时的科学教育"只是贩卖知识，教员对于学生只负有转运知识的责任，科学家做学问的精神丝毫不曾得着。而所贩卖的只是科学的结论，所以得此结论的方法学生并不曾了解，学生在年纪轻轻的时候听惯了这些结论，都以为是推诸万事而皆准的话，结果只是养成了独断的精神。这真是科学教育所得的最'不科学的'结果，决不合乎科学精神"[2]。

如今，科教兴国战略已成为我国一大国策。在大力发展科学教育的时候，也必须警惕唯科学主义的倾向对我国科学教育的侵蚀。在科学教育的实施过程中，既要进行科学知识的传授和能力的培养，也要加强对学生科学精神的培养。同时，必须清醒地认识到，我国现代化目标的实现不能仅仅依赖于科教兴国战略目标的实施，也有赖于稳定而合理的社会秩序的构建。因此，在重视科技的研究和开发、创新人才的培养的时候，还不可忽略人文科学的教化功能，将科学教育与人文教育相结合，在培养科学理性的同时，注重对学生人格的塑造和德性的养成，弘扬人文精神，培养完善人格。

[原文刊载于《齐鲁学刊》2005 年第 6 期（曲铁华）]

---

① 生活·读书·新知三联书店. 陈独秀文章选编：上 [M]. 北京：生活·读书·新知三联书店，1984：166.

② 张君劢，等. 科学与人生观 [M]. 沈阳：辽宁教育出版社，1998：228.

13　中国近代科学教育中科学精神的缺失及启示

科学精神是科学教育的统领，形成科学精神是科学教育的核心要求，也只有在科学精神的统领下，科学教育才能有实效性。在中国学堂中正式学习西方近代科学的历史已过百年。科学在中国已经是一个妇孺皆知的名词。但是，在中国近代科学教育中，科学生长和发展的灵魂——科学精神却一直处于缺失状态。对中国近代科学教育中科学精神缺失进行反思，我们应该有这样的认识：今天的科学教育还远没有过头，科学精神在中国还没有坚实的根基。提升科学精神的作用，加强科学精神教育，在社会大背景下应该给学校科学教育以正确、全面的科学观的引导，为科学精神的培养创设自由、民主的社会环境。

一、中国近代科学教育中科学精神缺失的表现

科学精神的形成不是抽象的，要在符合科学精神的科学知识传授过程中和科学方法训练中获得和体现。反之，科学教育中就不具备科学精神。

科学精神缺失是难以量化衡量的。但是，针对科学精神的要求我们可以看出，中国近代科学教育中缺少科学精神的重要表现，是对科学教育的认识存在偏颇，在教育过程中主要停留在传授科学知识层面，缺少科学方法的训练。

（一）以科学知识代替科学的教育观

对科学的全面认识是形成科学教育中科学精神的基础。中国近代对学校科学教育的重视一再加强。近代几个学制的颁布是一个不断加重科学教育地位的过程。但是，在重视科学教育的同时存在这样的问题：人们往往以科学知识教育代替科学教育的全部，对于探究实验的科学方法，创新批判的科学精神，被排斥在科学教育之外。

产生这一状况的直接原因，是在我国近代社会，人们对于科学这一内涵极其丰富的概念了解很少。对于近代社会民众的科学教育观，梁启超曾

有一段精辟形象的论述："他们只知道科学研究所产结果的价值，而不知道科学本身的价值；他们只有数学、几何学、物理学、化学等等概念，而没有科学的概念。"① 近代民众对科学教育的看法极其肤浅，对科学教育的认识本身是一种简单逻辑相加的思维模式，缺少本质的探究。这种科学教育观的直接后果是"学校中的科学教育只是贩卖知识，学生在年纪轻的时候听惯了这些结论，都以为是推诸万物而皆准的话，结果只是养成了独断的精神。这真是科学教育所得的最'不科学的'结果，决不合乎科学精神"②。这种科学教育观满足于科学知识的获得，忽视科学精神的内在要求，是科学精神缺失的首要表现。

（二）功利主义的科学教育取向

从科学教育最初进入中国官办学堂时起，人们接纳的就是科学内涵中的科学知识和科学技术。在科学知识和技术内容中，吸取接受的是能计算、能使用、能转化为生产的内容。

洋务运动半个世纪以来，洋务学堂的培养目标明确定位在高级实用人才上，学习的知识都是与现代资本主义工业和现代军事密切相关的内容。在洋务教育兴办近半个世纪之后，1902 年和 1903 年清政府颁布《壬寅癸卯学制》，规定中小学开设理化科。从此，博物、物理、化学、算学这些科学课程进入中国学校。《壬寅学制》规定中学的教育目的是"俾毕业后不仕者从事于各项实业，进取者升入高等专门学堂均有根柢为宗旨"③。这一目的紧紧围绕着"实用"和"升学"进行。

1911 年，南京临时政府的教育改革废除清末教育的读经科和奖励出身制度，取消文理分科，但在科学教育的其他方面没有多大变动。五四运动之后，讲求科学与民主在人们的生活中成为时尚，科学教育被明确为"人生所必需之知识、技能"④。1922 年新学制直接受到美国实用主义教育思潮的影响，学制中科学教育的实用性更为突出了。掌握各种与生活有关的科学知识，被认定是拥有完美幸福生活的保证。

然而，虽然政府和教育家们一再强调科学的重要性，不论是从国家社

---

① 梁启超. 科学精神与东西文化 [N]. 晨报，1922-08-26（1）.

② 张君劢，等. 科学与人生观 [M]. 沈阳：辽宁教育出版社，1998：228

③ 王炳照，等. 简明中国教育史 [M]. 北京：北京师范大学出版社，1985：275.

④ 教育大辞典编纂委员会，编. 教育大辞典　10 卷　中国近现代教育史 [M]. 上海：上海教育出版社，1991：415.

会发展的角度，还是从个人和谐发展，过幸福生活的角度，在实际的学校教育中，"学校之中所谓科学教育，……仅为书本的研究和公式的记忆而已"①。实际上对于个人来说，科学的价值也许更多的是谋生的手段。而在中国近代社会，对统治之术的重视，要远远大于对技艺的重视。"功用"和"有用"的口号失去意义，由此，枯燥艰深的科学知识更无法吸引学生的兴趣。在这样的教育中，看不到科学精神所带来的创造、创新和好奇，只有死气沉沉的无意义的记忆和背诵。

（三）科学方法在科学教育中的匮乏

科学实验的方法对于科学研究和科学教育都是至关重要的。所谓科学精神，就是"凡事必加以试验，试之而善，则守之勿失；其审择所归，但以实效而不以俗情私意羼之"②。

虽然科学实验对于科学教育来说非常重要，但近代中国的课堂上，科学教育基本上沿袭经学教育的方法，灌输、呆读死记是主要形式，科学实验和探究教学少之又少。当时有教育家对天津高等专科学校中学部地理教学记录是：

> 五年级教授外国地理，用商务印书馆《瀛寰全志》，此书已旧，……教员端坐，持书顺讲，注重文字，而略于大势……学生有地图而教员无之，且不知利用黑板……地理教授之精神，全归于消灭矣。③

在当时条件优越的学校中尚且如此，全国教育情况可见一斑。能够具备科学教学设备仪器的学校少之又少，这在客观上极大地阻碍了科学教育中科学精神的培养。清末新学堂面临的主要问题之一，就是"设备极行简陋"，虽然经过几十年兴学，民国时期的理化教育仍然是最薄弱的环节。对于这一状况，1919年2月8日，教育部正式颁布《中学校应增进理科教育办法训令》，规定"中学校理科教授之设备，宜视地方财力所及，力求完善"④。《训令》指出当时的教育状况是"向来习惯多讲演，少实验，卒至兴味绝少，毫无效果"⑤。在这种环境中，无论教师还是学生，在理化

---

① 朱经农. 近代教育思潮七讲 [M]. 上海：商务印书馆，1941：50.
② 任鸿隽. 科学救国之梦 任鸿隽文存 [M]. 樊洪业，张久春. 上海：上海科技教育出版社，2002：165.
③ 李桂林，等. 中国近代教育史资料汇编 普通教育 [G]. 上海：上海教育出版社，1995：406.
④ 李桂林，等. 中国近代教育史资料汇编 普通教育 [G]. 上海：上海教育出版社，1995：803.
⑤ 李桂林，等. 中国近代教育史资料汇编 普通教育 [G]. 上海：上海教育出版社，1995：803.

教育中都很难意识到科学精神的重要性，科学教育的精髓科学精神也很难培养起来。

在诸多教育令的催促下，缺少科学仪器设备，教学方法呆读死记的状况仍然没有多大改观。1923 年，恽代英在《学术与救国》中又一次批判了科学教育的问题："今天中小学没有仪器标本，仅仅教授学生一些简单枯燥的原理原则，使学生觉得比学古文还没有趣味。"[①] 教学方法不科学，直接原因是缺少教学设备，而教育设备不足的根本原因是教育经费不足。中国近代一直处于动荡之中，连年战乱，内忧外患，从全国范围来看，近代新学堂的发展一直处于"经费拮据，惨淡经营"的状态。许多学校因经费短缺而难以维持，更谈不上增添理化教育仪器设备，促进科学精神的发展。这也是科学精神没有发展起来的重要原因。

值得指出的是，我国近代科学教育中科学精神缺失是一个静态命题，这一命题指出了近代科学教育中科学精神发展的基本特征。在这一静态史实后，更翔实的情况是，从空间上看，科学教育和科学精神发展不均衡；从时间上看，近代科学精神的缺失状况是一个程度逐渐减轻的过程。

二、对我国现今科学教育的启示

历史事件已经成为过去，但是历史的影响不会轻易消失。一百年的时间在历史的长河中只是一瞬间，现代社会距离近代社会仅仅一步之遥。今天的科学教育，有与昨天同样的问题，影响近代科学教育中科学精神培养的因素仍然存在。回顾历史，审视现实，我们应该提升科学精神的作用，加强对学生科学精神的培养。

（一）凸显科学精神在科学教育中的统领地位

近代科学教育中存在的最根本的问题，是科学教育徒有知识传授的形式，没有精神统领的本质。人们以为学化学知识就懂化学，学物理知识就懂物理，很少注意到在科学知识的背后，更重要的是探寻知识的过程和方法，更很少认识到在知识、方法之后，最重要的是科学的精神。"中体西用"，"道器之分"，人们把科学教育定位在实用的地位。随后，科学在近代中国获得了一种表面性的无与伦比的受重视地位，但是，由于没有踏实的科学研究，科学和科学精神成了被炒作的名词，成为一种潮流和时髦的

---

① 恽代英. 学术与救国 [J]. 中国青年（上海 1923），1923，01（07）：1-4.

代表。当有另一种新鲜名词可以代替时，人们对科学的热情就迅速消减。民众对科学的认识也就停留在"有用""真理""绝对正确"这样的层面。由于缺少对科学精神重要性的足够认识，科学教育中也就避重就轻，用经学教育的方式进行科学教育，科学教育也就成了"洋八股"。

在现代科学教育中，科学精神缺失的现象仍然广泛而严重地存在着。长期以来，我国的科学教育主要强调基本科学知识的学习掌握，一直存在着重理论、轻实践，重分数、轻能力的现象。当前最主要的问题仍然是：把科学教育简单片面地理解为仅是科学知识的教育，而忽视了科学思想（观念）、科学方法和科学精神这三个更为重要层次的教育内容。[①] 相应的，科学教育的方法是以传授、灌输为主，教学的质量评价，以学生掌握和积累知识的多少为标准。许多学校的理科教学是强调记忆科学的事实知识为主，并没有在科学教育中开发学生解决问题的能力、批判性思维的能力以及创造性思维的能力，而是只帮助学生应付高等学校和中等学校的入学考试竞争。这些表现与近代中国的科学教育大同小异，科学精神的缺失问题在现今科学教育中仍然普遍存在。提升科学教育的作用，凸显科学精神在科学教育中的统领地位，是目前我们应该高度重视的工作。

1. 全面认识科学和科学教育的内涵

凸显科学精神在科学教育中统领地位的一个首要前提，是全面地认识科学的本质。近代科学精神缺失的一个根本性的问题是对科学和科学教育本身的内涵认识片面，甚至扭曲。人们认为，学习科学教育只能培养懂技术的专业人员，或是培养未来的理化教师，如果没有这两种目的，进行科学教育就没有什么意义。对于科学教育的其他内涵，科学方法和科学精神，在近代社会的认识非常不明确。只有明白科学精神的重要性，才能切实重视科学精神的培养，全面认识科学和科学教育的内涵，成为进行科学教育的首要前提。

目前，我国大多数民众仍然以科学知识教育代替整个科学教育，看不到科学方法和科学精神的重要意义。这主要还是因为人们对科学的本质的认识不够全面和深刻。不能确切地认识什么是科学，就不能认识到科学中最重要的是要有科学精神；只有认识科学精神在科学中的作用，人们才能真正认识到科学精神在科学教育中的作用。科学就其本质来讲，实际上是人类对所观察或认识到的自然现象进行的合理解释或说明。为了使其具有

---

① 施若谷. 必须全面理解科学教育的内涵 [J]. 集美大学教育学报，2001 (01)：25-28.

可靠性、准确性和预见性，人们应用逻辑、数学以及实验的方法，使其形成经过验证、系统的知识体系。自然界的复杂性、无限性以及人类认识的有限性，需要人们不断地进行科学探索才能逐步认识大自然运行的规律。由于科学是人类努力奋斗的事业，所以科学与人类社会的发展有着密切的关系，同时人及其所处社会的价值观、道德观等对科学探究活动也会产生深刻的影响。①

当前，全面认识科学的本质是世界范围内普遍重视的问题。美国科学促进会于 1985 年制订的《2061 计划——面向所有美国人的科学》和 1993 年制定的《科学素养基准》以及 1996 年美国国家科学院颁布的《美国国家课程标准》都明确地指出，理解科学的本质是科学素养的重要组成部分，也是进行正确有效的科学教育的基础。全面认识科学的本质，就会认识到科学不是万能的，科学知识也不是绝对真理。因此，不能盲目地相信科学知识，要以批判、求真的科学精神把科学向更真的方向推进。同时，进行科学探究需要证据，科学是逻辑与想象的结合，想象和好奇比科学知识更重要，所以，在科学教育中要把培育科学的创新精神放在首位。

2. 给科学精神明确的教育目标定位

我国近代科学教育的发展处于起步阶段，主要是在政策上添加了科学教育的内容，在观念上认识到了科学教育的作用。但是，对于如何进行具体实施缺少明确指导，也缺少对科学教育的明确目标定位。这使科学教育容易受到各方面的干扰，科学精神的培养没有保障。

我国现代科学教育虽然从科学知识、科学方法和科学精神等几个维度对自然教学的总体目标和各年级目标进行了描述，但是在具体教学中，绝大多数科学教师仍把科学教育直接指向科学知识。这是因为科学教育目标，尤其是反映培养科学能力、思想品德教育的目标比较抽象、笼统，目标层次不够细致，使教师有据难依。因此，要改善我国目前科学教育中科学精神不足的事实，在教育目标上要把培养科学态度、科学方法、科学精神放在重要位置，并要确保在教学检验时消除只注重知识，不重视能力、态度的传统考试弊端，在教育目标的制定、教育过程的实施、教育结果的检测等方面都要把科学精神培养提升到应有的高度。

（二）促进科学精神的健康生成

科学精神的培育是一个长期的过程。在观念上认识到了科学精神在科

---

① 刘克文. 试论科学的本质及其在科学教育中的价值 [J]. 教育科学，2003（02）：18-20.

学教育中的应有地位后，在具体实施中要创设有利条件和环境，促进科学精神健康发展。

1. 防止科学精神在教育竞争中流失

近代科学教育中科学精神缺失的重要原因，是科学教育为考试服务。在考试的指挥棒下，科学教育的一切活动都要针对考试的要求和内容进行。而考试的存在和受重视，主要是因为教育竞争的要求。在我国近代社会，"学而优则仕"的观念仍然根深蒂固，上学就意味着就业，好的学校意味着好的工作。但是由于近代新式教育和新式学堂刚刚兴起，数量还非常有限，而好的学校更加稀少，教育竞争不可避免。在各种考试中，科学精神让位于死记硬背，让位于统一和教条，即使人们认识到科学精神的重要，在以考试为指挥棒的教育中，科学精神也没有生存的空间。

考试的束缚同样也是现代科学教育面临的最主要问题。在学历化的知识经济时代，对高学历的追求使教育竞争更加激烈，甚至从幼儿园阶段，主要以考试分数高低为标准的教育竞争就广泛地存在。现代社会广为流传的，几乎每个学生都知道的名言"分分分，学生的命根；考考考，老师的法宝"是考试制度的真实写照。考试是衡量水平、进行竞争的必要手段，就考试形式本身来说，并无对错之分。问题在于，考试内容并不能有利于竞争：考试中"独立自主、批判精神、自己的判断能力等指标，就几乎如同荒漠一般。甚至是稍有成长的端倪，必遭武断扼杀"。"试卷上的评价痕迹主要是'对'与'错'以及赫然如权威模样的分数，少有对思维路向、与众不同的判断力、批判精神的支持与鼓励。"①

新一轮课程改革在观念上对传统应试教育的弊端已经大加批判，在教育观念上，人们已经逐步开始认识到"个性的多样性、自主性和首创精神，甚至是爱好挑战，这一切都是进行创造和革新的保证"②。教师的观念由"应试"向"提高学生的科学素养"转轨。但在调查中发现，不少学校从学校到教师，观念归观念，实施则是另一回事，正所谓"素质教育喊得震天动地，应试教育抓得扎扎实实"，问及为何，师曰："没办法，我们也反对'应试'，但来自各方面的压力使我们不得不一切从'应试'出发。"③

① 杨启亮. 论教学中的考试竞争误区 [J]. 教育评论，2001 (01)：44-46.
② 联合国教科文组织. 教育：财富蕴藏其中 [M]. 联合国教科文组织总部中文科，译. 北京：教育科学出版社，1996：86.
③ 贾玉江，等. 中学化学教师科学教育观念的调查报告 [J]. 化学教育，2003 (Z1)：58-60.

考试对科学精神的阻碍，正如哈代所批判的那样：考试的设立是基于传统的评判标准，在考试形式上明显地显示出呆板；考试题目机械地看很难——但不幸的是，无法通过考试来发现考生的数学想象力、洞察力或作为一个有创造性的数学家所应具备的其他素质。① 在考试中，优胜者是基于考试成绩，并严格按照分数次序选拔。要想取得好成绩，必须遵循旧有的知识体系和思想传统，这与要求批判和创新科学精神完全对立。如何在考试中避免科学精神的流失，这是科学教育中培养科学精神的重要课题。

2. 力戒功利主义对科学精神的戕害

如前文所述，近代科学精神的缺失不仅仅是学校科学教育中的内部问题，更是整个社会环境和历史沉积的结果。在现今社会，教育与社会更加紧密相融，单靠学校的力量是无法承担起孕育整个民族科学精神的重任的。在当今社会，科学精神的最大敌人，应该说是功利和实用主义的泛滥。在一个一切活动都与经济和利益挂钩的时代，科学中坚持真理，批判创新的精神势必遭到排挤。近代社会把科学当作"制夷"的手段，当作国家富强的灵丹妙药，当作批判旧社会、旧文化的万能工具，科学在人们心目中始终是"有用"的象征。目前人们对科学的认识，停留在科技的层面，科学吸引人的也主要是高回报率。

在 1992 年中国科协对全国 100 个县、近 5 000 名 18 岁以上的成年人进行的科学素质调查表明，表示愿意成为工程师、会计师、律师等专业技术人才的比例为 26.1%，但愿意成为科研工作者的只占 5.6%。② 近年来，青年科技人员由国家一流科研院所向应用领域和中低产业流动的现象，也格外发人深思。不可否认，利益的诱惑是难以抗拒的，但是，一个国家如果没有人愿意"为科学而科学"，后果是可怕的。

在中小学科学教育领域，同样充斥着浮躁的肤浅的功用和功利色彩。科学教育的动力，往往来自在各种竞赛中获奖，在评比中成绩排前；学生的创新精神和创新能力，仅仅表现在小发明、小制作上。在科研领域，充斥着"冲击诺贝尔奖"的豪言壮语，散布着"年薪二十万"的诱惑，而真正的科学探究、思索、创新的过程被忽略了，科学精神也成为空洞的口号。

学术研究和科学精神的形成不是一朝一夕可以完成的。功用的目的和

---

① 哈代，等. 科学家的辩白 [M]. 毛虹，等译. 南京：江苏人民出版社，1999：11.
② 张华. 科学精神缺失：知识经济时代的沉重话题 [J]. 当代青年研究，1999 (05)：32-36.

诱惑使科学精神消逝在短期效益的享受中。让我们和美国科学家维纳一起深思和警醒吧：

> 与学术传统一样，一片红杉林可以存在数千年，现在的树林代表着几个世纪前的阳光和雨露的投入。现在这笔投资有了报偿，但甚至仅仅在一个世纪内，有多少钱的债券还保留在同一批人的手中呢？因此，假如我们以短期价值来衡量一片红杉林漫长的生命的话，我们就承受不了把它当作一项农业来经营。在一个唯利是图的世界里，我们一定是把它当作一个资源来开发，并在身后为未来留下了一片荒原。①

3. 在探究中培养科学精神

科学精神的培养要落实到具体教学工作中，教育方法的选择直接影响科学精神的获得。近代科学教育中科学精神缺失的重要原因是教育过程中灌输式教育方法占主导，缺少科学教育方法。我国目前科学教育中主流的科学教育方法仍是讲读式，教师在黑板前讲教科书的内容，学生在黑板下记诵科学定理、公式和各种类型的例题。这种教育方法是为标准化考试服务的。我国高分低能、科学精神缺失的教育现象主要源于此。探究式教学是针对这一问题提出的一种优秀的教学方法。

凸显科学精神在科学教育中的统领地位的重要方法，是科学探究方法。正如科学精神与伪科学精神最大的差别，是前者不相信科学是真理，而后者相反。科学精神要求的创新、批判、求真等要素，集中体现了这样的一个核心思想：不满足已有的科学成果，不断地探寻和思索未知。发明X射线晶体衍射技术的布喇格爵士，曾对科学精神与科学研究的关系有这样精彩的论述：

> 科学研究的精神就像流水的运动，缺乏它生活就会变成一潭死水。在其最广泛的意义上，科学研究当然不只是探究物理学、化学和生物学的问题。……科学是这样一种信念的结果，即在我们试图去做的所有事情中，我们可以通过耐心谨慎的尝试和更好的理解去把它们做得更好。②

"科学探究是科学家们用以研究自然并基于此种研究获得的证据提出种种解释的多种不同途径，也是学生们用以获取知识、领悟科学的思想观

---

① 哈代，等.科学家的辩白 [M].毛虹，等译.南京：江苏人民出版社，1999：1.
② 邓文基.科学精神和创新意识及其它 [J].中山大学学报论丛，2002（01）：102-105.

念、领悟科学家们研究自然界所用的方法而进行的各种活动"[①]。科学的本质说明，科学不仅是系统的知识体系，更是一种探究活动。所以，在科学教育中，把科学探究作为教育教学的主要方式更是科学本质的要求。国际文凭组织的中学课程中写道，"探究性活动是科学教育的基础，它有助于学生形成个人对自然界的认识和对科学规律的理解"[②]，《美国国家科学教育标准》更是把探究写入教育标准，将其上升为一条普遍的教育原则："教学必须让学生参与以探究为目的的研究活动"[③]。在科学教育中，我们倡导以科学探究为主的教育教学方式，重要目的之一就是要反映科学探究的本质，还科学以本来的面目。在科学教育中，倡导以科学探究为主的教育教学方式是当前科学教育改革的主要趋势。

4. 注重培养和提高科学教师的科学素质

教师是科学教育能否成功进行的关键所在。我国近代科学教育中，最主要的问题是科学教师数量不够，质量也难以达到要求。目前，科学教师的数量已经不是主要问题，但科学教师的质量问题仍然存在，主要表现在科学教师本身科学精神的缺失。一份对广州地区 20 所完全中学的 100 位中学化学教师的调查问卷显示，科学教师全部认为"理科教学应该强调的是逻辑的、集中的思维方式"，而不是"创造的、发散的思维方式"，赞成"理科教学应该关注如何深入揭示自然界的奥秘"的教师仅有 22 人。[④] 可见，科学教师在科学教育中对培养学生求知、创新的科学精神的认识不够。

而另一份测试更明显地暴露出目前科学教师自身科学精神缺失的程度。在一次评比某地区中学的学科带头人的考试中，应试者有区里优秀的青年教师 11 人。其中一个问题是有如下 3 份有关牛顿第二定律的学生实验报告：第一份报告中实验所得是一过原点的直线，第二份报告中的直线不过原点，但 5 个试验点都很准确地落在直线上；第三份报告所得的直线既不过原点，5 个试验点也没有在一条直线上，但可以画出一条接近的直线。这样三份实验报告交上来，该给哪个打高分？很显然，按照目前的实

①　国家研究理事会. 美国国家科学教育标准 [M]. 北京：科学技术文献出版社，1999：30.

②　课程教材研究所. 课程改革借鉴篇 [M]. 北京：人民教育出版社，2003：554.

③　科学（3—6 年级）课程标准研制组. 全日制义务教育科学 3—6 年级课程标准解读 [M]. 武汉：湖北教育出版社，2002：13.

④　贾玉江，等. 中学化学教师科学教育观念的调查报告 [J]. 化学教育，2003（Z1）：58-60.

验器材，第一、第二份报告都是制造假数据做出来的，只有第三份报告才可能是按照实际做出来的。但是 11 个优秀青年教师中没有一个敢给第三份打高分的①。理由是说尽管这一份没有造假，但是也没有做好，他们对于是忠实于实验数据还是忠实于课本理论这一点，已经失去了判断的标准。在这样的引导下，学生只会制造假数据应付老师，而科学的实证精神无从谈起。

同样，中国目前盛行的各种新的教育方法——"探究式学习法""发现法""问题解决法"等，如果不清除教师教学中的形式主义现象，表面的理论繁荣在实践中是毫无益处的。就如"素质教育口号喊得惊天动地，应试教育搞得踏踏实实"，这样的学术和教育中缺少的正是理性的、求实的科学精神。

（三）加强对科学教育和科学精神的理论研究

科学精神的缺失在主观层面上是因为理论工作者和教育工作者缺少对科学精神的关注。科学和科学精神都是内涵极其丰富的文化范畴，对二者认识上的偏颇和肤浅必然导致实践中的偏离和无效。我国近代社会对科学和科学精神的研究，主要由社会学者和激进知识分子进行。目的主要是批判旧传统、旧文化、旧伦理。对科学教育的研究极其薄弱，对科学教育的关注集中在提高科学教育的价值地位上，对于如何正确地进行科学教育很少有学者论及。在一片对科学教育中存在问题的声讨背后，并没有教育工作者对科学教育的失效问题进行深入细致的研究。

目前，教育领域对科学教育中科学精神的研究极为薄弱。现有的理论水平难以支持和指导丰富多样的教育实践。对于科学教育中科学精神的研究状况，以下数字可以大致说明问题。自 1994 年到 2003 年，《中国期刊全文数据库》全部论文题名中包含"科学"的有 6 736 篇。其中科学教育方面的文章有 479 篇，这些文章中中文摘要包含"科学精神"的有 19 篇。在全部文章中，篇名中包含"科学精神"的有 123 篇，其中按照"机构"索引的结果显示（有少量论文缺少"机构"项），仅有 15 篇由教育系、教育学院、教育科学学院等教育研究人员完成。在此之中，专门论及科学教育的仅有一篇（大连教育学院自然科学部孟进的《物理教学中的科学精神

① 高凌飚. 新课程的科学教育理念和教学资源开发 [J]. 教学仪器与实验，2003（08）：2-6.

教育》），但是，在文章的具体论述中并没有提及如何在物理教学中进行科学精神的培养，而是从物理发展史的角度，提出了科学精神的内涵及要培养什么样的科学精神。

同时，科学教育与科学精神的研究基本上处于分离状态。科学教育由教育专家、学者研究，而对科学精神，在科学哲学史、科学史专家和其他社会科学中研究得更为广泛和深入。二者之间几乎没有交叉。这种学科间的分离研究造成了这样的局面：教育工作者们不能全面深刻地理解科学和科学精神的内涵，对科学教育的理解也相应地肤浅和片面，这使学校中的科学教育不能得到正确有效的指导；同时，科学哲学中对科学精神的研究脱离了教育领域，哲学家和历史学家们对宣传科学知识，培养科学精神的重要领域——教育领域几乎没有关注，这也使单纯的理论研究难以获得发挥作用的市场，只能停留在少数精英人物的讨论范围内。

对于这种研究状况，教育理论工作者应承担起自己应有的责任，加强科学精神的研究和弘扬，同时，加强学科和知识间的合作与交流，促使教育工作者认识到科学精神的重要性，在教学实践中使其自觉成为科学教育的灵魂和统帅。

在加强科学精神的理论研究时，要避免这样的理论误导——科学精神已经过头了，要用人文精神来弥补。在目前的研究中，人们总是把科学精神与人文精神对立起来，认为科学精神与人文精神应该融合。实际上，这是对科学精神的误解，也是对目前科学教育现状的无知。科学精神本身是人文精神的一部分。科学精神中的求真、探索、创新、批判和反思是人文精神中同样应该具备的。但是，在科学研究和科学活动中更需要这些品质，也更能够培养这些品质。目前，我国国民的科学精神不是过头了，而是远远不足，科学教育中应该做的是大力弘扬科学精神。

综上所述，我国近代科学教育中科学精神的缺失问题是由方方面面的原因引起的。社会背景、历史积淀可能是造成科学精神缺失的强大阻碍。我们不应该把中国国民科学素养差的罪过完全归为学校科学教育中存在的问题。但是学校科学教育无法推脱自己应承担的责任，提升科学精神的地位，创设科学精神发展的条件和环境，培育学生求真、批判、创新的精神是科学教育的重中之重。

［原文刊载于《东北师大学报（哲学社会科学版）》2005 年第 6 期（曲铁华 李娟）］

14 中国近现代科学教育发展嬗变及启示

在中国教育史上，科学教育经历了一个曲折的发展过程。经过了长期的教育与科学相脱离的古代，直到近代，西学东渐之风将西方近代科学技术带到了中国，教育和科学才又结合起来。在伴随着中国社会政治、经济、文化剧烈变革的百余年历史中，科学教育作为变革的需要，参与并促进了这种变革。科学教育在中国近现代教育史上占有重要地位，并适应社会发展的需要而得到发展。对中国近现代科学教育的历史进行回顾和反思，有利于树立正确的教育观念，正确地实施素质教育和科教兴国战略，促进中国科学发展和教育事业的全面进步。

一、明末清初的科学教育启蒙思想

明中叶开始，西方的科学文化随着传教士的脚步，悄然渗入中国，与中国几千年的传统文化碰撞融合，促进明末清初的知识分子在继续历史上科学传统的同时，放眼看世界，吸收西学中的精华，反思传统教育，提出了教育理论的新观念。

西学东渐使中国知识分子看到传统学术以外的自然科学知识，并由此引起对中国传统教育和科学模式的深思，从而提出了迥异于传统教育的教育思想。在教育内容、教育目的、教学方法、考试制度的设计以及新型学校的构想诸方面，皆提出了颇富新意的见解。

（一）教育内容的重新构建

以徐光启为代表的知识分子提出了教育内容的新范式：以数学为宗，重经济物理。他认为数学是所有实用科学的基础，而数学的发展是其他科学发展的前提。数学还能锻炼人的思维能力。

（二）建立新式学校的构想

在中国传统学校的教学内容、方法、人才观等不适应社会发展潮流的情况下，颜元、梅文鼎等提出了建立新式学校的构想。梅文鼎认为要培养科学人才，就需要通过学校这一途径。因此，他将数学、天文学与"四书""五经"并举为学校的课程，使之作为一门不依附于儒家经典而独立存在的科学传授给学生。他所构想的新式学校，不仅是教学的场所，还要成为科学研究的机构。

（三）教学方法的更新

在科学教育启蒙思想中，对自然科学的重视必然要引起教学方法的更新：要求吸收古今中外的科学文化精粹，重视科学实验，以实践为知识的检验标准；更要求重理性思辨，重逻辑推理，由已知推出未知。因此，重实验、实践的治学方法运用于教学（尤其是自然科学教育）中，直观性教学原则也非常受重视。

（四）"试以实事"的考试制度

科举制度是造成中国古代科学与教育脱节的重要缘由，启蒙思想家将自然科学引入教育内容中，必然要求对科举制度进行改革。陆世仪提出了"试以实事"的考试制度。"试以实事"是指选拔人才的考试必须考核其实际能力，选拔有真才实学者。黄宗羲则认为学校教育内容中包括各项科学，这样的教育内容便决定了考试制度中不能只限于科举。总之，这一时期出现的科学教育思想向传统教育提出了挑战，以其反传统、批判程朱理学和崇尚自然科学为特色，孕育了近代民主思想和近代教育理论，为科学教育在洋务运动中付诸实践奠定了理论基础。

二、洋务运动时期的科学教育

在洋务运动中，教育活动是主要方面，洋务派提出"兴西学"，提倡"新教育"，培养洋务人才等主张，其中最重要的就是进行科学技术教育。主要有以下几方面表现：

（一）开设各类新式学堂，建立适应近代工业发展的科技教育实体

洋务派在创办洋务企业的同时，十分重视开设各类洋务学堂，其中主要有外国语学堂、工业技术学堂和军事学堂。

1. 外国语学堂

较为著名的有京师同文馆（1862）、上海广方言馆（1863）等。值得

一提的是同文馆的教学内容，除英、法、俄、德、日等国语言文字外，1866 年，鉴于西方各国科学技术的发展和本国军事武器创造的需要，加设了算学馆，将西方近代某些自然科学列入课程，包括算学、化学、医学生理、天文、物理、万国公法等课程。

外国语学堂作为中国近代仿照资本主义教育建立起来的新式学校，打破了中国两千年封建教育的模式。尤其同文馆的建立，改变了以文为主的传统教育内容，近代科学技术知识开始列为正式课程。由于科学知识的传播，改变了中国人传统的思想观念，人们重新估量科学技术的价值，也冲击了科举制度，出现了科学渗入科举的思想和举动。

2．工业技术学堂

主要有福建船政学堂（1866）、上海机器学堂（1865）等。福州船政学堂分前学堂和后学堂进行教学，前学堂设造船、设计两科，主要讲授轮船制造技术，开设课程有法文、算术、代数、几何、三角、物理、化学、机械制图和机械操作等。后学堂设驾驶、管轮（轮机）两科，主要讲授驾驶轮船技术，所开课程有英文、算术、几何、代数、天文地理和航行理论、磁学、光学、热学等。

3．军事学堂

主要有天津水师学堂（1880）、江南水师学堂（1890）等。军事学堂开设课程有英文、算学、地舆图说、几何原本、代数、测量天象、重学、化学等课程。

洋务派创办的洋学堂将西方近代科学技术纳入其课程体系，使西学东渐之际中国先进知识分子所提出的重新构建教育内容的主张，通过清政府的实施成为事实。洋务运动使中国近代的科学教育迈出重要的一步。

（二）雇佣洋人教习

洋务派科学教育的另一方面体现是雇佣外籍学者、教师来中国从教或进行专业指导。在洋务教育和洋务企业开办初期，洋务派就提出了"雇洋人、习洋器、求洋法"的方针。

以同文馆为例，1869 年，丁韪良被任命为总教习。其他的教习如英文馆为英人包尔腾，法文馆为司墨灵等。课程扩充后，大部分学科由于中国无人能讲授，只好继续聘请洋教习。在洋务企业中，一些技术岗位也多聘请外籍人士，负责指导解决生产中的具体技术问题和向中国员匠传授有关的近代工业技术。他们给中国学生和员匠带来了西方近代的科学和工业技术，成为科学技术教育的实施者，客观上促进了中国近代科学技术教育的开展和实施。

（三）翻译近代科学书籍，以便中国人掌握西方近代科学技术

洋务派在创办洋务企业的过程中认识到翻译西书的重要性，强调"翻译一事系制造根本"，积极组织力量翻译西方近代科学及工业技术方面的书籍。1868 年 6 月，江南制造局翻译馆开始翻译西方近代科技书籍的工作。被翻译过来的书籍包括算学、测量、汽机、化学、地理、天气、博物、工艺等各个方面。其中大多数是与制造局"制器"有关的。

（四）派遣留学生出国，开辟近代科学教育的新途径

留学教育是洋务教育的重要组成部分，是洋务派"师彼长技"以图自强而采取的加强科技教育的主要措施之一。1872 年始，由容闳等人具体操作实施派遣留学生事宜，留学生主要是到美国、欧洲进行学习。留学生们接触了西方资产阶级文明，学到了近代自然科学和生产技术知识，并把这些新知识带回祖国，促进了中国民族资本主义的发展。洋务派的留学教育的确培养了一批科技人才，使中国在机械、造船、铁路、邮电、医学、采矿等专业有了中国自己的第一批人才。

总之，洋务运动时期的科学教育是洋务教育的重要组成部分，是由代表清政府的洋务派所提倡与具体操作的，并且是为维护封建统治服务的。但事实上，洋务教育自上而下地将西方近代科学纳入近代中国学校教育课程体系中，并且开办了新式学校，对科学教育的普及发展，对中国人民的科学启蒙起着重大作用。

三、维新运动时期的科学教育

这一时期的科学教育是随变法运动而进一步发展的。

（一）资产阶级改良主义者的教育思想

资产阶级改良主义者十分重视"西学"的作用，主张用近代自然科学知识代替"四书""五经"一类的旧知识，这种观点无疑是对传统教育的挑战。郑观应曾说："时文不废，则实学不兴，西学不重，则奇才不出，必以重时文者而移于重西学。"（《盛世危言》卷一，《西学》）"西学"的内容不仅包括自然科学知识，还包括资产阶级社会政治学说。

改良主义者在主张学习"西学"的同时，还提出仿照西方模式建立现代形式的学校系统；主张打破传统教育模式，建立新式学堂。郑观应设想新式学堂分为文、武学堂，大、中、小三级。同时，他们主张改革科举，提出将"西学"列入考试内容。

总之，改良主义者主张学以致用，扩大学习"西学"的范围，把自然科学和资产阶级的社会政治学说作为教育内容，反映了资产阶级的要求。尤其是改良主义者提出改革科举，将"西学"列入考试内容的观点，对于科学教育的发展具有促进作用。

（二）维新变法时期的科学教育

维新变法的一个重要方面是对教育的改革，主要包括以下几方面：

1. 广设学堂，提倡西学

维新派把办学堂作为推动维新运动的重要手段。他们创办的学堂较著名的有万木草堂、时务学堂等。在维新变法时期，还开办了我国第一个高等学府——京师大学堂。大学堂内中西学并重，课程分为普通学和专门学两类，包括自然科学和资产阶级社会科学共十几种门类。

在积极创办京师大学堂的同时，又将各省、府、州、县的大小书院一律改为兼习中学和西学的学校。科学教育的范围由于新式学校的广泛开设而扩大。并且由于京师大学堂的设立，科学教育的内容向高深发展，较洋务学堂只限于技术的学习和传授，而对各种理论、学问从略、从简的情形更加进步。

2. 改革科举制度，废除八股取士

变法期间，八股取士的制度废除了。为适应社会发展和时事的变化，改试时事策略，并开设经济特科，议设法律、财政、物理等各专门科。早期改良主义者所提出的将"西学"列入考试内容，以选拔有真才实学的人才的主张在这时得以实现。"西学"被列入考试内容，改变了衡量人才的标准，大大地促进了科学教育的传播和发展。

（三）变法失败后"新教育制度"的建立

1901年清政府宣布实行"新政"，包括教育方面的改革，主要有：

1. 建立新式学校体系

1902年，《钦定学堂章程》确立了中国近代教育史上第一个学校系统，将学校分为三段七级。1903年的《奏定学堂章程》建立了从小学到

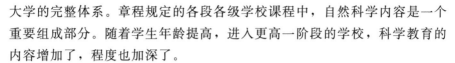

大学的完整体系。章程规定的各段各级学校课程中，自然科学内容是一个重要组成部分。随着学生年龄提高，进入更高一阶段的学校，科学教育的内容增加了，程度也加深了。

2. 废除科举制

1905 年 8 月，一直阻碍科学教育发展的科举制终于被废除了。科举制的废除标志着新教育制度的确立，在新教育制度下，学校得到了发展，科学教育成为学校教育的一个重要方面而得到迅速发展。

总之，维新运动时期的科学教育是和维新派的变法活动紧密结合在一起的。维新派极力提倡包括自然科学知识和资产阶级社会科学在内的"西学"，并且认识到了学习自然科学的重要性，把自然科学和以自然科学为基础的政治学说，作为他们实施变法的主要思想武器。维新派还朦胧地意识到科学技术对促进社会生产的发展和改变政治体制所具有的推动作用。在维新运动期间实施的一些教育改革，如开设学堂、改革科举等，都促进了科学教育的普及和发展。

四、五四运动时期的科学教育

五四运动是中国社会的一个转折点。这一时期是中国人民追求民主、科学的时期，科学教育随着民主、科学思潮的发展得到很大发展，表现为科学教育思潮的形成和大学科学教育的发展。

（一）科学教育思潮

科学教育思潮是"五四"新文化运动时期非常重要的一种教育思潮，其基本主张是教育的首要任务在于传授科学技术知识，并给人们以科学方法的训练，对于教育本身也必须用科学方法进行研究。

近代真正意义上的科学教育思潮的形成，与任鸿隽及其主持的科学社有密切关系。他是近代自然科学家，他积极从事教育实践活动，形成了许多有关科学教育的精辟见解。任鸿隽批判中国的传统教育，特别是传统的思维方式与治学方法，提倡扩大科学研究的范围，强调物质科学的研究，将科学与教育相联系，主张把科学引入学校教育内容。他不仅重视科学内容的传输与培养，尤其重视科学的方法与态度的培养。他认为科学包括内容与方法两方面，两者都应武装、运用于社会一切部门及所有领域。他强调科学方法、科学态度及科学精神与教育的直接联系。"科学于教育上之重要，不在于物质上之知识，而在其研究事物之方法；尤不在研究事物之方法，而在其所与心能之训练。"① 这是任鸿隽科学教育思想的重要特征。

任鸿隽将"科学的教育化"和"教育的科学化"结合起来，以培养既有科学知识，又有科学精神与智能的人才，这成为科学教育思潮的基本内涵。任鸿隽在从事科学教育，阐述其教育思想的同时，还主持中国科学社的工作。中国科学社是近代著名的学术团体和教育团体，于1914年6月成立，其主旨是"传播科学知识，促进实业发展"。这是中国近代科学家创办的第一个科学教育组织，它的宗旨是促进科学和工业进步，传播科学精神。可以说，正是在任鸿隽和中国科学社的影响下，科学教育才形成一种思潮，并得到广泛传播。

五四运动前夕，科学教育思潮达到鼎盛，人们对科学教育的作用和意义的认识进一步加深，并形成教育思想界的普遍性意识。这一时期，对科学教育思潮起重要作用的是陈独秀和胡适。他们从不同角度对科学教育思想进行了深层次的思考。首先，主张尊重客观事物，尊重理性，探索科学规律，发扬科学精神，反对想象与武断。其次，提倡实验主义的科学方法论。胡适提出了他独具特色的方法论原则——"大胆的假设，小心的求证"。这一实验主义的科学方法论在思想启蒙中起到积极的历史作用，深化了科学教育思潮的内涵。胡适"实验主义"方法论可以直接应用于包括教育在内的许多领域的科学研究，这在科学教育思潮的演变与发展中是一大进步。

科学教育思潮的兴起和发展对教育实践、教育理论、教学改革及实验等均有直接而深刻的影响。第一，重视并着手培养科学研究人才和教育研究人才。第二，用科学方法研究教育问题。科学教育思潮倡导用实验、测量等科学方法研究各种问题，包括教育问题。第三，推进教育改革的进行。在科学教育思潮的影响下，学校课程设置、教学方法及教学制度的改革不断发展。

（二）大学科学教育的发展

科学教育，特别是大学科学教育，是科学发展的基础。翻开近现代的科学发展史，科学的每一次飞跃或革命无不与大学科学教育有着千丝万缕的联系。在京师大学堂成立后，到五四运动时期，大学已得到不断进步，科学教育也相应得到发展。

---

① 任鸿隽. 科学与教育 [J]. 科学，1915，01 (12): 1 343-1 352.

　　1912 年，教育部公布《大学令》，规定："大学以教授高深学术，养成硕学闳才，应国家需要为宗旨。"1924 年，北洋政府教育部公布了《国立大学条例》，还对学生入学、毕业、学位等重要事项做出规定。至此，我国大学体制已基本确立，与大学联系密切的科学教育也随着大学体制的形成而不断进步。一批大学不断发展壮大，其中最为著名的就是蔡元培领导下的北京大学。

　　1917 年，蔡元培出任北大校长，对北大进行了重大改革。他认为大学是研究高深学问，即科学的机关。从这一观点出发，他提出了大学的课程改革思想，主要可以归纳为两方面：一是"学为基本，术为支干"，二是"文理通融"。学与术，也就是基础科学和应用科学之间的关系。蔡元培认为应用科学必须以基础科学为基础，而基础科学必须通过应用科学才能应用于实际。而高等教育强调基础科学的重要作用，促进学与术共同进步。比较之下，他认为学重于术，但两者不可偏废，应"两者并进始可"。

　　关于"文理通融"，蔡元培认为大学学科，不能单纯以文理来划分界限，他认为："文科的哲学，必植于自然科学；而理科学者最后的假定，亦往往牵涉哲学。"因此，他要求文科和理科互相渗透，互为补充。

　　蔡元培在北大所进行的改革，遵循的是"思想自由、兼容并包"原则。他说："大学者，'囊括大典，网罗众家'之学府也。"① 他认为要使科学真正繁荣，必须提倡学术思想自由，吸纳各种学术流派，相互争鸣，共同发展。蔡元培一生关注科学技术，对于科学的巨大社会功能深有体会，他积极主张吸收外国先进的科学文化，提出大学的教学内容要对"世界的科学取最新的学说"。他希望尽快在中国发展现代科学技术，让科学技术在中国国土上发挥巨大的作用，以此来拯救中国。蔡元培在北大所进行的改革，促进了科学教育在北大的发展，并随着北京大学影响力的日益扩大而发展。

　　总的说来，这一时期我国大学的科学教育水平与国外相比还比较低，这是因为：第一，中国近代长期落后，造成科学基础薄弱，人才匮乏，大学缺少从事科学教育的师资，教学质量难以提高。第二，中国传统教育的影响仍很深，要消除这种影响，需要一个较长的过程。第三，社会动荡，政局不稳，大学缺少必要的社会支持和适宜的社会环境。

---

　　① 北京大学月刊发刊词 [J]. 北京大学月刊，1919，01（01）：1-2.

五、国民政府时期的科学教育

1927 年，国民政府成立了。这期间，由于时局动荡，战争破坏等，中国教育只在缓慢地发展。但科学教育的思想已深入人心，国民政府对科学教育的作用也有一定认识。因此，科学教育仍有一定进步。

（一）科学教育得到一定重视

国民政府对科学教育的作用有一定的认识。1927 年 6 月，教育行政委员会起草了《国民政府教育方针草案》，共提出十二条内容："……八、科学教育应特别注意。"1929 年，正式通过了三民主义的教育宗旨及其实施方针。其中指出："大学及专门教育，必须注重实用科学，充实学科内容，养成专门知识技能，并切实陶融为国家社会服务之健全品格。"[①] 可见，国民政府对科学教育给予了极高的重视，把实施科学教育作为发展生产，以"裕国民生计"的重要手段，并作为养成"为国家社会服务之健全品格"的重要途径。

（二）高等教育继续发展

五四运动时期，中国高等教育的发展以北京大学为代表。但北大虽人文科学保持领先，自然科学却有些逊色。这一时期，利用美国庚子退款而兴办的清华大学后来居上。清华大学实验设备充实先进，图书资料丰富齐全，同时拥有一批在国外受过科研训练，学有所长的教师。清华的算学、物理、化学等系，被视为当时国内这几方面学术研究的中心。30 年代，规模最大、影响最广、成就最多的学校应是由北大、清华和南开于昆明组建的西南联合大学。这所大学在当时成绩很突出，如华罗庚的堆垒素数研究，周培源的流体力学研究，都有很大影响。但是，这一时期我国大学科学教育的水平还比较低，其原因与五四运动时期限制大学科学教育发展的原因相似。

（三）科研机构逐步发展

中国现代科学史上的研究机构多是依附于大学创办的。大学中最早设立的科学研究所是 1926 年交通大学建立的工业研究所。该研究所的宗旨

---

① 李桂林. 中国现代教育史教学参考资料 ［M］. 北京：人民教育出版社，1987：290.

是"为研究高深学术，促进科学及技术的实验而确立"。而中山大学科研组织的发展是最具特色和成果的。

中大的两广地质调查所注重教学与科研相结合，组织地质系师生及科研人员多次共同开展野外及室内地质科研工作，取得显著成绩；农学院则是因地制宜，融教学、科研、生产于一体，使三者相互促进，相得益彰，培养一批农业专门人才，创造大量科研成果，为广东农林事业发展做出了贡献。中大之所以能取得如此成就，关键在于它形成了良好的科学教育体制，即教学、科研、生产实践相结合的体制。

总之，这一时期科学教育有所发展，但由于战争的关系，造成时局混乱。因此，科学教育的发展受到限制。

六、启　示

我们研究历史、考察历史的目的是以史鉴今。对中国近现代科学教育的历史考察给我们当前实施科学教育带来了深刻的启示，加深了我们对科学教育作用和地位的认识，以及对如何正确实施科学教育的认识。

（一）正确认识科学教育的地位和作用

由中国近现代科学教育发展过程看，从西学东渐将西方近代科学技术带入中国到国民政府时期，对科学教育重要地位和作用的认识逐步深入。

近代启蒙思想家最先认识到西方自然科学的重要作用，提出将"西学"纳入教育内容体系，改革教育，培养经世致用的人才。洋务派作为统治阶级，在经过鸦片战争的失败后，也看到了西方国家在自然科学、工业生产和武器制造等方面的优越性。因此，洋务派主张兴"西学"，要求改革旧教育，提倡新教育，增添自然科学知识为教育内容，并将其主张付诸教育实践，真正把科学技术纳入教育内容体系中，以维护统治，自强求富。维新派的代表人物严复更是提出了"教育救国"的主张。他认为要救国，"惟急从教育上着手"，也就是要用西方的科学技术和在科学基础上建立起来的政治学说去教育人民。所以，此后的中国教育，"在宜着意科学"，实现挽救国家命运的目的。蔡元培先生是"科学救国"的倡导者，他一生关注科学技术，曾明确指出："现代文化，基于科学"，"教育文化为一国立国之根本，而科学研究，尤为一切事业之基础"。

封建统治者和资产阶级思想家都认识到了科学技术对促进国家富强的重要作用，而科学技术的引进、传播和发展必须依赖教育。对"教育救国""科学救国"观点的争论，并不影响我们得出这样的结论：一个国家必须要发展科学、发展教育，以实现国家富强的目标。在进行社会主义现代化建设的今天，这依然是不可置疑的。

在"文革"之后，邓小平曾指出：中国现代化的危机可能发生在教育部门。因为中国的教育在"文化大革命"中遭到破坏，没有起到传递、传播科学，创新、发展科学的作用。而科学技术本身就是生产力，科学知识的拓展、传播和应用已成为人类社会文明进步唯一可依赖的、可不断拓展的资源与不竭动力。因此，在进行社会主义现代化建设的新时期，中国政府提出了科教兴国战略，把实施科教兴国战略作为实现经济振兴和国家现代化的根本大计。

在实施科教兴国战略时，有一点是非常重要的。那就是不能把依靠和发展科学技术与依靠和发展教育事业割裂开来，两者是紧密联系的。科教兴国的基础在于教育，它可以传递、传播和发展科学知识；而教育又是以科学为媒介、以科学为内容的活动。科学教育将科学和教育完美地结合在一起。因此，在进行社会主义经济建设，实施科教兴国战略时，一定要重视科学教育，通过实施科学教育，保证科教兴国战略的实施。

（二）正确实施科学教育

对科学教育的重要作用有了充分认识之后，还需要在教育实践中正确地实施科学教育。中国近代科学教育发展的各阶段有其不同的特点，但在实施科学教育上，都是从以下几方面去着手进行的。

1. 构建科学教育内容体系

中国近现代科学教育的各个发展阶段都是从将近代科学技术纳入教育内容体系中开始的。徐光启提出了"以数学为宗、重经济物理"的教育内容构想；洋务派的科学教育内容遵循"中体西用"原则，侧重机械、军工、船舶等与洋务企业关系密切的实用性强的应用科学和技术；维新派将西方自然科学作为专门学与包括经学、物理的普通学并列为教育内容，较"中体西用"的教育内容更进一步。由于各时期科学技术发展不同，社会政治经济状况不同，科学教育的内容也有所不同。在今天，构建以现代科学为基础的科学教育内容体系，是时代的要求。在现代生产、现代科学、现代生活方式下，必然要以学科知识为中心来构建学校的课程体系，必须按每门学科逻辑来编写教材，确定科学教育的内容。

值得注意的是，有人认为在由"应试教育"向素质教育转轨的过程中，要改变以学科知识系统为中心的教育内容体系，构建以全面提高学生素质发展为中心的教育内容体系，教学生学会做人，学会生存，学会求知等。这种以生活生存为目标所构成的教育内容体系，学生也可学到许多实用的知识，但缺少相应的理论基础，会削弱对系统科学知识的掌握。所以，要对素质教育及科学素质有正确的认识，再对症下药，进行改革，在教育这个重要问题上不能有形式主义。所以在构建科学教育内容体系上必须讲求科学性。

2. 改革教育教学方法

为实现科学教育的作用，达到科教兴国的目的，在构建科学教育内容的同时，还要采取适合的教育教学方法，才能提高科学教育的质量。中国近现代科学教育的一个重要方面就是教育教学方法的改革，重理性思辨、重逻辑推理、重科学实验等。在当前的科学教育中，对教育教学方法的改革要针对中国人传统的思维方式，结合西方人思维方式中的优点，针对科学知识的特点，采取那些适应现代科学发展的教育教学方法，将理性思辨与直观教学结合起来，将逻辑推理与科学实证结合起来。更重要的一点是建立科学的方法论，用以指导科学教育。

3. 改革考试方法

科举制度在中国封建社会是阻碍科学技术进步的一个重要因素。在中国近现代科学教育发展过程中，科举制也是阻碍科学教育发展的一个重大障碍。因此，它成为科学教育所要改革的重要对象，并最终被历史淘汰。当前的考试制度中，同样存在不适合科学教育发展的方面，需要不断地调整，以适应科学教育的发展。在改革考试方法的过程中，应注意以下几方面：第一，要使考试能准确、客观地评价教育质量；第二，要能选拔到有真才实学的人才能选拔到英才；第三，考试要能促进教育质量的提高。

（三）建立完善的科学教育体制

科学教育的发展进步需要由完善的体制来保障。中国近现代科学教育发展缺乏的正是体制上的保障和促进，因而发展缓慢。从国家方面来讲，科学教育只为维护政权、维护统治服务，没有制定一个完善的保护和促进机制。从科学教育本身来看，也缺乏一种内在发展机制。值得一提的是中山大学产学研一体的科学教育体制虽然并不完善，在当时却是先进的。因此，在发展科学教育的同时，要建立两个层次的完善体制，以保障和促进科学教育的发展。

首先，国家从宏观调控视角要在体制上将科学和教育联系起来。教育与科学的结合是由社会发展规律决定的，也是科学教育的必然要求。当今我国教育与科学各自为政的局面依然存在，制约了教育与科技的协同发展。教育体制改革必须依据经济体制和科技体制，教育体制和科技体制的改革目的，主要是服务于国家经济体制的改革和发展，促进经济发展。所以，党的十五大强调教育体制与科技体制改革的协调性和一致性，以实现教育与科学技术在实际工作中的完美结合，共同服务于社会经济建设。因此，建立宏观的科学教育体制，促进科学教育发展，促进社会经济发展是十分重要的。

其次，完善产学研一体的微观科学教育体制。科技、教育与生产相结合是现代化生产的基本特征。科学教育本身不能脱离科学技术的发展进步，也不能脱离社会生产实践，三者之间是相互依存、相互促进的。教育可以为科研机构和生产企业提供人力资源，也可以发展、传播、传递科研成果；生产企业将科研成果投入生产，取得经济效益，反馈给教育和科研机构，形成良性循环，促进科学教育发展，促进经济进步。

总之，教育与科学技术的内在联系决定于生产力的要求，生产力发展水平越高，二者结合的程度越高。现代科学教育是科学技术实现生产力价值的催化剂，只有教育与科技的有机结合，才能形成更大的生产力，这正是科学教育的精髓。

〔原文刊载于《东北师大学报（哲学社会科学版）》2000 年第 6 期（曲铁华　王健）〕

15 《科学》月刊的创办及对科学教育的弘扬

《科学》月刊由留学美国的"庚款"留学生，于 1914 年夏在美国康奈尔大学筹创，次年 1 月由商务印书馆在上海发行创刊号，是中国科学社进行科学宣传的主要载体之一。《科学》月刊从 1915 年在上海正式出版起，一直持续发行，直至 1950 年停刊；1956 年，又以季刊的形式再度出版，1960 年停刊；1985 年，《科学》月刊在新的历史时期再次出版发行，时至今日，是中国出版史上历时最长的自然科学刊物。

一、《科学》月刊的创办缘起

1914 年夏天，第一次世界大战爆发前夕，中国国内涌动着复辟帝制的逆流。在美国康奈尔大学学习的中国留学生们，谈及国势和世界政治风云变幻，忧心忡忡。随着讨论的进行，他们逐渐将中国贫弱的原因归结为现代科学在中国的缺失。于是有人提议，中国最缺乏的莫过于科学，何不办一种刊物向国人介绍科学呢？这个提议立刻得到众人的赞同。他们起草了《科学月刊缘起》，任鸿隽、胡明复、赵元任、杨杏佛、过探先、章元善、秉志、金邦正、周仁 9 人在上面签名。

《科学月刊缘起》中对创办此刊物的原因、意图、目的等都做了简要的说明：

今试执途人而问以欧、美各邦声名文物之盛何由致乎？答者不待再思，必曰此食科学之赐也。……同人等负笈此邦，于今世所谓科学者庶几日知所亡，不敢自谓有获。顾尝退而自思，吾人所朝夕诵习以为庸常而无奇者，有为吾国学子所未尝习见者乎？其科学发明之效用于寻常事物而影响于国计民生者，有为吾父老昆季所欲闻知者乎？……诚不知其力之不副，则相约为科学杂志之作，月刊一册以饷国人。专以阐发科学精义及其效用为主，而一切政治玄谈之作勿得阑入焉。[①]

---

① 任鸿隽. 中国科学社社史简述 [G] //中国人民政治协商会议全国委员会文史资料研究委员会，编. 文史资料选辑：第 15 辑. 北京：中华书局，1961：3.

多年的美国生活使这些留学生们切身体验到了美国发达的物质文明和较开明先进的政治环境，相形之下，当时中国的愚昧、贫穷、落后、保守愈发难堪。强烈的爱国热忱促使他们不断去思考造成这种巨大落差的原因，去寻觅救国强国的道路。同时，留美学生在美国的校园内接受到了在国内无法接受的系统的科学知识学习与训练，深切感受到科学的伟大。在这样的世界观基础和思维倾向上，这些留美学生将西方国家的发达与强盛归功于其科学发展的蓬勃，将自己国家的积贫积弱归咎于科学的稀缺。因此，他们认为，必须办一本宣传科学及其功用的杂志，向对此知之甚少的国内民众进行介绍、宣传，并倡导进行科学教育，从而新民强国。

为了出版发行《科学》月刊，留学生们组织了科学社（后正式定名为中国科学社）。《科学社招股章程》中规定："本社发起《科学》月刊，以提倡科学，鼓吹实业，审定名词，传播知识为宗旨。"在中国科学社存在的几十年里，出版发行《科学》月刊一直是其第一要务。可以说，科学社的设置是属，发行《科学》月刊是主。为保证《科学》月刊的正常发行，社章规定，加入中国科学社的社员须缴纳一定的股金，作为出版《科学》的资金。

二、《科学》月刊的发展概况

1915 年 1 月，《科学》月刊创刊号在上海由商务印书馆正式发行，在中国出版史上首次采用汉字横排印刷，使用西式标点符号。发刊例言中声明，《科学》"专以传播世界最新科学知识为帜志"，以"求真致用两方面当同时并重"为办刊方针。发刊词中倡言科学，全面论述了科学在增进物质文明、破除愚昧迷信、增强人类健康和提高道德修养等方面的社会功能，认为："继兹以往，代兴于神州学术之林，而为芸芸众生所托命者，其惟科学乎，其惟科学乎！"[①] 9 月，大发明家、科学家爱迪生致函赵元任，祝贺《科学》创刊。

《科学》月刊在创立初期，由于中国科学处于萌芽阶段，因此所发表的文章"不敢过求高深，致解人难索。每一题目皆源本卑近，详细解释，使读者由浅入深，渐得科学上智识"。对文章在取材方面的要求是，"玄谈虽佳不录，而科学原理之作必取，工械之小亦载，而社会政治之大不书，

---

① 《科学》发刊词 [J]. 科学，1915，01（01）：3-7.

断以科学，不明其他"①。由此可见，早期的《科学》月刊就是以科学知识的宣传为主。

1918 年，中国科学社迁回国内，《科学》月刊编辑部随同之，先辗转南京，后定址上海。当时国人的科学观念相对以往已经清晰，关于科学的书籍和文章大量涌现，《科学》月刊曾经孜孜以求的科学宣传的目的已经达到，从而应该从事进一步的工作，使中国有自己的科学，并且实现科学制度化。《科学》月刊开始大力宣扬科学研究。

到 20 世纪 30 年代，经过二十多年的发展，中国的科学研究已"渐趋于高深及专门化"，各种专门学会不断成立，各学会所办的报纸期刊亦大量涌现。《科学》月刊及时调整了刊物内容，取材以"（一）能使读者发生科学兴趣，（二）能记述科学进步，（三）能传播科学消息"为标准，并重新确定了读者对象，"首为高中及大学学生，次为中等学校之理科教员，再次为专门学者，最后为一般爱好科学之读者"。调整后的《科学》还较以往更关注科学新闻，每月报道一次各科学机关的新贡献、科学家的新言论、科学团体的新动态，等等。《科学》月刊改版后定位在了介于一般科普刊物与各种专业性学报之间的起"承上启下"作用的枢纽性刊物，"既能通俗，又存高深"，"初学者读之不觉深，专门家读之不嫌浅"②，力求科学知识的普及与发展。

由于时局纷扰、经费短缺等种种原因，《科学》并不是严格地都按月发行，其中一度调整为双月刊、两期合刊、季刊，甚至有过暂时停刊的情况。但不论现实如何艰险窘迫，一直坚持不断。诚如 1940 年第 24 卷"卷末赘言"所言，"社中经费无论如何困难，气压无论如何窒闷，本志生命务必维持，不致中断，俾在此大时期中，国人需要科学孔亟之秋，得尽绵薄，服务社会"。

1949 年中华人民共和国成立，中国的科学事业进入崭新的发展时期。自 1950 年起，由于种种原因，《科学》月刊停办。1951 年 5 月 25 日，《科学》出版了第 32 卷增刊号，任鸿隽在刊首发表文章，简要说明了停刊的原因："我们为提倡科学而发行杂志，三十五年以来，社中同仁苦心支持，已感到心力交瘁。……国内同性质的杂志出现的已不止一种了，如《科学》仍然继续出下去，便是重复，便是浪费。"③《科学》被中华全国自然

---

①　《科学》发刊词 [J]. 科学，1915，01（01）：3-7.

②　《科学》今后之动向 [J]. 科学，1935，19（01）：1-8.

③　任鸿隽. 科学救国之梦　任鸿隽文存 [M]. 上海：上海科技教育出版社，2002：716.

科学专门学会联合会接办,与另一科学杂志合并为《自然科学》,于 1951 年 6 月发刊。1957 年,根据中宣部精神,响应政府"百家争鸣"的号召,《科学》复刊,出版了 4 卷 12 期。1959 年秋,国家因经济困难,对当时的出版刊物进行了一次精简,《科学》于 1960 年再度停刊。到了 1985 年,随着"科教兴国""科学技术是第一生产力"等论断的提出和证实,《科学》再度复刊,由上海科学出版社编辑出版,中国科学院院长周光召院士任主编。

三、《科学》月刊对科学教育的弘扬

《科学》月刊从 1915 年创刊到 1960 年停刊,共出版发行了 36 卷。其内容非常丰富,有专业性的学术论文,也有科普性质的小短文,还有科学领域的报道,甚至浅显易懂一目了然的图画。其行文方式也根据不同的对象有不同的风格。面向专门人才的学术论文相对艰深,科普型的短文则浅显易懂,反映科学领域动态的报道则简洁明快。在其存在的几十年间,随着情势的变化,刊物的版面有所调整变化,其中的内容也因之有所变革。但综而观之,《科学》月刊所宣传、介绍的科学内容主要包括三个方面。

(一) 科学知识

《科学》月刊所宣传与介绍的科学知识包括科学理论层面的知识和技术层面的知识。在理论知识方面,《科学》介绍的内容几乎涉及了数学、物理、化学、生物等自然科学的全部基础学科领域和 19 世纪以来发展起来的一系列分支学科和交叉学科,如细胞学、微生物学、热力学,等等。其中,又可分为基础知识、科学常识和最新的研究成果。基础知识方面,如在创刊号上登载的胡明复的《万有引力定律》,杨孝述的《欧姆定律》,任鸿隽发表于第 5 卷第 11 期的介绍相对论的《爱因斯坦之重力学说》,等等;科学常识方面,涉及生理卫生、日常保健、天文地理,如竺可桢的《论早婚及姻属嫁娶之害》(第 3 卷第 9 期)介绍了早婚和近亲通婚的危害,唐钺的《雷电说》(第 2 卷第 7 期)阐述了雷电产生的科学原理,《食荤与食素之利害论》(第 3 卷第 12 期)对日常饮食提出了科学的见解;最新的研究成果方面,有翁文灏发表于第 8 卷第 8 期的《中国地震区分布简说》,还有考古学方面的《周口店之骨化石堆积》(第 14 卷第 8 期),等等。

对科学技术方面的知识进行宣传也是《科学》月刊的一个重要内容。据统计,《科学》截至 1950 年前的 32 卷共刊发论文 2 795 篇,其中技术类的文章占总数的 22.61%，共计 632 篇①。相关介绍门类相当齐全，涉及冶金、化工、机械制造、土木工程、水利、农林等。如过探先介绍各种选择棉种技术的《棉种选择论》（第 1 卷第 8 期），研究破布造纸之工艺流程的《破布造纸之研究》（第 5 卷第 12 期），等等。此外，还有对火箭、超音速飞机、潜艇、汽轮、心脏手术等国外的前沿科学技术的及时报道。

（二）科学理念

《科学》对科学理念的宣传与介绍反映在对科学功用、科学精神和科学方法的阐释上。

认识科学的重要功用，是建立科学理念的必要前提。在对科学功用的宣传方面，除了泛泛而论的文字，《科学》还专门细致地论述了科学在教育、实业、农、林、工、商及道德与良好人生观养成等方面的巨大的物质文明功能和精神文明功能。前者如任鸿隽的《科学与教育》《科学与实业》《科学与工业》，杨杏佛的《科学与商业》，邹秉文的《科学与农业》，金邦正的《科学与林业》，等等；后者如唐钺的《科学与德行》，杨杏佛的《科学的人生观》等文章。

科学方法和科学精神是《科学》月刊所宣扬的科学理念的两个重要内核。

科学方法使科学根本区别于其他文化知识。"科学之本质，不在物质而在方法。今之物质与数千年前之物质无异也，而今有科学，数千年前无科学，则方法之有无为之耳。诚得其方法，则所见之事事无非科学者。"② 胡明复等学者认为，理想的科学方法是演绎法与归纳法的综合运用，"先做观测，微有所得，乃设想一理以推演之，然后复做实验，以视其合否。不合则重创一新理，合而不尽精切则修补之，然后更试以实验再演绎之；如是往返于归纳演绎之间……归纳与演绎相间而进，故归纳之性不失，而演绎之功可收，斯为科学方法之特点"③。《科学》中理解科学方法的文章和译文，每卷都有数篇，例如第 1 卷第 9 期唐钺的《演绎法归谬》、第 7 卷第 12 期杜里舒的《科学与哲学之关系》等。

---

① 范铁权. 体制与观念的现代转型：中国科学社与中国的科学文化 [M]. 北京：人民出版社，2005：140.

② 任鸿隽. 说中国无科学之原因 [J]. 科学，1915，01（01）：8-13.

③ 胡明复. 科学方法论一：科学方法与精神之大概及其实用 [J]. 科学，1916，02（07）：719-727.

科学区别于其他知识的独特之处在于有一套科学方法，而运用科学方法去获得科学知识首先需要的是科学精神。这如同竺可桢所言：

科学是等于一朵花，这朵花从欧美移来种植必须先具备相当的条件，譬如温度、土壤等等都要合于这种花的气质才能够生长。故要以西洋科学移来中国，就要先问中国是否有培养这种移来的科学的空气……这空气就是科学精神。[①]

《科学》月刊大多数着力于阐释和宣扬科学精神的作者认为，科学精神就在"求真"。胡明复认为："提倡科学，以养'求真'之精神。知'真'，则事理明，是非彰，而廉耻生。知'真'则不复妄从而逆行。"[②]

在科学精神与科学方法的关系上，《科学》月刊的作者们认为二者是紧密联系，不可分割的。黄昌谷认为，要获得这种科学精神必须具有"观察与试验、归纳与演绎"的科学方法和"言行一致"的习惯。胡明复也认为科学精神与科学方法密不可分，"精神为方法之髓，方法则为精神之郭也"[③]。因此，在宣传科学、进行科学教育时，科学方法与科学精神居于同样重要的地位。

（三）科学教育

《科学》月刊不仅仅传播科学知识、科学信念，还直接论及科学教育，甚至直接讨论如何按科学的方法去进行教育实践的问题，以推进科学教育活动在中国的发展。《科学》曾把 7 卷 11 期作为"教育专号"以提倡科学教育。

《科学》的作者们认为，科学教育的重点在科学方法和科学精神，不在科学知识本身。任鸿隽说："科学于教育上之重要，不在于物质上之智识，而在于其研究事物之方法；尤不在研究事物之方法，而在其所与心能之训练。"他这里所指的心能是一种"注重事实，执因求果，不为感情所蔽，私见所移"[④] 的精神和能力。也就是说，科学教育不仅在于传播科学知识，更在于使科学方法和科学精神得到传播。郑宗海对此有相同的看

---

① 竺藕舫.利害与是非 [J].科学，1935，19（11）：1 701-1 704.
② 胡明复.科学方法论一：科学方法与精神之大概及其实用 [J].科学，1916，02（07）：719-727.
③ 胡明复.科学方法论一：科学方法与精神之大概及其实用 [J].科学，1916，02（07）：719-727.
④ 任鸿隽.科学与教育 [J].科学，1915，01（12）：1 343-1 352.

法，并进一步指出："顾科学精神非可以口舌教授也，即非可自外铄也。其步骤似宜以问题为介绍，然后审查事物，合为定律，陶育之以至于法则之熟练，再进而至于科学精神之养成。"[①] 他认为，科学精神只能学生自己经历、体验、树立，不能像科学知识那样口耳相传。所以，要从科学问题入手，考察事实，以定律原理为依据，利用科学方法，陶育养成科学精神。

《科学》的作者们还指出，科学的传播和教育不仅要遵循科学的法则、规律，还应该遵守教育的原则与规律。《科学》教育专号的"发刊词"就指出：

唯科学之兴盛虽赖科学方法，而科学之传布亦不可违背教育原则。盖教育方法，即科学方法。若科学方法，唯一般言教育者所采用，而真从事于科学者反不自行研究其教授之方法，墨守成规，阻滞进步，必渐至谈教育者将越厨代庖，斥授教育者为不谙教育原理，言科学者斥谈教育者为崇尚高调，不求切实。先因误解，渐至背驰，科学教育前途，遂难祁坦荡矣。[②]

也就是说，科学教育要同时遵循科学方法和教育规则，否则两者互不相容。此外，《科学》还积极深入细致地探讨专门学科或专门问题的具体教育方法和教育手段，如秉志在第 11 卷第 2 期上的《生物学与大学教育》，刘咸在第 20 卷第 3 期上的《国难教育与科学训练》，王普在第 23 卷第 12 期上的《关于我国物理教学及研究几点意见》，等等。

除以上内容外，《科学》月刊还整理发掘了中国古代的科学成就，向世界展示中国的科学文化成就，让世界了解中国，也让中国找到自信。《科学》对中国古代科学史的挖掘整理涉及很多方面，包括天文、植物、数学、冶炼、酿酒、制陶等等。

四、《科学》月刊的影响

《科学》创刊于 1915 年，在 20 世纪上半叶，尤其是"五四"新文化运动时期在国内的文化科学界一领风骚，为诸多热血青年所追崇，不仅对当时，而且对其后中国科学、文化的发展造成了深远的影响。

首先，《科学》月刊改变了中国沿用千年的自上而下、从右到左的排

①　郑宗海. 科学教授改进之商榷 [J]. 科学，1919，04（02）：118.
②　王琎. 科学教育号发刊词 [J]. 科学，1922，07（11）：1 119-1 120.

版方式，首次采用汉字横排版和西文标点符号。传统的排版方式在编排符号、算式、公式等方面的诸多不便之处，"若吾人沿旧习，长篇累牍，不加点乙，恐辞义之失于章句者将不胜举矣"[①]。汉字横排版和西文标点符号的运用改变了这些弊端，使文章旨意的表述清晰明了。此后，《科学》月刊的这一做法被当时的大多数科学性读物效法。《科学》月刊在中国出版史上具有里程碑式的意义。

其次，《科学》月刊推动了科学在中国的传播和发展。《科学》月刊的创刊原因在其《缘起》中阐述得很明确，就是"欧、美各邦声名文物之盛"是"食科学之赐也"，因此，"相约为科学杂志之作"，"以阐发科学精义及其效用为主"，目的是"以饷国人"。它所宣传介绍的"科学"包括科学理论知识、科学技术，以及科学发展史等实实在在的形而下的科学知识，也包括科学内涵、科学精神、科学方法等形而上的意识形态方面的科学信念，并且以前者为主。它突破了中国传统的高屋建瓴式的哲学思维习惯，第一次较为全面地向国人切实介绍了近代科学知识本身。这些切实的科学知识的广泛传播，一方面使国人了解了科学本身，开始以科学的眼光去看待、用科学的思维去思考一些事物、现象，开启了民智，破除了一些封建迷信和陈规陋习；另一方面，也吸引了一部分人的注意力，使之对科学本身产生了兴趣，投身于科学领域，成长为科学领域的干将，从而推动了中国近现代科学的发展，泽被后世。

最后，《科学》月刊促进了中国近代科学教育的开展。《科学》月刊所介绍宣传的科学知识和刊物本身所发表的大量文章，对科学之社会功用的褒扬，使民众，尤其是有识之士认识到了科学的重大价值，加之《科学》月刊对科学教育问题的专门论述与倡导，促成了中国近代教育史上科学教育思潮的形成，推动了中国近代科学教育的发展。《科学》月刊所宣扬的科学教育，具体而言包括科学教育的重点、意旨，以及具体的教学方法。1923 年发表于《科学》第 8 卷第 7 期上的《推士对于中国中小学校科学教学法改进之意见》，影响尤其大。由于其建议的具体和可操作性强，深受当时思想先进的教学人士的欢迎，并积极将此采用。《科学》月刊在倡导科学教育方面的作为，一方面改进了中国原有教育在教育内容、教学方法及教育目的等方面的不足，提高了教育的质量；另一方面，也使中国教育的发展开始与时代的发展接轨，逐渐融入于世界教育的整体发展潮

---

① 胡适. 论句读及文字符号 [J]. 科学，1916，02（01）：9-34.

流之中。

　　《科学》月刊影响深远，1948 年 7 月，李约瑟在《自然》周刊撰文称《科学》是中国的主要科学刊物，可与《自然》周刊和美国的《科学》相媲美。总而言之，无论是在中国的科学发展史上，还是在中国期刊出版史上、中国教育史上，《科学》月刊都具有里程碑式的意义。它从 1915 年到目前为止两度停刊两度复刊，风雨兼程 90 多年，饱经历史考验的办刊历程就足以证明其效用及影响力。小而言之，它促进了科学在当时中国的传播与发展，改造了国人的思想，推动了"五四"新文化运动的开展和进行；大而言之，这为中国将来的出路奠定了最初步的基础。

　　［原文刊载于《西北师大学报（社会科学版）》2009 年第 3 期（曲铁华　袁媛）］

16 洋务运动时期的科学教育及其主要特征

20 世纪 60 年代进行的洋务运动，首次打破根深蒂固的传统经学教育，把科学这一"艺术"之学列入洋务学堂的课程内容中，这使这场在政治意义上失败了的运动在教育上有了不可磨灭的深远影响。在科学和民主得到广泛认同的今天，反思这两个西方舶来品在中国所走的历程，追问二者在中国的精神实质，对中国教育今天和明天的发展不可不说是意义重大。

一、对西方科学知识的早期吸收和洋务运动的兴起

在中国，最早热心接受西方科学知识的大多数是实学思潮的代表人物。实学思潮兴起于明末清初社会和思想变动之际，后由于清朝"文字狱"等文化高压政策走向低落。18 世纪末叶，清朝由盛转衰，社会经济不振，吏治腐败和农民起义接连不断。面对种种社会危机，一批有识之士从康乾盛世的迷梦中醒来，认真探讨"世变之亟"，寻找"治世之方"。实学思潮也自此复苏。这部分知识分子要求统治阶层抛开空疏无用的心性之学，以经世致用的学问为现实生活服务。经世派重视国计民生，把学问研究的重点放在漕运、盐务、赋税、货币、农业以及土地、人口等社会实际问题上。在鸦片战争之后，这一学派从经世致用的观点出发，又成为学习西方科技的主力军。西方学说吸引中国士人的也是实用学说和科技。

泰西诸君子，以茂德上才，利宾于国。其始至也，人人共异之，乃骤与之言。久与之处，无不意消而中悦服者。其实心、实用、实学，诚信于士大夫也。①

这一时期，注重"夷务"的经世派代表有林则徐、魏源、冯桂芬、王韬、薛福成等人。魏源提出"师夷长技以制夷"的思想，也是经世派的共同行动指南。在这一思想推动下，很快就有一些潜心于实学之士研究并仿造西器。福建士人丁拱辰于 1842 年左右写成《演炮图说辑要》，其中有

---

① 徐光启. 泰西水法序：徐光启集 [M]. 上海：上海古籍出版社，1984：66.

"西洋火轮车火轮船说"，他还自行设计、制作了机动船模型。① 同时，在江浙、两湖、闽粤等实学文化发达地区，出现一批在数学、天文、化学、物理、地理等自然科学上较有成就的名家学者。本土自然科学的兴起为接受西方科学知识奠定了良好的知识基础。

这一期间，林则徐等海防大臣已经明确地提出了学习西方科技的主张。如魏源建议在广东虎门外之沙角二处置设造船场和火器局，延聘外国教师，"分携西洋工匠至粤，司造船械，并延西洋舵师，司教行船演炮之法"。在此基础上，发展自己的工业。"我有铸造之局，则人习其技巧，一二载后，不必仰赖于外夷"，"凡有益于民用者，皆可于此造之"②。但是，魏源的这种很有远见卓识的建议并没有被朝廷采纳实行。

第二次鸦片战争后，不平等条约和屈辱赔款使国家富强成为国人强烈的愿望。"自强"一词在奏折、谕旨和士大夫的文章中经常出现。当时人们的思维方式仍然是传统的形象直观思维，即要实现富强，就要向富强的西方学习，学习的内容是使中国战败的先进兵器技艺。使这种学习变为可能的一个重要环节是人们对西方侵略的客观认识。

自换约以来，该夷退回天津，纷纷南驶。而所请尚执条约为据。是该夷并不利我土地人民……似与前代之事稍异。③

这种不侵占土地，不争取主权的侵略，使处理洋务的人员认识到，只要遵守条约，双方就能相安无事。并且，与洋人在遵守条约下进行外交能取得很大的好处。因此，1861 年，清政府正式成立了与西方进行政治外交、经济贸易和文化交流的机构——总理衙门。与西方进行这些交涉的活动形成了当时清政府的一种新型活动——"洋务"。洋务派的代表人物主要有奕䜣、曾国藩、李鸿章、左宗棠、张之洞等。

"洋务"的内容十分广泛，既包括对外交、外贸收入以及与贸易商人和传教士有关的一切事务的处理，也包括涉及西方事务的新计划，如外语学堂、军事训练、兵工厂、造船厂、开矿、商船和海军等事宜的管理。④但是，在"自强"思想指引下，洋务运动的核心内容是军事工业，"自强

---

① 段治文. 中国近代科技文化史论［M］. 杭州：浙江大学出版社，1996：46.

② 魏源. 海国图志［M］. 郑州：中州古籍出版社，1999：100，103.

③ 贾桢. 清代筹备夷务始末　咸丰朝：卷 71［M］. 北京：中华书局，1979：18.

④ 费正清. 剑桥中国晚清史：上卷［M］. 北京：中国社会科学出版社，1993：557.

以练兵为要，练兵又以制器为先"①。所以，学习西方的科学技术成为当时自强运动的主要内容。洋务运动中的所有内容，对当时的中国人来说都是十分陌生的。为了顺利地与外国人进行沟通交流，也为了培养国内的技术人才，洋务教育就变成洋务运动中一个不可或缺的重要组成部分。

洋务运动所需要的人才不能由传统的学校教育培养。在欧洲科学教育进行得如火如荼之时，清末的社会和教育仍然保持着原有的模式缓慢前进。各级各类学校教授的都是儒家经典，教育只是科举的附庸。初等程度的教育内容，以《三字经》、《百家姓》、《千字文》、"四书"为基本教材，习字则是练习楷书；程度稍高的，课程内容增加"五经"、《千字诗》或者《幼学琼林》和各种日用杂字之类②。高等教育的内容与之大同小异。

在学风上，各级儒学讲究的是所谓义理、考据、辞章之类的空疏陈腐之学。学校专教学生仿作空疏无用的八股文，除了八股考试范围，其他内容均不涉及。这就造成了人才的畸形发展，造成了"巍科进士，翰苑清才，而竟有不知司马迁、范仲淹为何代人，汉祖、唐宗为何朝帝者。若问以亚非之舆地，欧美之政学，张口瞪目，不知何语矣"③。科学内容在学校教育中更是毫无地位。这种教育已经到了极其陈腐僵化的地步，要想培养新式的洋务人才，必须建立新式的教育。

由洋务派创办的新式洋务教育，主要有三方面内容：兴办洋务学堂、派遣留学生、翻译出版"西学"书籍。这三者在学习西方的科学技术方面都发挥了重要的作用。

洋务官僚创办的新式学堂又可以分为三大类：外国语学堂、军事学堂、科技学堂。外国语学堂主要有：京师同文馆（1862）、上海广方言馆（1963）、广州同文馆（1864）、新疆俄文馆（1887）、台湾西学院（1888）、珲春俄文书院（1889）、湖北自强学堂（1893）等。军学堂主要有：福建船政学堂（1866）、天津水师学堂（1880）、天津武备学堂（1885）、广东水陆师学堂（1887）、江南水师学堂（1890）等。科技学堂主要有：福州电气学堂（1876）、天津电报学堂（1880）、上海电报学堂（1882）、湖北算术学堂（1891）、天津医学堂（1894）、南京铁路学堂（1896）、南京储才学堂（1896）、湖北农务学堂（1898）、湖北工艺学堂（1898）等。这些

① 贾桢. 清代筹备夷务始末 咸丰朝：卷72 [M]. 北京：中华书局，1979：11.
② 吕达. 中国近代课程史论 [M]. 北京：人民教育出版社，1994：15.
③ 康有为. 请废八股试贴揩法试士引用策论折 [M] // 陈学恂. 中国近代教育文选. 北京：人民教育出版社，1984：102.

学堂最著名的代表是京师同文馆、上海广方言馆和福建船政学堂等。

京师同文馆的开办源自于清政府培养翻译人才的需要。自鸦片战争前，清政府地方官员就开始正式与西人打交道。当时除了临时雇佣一些稍通西语的商人通事外，主要是依靠西人自雇的翻译。第二次鸦片战争失败后，按 1858 年《天津条约》规定，以后中外交涉的条约均用英文书写，仅在三年内可以附有汉文。当中英文发生歧义时，要以英文为主。这就使培养自己的翻译人才变得十分急迫。"欲悉各国情形，必谙其语言文字，方不受人欺蒙。"1861 年，清政府批准在总理各国事务衙门下设立京师同文馆，1862 年 6 月正式开学。此后，全国各地洋务学堂陆续兴办起来。

二、洋务学堂中科学教育的主要内容

（一）课程设置

京师同文馆最初只设英文馆，一年后，增设法文、俄文馆。此时课程内容只有语言文字，没有涉及科学教育内容。1866 年 12 月，奕䜣奏请在京师同文馆内增设天文、算学馆，招收翰林和五品以下由进士出身的京外各官，以及举人、贡生等所谓"正途"人员入馆学习。1867 年 6 月 21 日，天文、算学馆正式举行招生考试。自此，京师同文馆不再是初级的外国语学塾，而成了综合性的实用科学专门学堂。西方科学教育突破了中国传统教育的壁垒，终于进入中国课堂。此后，同文馆的课程大加扩充，进行极为顺利。许多自然科学都逐渐地介绍进来。输入的新课程有：

（1）算学——同治七年（1868），李善兰为教习。

（2）化学——同治五年（1866），中国海关总税务司赫德回英，介绍法国人毕利干（M. A. Billequin）来教化学。

（3）万国公法——同治八年（1869），请同文馆校长丁韪良讲万国公法。

（4）医学生理——同治十年（1871），请德贞（Dr. Dudgeon）讲医药与生理。

（5）天文——光绪三年（1877），添设天文一课，先由美国人海灵敦（Harrington）讲授，旋以费礼饬（Dr. Fritzche）继之。

（6）物理——光绪五年（1879），添讲格致（即物理学），首由欧礼裴（C. H. Oliver）讲授。

1869 年，美国传教士丁韪良担任京师同文馆总教习。丁韪良上任后，按照美国的学校教育模式改革京师同文馆，对教学内容进行了重新规划，为不同程度的学生拟定八年制和五年制课程表，具体如下：

八年制课程设置①：

首年：认字写字、浅解词句。

二年：浅解词句、练习文法、翻译条子。

三年：讲各国地图、读各国史略、翻译选编。

四年：数理启蒙、代数学、翻译公文。

五年：讲求格物、几何原本、平三角、弧三角、练习译书。

六年：讲求机器、微分积分、航海测算、练习译书。

七年：讲求化学、天文测算、万国公法、练习译书。

八年：天文测算、地理金石、富国策、练习译书。

五年制课程设置：②

首年：数理启蒙、九章算法、代数学。

二年：学四元解、几何原本、平三角、弧三角。

三年：格物入门、兼讲化学、重学测算。

四年：微分积分、航海测算、天文测算、讲求机器。

五年：万国公法、富国策、天文测算、地理金石。

八年制课程是为年纪稍幼、"由洋文而及诸学"的学生制定的；对于年纪较大，无暇肆及洋文，仅能借助译本学习各科的学生，学习五年制课程。从这两个课程内容可以看出，西方的科学技术知识已经在同文馆中占有很大的比例。此时的科学课程包括七大部分：力学、水学、声学、气学、火学、光学、电学。通过教学，要使学生懂得力的吸压之理、水的动静之性、声的响应之微、气的蒸化之方、光的回返之理、电的触动之捷，从而达到"以利于用"的目的。

这两种课程表除了讲求知识结构的完整性，注意自然科学基础知识的教学外，还突出了分类指导、循序渐进的特点。这两个课程的出现标志着近代课程设置开始摆脱传统课程设置的偏狭、单一和陈旧，逐步向西方先进课程体系靠拢。但是，无论是八年制还是五年制，课程的设置只是一个大纲，至于细目，"仍与各馆教习随时体察，酌量变通"。学生对于"天文、化学、测地诸学，欲精其艺者，必分途而力求之或一年，或数年，不

---

①　同文馆题名录 ［M］. 光绪五年刊：19-23.

②　同文馆题名录 ［M］. 光绪五年刊：19-23.

可限定"[1]。

同文馆中教授的科学知识，其程度并没有达到高等专科学校所具有的水平。实际上，同文馆的课程设置、学科内容只有国外普通中学程度。其科学教育是非常简单的，教育内容是各个学科最基本的知识。这主要是因为传统教育内容无法与洋务教育相衔接，所以洋务学堂名为综合性专科学校，有高等教育性质，但实际上还要"承担自小学程度的教育"。

自京师同文馆中开设天文、算学课程开始，其他洋务学堂引进西方科学知识就非常顺利了。京师同文馆创办的第二年，上海广方言馆成立。冯桂芬作为第一任监督，在办学初期就非常重视科学教育，尤其重视算学。他认为："西人制器尚象之法，皆从算学出，若不通算学，即精熟西文，亦难施之实用。"[2] 同治八年（1869），上海广方言馆并入江南制造局，广方言馆总办冯光拟定了《课程十条》。其中第九条具体规定：

学生分为上、下两班，初进馆者先在下班学习外国公理、公法。如算学、代数学、几何学、重学、天文、地理、绘图等事，皆用初学浅书教习。若做翻译者，另习外国语言文字等书。诸生每日于午前毕集西学讲堂专心学习，阅七日课以翻译一篇，评定甲、乙，上取者酌给奖赏，至年底考试可取者，察其性情相近并意气所向，再进上班专习一艺。[3]

第十条规定："上班分为七门：一、辨察地产，分炼合金，已备制造之材料。二、选用各金之材料，或铸或打已成机器。三、制造或木或铁各种。四、拟订各汽机图样或司机各事。五、行海理法。六、水陆攻占。七、外国语言风俗国政。生徒学此各事之时，仍需兼习下班之学，以兼精深。"[4]

上述课程专业性极强，与京师同文馆的两类课程有着明显区别，即与广方言馆并入江南制造局后开始讲求实用、实效，以更好地为洋务派兴办的工厂企业培养人才有密切关系，也反映了近代课程改革的发展趋势，表明上海广方言馆在课程方面也从培养一般翻译人才的学校发展为培养多方面科技人才的综合性学校。

① 朱有瓛. 中国近代学制史料 [G]. 上海：华东师范大学出版社，1983：71-73.
② 冯桂芬. 采西学议：校庐抗议 [M] //陈学恂. 中国近代教育文选. 北京：人民教育出版社，1983：16.
③ 苏精. 清季同文馆及其师生 [M]. 台北：苏精自印本，1985：98.
④ 苏精. 清季同文馆及其师生 [M]. 台北：苏精自印本，1985：98.

其他洋务学堂的课程设置与京师同文馆和上海广方言馆的课程设置大同小异。在学习西文的同时，开设算学、天文、地理、物理、化学等自然科学课程。科学教育在这些学堂中都占有很大比重。1866年，清末最早的海军学校福州船政学堂创办。创办时间虽然迟于京师同文馆、上海广方言馆和广州同文馆，但它存在的时间之长，作用之大，却超过这几所学校。特别是在科技和军事上，福州船政学堂对近代中国所产生的实际影响是巨大的。

船政学堂先后设有制造、驾驶、绘事、艺圃、练船和管轮等六个专门学堂，学制五年。在课程设置上，以学习和掌握外语、科学技术知识为主。由于学制较长，船政学堂比语言学堂更系统广泛地向学生传授科学技术知识。其课程设置如下：[①]

制造学堂：法语、算术、代数、函法、几何、解析几何、三角、微积分、物理、力学，并且要参加工厂实习。

驾驶学堂：英语、算术、几何、代数、平面三角、球面三角、航海天文学、航海理论、地理等。

绘事院：法语、算术、平面几何、画法几何、绘画、机械图说等。

管轮学堂：英语、算术、几何、绘画、机械制图、船上机械操作规则、80匹和150匹马力轮机的装配、各种指示器、计量器的使用方法等。

练船学堂：航海术、炮术、指挥、数学、参加练船实践等。

上述课程，外语和数学是每个学生都必修的。这是洋务派认为要"借法自强"，"必通泰西语言文字"并且是"必由算学入手"思想在教育中的体现。

（二）教科书的采用

洋务学堂中的科学教育从教材使用来看，具体如下：

1. 数学。在众多自然科学中，数学是中国发展较早、成就较多的学科。洋务运动时期的数学教科书主要有两方面来源，即中国传统算学著作和翻译著作。旧有的《算经十书》《几何原本》《数理精蕴》和李善兰、华蘅芳还有西方传教士翻译的数学著作，其中《笔算数学》《代数备旨》《形学备旨》《八线备旨》《代行合参》《代微积拾级》等书，应用最广。数学

---

① 杜石然，等.洋务运动与中国近代科技［M］.沈阳：辽宁教育出版社，1991：376-377.

教育也是各科中唯一由中国人自己担任教师的。

2. 物理学。此时物理学教学用书情况流传下来的资料甚少，估计大都是使用自编的讲义。关于物理学知识介绍的译书，著有《格致入门》《格致须知》丛书（1882—1894），其中有《气学须知》《声学须知》《重学须知》《光学须知》等。

3. 化学。京师同文馆中最早的化学教材是化学教员法国人毕利干自己编译的《化学初步》《化学阐原》。《清会典》中对化学内容的记述是"凡化学，以原行质为本（原行质，即纯一无杂之质，分不能为二者）。共67质。分大类二：一曰非金类，一曰金类。每质各秉一性。性相近为一家，二类各五家"[①]。

19 世纪末，在洋务学堂中流行的化学教科书是由徐寿、傅兰雅合译的六卷本《化学鉴原》。《化学鉴原》是我国第一部系统介绍西方近代化学知识的译著，主要讲述了普通化学的基本理论和各种重要元素的性质，已经述及的元素共有 64 种。此书一经出版，就产生很大影响，成为当时流行的化学教科书和一般人学习西方近代化学知识所用的书籍。傅兰雅编写的《化学易知》也是当时教学中应用较广的一部化学课本。

4. 天文学。天文学在中国古代科学技术历史上也是源远流长，成绩突出的一个学科。1859 年，上海墨海书馆出版了李善兰和伟烈亚力合译的《谈天》（原著是赫歇尔的《天文学纲要》），对包括哥白尼在内的西方近代天文学知识进行较全面的介绍。《谈天》系统而详细地论述了太阳系的结构以及太阳系各行星的运动规律。此外，对万有引力概念、光行差、太阳黑子理论、行星摄动理论、彗星轨道理论等也都有论述。对恒星系，如变星、双星、星团、星云等也有所介绍。

按照光绪二年（1876）公布的课程表，在 8 年学制的第 5 年讲授"平面三角"和"球面三角"，第 6 年有"航海测算"，第 7、第 8 年都设有"天文测算"。这些课程都与天文学有关。80 年代后，各地兴办了一批海军军事学堂，如天津水师学堂、广东水陆师学堂、江南水师学堂、山东威海卫水师学堂等，这些学堂中都开设了天象测量、经纬度测算等航海天文学的有关课程。

5. 地学。中国古代的地理学、地质科学缺少独立的学科结构。自然

---

① 清会典：卷一〇〇 [M]. 北京：中华书局，1984：89.

地理和人文地理熔为一炉；地质、气象等方面的知识则散见于各种著作中，有些甚至被包括在占卜、风水之类的著作之中。鸦片战争之后，为了了解西方世界，中国有识之士编著了一批介绍西方地理概貌的著作。如汪文台编著的《红毛番英吉利考略》，魏源编著的《海国图志》，徐继畬编著的《瀛寰志略》，等等。

道光二十七年（1847），葡萄牙人玛吉士（Martins—Msrquez Jose）编译了 10 卷本的《外国地理备考》；咸丰三年（1853），英国人慕维廉（Muirhead William）编译了《地理全志》一书。此书分上下两篇，上篇为世界地理，为分洲分国叙述。下篇第 1 卷为地质知识介绍，第 2 卷为地貌学，第 3 卷为水文，第 4 卷、5 卷为气象、气候，第 6 卷为植物地理，第 7 卷为动物地理，第 8 卷为人口地理，第 9 卷为数理地理，第 10 卷为地理历史。其中大部分为自然地理学范畴的知识介绍，内容颇为广泛。

地质学方面，作为铁路矿山等路矿学堂以及其他需要讲授地质学的学校使用的教科书，流行最广、使用时间最长的是《地学浅译》。《地学浅译》由华蘅芳和美国人玛高温（D．J．Macgowan）共同翻译，1873 年江南制造局出版。此书原著是英国近代著名地质学家赖尔（C. Lyell, 1797—1875）所著的《地质学纲要》（*Elements of Geology*）。《地学浅译》按照地层、地质史的顺序论述地壳的生成、层次的相对位置及各层所含生物化石。此书第一次完整、系统、详尽地介绍了西方近代地质学的基本知识和主要内容。

6．生物学。洋务时期影响较大的植物学著作是李善兰和传教士韦廉臣（Alexander Williamson）合译的《植物学》。此书共 8 卷，有插图 88 幅，全书共 3 万余字，介绍了西方 18、19 世纪以来，特别是显微镜被使用之后形成的以器官形态和功能研究为主要内容的近代生物学知识，这对中国传统的生物学知识而论，都是全新的内容。《植物学》一书出版后不久即传去日本，并在日本产生了很大的影响。相对于植物学方面，动物学的译著相对少一些，仅有傅兰雅编译的《动物须知》。另外，在各种编译的农学著作中也有一些动、植物知识。

三、洋务学堂中科学教育的主要特征

综观洋务学堂中科学教育的实施，有以下几个特征。

（一）深受技术实用化传统的影响，科学教育具有鲜明的实用性

洋务教育培养的科技人才大多成为洋务企业的监督和技术骨干，他们不乏聪明才智，但很少谈论科学研究，更谈不上科研活动，只是一批实用型人才。从洋务学堂安排的课程与使用的教材看，洋务教育确实与西方教育专门化距离很远，因此，限制了高深科学的吸收。这与洋务派培养目标是直接联系的。

> 彼同文馆等之设……不过以交涉日夥，鞮寄需人，思通其语言，毋受蒙蔽，故其所成就，上焉者足备总署使馆之翻译，下焉者可充海关洋行之通事。彼其所求者，固如是已。[①]

洋务派培养的科技人才主要集中在军事、造船、器械、铁路、矿山等方面，都是为现代军事和工业服务的实用技术人才。

（二）在专业结构方面，偏重于军事与军工专业，科学与生产没有有效结合

除了京师同文馆设有培养自然科学人才的专业外，洋务派较重视军事技术人才的培养，这影响了科学技术在国际民生部门发挥作用。洋务派把"借法自强"的关键放在解决洋枪、洋炮和船只问题上。而这些关键问题都与科学技术紧密联系在一起。洋务派官僚充分认识到了这一点。曾国藩、李鸿章在同治十年（1871）5月致总理各国事务衙门的信中写道："舆图、算法、步天、测海、造船、制器等军事，无一不与用兵相表里。凡游学他国得有长技者，归即延入书院，分科传授，精益求精。其于军政船政，直视身心性命之学。"[②]

不过，所有的洋务官僚都没有只因为科学技术的重要性而考虑到怎样去发展中国的科学技术。在他们眼里，看到的是由于科学技术与他们感兴趣的造船、制器、用兵等事是密切关联的，可以作为附带的东西予以考虑。因此，洋务运动期间，唯有在军事图强中才能凸现出科技的作用。

洋务派引进西方科技与生产相结合的兴趣，很大程度上是根据清政府的政治需要，迫于民族危机而产生的，并非出自经济发展向科技提出要求

---

① 梁启超．饮冰室文集点校［M］．昆明：云南教育出版社，2001：57.
② 李文忠公全集　译署函稿：第1卷［M］．台北：文海出版社，1983：16.

才产生的。由于经济动因不强烈，所以在结合之后，它们之间明显缺乏张力，没有发生科学技术之间、技术和生产之间明显的连锁性反应，始终没有建立科技发展的内部机制，也缺乏科技发展的环境。因此，洋务运动时期的科学与技术相结合并没有像西方近代社会一样，先进的科技一旦与生产相结合，不论科技本身或大工业机器生产都迅猛发展起来。

（三）科学教育水平不高，专业性不强

洋务学堂虽然在培养目标和课程的设置名目上具有高等教育的性质，但在教学的实际水平上，远远达不到西方高等教育的水平。这些学校教材的结构层次不高，只是西方自然科学的普通知识。"门类不分，精粗不辨"，同文馆和它的教师"只通算学、天文、地理、各国语言文字而已，或谓同文馆如国外中小学塾，非大学堂也"①。

科学理论是科学教育的重要内容，但整个洋务学堂几乎未独立开设自然科学基础专业，也没有科技人才专门从事理论研究。以同文馆为例，据不完全统计，同文馆毕业生，从事外交的 61 人，官吏 47 人，实业家 9 人，医生 4 人，而从事教师职业的为极少数。② 忽视自然科学理论致使科学教育的水平只停留在国外现有科学研究成果的学习上，不能继续发展。并且，在学习国外科研成果的过程中，洋务教育更多侧重于单纯的技术引进，这点与日本明治维新的改革明显不同。

日本讲求制造枪炮之法日精，颇能自出心裁，制作奇器。中国只知来买新式枪炮，依法制造，不能自出心裁。③

洋务派缺乏重视科研的主导思想，缺乏科研的社会环境和机制。洋务派没有把科技的引进和本国科学研究与实验相结合，使科学只停留在一个较低的水平，只在国内传播。

洋务运动时期的科学教育在当时的中国还是开天辟地的第一次。彼时的科学教育具有种种不成熟、不完善的地方，也是历史发展的必然结果。但相对于这些不足之处，洋务运动时期科学教育的贡献是意义深远、不可磨灭的。

---

① 郑观应. 盛世危言：卷一 [M]. 郑州：中州古籍出版社，1998：15.
② 马廷亮. 京师同文馆学友会第一次报告书 [M]. 北京：京华印书局，1916：28-44.
③ 郑观应. 盛世危言 [M]. 北京：华夏出版社，2002：469.

四、洋务时期科学教育对中国的影响

（一）培养了一批掌握近代自然科学的知识分子

洋务学堂培养了多少人才，由于年代久远，很难有确切的统计数字。杜石然等人根据现有史料对洋务学堂的毕业生人数做了统计：1862年到1895年，洋务学堂毕业生总人数为2 980人，其中外文类628人，占21％；军工类1 596人，占53.57％；医学类218人，占7.31％；工程技术类538人，占18.13％。[①]

这批掌握近代自然科学的知识分子，虽然数量不多，却是传播和发展中国近代科学的基础力量。这些学生毕业后一部分当了外交使节，一部分当了政府官员，一部分成长为工程技术人员，更多的担任各类学校的教师。其中，留在同文馆担任数理化天地生教习的就有汪凤藻、凤仪、王钟祥、庆常、杨枢、林秀、贵荣等30多人。正是这些人在各自的工作岗位上把科学知识在中国逐步传播开来。

（二）对传统教育的突破

早在1933年，吴宣易在《读书月刊》第三卷上刊载的《京师同文馆略史》中就这样评价：京师同文馆是"中国新教育的胚胎，是中国新教育的先锋"。用同样的话来评价整个洋务时期创办的新式学堂也毫不为过。而洋务教育能享有如此殊荣，很大程度上是因为在课程中引进了西方近代科学技术知识。

教育内容中引入西方科学技术知识，打破了以儒学为中心的封建思想文化在中国教育中的一统天下局面，为社会发展培养了所需要的新式人才。这些实用科学技术的引进，适应了中国国内近代工业、交通、通讯、矿山等企业的兴起和国防近代化的需要。西学的实际作用在逐渐扩大并为越来越多的人所重视，从而逐渐对中学构成威胁，开始了对中学的冲击。这对改革旧的教育内容，改变中国知识分子的知识结构，培养适应社会进步所需的新式人才，起了积极的作用。

---

① 清会典：卷一○○ [M]. 北京：中华书局，1984：193.

（三）促进了中国的科学发展和资产阶级新思想的形成

如果把洋务时期的科学教育放在中国科学发展史的整个历史长河中进行考察，其重要的历史意义就必然会更为突出地显现出来。如果说明末清初是中国传统科学与西方近代科学交汇的重要阶段，那么，洋务运动则应当是中国近代科学承上启下的必然阶段。它是中国科学发展链条中不可缺少的重要一环。它的影响突出地表现在其下一阶段科学的发展中。此外，它还对以后资产阶级政治思想、哲学思想的形成有着直接的、间接的影响。这种影响虽不显眼，却是极其深远的。

［原文刊载于《东北师大学报（哲学社会科学版）》2003 年第 6 期（曲铁华　李娟）］

17　论中国科学社的创办与影响

中国科学社于 1914 年 6 月创建于美国康奈尔大学，1918 年迁回国内，1960 年在上海正式宣告解散，先后经历了北洋政府、南京国民政府、中华人民共和国三个历史时期。它是中国第一个综合性的自然科学学术团体，在四十多年的发展历程中一直致力于科学在中国的传播与普及，促成了近代中国科学的产生、发展与兴盛，为中国现代科学的创立与发展做出了突出的贡献，在中国科学发展史上有着重要地位。

一

作为中国第一个综合性学术团体，中国科学社没有在国内创建，而是诞生于大洋彼岸的美国；创办者也不是官方部门或国内学术名流，而是胡明复、赵元任、任鸿隽、杨铨、周仁、秉志等一些在美国学习的庚款留学生和"稽勋"留学生。由此，显而易见的是，中国科学社的创办同国外的种种影响是密不可分的。

首先，早期"科教兴国"思潮的涌动与清廷派遣留学生的举措为中国科学社的诞生提供了土壤。

第一次鸦片战争的失败与其后被迫打开国门开放通商口岸，使国家与民族陷入了前所未有的危机与变局，也让上至朝廷下至一般民众的社会各界目睹了西方的坚船利炮和"奇技淫巧"般的"声光化电"。这一切促使有识之士放眼环球，认真省察中西差距及造成这种差距的原因，喊出了"师夷长技以制夷"的口号，学习西方先进的军事科技以御敌的学西保国思潮初现端倪。

第二次鸦片战争失败以后，国家愈发陷入深重的存亡危机，洋务运动兴起。洋务派认为，若想摆脱国难危机，自强比"制夷"更为重要，而救国、强国、富国之急务，就是学习西方。所以，与早期主张"制夷"的开明地主相比，洋务派的观点与所采取的措施显得更加主动和开放。他们主张"师夷长技以自强"，在"中学为体，西学为用"的思想指导下，创办了外国语、军事、技术实业等类型的洋务学堂约 30 所。这些学堂以"西文""西艺"为主要教学内容,改变了中国沿袭了数千年的只重经学教育的陈规旧制,带来了物理、化学、矿务、航海等新兴学科。

更为重要的是,在洋务派的极力主张下,清政府先后向美国、日本派出了为数不少的留学生,以更加全面和深入地学习西方的先进技术。这一举措开近代中国官派留学之先河,为后来庚款留学的出现埋下了伏笔。在这一时期,"科教兴国"思潮逐渐生成、发展。

中日甲午海战后,民族危机急剧加深,维新运动蓬勃兴起,但很快就在封建顽固势力的绞杀下惨遭失败。其后,在严酷时势的逼迫下,风雨飘摇的清政府实施新政。"维新"和"新政"虽大相径庭,却都十分重视讲求西学,力图通过学习西方先进的科学知识、技术而培养新式人才以振兴国家,改革措施中都有"兴西学,办学堂"一项。朝廷的政策措施和思想界的呼声相得益彰,"科教兴国"思潮在这一时期发展到一个高潮,日益深入人心。最为重要的是,在清末新政的激励下,近代留学教育骤然勃兴。1908 年美国提出退还庚款以兴留美教育之后,留美学生人数较以往大大增加。这在客观上为中国青年学生亲眼看见和亲身经历西方先进的科技和巨大的中西差距提供了机会,为后来中国科学社的创办提供了滋生的土壤。

其次,留美学生亲眼看见与亲身经历的中西差距直接催生了中国科学社。

留美学生走出国门来到美国后,面对的完全是一个全新的现代世界。20 世纪初的美国,在物质层面上,工农业发展迅猛,工厂林立,机器轰鸣,高楼林立,道路纵横交错,经济发达;在精神层面上,民主与法制也日益健全,民众思想开放、先进。与此形成鲜明对比的是,当时的中国一方面仍旧处于落后的农业社会,并且仍然采用落后的一家一户式耕种方式,所用器具仿佛几千年没有更新,占全国人口 80% 以上的广大农民挣扎在赤贫线上;另一方面,政局动荡,战争频仍,加之自然灾害的侵袭与帝国主义的盘剥,国民几乎都只是在苟延残喘般地生活,思想保守落后,有着宿命般的消极。再加上民初掀起的尊孔复古逆流,一片乌烟瘴气。一名留学生在给友人的信中对此进行了简述:"美国物质上之文明,与我国相去固不可以道里计,而其精神上文明尤有可惊异者。"[1]

---

[1] 杂纂. 留美学生袭君潞龄致胡君雨人书 [J]. 教育杂志,1910,02(04):33-34.

在学校内部，美国的大学在师资力量、教学管理、实验设备和图书器材等方面都比较完备，而且"从一开始，大学的思想方式上就有一个重要的革新，即接受一种以研究为基础的教育体制"，即重视科学研究水平和教授的创造能力，其结果是建立起完善的教学与科学研究体系①。康奈尔大学的课程设置就相当完备，以农科、土木工程和机械工程为最著。农科前两年学习英文、植物、化学、生物学、地质学、物理、生理等课程，后两年选科，可选习农业化学、畜牧、昆虫学等；土木工程第一年学习解析几何、微积分、物理、化学、绘图、制图几何、浅近测量等基础学科，第二年学习地质学、工程力学、工程实习、绘图、测量、建筑几何、化学分析，第三年学习理财、铁道工程、建道计划、水利学、工程难题等，第四年学习测地术、制图术、供水法、电机工程等；机械工程可开设解析几何、微积分、化学、绘图、工程力学等课程，还设有大量的实验课②。

师生关系上，"教师与学生无不亲近而浃洽，故教师之德行，日灌溉浸淫于学生"③，这些一方面对留学生全面而系统地学习科学知识，培养和树立科学精神，形成崇尚科学、以科学为指导的思维方式，起了决定性的影响作用，另一方面，也使他们充分意识到了国内科学之不兴，缺乏系统的科学介绍、宣传与教育，科学研究的展开则更为匮乏。

通过中美两国的差距之比较，留美学生认为："今试执途人而问以欧、美各邦声名文物之盛何由致乎？答者不待再思，必曰此食科学之赐也。"④即美国的经济发展、社会进步得益于重视科学、发展科学，科学在物质文明、人生、道德、民风等方面都发挥了巨大的作用。而"国人失学之日久矣，不独治生楛窳，退比野人，即数千年来所宝为国粹之经术道德，亦陵夷覆败，荡然若无。民生苟偷，精神形质上皆失其自立之计。……然使无精密深远之学，为国人所服习，将社会失其中坚，人心无所附丽，亦岂可久之道"。所以，留美学生认为，"代兴于神州学术之林，而为芸芸众生所托命者，其惟科学乎。其惟科学乎！"因此，"临渊羡鱼，不如退而结网，过屠门而大嚼，不如归而割烹"⑤，留学生们决心向国内传输科学。

---

①　本一戴维. 科学家在社会中的角色［M］. 赵家苓，译. 成都：四川人民出版社，1988：275.

②　范铁权. 体制与观念的现代转型：中国科学社与中国的科学文化［M］. 北京：人民出版社，2005：35.

③　调查：美国之大学［J］. 教育杂志，1910，02（01）：10-12.

④　任鸿隽. 中国科学社社史简述［J］. 中国科技史料，1983（01）：2-13.

⑤　《科学》发刊词［J］. 科学，1915，01（01）：3-7.

再次，国外的学术团体，尤其是英国皇家学会给了创建者们具体的灵感。

其时的美国科学学会发展非常蓬勃，"美国之专门家，皆有学会，……故虽散处于数千里之外，呼应极灵，研究之事，以互相鼓励而愈进，学问之事以互相讨论而愈明。"中国由于没有这种学会，"如在大洋之中，不知舟之所向，已回国之留学生……无学会为之联络，故四散而势散，事多而学荒"，在美留学生也因"无学会为之联络"，"故输进学识之事不能举办，专门相同之人不易相知"①。任鸿隽指出组织科学社团传播、发展科学的重要性：

> 然何必组织团体乎？……譬如外国有好花，为吾国所未有，吾人欲享用此花，断非一枝一叶搬运回国所能为力，必得其花之种子及其种植之法而后可。今留学生所学彼此不同，如不组织团体，互相印证，则与一枝一叶运回国中无异。如此则科学精神、科学方法，均无移植之望，而吾人所希望之知识界革命必成虚愿。此科学之所以有社也。②

当时的欧美学术团体有两种不同的模式：英国皇家学会模式和法国皇家科学院模式。前者属于民间学术研究团体，没有实体性的研究机构，会员分散于各地，定期讨论并创办刊物进行交流，经费来源于会员所缴会费和社会各界资助，不依赖于国家财政支持，会长由会员选举产生；后者由国家建立，由国家财政支持，属于国家机构之一。中国科学社"开始组织时，是以英国的皇家学会为楷模的，即除了介绍科学之外，它着重实行科学研究，并为民众公益事业服务"③。

一言以蔽之，中国科学社的创办是"内困外交"的结果，国家民族的危亡和民生的困顿凋敝是中国科学社创办的根本原因，而美国退款兴学的决定、国内留美学生的派遣、留学生在美国受教育期间，所见所闻之中美巨大差距和所学所成的科学知识与科学精神，直接决定了中国科学社的创办。

二

中国科学社是近代中国著名的学术团体，也是教育团体，它一系列的

---

① 朱庭祺. 美国留学界 [Z] //庚戌年留美学生年报 美国留学界情形. 上海：商务印书馆，1911：34-35.

② 常年会纪事 [J]. 科学，1917，03（01）：71-72.

③ 任鸿隽. 中国科学社社史简述 [J]. 中国科技史料，1983（01）：2-13.

科学传播活动有着深远而广泛的影响。

第一，中国科学社促动了其他学术社团的成长。

作为近代中国第一个科学社团，中国科学社对其他学术社团的成立和发展起着榜样或示范的作用。在其影响下，科学团体在20世纪二三十年代获得了全面发展。

首先，各专门学会纷纷成立，如中国地质学会、中国化学学会、中国植物学会、中国动物学会、中国地理学会、中国数学会，等等。其中最主要的科学团体达到42个之多，成为科学发展的有力杠杆[①]。这些学会中的成员多系中国科学社社员。并且，大多学会在具体的运作程序上也效法中国科学社，制定会章，规定各类成员的专业标准及其权利与义务，组成董事会、理事会或评议会等机构，发行会刊，举行年会进行学术交流等。其次，一些综合性社团，如中华自然科学社、中国技术协会等在组织机构上也都借鉴中国科学社的经验。

另外，中国科学社对中央研究院、北平研究院等国立专门科研机构的成立与发展也颇有影响。首先，中国科学社在某种程度上对中央研究院的成立起了较大的促进作用。1926年，中国科学社派代表参加在日本东京召开的第三届泛太平洋科学评议会，但由于中国科学社属于民间团体，所以会后据任鸿隽回忆：

此次太平洋科学评议会，不让中国加入，他们唯一的借口，就是中国没有一个代表全国的科学机关。……我们在东京的时候，每每有人问："你们中国有学术研究会议吗？我们的答应是：没有。他们再问：那么，你们有科学院吗？我们的答应还是：没有。说到第二个'没有'的时候，你可看得见失望或轻蔑的颜色立刻出现于你的问者面上，你自己的颜面上也不免有些赧赧然罢？"他呼吁："到了时机勉强成熟的时候，希望我们有这种相当的组织。"[②]

这个颇具国耻色彩的事件强烈地震动了中国的科学界，极大地推动了中央研究院这一国立科研机构的成立。在成立中央研究院的40位筹备委员中，只有5位不是中国科学社社员。在蔡元培主政期间，很多中国科学社社员应邀到中央研究院工作，4位总干事中有3位是该社社员，15位所

①　段治文. 中国现代科学文化的兴起（1919—1936）[M]. 上海：上海人民出版社，2001：83-85.

②　任鸿隽. 泛太平洋学术会议的回顾[J]. 科学，1927，12（04）：455-464.

长中有 13 位是该社社员①。中国科学社为中央研究院积聚了大量的人才，迅速扩大了研究院的社会影响。

中国科学社带动了一大批科学社团的成长，它具体的组织机构、运作方式、规章制度等也被频频效法，如召开年会、创办会刊、设立奖学金等等，这些正是科学体制化的表现。所以，中国科学社为推进近代中国科学的体制化进程做出了突出的贡献。科学真正形成和发展的重要标志之一就是科学体制的形成，一个国家科学良性发展的前提和保障之一也是科学体制的形成。因此，中国科学社在中国科学发展史上有着深远的光辉影响。

第二，中国科学社引领了科学教育思潮的兴起，推动了科学教育运动的蓬勃开展。

在中国科学社的影响下，科学团体纷纷建立，科学研究日益勃兴。更为重要的是，从创建之日起，中国科学社就致力于科学知识、科学精神等方面的传播，在其努力下，科学观念日趋深入人心。再加之中国科学社的很多社员就直接投身于教育文化事业，所以，这就带来了中国科学社的第二个影响，即引领了科学教育思潮的兴起，大大影响了"科学教育化"和"教育科学化"。

中国科学社自成立起就有浓厚的科学教育机构的意味。其成立之初没有宣言和公告，只有一个《缘起》和一个《科学社招股章程》。《科学社招股章程》中规定，中国科学社以"提倡科学，鼓吹实业，审定名词，传播知识"为宗旨。《缘起》中声明："相约为科学杂志之作，月刊一册以饷国人。专以阐发科学精义及其效用为主。"②

《科学》杂志分通论、物质科学及其运用、生物科学及其运用、历史传记等栏，宣传的内容主要围绕五个方面。第一是传播科学理念，注重诠释科学的内涵，介绍科学方法和科学精神，宣扬科学的社会功效；第二是介绍科学知识与科学原理，包括数学、物理、化学、生物等学科领域的新发现，电磁学、热力学、细胞学等新兴的分支学科，国外先进的科技发明，以及一些科学常识以纠正人们的错误认识，比如唐钺的《雷电说》、胡明复的《说虹》和竺可桢的《论早婚及姻属婚嫁之害》；第三是引进科学技术；第四是挖掘中国古代的科学成就，整理中国自己的科学史，一则向世界展示，二则培养国人的民族自尊心和自信心；第五是提倡科学教

---

① 范铁权. 体制与观念的现代转型：中国科学社与中国的科学文化 [M]. 北京：人民出版社，2005：202.

② 任鸿隽. 中国科学社社史简述 [J]. 中国科技史料，1983（01）：2-13.

育，宣传科学于教育上的重要意义，第 7 卷第 11 期特辟"科学教育号"，由知名专家撰文阐述改良教育的具体主张，包括师资改良，加强女子教育，改进学科教学法，等等。《科学》上所发表的文章都不艰深，所用语言通俗易懂，有利于非专业人员阅读、理解，从而实现其宗旨。

此外，中国科学社还通过发行《科学画报》，编译科学书籍，举行通俗科学演讲等，多途径、多渠道传播科学知识，对国人进行基础的科学教育，从而开阔了国人的知识视野，在潜移默化中移除传统的迷信、愚昧观念，使科学观念渐渐深入人心。

中国科学社一系列的科学宣传及其自身对"科学教育"的直接倡导，使民众，尤其是青少年儿童掌握科学知识与科学方法，形成科学态度及科学精神，渐趋成为思想界的强音。所以，目前国内学者普遍认为，真正意义上的科学教育思潮的形成与中国科学社有紧密联系。

任鸿隽作为中国科学社的主要创始人之一和科学社存在四十余年间最主要的负责人，其思想在科学教育思潮的形成过程中有着重要的地位。任鸿隽重视科学教育，主张将科学引进学校教育内容，认为随着科学的发展，学校设置的科学课程的门类也应该日渐增加，内容不断丰富。任鸿隽认为：

科学于教育上之重要，不在于物质上之智识，而在其研究事物之方法；尤不在研究事物之方法，而在其所与心能之训练。科学方法者，首分别事类，次乃辨明其关系以发见其通律。习于是者，其心尝注重事实，执因求果而不为感情所蔽，私见所移。所谓科学的心能者，此之谓也。[①]

由此可见，任鸿隽不仅重视科学的内容，更重视以教育培养理智、实事求是的科学态度与科学精神。他的科学教育观有三大要点：一为科学知识的传授，二为应用科学方法研究教育，三为训练培养人的科学态度和科学精神。自此，"科学的教育化"和"教育的科学化"成为教育界人士公认的科学教育思潮的基本内涵。"科学的教育化"是指科学应通过教育传播给民众，学校应设置科学课程，在教学中运用科学方法，重视学生科学态度和科学精神的培养与训练；"教育科学化"是指要将教育作为一门科学，运用科学的方法，本着严谨的科学态度与求真的科学精神加强对教育的科学研究，从而提高教育自身的科学性，具体包括儿童心理和教育心理

---

① 任鸿隽. 科学与教育 [J]. 科学，1915，01（12）：1 343-1 352.

研究，各种心理和教育统计与测量的试验及量表的编制应用。

1923年，"科玄论战"发生。问题的焦点是科学与玄学孰能解决人生观问题。"玄学派"认为科学教育只能解决人的理性与"身"的问题，而意识形态、道德、情感、意志等"心"的问题必须由玄学来解决，"科学派"的观点则不然。中国科学社的很多社员都参与其间，但虽然都属"科学派"阵营，观点却不尽相同。丁文江认为科学是由于它"科学的方法"才"万能""普遍"，而不是因为科学知识本身，所以，在他看来，"求真"的科学能使人获得求真理的能力、爱真理的诚心和生活的乐趣。

因此，科学能解决所有人生观的问题，是教育和修养的最好工具。任鸿隽认为，科学可以发生各种伟大高尚的人生观，因为科学的目的在于追求永无止境、至善至美至真的真理，所以研究科学的人都有一种勇往直前、不存偏见私意的人生精神。胡适大声疾呼：

中国此时还不曾享着科学的赐福，更谈不上科学带来的"灾难"。……至于"人生观"，我们只有做官发财的人生观，只有靠天吃饭的人生观，只有求神问卜的人生观……我们当这个时候，正苦科学的提倡不够，正苦科学的教育不发达，正苦科学的势力还不能扫除那迷漫全国的乌烟瘴气……信仰科学的人看了这种现状，能不发愁吗？能不大声疾呼出来替科学辩护吗？[1]

"科玄论战"最后以科学派的胜出而告终。这是中国文化思想界一次著名的论战，吸引了当时学术界的众多名流，影响非常深远，"科学派"的胜利极大地加快、扩大、加深了科学教育思潮的传播，推动了科学教育运动的蓬勃开展。

此外，中国科学社的很多社员直接投身教育领域，如陶行知、陈鹤琴、廖世承、朱经农、程其宝、高阳、刘廷芳等。他们一方面在中小学包括幼稚园中积极开设科学类课程，实施科学教育；另一方面，引入西方先进的教育理论、教学方法，大胆探索，积极尝试，运用科学的方法进行研究，形成了自身著名的教育理论。如陶行知的小先生制，陈鹤琴的活教育理论，廖世承的教育实验研究，等等。他们认为教育是科学，应该用科学的方法进行研究。廖世承、陈鹤琴、刘廷芳等积极倡导教育测量和心理测验，一方面在高校开设相关课程，传授统计测量原理，培养专业人才，另

---

[1]　张君劢，丁文江. 科学与人生观 [M]. 济南：山东人民出版社，1997：12-13.

一方面，以南京高师和北京高师为基地，形成南北两个研究工作中心，南京高师理科、工科、农科教授几乎都是中国科学社社员。

1921年，廖世承、陈鹤琴合编出版了《智力测验法》，系统地介绍了各种智力测验方法。次年，测验编制进入高潮。陈鹤琴还通过对自己儿子的追踪研究，运用观察、实验的方法，写成了《儿童心理之研究》，对我国儿童心理发展及教育规律的研究做出了极大的贡献。直接参与科学教育的社员们力行科学教育化，培养了大量新型人才，促进了中国教育、教学管理的科学化，推动了科学教育的形成。这不仅对当时是莫大的影响与贡献，在今日也有极大的理论价值与实践意义，为当前教育事业的科学性研究提供了一定的理论基础。

第三，中国科学社促进了中外教育交流，并对当时中国的教育改革产生了很大影响。

1920年9月，中国科学社在上海青年会欢迎来华考察的法国前国务总理班乐卫一行，并请其为社员演讲"中国科学与教育问题"。班乐卫在演讲中提出，当前的中国应该在全国组织初级教育，除小学教育外扩张专门教育，"作为开办一切工程实业之预备，并采取世界最新颖最适宜之法，以及应生上之种种机械，流行国中，以促成文明之进步"①。

在1922年召开的中国科学社第七届年会上，胡敦复主持科学教育讨论会，美国渥海渥大学教授推士、社员王岫庐分别论述了中、美中小学教育的不同状况及改进中国教育的方法。经过交流中美两国中小学教育状况和将二者进行比较，有社员提议，中国科学社有改进中国教育的责任与义务，其途径之一就是规定中学科学教师的参考书目，规定中学应设的各科学实验目录及所需仪器与价目单。② 这次会议的部分精神对1922年的学制与课程改革颇有影响，如在学制上，"新学制"采用了美国式的六三三分段法；在课程上，加强了实际能力的训练等。

1924年10月21日，中国科学社理事会举行大会，正式通过了规定中学教学教员参考书目及编订科学实验指南与设立实验研究委员会两案，还特别选举了科学教育委员会委员。这无疑将对当时中国教育在那一时期内的改革更新产生一定的影响力。

推士在访期间还对中小学校教学法提出了八点具体的改进建议，包括

---

① 班乐卫氏关于中国教育问题之言论 [J]. 科学，1920，05（12）：1 183-1 189.
② 任鸿隽. 科学与教育 [J]. 科学，1915，01（12）：1 343-1 352.

将讲演时间减少，使其占该学科教授时间的 20%—40%；学生必须有个人之实验练习，实验时间须占该学科教授时间的 40%，至少亦需每星期一次，1 次两小时；教授科学时间 50% 当用于问答或讨论式之教学研究，师生一致参与讨论，等等。这对中国中小学教学法的改革与改进给予了事无巨细的指导，具有一定的合理性和重要的实践价值，值得中国教育界认真反思与借鉴。

总而言之，中国科学社不论是对近代中国科学体制化的形成，还是对科学在国民大众中的普及，以及积极进行中外交流、改革教育等方面都有极大的贡献，并产生了重要的影响，它在中国科学发展史和科学教育史上都有着重要的地位。

[原文刊载于《东北师大学报（哲学社会科学版）》2007 年第 3 期（曲铁华　袁媛）]

18　论中国近代科学观对科学教育的影响

在中国学堂中正式学习西方近代科学的历史已过百年。科学在中国已经是一个妇孺皆知的名词。但是，百年的学习成效并不尽如人意，中国国民的科学素养依然令人担忧。追本溯源，在中国最初进行的近代科学教育中，一个显著的矛盾是表面上人们非常重视科学，甚至把科学提高到无与伦比的地位，但实际上，学校中的科学教育只注重科学知识的灌输，服务于考试测验，缺少科学方法的训练与科学精神的培养，科学教育的实效性无法得到保证。在分析中国近代科学观对科学教育的影响过程中，我们可以探寻出这种矛盾的病症所在。

一、科学知识取向的科学观与科学教育的表层化

对科学的全面认识是形成科学教育中科学精神的基础。中国近代对学校科学教育的重视一再加强。近代几个学制的颁布是一个不断加重科学教育地位的过程。但是，在重视科学教育的同时存在着这样的问题：人们往往以科学知识教育代替科学教育的全部，对于探究实验的科学方法，创新批判的科学精神被排斥在科学教育之外。

产生这一状况的直接原因是在我国近代社会，人们对于科学这一内涵极其丰富的概念了解很少。对近代社会民众的科学教育观，梁启超曾有一段精辟形象的论述：

他们只知道科学研究所产结果的价值，而不知道科学本身的价值；他们只有数学、几何学、物理学、化学等等概念，而没有科学的概念。[①]

近代民众对科学教育的看法极其肤浅，对科学教育的认识本身是一种简单逻辑相加的思维模式，缺少本质的探究。这种科学教育观的直接后果是学校中的科学教育只是贩卖知识，学生在年纪轻的时候听惯了这些结论，都以为是推诸万物而皆准的话，结果只是养成了独断的精神。这真是

---

① 梁启超. 科学精神与东西文化 ［J］. 科学，1922，07（09）：859-870.

科学教育所得的"最不科学"的结果，决不合乎科学精神。[①] 这种科学教育观满足于科学知识的获得，忽视科学研究的过程和科学精神的培养，实质上仍然是一种变相的经学教育。

这种对科学的片面理解源于中国传统对科学的认识停留在猜测性的思辨和表象观察描述相结合的水平，而不是沿着以经验为基础的实证分析的方向发展。直观式思维是中国古代科学思维的重要特色。与相信真理相比，人们更相信经验。科学都是对生活生产经验的总结，使用的是归纳法而不是演绎法，这与经学的研究方法相似。由于没有突破和飞跃式发展，科学的求真、探索、批判精神在这种知识形成中并无太大作用。知识积累性的研究方式是古代科学发展的主要形式。如在中国医学研究中，历代积累了大量完备的病理资料，但始终无法突破经验式的研究，无法上升到抽象的理论水平。历代医学著作的发展只是增加更多的医学案例和药物种类。如中国在汉代形成最早的药物学专书——《神农本草经》，共载药物365种，梁代陶弘景把新发现的药物又整理出365种加进去，编撰成《本草经集注》。到明代李时珍著成《本草纲目》时，共载药1 892种，清代的赵学敏又在《本草纲目》的基础上补充药物716种，编成《本草纲目拾遗》[②]。在中国古代其他科技领域中也是如此。各个领域中都有自己的权威著作和经典，本领域的基本框架已经被限定，后来人只能引经据典，借经典立言著书立说。儒家的注经研究同样是中国古代科学研究的一条必由之路。

在近代科学教育和科学传播过程中，人们仍然按照经验式和注经式的方法对待近代科学，把学习科学与学习科学技术知识等同，这是对科学本质的片面理解，在近代学校教育中，死记硬背代替了科学观察和研究。实际上，科学实验的方法对于科学研究和科学教育，都是至关重要的。科学的精义就是"凡事必加以试验，试之而善，则守之勿失；其审择所归，但以实效而不以俗情私意屡之[③]"。虽然科学实验对于科学教育来说非常重要，但近代中国的课堂上，科学教育基本上沿袭经学教育的方法，灌输、呆读死记是主要形式，科学实验和探究教学少之又少。当时有教育家对天津高等专科学校中学部地理教学加以记录：

五年级教授外国地理，用商务印书馆《瀛寰全志》，此书已旧……教

---

① 张君劢，等. 科学与人生观 [M]. 沈阳：辽宁教育出版社，1998：228.

② 北京中医学院，北京中医学校. 实用中医学 [M]. 北京：人民卫生出版社，1981：19.

③ 樊洪业，张久村. 科学救国之梦　任鸿隽文存 [M]. 上海：上海科技教育出版社，2002：165.

员端坐，持书顺讲，注重文字，而略于大势，……学生有地图而教员无之，且不知利用黑板……地理教授之精神，全归于消灭矣。①

在当时条件优越的学校中尚且如此，全国教育情况可见一斑。

能够具备科学教学设备仪器的学校少之又少，这在客观上极大地阻碍了科学教育的发展。清末新学堂面临的主要问题之一，就是"设备极其简陋"，虽然经过几十年兴学，民国时期的理化教育仍然是最薄弱的环节。对于这一状况，1919年2月8日，教育部正式颁布《中学校应增进理科教育办法训令》，规定"中学校理科教授之设备，宜视地方财力所及，力求完善"②。《训令》指出当时的教育状况是"向来习惯多讲演，少实验，卒至兴味绝少，毫无效果"③。在诸多教育令的催促下，缺少科学仪器设备，教学方法呆读死记的状况仍然没有多大改观。

1923年，恽代英在《学术与救国》中又一次批判了科学教育的问题："今天中小学没有仪器标本，仅仅教授学生一些简单枯燥的原理原则，使学生觉得比学古文还没有趣味。"④在这种环境中，无论教师还是学生，在理化教育中都很难意识到科学方法、科学态度和科学精神的重要性。无论教师和学生在科学知识的记忆上花费多少工夫，科学教育仍然缺少实效性，科学素养的培养也无从谈起。

二、"技进于道"的科学观与科学教育经学化

中国的科学技术发展从来都与道德有密不可分的关系。科学技术研究的最终目的不是求自然世界的"真"，而是解释人与社会的"道"。"道""阴阳""五行"这些笼统玄虚的思想被用来解释自然世界，也适用于人和社会生活的各个方面。在中国没有主体和个体的截然对立，相反，"天人合一"是为时代崇尚信奉的重要哲学思想。"天人合一"主张天为阴阳相生，地为刚柔相济，人则仁义相成。天地人并列，天与人相通。所以，中国对自然的认识一开始就是和人联系在一起的。尽性即知天，所以求之于内也就是认识了全部。在中国社会，人们不是把外在的自然作为真正意义上的认识、改造、征服和索取的客观对象，而是力求天人之协调、和谐与一致。自然宇宙不是科学的殿堂，而是道德的园地。这种认识不可能激发

---

① 李桂林，等. 中国近代教育史资料汇编　普通教育 [G]. 上海：上海教育出版社，1995：406.
② 李桂林，等. 中国近代教育史资料汇编　普通教育 [G]. 上海：上海教育出版社，1995：803.
③ 李桂林，等. 中国近代教育史资料汇编　普通教育 [G]. 上海：上海教育出版社，1995：803.
④ 恽代英. 学术与救国 [J]. 中国青年（上海1923），1923，01（07）：1-4.

起人们对科学技术研究的热情。

泛道德主义是中国传统文化的又一特质。中国传统的哲学、文学、历史很少有未经道德价值意识浸染的。黄济教授曾指出，"儒家的天道本体论不是对宇宙的自然生成本体进行揭示与讨论，而是将天、道、理、气以至心、性等问题全部人格化，形成了以伦理为本位的中国传统文化"[①]，这种伦理性的天人关系传统与中国文化传统中科学精神的缺乏有一种密切的关系。当人们以伦理的眼光来观察自然的时候，就不可能赋予自然以西方人那样的本体地位，就不可能有一种按照自然本来的面目客观地认识自然的动机。

这种泛道德思想具体到生活的各个方面，就会对自然万物进行迷信崇拜。山川可以为神，草木亦可成精，对这些事物的探究和利用就会被视为冒犯或亵渎。这种对自然现象根深蒂固的敬畏传统直到近代仍然具有巨大力量，成为阻碍科学发展和科学教育正常进行的重要因素。如京师同文馆在天文算学馆建成初期，就提出要建立一座天文观象台。但天文台的多次选址因为破坏了"风水"而受阻，直到近20年后的光绪十四年（1888），天文台才终于建成。

在这种科学观的影响下，科学教育丧失了独立完整的存在形式，科学教育只是经学教育的附庸，无论是思想还是内容都走不出经学教育的阴影。虽然我国近代后期在学校中取消了经学课程，但经学教育的阴影一直笼罩着近代教育的发展，经学教育的内容和方法直接影响着科学教育的内容和方法。在清政府颁布的《壬寅癸卯学制》中，科学教育在中国官办学校中有了正式地位，但是，这并没有改变传统以来科学教育一直从属于经学教育的事实。此时，读经讲经课程占课时分量的第一位，而科学课程中物理和化学排名最后。虽然1912年南京临时政府教育部下令取消学校的读经科，但问题远不止这样简单，经学的传统仍然时时成为对抗科学教育实施和科学精神培养的强大力量。

1913年，北洋军阀政府进行复古主义教育，首先恢复学校祀孔典礼，又于1915年颁布《特定教育纲要》，命令中小学校均加读经一科。虽然复古教育很快被制止，但是，维护旧教育的力量仍然强大。到30年代中期，读经运动再度兴盛。如1935年4、5月间，湖南省主席何键就通令各校一

---

① 黄济. 中国传统教育哲学概论 [M]. 郑州：河南教育出版社，1994：399.

律读经。此时，章太炎仍发表文章说："今日一切顽固之弊，反赖读经以救。"[①] 这种状况在中国近代社会一直持续。同时，我国近代教育中，除了新式学堂，还有大量的私塾存在。在 1930 年，湖南湘县仅县城即有私塾 14 所，塾生 300 余人，其他各学区私塾占学校总数的 50% 以上，有的甚至达 80% 以上[②]。在全国其他地方情况更是如此。私塾教育基本保持了传统教育的形式和内容，这是发展科学教育和培养科学精神的巨大障碍。

这种经学式的科学教育，首先培养学生的不是开拓创新的科学精神，而是服从和忍让的道德标准。人们的一切行为都要符合道德规范。符合道德标准就是善，违背这个标准就是恶，核心就是"忍"与"从"。在这种僵化的环境里，人的自然天性被摧残，个性被扼杀，创造精神被窒息。在学校教育中表现的是对教师的绝对服从和尊重，对教育内容的绝对信服。评价学生好坏的标准不是是否有能力、有创新，而是是否听话，是否谦虚尊敬师长。当时的先进知识分子将近代的这种教育称为"奴隶教育"，将学堂称为"奴隶学堂"，将毕业文凭称为"奴隶凭单"，认为学校教育旨在培养奴隶，家庭教育和社会教育也在培养奴隶。在这种强大的忍让、顺服，没有个人本我，没有主体意识的教育环境中，在这种不平等的社会规范下，批判、创新、求真的科学精神根本没有能够生长的土壤。

三、功利主义科学观与科学教育的实用化

中国社会对科学技术的传统认识一直定位于不登大雅之堂的雕虫小技。"德成而上，艺成而下"是社会普遍的心理价值尺度。在"重学轻术"的学术传统中，人们对科学技术进行研究，往往是出于实用的目的，而不是为了追求真理，探索事物的本质构成。纵观古代科技著作，无论哪个方面的著作，都紧紧围绕着以科技服务社会生产，甚至直接服务于"治国、平天下"的宗旨。如数学巨著《九章算术》把社会生活生产中分为九大部分，用数学对经常会遇到的问题如土地测量、谷物容积、房屋建筑、修桥铺路等加以解决。其他学科如农学著作《齐民要术》直接提出了用提高农业生产的办法来治理百姓，使国家富强安定是直接的写作目的。古代科技研究中充满实用要求的因素，这种学术基础使人们对科学的兴趣停留在"用"的层面，科学的发展不是对事物的本源性质有突破性的认识，而只

① 章太炎. 论读经有利而无弊 [J]. 国光杂志, 1935 (5): 38-44.
② 罗玉明，汤水清. 三十年代南京政府对私塾的改造述论 [J]. 江西社会科学, 2003 (03): 137-140.

是对同一个社会人事问题有了相对更多更好的解决办法——只有量的变化，没有质的飞跃。

从科学的器物层次也可以说是技术层次理解西方科学，是中国人接触西方现代科学的第一反应。早在 17 世纪，西方科学就由耶稣会士介绍进入中国。此时，西学是以服从者的身份进入中国人的头脑和世界的。面对西方科学文化，中国流行的是"西学中源"说，对这一观点，崇尚科学的康熙皇帝解释得很清楚："论者以古法、今法之不同，深不知历，历原出自中国，传及于极西，西人守之不失，测量不已，岁岁增修，所以得其差分之疏密，非有他术也。"[①] "西学中源"不曾追问科学的本质，科学精神从一开始就不在其理解范围之内，这直接影响了清末科学观。

在 19 世纪，当科学再次出现在中国人面前时，与之伴随的是洋枪大炮的威力。面临着列强的侵入，"西学中源"的自我安慰已经无效，想要保国保种，就必须了解"夷务"，"师夷长技以制夷"。第一批开眼看世界的中国人把西方的强大归结为军事和民用两方面。洋务运动的领袖人物张之洞，把学习"夷之长计"的思想发展概括为"中体西用"四个字，明确指出了西学的地位是"用"。"中体西用"的口号仍然明确强调中国传统文化的优越，只是利用西学来富国强兵而已。清末"中体西用"科学观与明末清初的"西学中源"说一脉相传。人们接受西方科学是一种大度和从善如流的表现。对于科学深层次的精神统率——科学精神的认识，还停留在零认知水平上。

到了近现代社会，虽然中国放弃了古代科技传统，大力学习欧洲近代科学，然而对科学的功利需求几乎是唯一的动力和目的。从"师夷长技以制夷"到"中体西用"，再到"科学救国"，"科学代替宗教"，人们都把科学当作一种工具，当作一种有用的武器来解决社会问题。而在学校教育领域内，对科学知识的学习也同样具有强烈和明显的实用价值。学生在科学课中不是为了探究学问的本源，而是为了记诵科学知识，通过考试，在社会上谋得一席之地。科学求真、探索、批判、创新的精神在这种教育方式中只能是口头宣传，难以真正落实。

从科学教育最初进入中国官办学堂起，人们接纳的就是科学内涵中的科学知识和科学技术。在科学知识和技术内容中，吸取接受的是能计算、能使用、能转化为生产的内容。洋务运动半个世纪以来，洋务学堂的培养

---

① 席泽宗. 论康熙科学政策之失误 [J]. 自然科学史研究，2000 (01)：18-29.

目标明确定位在高级实用人才上，学习的知识都是与现代资本主义工业和现代军事密切相关的内容。

在洋务教育兴办近半个世纪之后，1902 年和 1903 年清政府颁布《壬寅癸卯学制》，规定中小学开设理化科。从此，博物、物理、化学、算学这些科学课程进入中国学校。《壬寅癸卯学制》规定中学的教育目的是"俾毕业后不仕者从事于各项实业，进取者升入高等专门学堂均有根柢为宗旨"①。这一目的紧紧围绕着"实用"和"升学"进行。1911 年，南京临时政府的教育改革废除了清末教育的读经科和奖励出身制度、取消文理分科，但在科学教育的其他方面没有多大变动。五四运动之后，讲求科学与民主在人们的生活中成为时尚。科学教育被明确为"人生所必需之知识、技能"。1922 年的新学制直接受到美国实用主义教育思潮的影响，学制中科学教育的实用性更为突出了。掌握各种与生活有关的科学知识被认定是拥有完美幸福生活的保证。

然而，虽然政府和教育家们一再强调科学的重要性，不论是从国家社会发展的角度，还是从个人和谐发展、过幸福生活的角度，在实际的学校教育中，"学校之中所谓科学教育……仅为书本的研究和公式的记忆而已"②。实际上对于个人来说，政府的口号是一种理论上的完美主义，接受任何教育的最大目的，都是拥有一个稳定体面的职业，为人生谋求出路。科学教育在这种功利价值上说，其意思更多的是通过考试，获得毕业文凭。通过考试选拔人才是中国最古老的传统之一，在近代学校教育中，科举考试演变出了多种形式。

中国科学教育一进入课堂，就受到了考试的考验。因为"世家有志上进者皆不肯就学"，而寄热望于"章句弓马"。所以，洋务学堂只能"招募篓人子弟及舆台贱役之子弟入充学生"③。对此，即使洋务学堂保证"优给月廪"和"量予登进"的出路保障，最终仍然要依靠科举的力量解围。在洋务派的争取下，1898 年科举考试设"经济专科"，包括政治、外交、算学、法律、机器制造、工程设计等专门知识。如此，科学教育终于挤进科举考试的范畴之内，科学的地位大大提升。但是，在服从科举考试的前提下，批判和创新的科学精神被扼杀了。

---

① 王炳照，等.简明中国教育史［M］.北京：北京师范大学出版社，1985：275.

② 朱经农.近代教育思潮七讲［M］.上海：商务印书馆，1941：50.

③ 高时良，黄仁贤.中国近代教育史资料汇编　洋务运动时期教育［G］.上海：上海教育出版社，2007：32.

清末教育改革时期，新瓶装旧酒，为兴办学校，政府对毕业学生采取奖励出身的办法。《癸卯学制》的《各学堂奖励章程》规定，清政府对从高等小学堂至通儒院的毕业生，分别奖给"与科举无异"的出身。1906年，科举制度废除，但奖励出身制度到1911年才随着清王朝的灭亡在形式上最终消失。

民国初年颁布《壬子癸丑学制》，在考试制度方面，将学生成绩划分为甲、乙、丙、丁四等，列甲、乙、丙三等者，准其毕业，列丁等者留校补习，补习后再经两次考试，仍不及格，令其退学。严格的考试制度又是另一种形式的科举制度。1932年，南京政府教育部规定对中学毕业生实行会考制度。为适应会考，各中小学便增加了平时考试。小考、月考、季考，期中考、期末考，名目繁多。其结果是课程加重了，习题增多了，学生负担沉重了。1934年6月，陶行知在《生活教育》上发表了《杀人的会考与创造的考成》一文，对此进行了严厉抨击："自从会考的号令下了之后，学生是学会考，教师是教会考，学校是变成了会考的筹备处。"[1] 会考尽管受到激烈批评，却一直实行下来。

尽管统一考试是现代学校教育必须采用的评价手段，但是，考试的代价确实过于沉重。如果学生入学学习是为了获得毕业证书，这种学习只不过"养植数百兆喻利小人"，想要在这样的科学教育中培养形成求真求实、不卑不亢、坚持真理、逆流而上的科学精神实在是太难了。

四、科学万能论与科学教育信誉的提高

洋务运动以失败告终，逻辑不清的"中体西用"说受到了维新派的猛烈攻击。梁启超在《变法通议》中更明确指出，洋务学西学三十余年，屡屡失败的根本原因是"变法不知本原"，而这本原并不在于"坚船利炮"，相反，"变法之本在育人才，人才之兴在开学校，学校之立在变科举，而一切要其大成，在变官制"[2]。变革社会、改革政治，学习西学之根本成为甲午后中国有识之士的共同呼声。此时，科学知识技术不再是知识分子关注的内容，西方政治、历史、法律等社会科学因为变法的需要大量进入人们的视野。这种转变在近代翻译西学的书目表中一目了然。

梁启超1896年所著的《西学书目表》共收西学书目352种，其中自然科学259种，占总数的73.6%，社会科学93种，占总数的26.4%。而

---

① 陶行知. 言论：杀人的会考与创造的考成 [J]. 生活教育，1934，01 (08)：170-171.
② 张岱年. 中国哲学大辞典 [M]. 上海：上海辞书出版社，2010：919.

1896 年至 1911 年中，翻译日文书 958 种，其中自然科学（含应用科学）172 种，约占总数的 18％，社会科学 786 种，约占总数的 82％①。第二阶段传入的社会科学主要以政治和法学类为主。

这种转变使自然科学在中国还没有发展起来，就被政治运动和思潮变更掩盖。鼓吹科学的绝大多数人不懂科学。在严复笔下，这些人有的是求时髦，随声附和，有的只知效法船坚炮利，有的则是知道了一些"声光化电之粗迹，兵商工艺之末流"，就"张唇植髭"地胡吹一气，弄得"天下之人翕然从之"②。这些人都是缺少科学理性和科学精神的。相应的，以进行实用科学技术训练的科学教育也开始受到冷落。科学教育在表面的高涨背后依然是实用为主，科学精神不是人们关注的对象。

随着革命的推进，在反对封建复辟的斗争中，科学又成为反对传统儒学，开启民智，重塑国民素质的手段。1915 年前后，随着大批接受西方民主思想的留美学生归国，"科学"与"民主"成为中国思想启蒙的两面大旗。此时呼唤科学，更多的是要用科学批评中国传统文化和整理国故。"五四"后的"科玄论战"，直接提升了科学对人生、信仰、道德、情感的意义。丁文江认为："真正科学的精神是最好的处世之身的教育，是最高尚的人生观，是教育同修养最好的工具。"③胡适亦指出："科学的人生观即是用科学的精神、态度、方法来对付人生的问题。科学的精神在于他的方法。"④ 此时，科学已经作为一种指导人生乃至一切事物的思想和方法。"科学万能"，以"科学代替宗教"的口号，充斥着"五四"后的中国社会。中国对科学的认识开始走向唯科学主义。

在科学万能的时代，中国具有理性精神，能做到为知识而知识的人非常稀少。对科学万能的鼓吹实际是借助科学的威望实现政治意图，与科学本身几乎无关。在科学万能的时代，学校中的科学教育并没有受到太大影响。与科学万能论调相悖论的现象是人们对科学本身并没有加强重视。但是，无论如何，科学已经受到了人们无与伦比的重视，"科学取得了宣传上的胜利，如果不是理解上的胜利的话"⑤。科学在中国取得了无上尊严和崇高的地位，科学教育也取得了较大的发展。

1915 年，在美国的中国留学生任鸿隽、赵元任等人创办了中国科学

---

①　龚书铎. 近代中国与文化抉择 [M]. 北京：北京师范大学出版社，1993：79-80.

②　严复. 严复集 [M]. 上海：中华书局，1986：488.

③　丁文江. 玄学与科学 [J]. 努力周报，1923 (54)：1-2.

④　胡适. 胡适的日记 [M]. 台北：台北远流出版公司，1990：209.

⑤　弗思，丁文江. 科学与中国新文化 [M]. 长沙：湖南科学技术出版社，1987：121-122.

社，并创刊《科学》杂志，成为研究和宣传西方科学技术知识的重要阵地。除《科学》杂志外，中国科学社还编辑出版论文专刊、科学特刊、专刊、丛刊、丛书等，并于1920年成立科学图书馆，1922年设立生物研究所。1927年，中央研究院成立，蔡元培被任命为首任院长。为了加速科研人才的培养，除学校教育外，他还要求诸如中央研究院、中国科学社等招收研究生。

在科学受到空前重视时，科学精神的培养和科学方法的运用也得到重视和研究。"五四"时期学校教育改革的重要特点是学习欧美国家的教育。赫尔巴特、蒙台梭利的教育学说在"五四"之前就被引入中国，"五四"后对国外各类教育的考察，杜威、孟禄的来华讲演，西方的教育学、心理学著作的大量出版，中国的教育实验、教育科学研究逐步开展，这些教育活动都强调提升学生的地位，尊重学生的兴趣，运用科学的教育方法进行教育。风靡一时的设计教学法以儿童活动为中心，重视儿童的主动性，进行探究式学习，成为二三十年代小学教育中的时髦教育。但是，这种教育在教学指导、设备、教材编写上都要求较高，根本不适合中国的普遍教育状况，因而在30年代后就销声匿迹了。

值得注意的是，虽然科学在中国近代社会中取得了无人敢否定的地位，但人们在实际行动中对科学的重视，无法与科学的崇高声誉相匹配。在人们能够进行自主选择的高等学校中，文科生与理科生的比例一直使科学的名誉处于一种尴尬的境地。"学而优则仕"自古以来是中国文人心中的一种教育信仰，自从清末设立高等教育，"法政热"就是政府难以控制的一个难题。直到1931年，文理科的教育仍然严重失衡，重文轻理的现实说明了科学在一般大众心目中的地位。据统计，1931年，全国高校在校生有44 167人，其中，文科（法政、文哲、教育、商科）占74.5%，实科（工、理、医、农科）仅占25.5%[①]。此后，国民政府采取了种种控制政策，才使这种局面有所扭转。

纵观中国近代科学观的发展，是一个大起大伏的演变过程。在清末短短的几十年间，科学在中国经历了由被排斥轻蔑到无比崇尚的剧变过程。在种种此起彼伏的思潮、运动的背后，科学本身蕴含的实事求是、理性、批判精神被扭曲变形。这种较为片面、扭曲的科学观直接影响了学校中的科学教育。

［原文刊载于《教育科学》2005年第4期（曲铁华　李娟）］

---

① 薛成龙. 近代中国高校招生考试研究［D］. 厦门：厦门大学，1999：30.

19 略论蔡元培的科学教育思想

　　蔡元培（1868—1940）是中国近代著名的民主革命家、教育家、科学家。在近代中国的社会转型中，他以中国知识界卓越前驱的敏锐，对中国教育发展提出了诸多独到的见解。他是中国资产阶级改革封建教育的杰出代表，是中国资产阶级新教育体制的奠基人，是中国近代大学教育的开拓者。他具有渊博的学识，高度的民主精神和创新精神。他的教育思想十分丰富，下面仅对蔡元培的科学教育思想做以深入的探究和阐释，以揭示其科学教育思想的基本内涵及现实意义。

一、蔡元培科学教育思想的形成

　　蔡元培生于清同治七年（1868），时值第二次鸦片战争之后。当时，由于两次鸦片战争的打击已引起了一些有识之士对社会现实的深刻反思，天朝大国迷梦的幻灭又使社会先进分子开始放眼世界。自第一次鸦片战争期间地主阶级改革派开眼看世界以来，西学东渐之风就以遮挡不住的态势吹向古老的华夏大地。此后，洋务派和资产阶级维新派大倡西学，主张学习西方的先进科学和技术。可以说，在中国近代的社会转型和文化变革中，科学教育已经成为一种现实的需要。

　　1894 年，中日甲午战争爆发，并以中国的惨败而告终，时年蔡元培 28 岁。面对民族危亡的惊涛骇浪，蔡元培被深深地震撼，后来他在《五十年来中国之哲学》中说："民国纪元前十八年，中国为日本所败，才有一部分学者省悟中国的政教实有不及西洋各国处，且有不及维新的日本处⋯⋯"[①] 正是在这样的社会背景下，在对如何挽救民族危亡的思索中，蔡元培的科学教育思想开始萌生。他逐渐认识到科学对于社会发展的重要作用，并把科学视为国家发展和社会进步的重要条件之一。

---

　　① 蔡元培. 五十年来中国之哲学［M］//中国蔡元培研究会. 蔡元培全集：第五集. 杭州：浙江教育出版社，1997：118-119.

从蔡元培自身的经历来看，他的科学教育思想也绝非成于偶然。蔡元培从 6 岁到 16 岁之间一直受私塾教育，读过《百家姓》、《千字文》、"四书"、"五经"，学过八股文，对于既无科学内容又不讲求科学方法的封建旧教育，蔡元培有着切身的体验和感受。对封建教育的内容，他后来在《新教育与旧教育之歧点》中说：

科名仕宦，必经考试，考试必有诗文，欲作诗文，必不可不识古字，读古书，记古代琐事……其他若自然现象、社会状况，虽为儿童所亟欲了解者，均不得阑入教科……①

对于教育方法，他痛切地说："如吾人之处置无机物然，石之凸者平之，铁之脆者煅之……如凶汉之割折幼童，而使为奇形怪状焉；追想及之，令人不寒而栗。"② 与此形成鲜明对比的是，他从 1908 年至 1911 年间在德国莱比锡大学就读时接触到了冯特的心理学，并对心理学做了一定的研究。鲜明对比产生的巨大心理反差使他从此对科学产生了浓厚的兴趣，这也就是蔡元培后来注重科学内容、提倡科学精神、推崇科学方法的重要内在条件。

二、蔡元培科学教育思想的基本内涵

蔡元培的科学教育思想在社会转型的现实需要中形成。他的科学教育思想既受到前人的影响，又对已有的主张有所超越。其基本内涵有以下几点。

（一）提倡科学知识的学习

在中国的封建社会中，由于受狭隘的实用观点的限制，人们只关注与治国安邦关系密切的那些圣人礼法和利于协调人事关系的伦理纲常。科学在封建统治秩序中显得相形见绌，因而长期遭到冷落。鸦片战争后，中国知识分子既面对亡国的威胁，又目睹了清政府腐败无能的事实；既痛恨西方帝国主义的侵略暴行，又羡慕西方列强的船坚炮利。在错综复杂的感情中，地主阶级改革派的代表人物，如魏源提出了"师夷长技以制夷"的主

---

① 蔡元培. 新教育与旧教育之歧点 [M] //高平叔. 蔡元培教育论著选. 北京：人民教育出版社，1991：154.
② 蔡元培. 新教育与旧教育之歧点 [M] //高平叔. 蔡元培教育论著选. 北京：人民教育出版社，1991：154.

张；洋务派的代表人物张之洞打出了"中学为体，西学为用"的大旗，主张学习西方先进的科学技术。然而，他们仅仅是把科学作为维护封建统治的手段而已。即使是后来热心提倡科学教育的严复，在这一点上也未有本质上的超越。

而早在1912年，蔡元培就在《中学修身教科书》中提出了科学知识对于国家文明和社会发展的重要作用。他明确指出：

> 自人文进化，而国家之贫富强弱，与其国民学问之深浅为比例。彼欧美诸国，所以日辟百里，虎视一世者，实由其国中硕学专家，以理学工学之知识，开殖产兴业之端，铼而不已，成此实效。[①]

显然，他所说的知识不是指社会的纲常伦理。他强调说："一个民族或国家，要在世界上立得住脚——而且要光荣地立住——是要以学术为基础的。尤其在这竞争激烈的20世纪，更要依靠学术。"[②] 蔡元培认为，不仅国家的强盛要依靠科学，就是整个人类社会的发展也离不开科学的重要作用。1939年3月1日，他在中央研究院评议会第四次会议的致辞中明确提出："然人类历史，本充满着打破困难的事实。于困难之中觅得出路，正是科学家之任务。"[③] 而且他对科学一向抱着乐观的态度，早在1912年，他就曾预言："要是科学进步，一定可以制造生人。"[④] 蔡元培站在人类进步和社会发展的高度，对科学给予特别的重视，说明他的视野无疑已经超过了前人。他在1912年关于科学对国家文明和社会发展作用的论述，比科学教育思潮在中国的产生和兴起还要早，由此可见，他作为一个科学家和教育家的敏锐和远见卓识。

（二）注重科学精神的培养

蔡元培的科学教育思想不仅重视科学知识的学习与传授，而且尤其重视科学精神的培养。他认为大学应该以研究高深学问为根本，所以，在改革北京大学的过程中，他注重教授和学生都要从事学术研究。他说："自入北大以后，乃计议整顿北大的办法：第一，我拟办的是设立研究院，为

---

① 蔡元培. 国民修养二种［M］. 上海：上海文艺出版社，1999：20.
② 蔡元培. 国民修养二种［M］. 上海：上海文艺出版社，1999：205.
③ 蔡元培. 中央研究院评议会第四次会议开会词［M］//高平叔. 蔡元培全集：第7卷. 北京：中华书局，1984：244.
④ 蔡元培. 美术与科学的关系［M］//高平叔. 蔡元培全集：第4卷. 北京：中华书局，1984：33.

教授、留校毕业生与高年级学生的研究机关……"① 蔡元培认为，学术研究可以避免教员抄发讲义不求进步的陋习，促进全体教员对学术的进一步探求，利于良好学风的形成；对于那些对学术有特殊兴趣的毕业生，设立研究院为他们提供深造的机会，使他们可为初步之专攻；同时，他主张高年级学生如果有学术研究的兴趣，经导师考核合格后，也可以到研究院从事学术研究。按照蔡元培的理想，在高等教育中，无论是教师、毕业生还是在读的学生，只要有志于学术研究，都可以获得深造的机会。

1928 年，蔡元培在主持中央研究院后，致力于延聘科学人才，推进研究工作。对于研究院的性质和任务，他明确指出："本院为国府直隶之最高学术研究机关，各项工作，可以大别为二：（1）实现科学研究；（2）指导、联络、奖励学术之研究。"② 为倡导各学科的学术研究风气，蔡元培在中央研究院设立了物理、化学、工程、地质、天文、气象、心理以及社会科学等各科研究所和自然历史博物馆，为学术研究提供了广阔天地和自由空间，以此把自己的科学教育思想付诸实践。如此重视科学精神培养，并将自己的思想付诸实施的教育家，在近代中国，除蔡元培以外恐怕再无第二人。因此翁文灏在《追念蔡孑民先生》一文中写道："蔡先生对于中国科学事业最大的贡献，当然是在中央研究院的设立。"③

蔡元培认为儿童也具有研究的精神和能力。科学精神的培养应该从小抓起，及早进行。他说：

因为人类的创造力，经历代遗传的酝酿，虽在幼稚时期，也有跃跃欲试的气概；所患的是环境不适宜罢了。苏联有儿童科学研究所及儿童美术研究所，成效卓著，可见小学生未尝不可以做研究的工作……④

蔡元培能在封建习气浓重的社会条件下旗帜鲜明地倡导科学精神，这种眼光和气度无疑是令人钦佩的；更难能可贵的是，他断言儿童具备养成科学精神的条件和基础，这在中国近代教育史上是具有开创意义的。

---

① 蔡元培. 整顿北京大学的经过 [M] //高平叔. 蔡元培全集：第 7 卷. 北京：中华书局，1984：21.
② 蔡元培. 中央研究院之过去与将来 [M] //高平叔. 蔡元培全集：第 6 卷. 北京：中华书局，1984：368.
③ 蔡元培. 国民修养二种 [M]. 上海：上海文艺出版社，1999：206.
④ 蔡元培. 为什么要研究学问 [M] //高平叔. 蔡元培全集：第 6 卷. 北京：中华书局，1984：533.

（三）重视科学的方法

蔡元培为了促进中国科学事业的进步和科学人才的全面发展，极力提倡科学的方法。他认为，科学的方法绝不是仅仅应用于所研究的学科。一切事物如果不凭借科学，明辨慎思，实地研究，详考博证，即使有所得，也为偶中。他认为，科学的方法比那些具体的科学知识更为重要，诚如他在给蔡尚思的《中国思想研究法》做的序中所言："爱智之人，其欲得方法，远过于具体知识也。"① 在他看来，如果科学的结论是金子的话，那么科学的方法则是点石成金的手指，足见他对科学方法的重视和推崇。

蔡元培在强烈批判旧教育对儿童身心的严重摧残的同时，主张以科学的方法对儿童进行教育。他提出，应"在深知儿童身心发达之程序，而择种种适当之方法以助之"②。蔡元培由于受冯特的影响，十分推崇当时欧美兴起的实验教育学，主张在考虑到年龄、性别、环境以及遗传素质等各方面差异的基础上，根据儿童独有的个性特征开展教育活动。他对托尔斯泰的自由学校、杜威的实用主义和蒙台梭利的儿童教育观都很欣赏。他主张在充分了解儿童心理作用的基础上，兼顾儿童的天性和个性，运用启发的方式教育儿童，并提出了"教育者，与其守成法，毋宁尚自然；与其求划一，毋宁展个性"③ 的著名论断。运用科学的方法是蔡元培为改造中国旧的封建教育找到的一条途径、一种做法。

（四）强调科学与人文的融合

新文化运动打出"民主"和"科学"的大旗以后，中国学界发生了科学与玄学的论战。当时的科学派深信科学能够解决人生从客观物质到主观感情方面的所有问题。丁文江曾明确说："科学不但无所谓向外，而且是教育同修养最好的工具。"④ 科学主义教育思潮的这一观点实质上是夸大了科学的作用，否定了人文精神的培养，这无疑是有偏颇的。而蔡元培在倡导科学的同时，注意到了对生命个体的人文关怀，认为科学和人文是不可

---

① 蔡元培. 中国思想研究法：序 [M] //高平叔. 蔡元培全集：第 7 卷. 北京：中华书局，1984：104.
② 蔡元培. 国民修养二种 [M]. 上海：上海文艺出版社，1999：348.
③ 蔡元培. 新教育与旧教育之歧点 [M] //高平叔. 蔡元培教育论著选. 北京：人民教育出版社，1991：155.
④ 田正平. 中国教育思想通史：第 6 卷 [M]. 长沙：湖南教育出版社，1994：276.

偏废的。早在 1921 年，蔡元培就意味深长地指出，"常常看见专治科学，不兼涉美术的人，难免有萧索无聊的状态"①，并提出为"防这种流弊，就要求知识以外，兼养感情，就是治科学以外，兼治美术"②。

这里姑且不论蔡元培将人文内容归纳为美术妥当与否，但他能在提倡科学的同时重视人文素养，无论在当时还是现在看来都是难能可贵的。他认为，科学与人文相生相容而不是对立的。他说：

要是科学进步，一定可以制造生人，与现在制造机械一样。兼且凡事都逃不了因果律……就是一个人的生死，国家的存亡，世界的存毁，都是机械作用，并没有自由的意志可以改变他们的。抱了这种机械的人生观与世界观，不但对于自己竟无生趣，对于社会毫无爱情，就是对于所治的科学，也不过'依样画葫芦'，决没有创造的精神。③

蔡元培由此认为，一定的人文修养不仅能够帮助人树立积极的人生观、世界观，培养对人生、对社会的热情，而且有助于培养在学术上的创造精神。一句话，人文修养对科学是必要的、有益的。同时蔡元培认为，科学钻研的过程也有助于某些人文素养的提升，用他自己的话说，就是"真心寻学的时候，已经把修养包括进去"了④。

三、蔡元培科学教育思想的启示

蔡元培作为中国知识界的卓越前驱，不仅以令人钦佩的胆识和气度对学风陈腐的旧北京大学进行了彻底的改革；更重要的是，他的科学教育思想在当时的中国社会甚至对当今的科学教育事业都产生了积极的影响，具有重大的现实意义。他的科学教育思想，尤其对我国当前科教兴国战略的贯彻实施，对学校教育（尤其是高等教育）的发展，以及对个人素质的全面发展，都有一定的启示。

首先，蔡元培从国家发展和社会进步的角度对科学给予高度的重视和

---

① 蔡元培. 美术与科学的关系［M］//高平叔. 蔡元培全集：第 4 卷. 北京：中华书局，1984：33.

② 蔡元培. 美术与科学的关系［M］//高平叔. 蔡元培全集：第 4 卷. 北京：中华书局，1984：34.

③ 蔡元培. 美术与科学的关系［M］//高平叔. 蔡元培全集：第 4 卷. 北京：中华书局，1984：33-34.

④ 蔡元培. 假如我的年纪回到二十岁［M］//高平叔. 蔡元培全集：第 6 卷. 北京：中华书局，1984：522.

大力提倡，对落实我国科教兴国战略是一种有力的理论支持。众所周知，中国传统文化中长期以来的倾向是偏重伦理而比较忽视科学。进入近代以后，科学以及由科学产生的技术成为西方各国强盛的一个重要因素。这引起了中国一批有识之士的思索和探寻，蔡元培便是其中之一。更可贵的是，蔡元培能够把自己的思想主张落实到自身的实践活动中。在当今世界，知识经济的到来使科学和教育成为经济的两大支柱，也使落实科教兴国战略显得尤为迫切和至关重要。在这样的新形势下，我们重温蔡元培的科学教育思想，不难得出新的启示。这对我们进行现代化建设和落实科教兴国战略是大有裨益的。

其次，蔡元培科研与教学相结合的思想奠定了我国近代高等教育发展模式的理论基础。蔡元培认为，大学应是研究高深学问的场所。他主张科研应与教学相结合。为此，他在北京大学首创研究院，为教师、毕业生和乐于从事学术研究的在校生提供了学术研究的空间，为提高大学的学术水平找到了一条正确的崭新的途径。直到今天，我国的高等教育发展仍然遵循着这一指导思想，仍然没有脱离蔡元培先生倡导的发展模式。2000 年，中国科学院学部拟订了《面向 21 世纪发展我国科学教育的建议》。这个文件在对我国科学教育提出的 5 条建议中明确指出："要把教育与科研结合起来"，鼓励和提倡科技人员和教师继续在科学教育方面发挥作用。这与蔡元培当年提出的主张是一致的。由此足见蔡元培的科学教育思想有着强大的生命力，对当今中国高等教育发展是有启发意义和借鉴价值的。

最后，蔡元培的科学价值观对于人的全面发展具有指导意义。蔡元培认为，科学教育不仅要传授科学知识，而且要培养学生的科学精神，使其获得科学的方法。他通过创办北大研究院和中央研究院，将自己的科学价值观转变为实践，对促进学生的全面发展产生了积极的影响。这对我们今天实现人的全面发展的教育目标仍具有一定的指导意义。深入挖掘蔡元培科学教育思想中所蕴含的科学价值观，必将有助于克服我国当今科学教育中的弊端，有助于纠正科学教育实践中的某些偏颇。

［原文刊载于《纪念〈教育史研究〉创刊二十周年论文集（2）——中国教育思想史与人物研究》2009 年（曲铁华　梁清）］

20 试论胡适的科学教育思想

胡适（1891—1962）是新文化运动和"五四"时期思想界、教育界著名的领袖型人物，与陈独秀等人一起高举民主与科学的大旗，在变革动荡的中国首先倡导科学精神和科学方法。研究胡适的科学教育思想将会对"科教兴国"和弘扬科学精神起到一定的解析、追述作用。

一、注重科学精神的培养

胡适是中国近现代史上具有启蒙思想的学者，他所倡导的科学精神在一定程度上是一种启蒙精神。新文化运动把"民主""科学"介绍给了中国，1917 年，胡适结束长达 7 年的留美生活回到国内，加入了新文化运动的阵营，与陈独秀等一起极力介绍宣传"民主"和"科学"，提倡科学精神，推动文学革命。这种科学精神的倡导主要是针对当时中国依然十分浓厚的封建愚昧、迷信这一社会现实。辛亥革命后，中国虽然建立了资本主义性质的政治制度，但革命成果很快被袁世凯窃取。袁世凯为了称帝，大搞复古主义，定孔教为国教，极力恢复封建主义的思想和制度。袁世凯死后，又有黎元洪、段祺瑞等人登上政治舞台，中国处于封建军阀的统治时代。

胡适 1917 年"带着杜威的实验主义、赫胥黎的怀疑论和高扬个性的易卜生主义"[①] 回国，"和中国别了七个足年了，这七年之中，中国已经革了三次的命，朝代也换了几个了"[②]，然而，中国依然还是封建主义的旧制度，孙中山辛亥革命时所力求的资本主义新制度仍然没有建立起来。所以，以陈独秀、胡适、李大钊、鲁迅等为代表的文化激进主义者试图从改变民族观念心理方面入手来改造旧中国。他们引入西方"民主"和"科学"，来施行对"专制"和"封建"的改造。从这一点来说，胡适所提倡

---

① 李振纲. 论胡适的方法论在现代文化史上的历史地位 [J]. 河北大学学报：哲学社会科学版，1995（01）：92-99，107.
② 《民国丛书》编辑委员会. 胡适文存 一集 卷四 [M]. 上海：上海书店，1989：1.

的科学精神是以封建主义为立论对象，具有启蒙性质。

胡适的科学精神具有特定的含义，他的科学精神是一种反封建精神。他赞同陈独秀对科学与民主作用的看法，并且认为要提倡民主与科学就必须反对旧制度、旧礼教。他说：

要拥护那德先生，便不得不反对孔教、礼法、贞节、旧伦理、旧政治。要拥护那赛先生，便不得不反对旧艺术、旧宗教。要拥护德先生，又要拥护赛先生，便不得不反对国粹和旧文学。①

胡适认为，新思潮的科学精神能够改变旧文化、再造新文明，这种"介绍西洋的新思想、新学术、新文学、新信仰"是"输入学理"②，输入学理，以再造文明，是新思潮的一种手段。中国传统社会，封建积习甚浓，对国民进行新思想、新文化的教育，培养科学精神，是改造旧中国的最主要的方式。胡适与陈独秀不同，他不主张以革命暴力为手段，而是主张采取国民教育和改良来改造旧中国社会。他认为只有"科学"与"民主"这二者才能救中国，因此他十分注重科学精神的培养。

胡适的科学教育思想和他的科学精神主要来源于赫胥黎的怀疑论、达尔文的进化论、杜威等人的实用主义，尤其他在美国师从杜威时，实用主义对他的影响更甚。"杜威先生的思想，一般人叫它实验主义，日本翻作实际主义；我们在民国八年（1919）做通俗介绍时候，翻作实验主义"③。实用主义大师皮尔士认为，"科学实验室的态度"就是用科学实验室的方法和配备，这样才能使我们的意思、思想明白。"'科学实验室的态度'就是说拿一样东西、一个观念或者一种思想的效果的结果，来批评某种学说或思想"④。20世纪初正是西方国家科学发明层出、科学主义十分盛行的年代。胡适在美国七年的科学精神熏陶下，对当时旧中国封建思想文化的改造，必然是从科学精神的输入和培养入手了。他的科学精神主要体现在以下几点：

（一）"重新估定一切价值"的批判精神

胡适引用尼采的"重新估定一切价值"来说明培养批判精神的意义。

① 葛懋春，李兴芝. 胡适哲学思想资料选：上 [G]. 上海：华东师范大学出版社，1981：125.
② 葛懋春，李兴芝. 胡适哲学思想资料选：上 [G]. 上海：华东师范大学出版社，1981：127.
③ 葛懋春，李兴芝. 胡适哲学思想资料选：上 [G]. 上海：华东师范大学出版社，1981：480.
④ 葛懋春，李兴芝. 胡适哲学思想资料选：上 [G]. 上海：华东师范大学出版社，1981：481.

现今时代是一个"重新估定一切价值"的时代。"重新估定一切价值"八个字便是评判的态度的最好解释。从前的人说妇女的脚越小越美。现在我们不但不认小脚为"美",简直说这是"惨无人道"了。十年前,人家和店家都用鸦片烟敬客。现在鸦片烟变成犯禁品了。二十年前,康有为是洪水猛兽一般的维新党。现在康有为变成老古董了。康有为并不曾变换,估价的人变了,故他的价值也跟着变了。这叫作"重新估定一切价值"。①

批判精神是什么意思呢?"简单来说,只是凡事要重新分别一个好与不好"。而关于如何培养这种批判精神,胡适提出了一些特别的要求,也就是要做到以下几点:

(1)对于习俗相传下来的制度风俗,要问:"这种制度现在还有存在的价值吗?"(2)对于古代遗传下来的圣贤教训,要问:"这句话在今日还是不错吗?"(3)对于社会上糊涂公认的行为与信仰,都要问:"大家公认的,就不会错了吗?人家这样做,我也该这样做吗?难道没有别样做法比这个更好,更有理,更有益的吗?"②

这三个批判精神的要求或条件主要是针对社会问题的,也就是呼吁人们对现存社会问题不因为习以为常而熟视无睹,要用批判的眼光来看待社会、改造社会。

对于"五四"以来种种新思潮,胡适试图概括出它们的共同意义,最后得出:"'新思潮',无论怎样不一致,根本上同有这公共的一点:评判的态度。孔教的讨论只是要重新估定孔教的价值。文学的评论只是要重新估定旧文学的价值。贞操的讨论只是要重新估定贞操的道德在现代社会的价值……"③培养批判精神,从另一角度来讲,也就是不能盲从。他说:"我们既然主张'重新估定一切价值',自然要反对盲从。这是不消说的了④。"从以上可以看出,胡适提出在全社会中培养批判精神,对旧事物、旧观念进行批判,才能构建新事物、新观念。有破才有立。而这一切实际上是为了在全社会中输入科学精神,以科学精神来代替封建旧思想,从而对社会文化心理有个新的改造。

① 葛懋春,李兴芝.胡适哲学思想资料选:上[G].上海:华东师范大学出版社,1981:126.
② 葛懋春,李兴芝.胡适哲学思想资料选:上[G].上海:华东师范大学出版社,1981:126.
③ 葛懋春,李兴芝.胡适哲学思想资料选:上[G].上海:华东师范大学出版社,1981:126.
④ 葛懋春,李兴芝.胡适哲学思想资料选:上[G].上海:华东师范大学出版社,1981:131.

（二）"一点一滴地去寻求真理"的求真精神

追求真理是科学精神的一大特色。胡适认为："西洋近代文明的精神方面的第一特色是科学。科学的根本精神在于求真理。"① 追求真理有何作用呢？他说：

> 人生世间，受环境的逼迫受习惯的支配，受迷信与成见的拘束。只有真理可以使你自由，使你强有力，使你聪明圣智；只有真理可以使你打破你的环境里的一切束缚，使你戡天，使你缩地，使你天不怕，地不怕，堂堂地做一个人。②

他批评我国古代"吾生也有涯，而知也无涯，以有涯逐无涯，殆已"的说法是不思不虑、物来顺应、不思进取，是一种自欺欺人的狂语。与之相反，人们要以一种积极主动的态度去追求知识，追求真理。

> 真理是深藏在事物之中的；你不去寻求探讨，他决不会露面。科学的文明教人训练我们的官能智慧，一点一滴地去寻求真理，一丝一毫不放过，一铢一两地积起来。这是求真理的唯一法门。自然是一个最狡猾的妖魔，只有敲打逼拶可以逼她吐露真情。不思不虑的懒人只好永永作愚昧的人，永永走不进真理之门。③

真理不是轻而易举就能求得，要靠人的主观努力。只有不断探求才能获得。只有培养追求真理的科学精神才能破除旧思想、旧观念。而对真理的追求是一件愉快的事，能给人以巨大的满足感。他说："东方的懒人又说：'真理是无穷尽的，人的求知的欲望如何能满足呢？'诚然，真理是发现不完的。但科学决不因此而退缩。科学家明知真理无穷，知识无穷，但他们仍然有他们的满足：进一寸有一寸的愉快，进一尺有一尺的满足。""一点一滴都是进步，一步一步都可以踌躇满志"④。真理虽无穷无尽，但我们永不停息地追求，也是有无限乐趣的。

（三）"拿证据来"的实证精神

胡适认为，古代的人为想求得感情上的安慰，不惜牺牲理智上的要

---

① 葛懋春，李兴芝．胡适哲学思想资料选：上［G］．上海：华东师范大学出版社，1981：309．
② 葛懋春，李兴芝．胡适哲学思想资料选：上［G］．上海：华东师范大学出版社，1981：309．
③ 葛懋春，李兴芝．胡适哲学思想资料选：上［G］．上海：华东师范大学出版社，1981：31．
④ 葛懋春，李兴芝．胡适哲学思想资料选：上［G］．上海：华东师范大学出版社，1981：310．

求，专靠信心，不问证据，于是信鬼，信神，信上帝，信天堂，信净土信地狱。而近世科学便不能这样专靠信心了。"科学并不菲薄感情上的安慰；科学只要求一世信仰须要禁得起理智的评判，须要有充分的证据。凡没有充分证据的，只可存疑，不足信仰"①。没有证据便不足信，"必须要严格的不信任一切没有充分证据的东西"②。他引用赫胥黎的一句话叫作："拿证据来！"③ 这种"拿证据来"的态度，是一种近世的"理智化"的科学精神。"科学精神便是尊重事实，寻找证据，证据走向那儿去，我们就跟到那儿去"④。

二、确立科学人生观

随着新文化运动不断深入地开展，以儒学为核心的传统价值体系逐渐解体，以"民主""科学"为代表的西方思想深入人心。一些封建遗老遗少们，抱守旧思想不放，当他们看到第一次世界大战的爆发以及战后悲惨景象后，便以此为借口，说是"科学破产"了；科学人生观造成了"抢面包吃"的社会，没有给人类带来幸福，反倒带来许多灾难。梁启超、张君劢公开菲薄科学而力主恢复儒学人生观。以丁文江为代表的科学派与之针锋相对，在这一背景下，引发了科学与人生观的大讨论、科学与玄学的大论战。

胡适认为，"科学的人生观"是研究"人是什么东西？在宇宙中占据什么地位？人生究竟有何意味？因为少年人近来觉得很烦闷，自杀、颓废的都有"。"至于人生观，各人不同，都随环境而改变，不可以一个人的人生观去统理一切；因为公有公理，婆有婆理，我们至少要以科学的立场，去研究它。'科学的人生观'有两个意思：第一拿科学做人生观的基础；第二拿科学的态度、精神、方法，做我们生活的态度、生活的方法"⑤。

为什么要确立科学的人生观呢？这是因为：

中国此时还不曾享着科学的赐福，更谈不到科学带来的"灾难"。我们试睁眼看看：这遍地的乩坛道院，这遍地的仙方鬼照相，这样不发达的交通，这样不发达的实业，……我们那里配排斥科学？至于"人生观"，

---

① 葛懋春，李兴芝. 胡适哲学思想资料选：上 [G]. 上海：华东师范大学出版社，1981：311.
② 葛懋春，李兴芝. 胡适哲学思想资料选：上 [G]. 上海：华东师范大学出版社，1981：312.
③ 葛懋春，李兴芝. 胡适哲学思想资料选：上 [G]. 上海：华东师范大学出版社，1981：338.
④ 葛懋春，李兴芝. 胡适哲学思想资料选：下 [G]. 上海：华东师范大学出版社，1981：199.
⑤ 葛懋春，李兴芝. 胡适哲学思想资料选：上 [G]. 上海：华东师范大学出版社，1981：319.

我们只有做官发财的人生观，只有靠天吃饭的人生观，只有求神问卜的人生观，只有《安士全书》的人生观，只有《太上感应篇》的人生观……中国人的人生观还不曾和科学行见面礼呢！我们当这个时候，正苦科学的提倡不够，正苦科学的教育不发达，正苦科学的势力还不能扫除那迷漫全国的乌烟瘴气 。[①]

在中国提倡科学还不够、科学教育还不发达时，要让人们确立科学人生观是相当困难的，急需对科学的宣传和教育。然而，在新旧交替的特殊时期，总有一些旧势力出来对新生事物进行阻挠。例如，维新派在清末作为一股新生力量曾推动了社会进步，然而其中的一些人没有与时俱进而落入了守旧者行列。梁启超与胡适相反，扮演了一个保守者角色。梁启超游欧归国后发表了《欧游心影录》，书中描绘了他目睹欧洲经第一次世界大战而"无限凄惶失望"的惨状，于是高喊"欧洲科学破产了"。胡适反驳道："不料还有名流学者出来高唱'欧洲科学破产'的喊声，出来把欧洲文化破产的罪名归到科学身上，出来菲薄科学，历数科学家的人生观的罪状，不要科学在人生观上发生影响！"[②]

欧洲的科学已到了根深蒂固的地位，不怕玄鬼来攻击了。几个反动的哲学家，平素饱餍了科学的滋味，偶尔对科学发几句牢骚话，就象富贵人家吃厌了鱼肉，常想尝尝咸菜豆腐的风味；这种没有什么大危险。那光焰万丈的科学，决不是这几个玄学鬼摇撼得动的。[③]

对于人生观的讨论，胡适指出："人人都在那里笼统地讨论科学能不能解决人生问题或人生观问题。几乎没有一个人明白指出，假使我们把科学适用到人生观上去，应该产生什么样子的人生观。"[④] 那么，把科学应用到人生观上，会是什么样的呢？那就是"新人生观"。胡适描绘出了这种新人生观下的社会美景和轮廓：

（1）根据于天文学和物理学的知识，叫人知道时间的无穷之长。

（2）根据于地质学及古生物学的知识，叫人知道时间的无穷之长。

（3）根据于一切科学，叫人知道宇宙及其中万物的运行变迁皆是自然的，——自己如此的，——正用不着什么超自然的主宰或造物者。

①　葛懋春，李兴芝. 胡适哲学思想资料选：上 [G]. 上海：华东师范大学出版社，1981：285.
②　葛懋春，李兴芝. 胡适哲学思想资料选：上 [G]. 上海：华东师范大学出版社，1981：285.
③　葛懋春，李兴芝. 胡适哲学思想资料选：上 [G]. 上海：华东师范大学出版社，1981：285.
④　葛懋春，李兴芝. 胡适哲学思想资料选：上 [G]. 上海：华东师范大学出版社，1981：288.

（4）根据于生物的科学的知识，叫人知道生物界的生存竞争的浪费与惨酷，——因此，叫人更可以明白那"有好生之德"的主宰的假设是不能成立的。

（5）根据于生物学、生理学、心理学的知识，叫人知道人不过是动物的一种，他和别种动物只有程度的差异，并无种类的区别。

（6）根据于生物的科学及人类学、人种学、社会学的知识，叫人知道生物及人类社会演进的历史和演进的原因。

（7）根据于生物的及心理的科学，叫人知道一切心理的现象都是有因的。

（8）根据于生物学及社会学的知识，叫人知道道德礼教是变迁的，而变迁的原因都是可以用科学方法寻求出来的。

（9）根据于新的物理化学的知识，叫人知道物质不是死的，是活的；不是静的，是动的。

（10）根据于生物学及社会学的知识，叫人知道个人——"小我"——是要死灭的，而人类——"大我"——是不死的，不朽的；叫人知道"为全种万世而生活"就是宗教，就是高的宗教；而那些替个人谋死后的"天堂""净土"的宗教，乃是自私自利的宗教。①

从以上所列的新人生观的十条中可以看出胡适试图以科学为基础，让人们从对科学知识的理解来进一步获得科学的人生观。"这种新人生观是建筑在二三百年的科学常识之上的一个大假设，我们也许可以给他加上'科学的人生观'的尊号"②，或者也可以叫作"自然主义的人生观"。社会确立了科学人生观，这个社会将会是进步的、诗意的和道德的。这种新的社会将是高度文明的，他对科学人生观（或自然主义人生观）的社会赞美道："在那个自然主义的宇宙里，这个渺小的两手动物却也有他的相当的地位和相当的价值。他用他两手和一个大脑，居然能做出许多器具，想出许多方法，造成一点文化。他不但驯服了许多禽兽，他还能考究宇宙间的自然法则，利用这些法则来驾驭天行，到现在他居然能叫电气给他赶车，以太给他送信了。③"

---

① 葛懋春，李兴芝. 胡适哲学思想资料选：上 [G]. 上海：华东师范大学出版社，1981：296-297.

② 葛懋春，李兴芝. 胡适哲学思想资料选：上 [G]. 上海：华东师范大学出版社，1981：297.

③ 葛懋春，李兴芝. 胡适哲学思想资料选：上 [G]. 上海：华东师范大学出版社，1981：298.

甚至于因果律的笼罩一切，也并不见得束缚他的自由，因为因果律的作用一方面可以由因求果，由果推因，解释过去，预测未来；一方面又使他可以运用他的智慧，造新因以求新果。甚至于生存竞争的观念也并不见得就使他成为一个冷酷无情的畜生，也许还可以格外增加他对于同类的同情心，格外使他深信互助的重要，格外使他注重人为的努力以减免天然竞争的惨酷与浪费。——总而言之，这个自然主义的人生观里，未尝没有美，未尝没有诗意，未尝没有道德的责任，未尝没有充分运用‘创造的智慧’的机会。①

所以说，科学人生观指导下的人们的生活将是自由的、幸福的和充满诗意的。在充满科学人生观的社会里，不但物质文明高度发达，精神文明同样也因之高度发达。这样的社会是胡适所努力追求的理想社会。

当然，胡适认为人生观是因知识经验而变换的，但人生观中有一个最低限度的一致。那么人生观中最低的一致是什么呢？他给出的答案是："拿今日科学家平心静气地，破除成见地，公同承认的‘科学的人生观’来做人类人生观的最低限度的一致。"② 所以说，科学人生观的确立是全社会的最低要求，而这个最低要求，确能产生如胡适所描绘的高度文明的新社会。这就是科学人生观的作用。怎样才能在全社会中确立科学人生观呢？胡适认为要靠宣传和教育。"宣传与教育的效果可以使人类的人生观得着一个最低限度的一致"③。他相信，通过宣传和教育，"科学人生观"也会像有神论和灵魂不灭论统一欧洲一样而在全中国风行。他说："假使我们信仰的‘科学的人生观’将来靠教育与宣传的功效，也能有‘有神论’和‘灵魂不灭论’在中世纪欧洲那样的风行，那样的普遍，那也可算是我所谓‘大同小异的一致’了。"④

不过胡适过分估计了教育与宣传的作用，认为只要通过教育与宣传就能变动社会，解释历史，支配人生观。他从改良主义出发，批判了陈独秀经济基础决定上层建筑、改变旧社会要通过革命和暴力的观点。胡适对陈独秀批判道：

他若不相信思想知识言论教育也可以"变动社会，解释历史，支配人

---

① 葛懋春，李兴芝. 胡适哲学思想资料选：上 [G]. 上海：华东师范大学出版社，1981：298.
② 葛懋春，李兴芝. 胡适哲学思想资料选：上 [G]. 上海：华东师范大学出版社，1981：295.
③ 葛懋春，李兴芝. 胡适哲学思想资料选：上 [G]. 上海：华东师范大学出版社，1981：294.
④ 葛懋春，李兴芝. 胡适哲学思想资料选：上 [G]. 上海：华东师范大学出版社，1981：295.

生观"，那么，他尽可以袖着手坐待经济组织的变更就完了，又何必辛辛苦苦地努力做宣传的事业，谋思想的革新呢?[①]

而陈独秀认为，人生观等问题最终是由经济基础决定的，他反驳胡适道：

思想知识言论教育，自然都是社会进步的重要工具，然不能说它们可以变动社会、解释历史、支配人生观，和经济立在同等地位。我们并不抹杀知识、思想、言论、教育，但我们只把他当作经济的儿子，不像适之把他当作经济的弟兄。我们并不否认心的现象，但我们只承认他是物之一种表现，不承认这表现复与物有同样的作用。[②]

胡适的这种过分相信"科学人生观"对改变旧社会、旧制度的态度，过分相信教育宣传的作用，最终导致了他反对通过革命手段推翻旧制度、反对学生参加政治运动，与陈独秀等共产主义者走向了不同的道路。

三、科学研究要以大学为中心

胡适一生从事教育活动，并且非常重视大学教育。他从教育独立、科学救国角度提出了"科学研究是以大学为中心"的思想。胡适认为应在国内建设自己的一流大学，而不应出国留学。他说："留学者，废时伤财事倍功半者也。留学者，救急之计而非久远之图也。"[③] 这不是说中国今后的学术可以脱离现代世界的学术，而是说中国要有大学能够独立地从事科学或学术研究。他说：

（一）世界现代基本训练，中国自己应该有大学可以充分担负，不必向国外去寻求。（二）受了基本训练的人才，在国内应该有设备够用和师资良好的地方，可以继续作专门的科学研究。[④]

胡适在 1947 年提出了发展教育的十年计划，主张大学要加强科学研究，并且为了使科学研究能长期进行下去，而主张大学不受政治因素的干扰，建议大学独立。他根据自己提出的发展教育的十年计划，写成了《争取学术独立的十年计划》。胡适主张科学研究要以大学为中心，大学要加

---

① 葛懋春，李兴芝. 胡适哲学思想资料选：上 [G]. 上海：华东师范大学出版社，1981：300.
② 葛懋春，李兴芝. 胡适哲学思想资料选：上 [G]. 上海：华东师范大学出版社，1981：304-305.
③ 柳芳. 胡适教育文选 [M]. 北京：开明出版社，1992：1.
④ 柳芳. 胡适教育文选 [M]. 北京：开明出版社，1992：210.

强科学研究，是因为研究人才是从大学里培养出来的，大学加强科学研究，才能培养出科学人才，造成科学的革命。他说："科学研究是以大学为中心"，"如意大利伯罗尼亚大学、法国巴黎大学、英国牛津大学、剑桥大学等，这些都是远有一千年、九百年或七八百年历史的，因此造成科学的革命。这些大学不断的继长增高，设备一天天增加，学风一天天养成，这样才有了科学研究。研究人员终身研究，可是研究人才是从大学出来的，他们所表现的精神是以真理求真理"①。

胡适对大学的看法在当时颇具一格。他认为，大学不仅仅是教学的地方，而且是科学研究的地方。这样的大学才是真正的大学。他的十年计划中，主张对传统大学教育制度的革新，"也应该包括'大学'的观念的根本改换，近年所争的几个学院以上才可办大学简直是无谓之争。今后中国的大学教育，应该朝着研究院的方向去发展。凡能训练研究工作的人才的，凡有教授与研究生做独立的科学研究的，才是真正的大学"②。

胡适把有没有科学研究作为是不是真正的大学的标准，可见他对大学的职能有了较新的认识。科学与教育相结合最早是由洪堡在柏林大学施行，后来由美国教育家吉尔曼在霍普金斯大学推行并获得很大成功。"吉尔曼创立了约翰斯·霍普金斯大学，后来许多大学都跟着他走，结果造成了今日美国学术领导的地位"③。胡适在美国待了七年，目睹美国大学里教学与科研结合已显示出巨大成效，而中国的大学并没有重视科学研究。在这种情况下，他强调科学必须要以大学为中心，这样的科学研究才能持续下去，才能达到科学救国。欧洲就有从中古以来持续不断的千年历史的大学。他说："科学不是一个人的力量可以完成的，科学要继续不断的研究，从理论变成实验，从实验变成发现，这样继长增高，非以大学为中心不可。"④

四、"大胆的假设，小心的求证"的科学研究方法

胡适所提出的科学研究方法，用他自己的话说，就是"大胆的假设，小心的求证"。他说：

我曾经有许多时候，想用文字把方法做成一个公式、一个口号、一个

---

① 柳芳. 胡适教育文选［M］. 北京：开明出版社，1992：215.
② 柳芳. 胡适教育文选［M］. 北京：开明出版社，1992：212.
③ 柳芳. 胡适教育文选［M］. 北京：开明出版社，1992：215.
④ 柳芳. 胡适教育文选［M］. 北京：开明出版社，1992：219-220.

标语，把方法扼要的说出来；但是从来没有一个满意的表现方式。现在我想起我二三十年来关于方法的文章里面，有两句话也许可以算是讲治学方法的一种很简单扼要的话。那两句话就是：'大胆的假设，小心的求证。'要大胆的提出假设，但这假设还得想法子证明。所以小心的求证，要想法子证实假设或者否证假设，比大胆的假设还重要。①

这一科学研究方法，胡适坦白承认是受杜威影响的。他说："我治中国思想与中国历史的各种著作，都是围绕着'方法'这一观念打转的，'方法'实在主宰了我四十多年来所有的著述。从基本上说，我这一点实在得益于杜威的影响。"② "一九一四年以后，杜威是实验大师中的硕果仅存者；他的著作也是我所倾慕的。"③ 杜威曾提出过思维五阶段说，胡适就是因袭了这一思想而概括出了"大胆的假设，小心的求证"这句话。胡适在《实证思维术》中列出了杜威的思维五步法，并说明了这一方法对自己的影响。胡适说："杜威最风行的著作之一便是那本举世熟知的'思维术'"，"在我进哥大之前我已对'思维术'发生兴趣，也受其影响"。杜威认为有系统的思想通常要通过五个阶段：

第一阶段为思想之前奏。是一个困惑、疑虑的阶段。这一分阶段导致思想者认真去思考。

第二阶段为决定这疑虑和困惑究在何处。

第三阶段（为解决这些困惑和疑虑）思想者自己会去寻找一个（解决问题的）假设，或面临一些（现成的）假设的解决方法任凭选择。

第四阶段，在此阶段中，思想者只有在这些假设中选择其一作为对他的困惑和疑虑的可能解决的办法。

第五、也是最后阶段，思想的人在这一阶段要求证，把他（大胆）选择的假设，（小心的）证明出来。那是他对他的疑虑和困惑最满意的解决。

……杜威对有系统思想的分析帮助了我对一般科学研究的基本步骤的了解。④

以上杜威提出的五步法，在胡适看来，"最重要的是第三步。第一步和第二步的工夫只是要收起这第三步的种种假设；以下第四、第五两步只

---

① 葛懋春，李兴芝. 胡适哲学思想资料选：上 [G]. 上海：华东师范大学出版社，1981：298.
② 葛懋春，李兴芝. 胡适哲学思想资料选：下 [G]. 上海：华东师范大学出版社，1981：106.
③ 葛懋春，李兴芝. 胡适哲学思想资料选：下 [G]. 上海：华东师范大学出版社，1981：104.
④ 葛懋春，李兴芝. 胡适哲学思想资料选：下 [G]. 上海：华东师范大学出版社，1981：109.

是把第三步的假设演绎出来，加上评判，加上证验，以定那种假设是否适用的解决法。这第三步的假设是承上启下的关键，是归纳和演绎法的开头"①。胡适认为这一法则帮助了他对中国近千年来，尤其是近三百年来古典学术与史学的治学方法的确立。他为了更好地让人理解这一方法，便把杜威的这五段思维方法概括为两句话，即"大胆的假设，小心的求证"。他说：

　　科学的法则只是把常识上的法则纪律化而已。近几十年来我总欢喜把科学法则说成"大胆的假设，小心的求证"。我总是一直承认我对一切科学研究法则中所共有的重要程序的理解，是得力于杜威的教导。②

　　胡适认为，假设是人人可以提的，就是提出骇人听闻的假设也无妨。而且假说是愈大胆愈好。但是提出一个假设，要想法子证实它，就不能忘记小心的求证了。他以自己考证《红楼梦》为例，来说明"大胆的假设，小心的求证"。他假设《红楼梦》是作者的自传，然后对曹雪芹家族和《红楼梦》中的人物进行求证，最后得出二者之间有很大的相关性，证明原先的假设正确。

　　胡适认为在文史科学、社会科学方面，不但要小心地求证，还得要批评证据。这种治学的方法叫作"自觉"。他认为："文史科学和社会科学的错误，往往由于方法的不自觉。方法的自觉，就是方法的批评；自己批评自己，自己检讨自己，发现自己的错误，纠正自己的错误。"③"自然科学家就不会有这种毛病，因为他们在实验室的方法就是一种自觉的方法。"④胡适认为，文史考证时证据较难发现，而且往往缺乏自己检讨自己的方法。那么，如何养成方法的自觉呢？他认为要做到两个标准："一要审查自己的证据可靠不可靠；二要审查自己的证据与本案有没有相干。还要假定对方有一个律师在那里，随时要驳斥或者推翻我们的证据。"⑤胡适告诫人们："要时时刻刻自己检讨自己，以养成做学问的良好习惯。"⑥

　　"自觉"是做学问的一个好习惯，胡适还认为，中国传统官僚们所应有的"勤、谨、和、缓"做官脾性，同样是科学研究者所应有的。他说，

　　① 葛懋春，李兴芝.胡适哲学思想资料选：上［G］.上海：华东师范大学出版社，1981：78.
　　② 葛懋春，李兴芝.胡适哲学思想资料选：下［G］.上海：华东师范大学出版社，1981：110.
　　③ 葛懋春，李兴芝.胡适哲学思想资料选：上［G］.上海：华东师范大学出版社，1981：448.
　　④ 葛懋春，李兴芝.胡适哲学思想资料选：上［G］.上海：华东师范大学出版社，1981：454.
　　⑤ 葛懋春，李兴芝.胡适哲学思想资料选：上［G］.上海：华东师范大学出版社，1981：457.
　　⑥ 葛懋春，李兴芝.胡适哲学思想资料选：上［G］.上海：华东师范大学出版社，1981：457.

做学问有没有成绩,不在于是不是读了《逻辑学》,是不是会讲归纳法、演绎法,"而在于有没有养成'勤、谨、和、缓'的良好习惯。这四个字不但是做官的秘诀,也是良好的治学习惯"①。勤,就是不偷懒;谨,就是不苟且、不潦草、不拆滥污;和,就是虚心,不武断,不固执成见,不动火气;缓,就是不着急,不轻易发表,不轻易下结论,就是说"凉凉去吧!搁一搁、歇一歇吧!"。"做学问要能够养成'勤、谨、和、缓'的好习惯;有了好习惯,当然就有好的方法,好的结果"②。

总之,胡适的科学教育思想受实用主义影响较大。他的科学教育思想在"五四"时期,对改造旧思想、旧文化起了巨大作用。但他仅仅以科学救国、教育救国作为手段,而反对激进派通过阶级斗争、以武力来改变旧制度的革命手段,这使他的科学教育思想又具有了时代的局限性。

[原文刊载于《河北大学学报(哲学社会科学版)》2007年第5期(曲铁华 朱永坤)]

---

① 葛懋春,李兴芝.胡适哲学思想资料选:上 [G].上海:华东师范大学出版社,1981:458.
② 葛懋春,李兴芝.胡适哲学思想资料选:上 [G].上海:华东师范大学出版社,1981:460.

21　论胡明复的科学教育思想与实践

　　胡明复（1891—1927），中国科学社的重要创始人之一，名达，生于江苏一个开明士绅之家。1901 年，入上海徐家汇南洋公学附属小学学习。1904 年秋，胡明复进上海中等商业学堂。1907 年，考入南京高等商业学堂。1910 年，胡明复经考试合格入选第二届庚款留美生。同年秋季，进入美国康奈尔大学学习，攻读数理课程。1914 年 6 月，胡明复以优异的成绩从康奈尔大学毕业，获学士学位。随即进入哈佛大学研究院专攻数学。1917 年，获得博士学位，成为第一位获得博士学位的中国数学家。胡明复的科学教育思想与实践极其丰富，值得借鉴。

一、胡明复的科学教育思想

　　胡明复的科学教育思想内容丰富，但概而观之，主要包括两个方面，即对科学的社会功能的重视和对科学方法与科学精神的褒扬。

（一）重视科学的功能

　　胡明复从少年求学于上海南洋公学附属小学起到留学美国，接受了系统的"新式"教育。在留学美国期间，胡明复刻苦学习，并积极参与社会活动，广泛接触到了美国的社会现实，深切感受到了西方先进发达的科学文化和相对开明的政治。相形之下，祖国愈显保守、落后、愚昧。他的所学、所见、所闻与所思，使其对科学及其价值、功能形成了自己独有的观点。

　　首先，胡明复认为科学可以解决社会问题。他以西方人为范例，阐述了通过科学调查可以了解社会上的风气、习好、优长、鄙陋，而后再借助科学知识的宣传、普及等等措施防患于未然或设法补救，诸如环境卫生、民众生活等等都可以借科学予以解决。

　　其次，胡明复认为，科学知识在批判迷信、敦化风俗道德上也有着巨大的作用。"习于科学而通其精义者，仅知有真理而不肯苟从，非真则不信焉，此种精神，直接影响于人类之思想者，曰排除迷信与妄从"①。所以，如果能够宣传科学，进行科学教育，普及科学，其结果"不待科学自身之发展而已也，即风俗道德亦因之日进于纯粹，而愈趋于真境"②。

最后，胡明复认为科学能够适用于养成国民品格。因为科学"审于事理，不取意断，而惟真理是从，故最适于教养国民之资格。审于事理，则国家社会与个人之利害关系明；不从意断，则遇事无私；惟真理是从，故人知其责之所在。自反面言之，国民对于社会国家心切，故监察綦严，虽有败类金壬而社会国家不为所倾覆"③。国民品格的养成是社会健康发展、国家安泰稳固的重要保障，所以，要宣传科学知识，普及科学，以科学教育民众。这样，一方面可以使民众养成必要的对国家、社会负责的国民品格，"于无形中增加社会之善良分子"④；另一方面，可以减少"败类金壬"等社会不良分子，从而使社会健康发展，使国家安泰稳固。

尽管胡明复对科学的功能如此褒扬，但他对科学功能的认识并没有陷入功利主义的泥淖。他理性地指出，实用并非科学的目的，"科学之最初，何尝以其有实用而致力焉，在'求真'而已。真理既明，实用既随，此自然之势，无庸勉强者也。是以'求真'为主体，而实用为自然之产物，此不可不辩者"⑤。研究科学、学习科学、宣传科学的最本真的目的是"求真"，而不是仅仅图其"实用"。实用只是在"求真"这个原始目的达到后自然而然产生的效果。不可以仅仅功利性地为了"实用"而宣传科学、普及科学、进行科学教育，否则就是违背"自然之势"。

（二）宣扬科学方法和科学精神

胡明复重视科学的功用，提倡宣传科学、普及科学、进行科学教育。胡明复认为，形成科学的不是事实本身，而是用来处理事实的方法。所以，在具体的科学教育内容上，较之具体而系统的科学知识，胡明复更重

---

① 胡明复.科学方法论一：科学方法与精神之大概及其实用 [J]. 科学，1916，02（07）：719-727.

② 胡明复.科学方法论一：科学方法与精神之大概及其实用 [J]. 科学，1916，02（07）：719-727.

③ 胡明复.科学方法论一：科学方法与精神之大概及其实用 [J]. 科学，1916，02（07）：719-727.

④ 胡明复.科学方法论一：科学方法与精神之大概及其实用 [J]. 科学，1916，02（07）：719-727.

⑤ 胡明复.科学方法论一：科学方法与精神之大概及其实用 [J]. 科学，1916，02（07）：719-727.

视教给学生科学方法和科学精神。

胡明复认为："科学必有所以为科学之特性在，然后能不以取材分。此特性为何？即在科学方法。"[1] 在他看来，科学方法就是科学的实质。那么，什么是科学方法呢？他在《科学》上发表了《科学方法论一》《科学方法论二》等文章，介绍与宣传科学方法，认为科学方法主要包括归纳法和演绎法。所谓归纳法，就是"先观察事变，审其同违，比较而审查之，分析而类别之，求其变之常，理之通，然后综合会通而成律，反以释明事变之真理"[2]。即根据诸多实物事理，研究其共通之处，得出实物之一般通理，亦即事物运行的规律、常则，从而揭示事物发展变化的本质原因。演绎法就是"自一事或一理推及他事或他理，故其为根据之事理为已知，或假设为已知，而其推得之事理为已知事理之变体或属类"[3]。即根据用归纳法得出的原理规则进行推理，考察某一特殊事物的具体特性，从而对已知的原理、规则起更好的补充或说明作用。

在二者的关系上，胡明复认为归纳法是基础。

归纳之法，其首据之事理为实事，而其归纳之结果则为通理，即实事运行之常则也，自此性质上区别观之，科学之方法当然为归纳的。……盖演绎必有所本，今所究为外界，则所本必不可为人造。是以演绎之先，必有归纳为之基。[4]

在他的思想观念中，归纳法比演绎法更重要。但是，胡明复并不认为归纳法是十全十美的，它也有其本身固有的弊端和缺憾。因为如果"事变不尽"，则"不得谓为绝对之归纳"，那么，"其理之永远确实与否终在不可知之列"，所以，"则归纳之理不立"。也就是说，归纳法在一定程度上是以假设为前提的，有其本身难以超越的局限性。所以，理想的科学方法是演绎法与归纳法的综合运用，二者缺一不可。

先作观测，微有所得，乃设想一理以推演之，然后复做实验，以视其

① 胡明复.科学方法论一：科学方法与精神之大概及其实用 [J]. 科学，1916，02（07）：719-727.
② 胡明复.科学方法论一：科学方法与精神之大概及其实用 [J]. 科学，1916，02（07）：719-727.
③ 胡明复.科学方法论一：科学方法与精神之大概及其实用 [J]. 科学，1916，02（07）：719-727.
④ 胡明复.科学方法论一：科学方法与精神之大概及其实用 [J]. 科学，1916，02（07）：719-727.

合否。不合则重创一新理，合而不尽精切则修补之，然后更试以实验，再演绎之；如是往返于归纳演绎之间。……归纳与演绎相间而进，故归纳之性不失，而演绎之功可收，斯为科学方法之特点。①

先用归纳法假设得出一个原理，然后再用演绎法验证。如果有不符合假设原理的事物，那么证明这条原理不是"通理"，不是"常则"，就推翻，再假设，再验证。如果大体都符合，但细微处有出入，那就精益求精，对假设进行修补完善。如此这般，才可综合吸收归纳法与演绎法的优长，才能使科学研究尽善尽美。胡明复于在其倡议下成立的大同大学数理研究会进行多次演讲，介绍科学方法，指导学生，培养学生的研究能力。

科学精神是胡明复科学教育思想中的又一个关键词。胡明复认为，科学精神与科学方法密不可分。"精神为方法之髓，而方法则精神之郛也。是以科学之精神，即科学方法之精神"。"盖方法与精神本为一体，不有其精神而求通其方法，末由也"②。因此，在宣传科学、进行科学教育时，科学方法与科学精神居于同样重要的地位。以科学精神为指导去学得科学方法，运用科学方法；在科学方法的运用中谨遵科学精神，体现科学精神。

在胡明复的思想中，"科学之精神，即科学方法之精神"，"科学方法之唯一精神，曰'求真'"③。他痛陈时弊，认为国人"斤斤焉于古人之一言数语，而不察于实事，似以为宇宙中之大道皆可由此一言数语中得之"④。这种沉迷于古文章句的恶劣风气，造成了很多恶果。一方面，"今日'复古'之潮流，犹是此心理之流毒"；另一方面，因为"重于章句而忽于真义，是以往往言不由衷，言行相违，宛如两人。廉耻道丧，而文化亦日即衰落。学问道德政治社会，皆存其形而失其实际，可慨也已"⑤。个人的道德品质、社会的风气面貌以及文化政治等皆因此沦落败坏。所以，胡明复大力提倡科学精神。他认为："提倡科学，以养'求真'之精神。

---

① 胡明复.科学方法论一：科学方法与精神之大概及其实用 [J].科学，1916，02（07）：719-727.

② 胡明复.科学方法论一：科学方法与精神之大概及其实用 [J].科学，1916，02（07）：719-727.

③ 胡明复.科学方法论一：科学方法与精神之大概及其实用 [J].科学，1916，02（07）：719-727.

④ 胡明复.科学方法论一：科学方法与精神之大概及其实用 [J].科学，1916，02（07）：719-727.

⑤ 胡明复.科学方法论一：科学方法与精神之大概及其实用 [J].科学，1916，02（07）：719-727.

知'真'，则事理明，是非彰，而廉耻生。知'真'则不复妄从而逆行。"①科学的"求真"精神恰好能够医治当时国人的弊病。所以，进行以宣扬科学精神为重的科学教育是当务之急。

胡明复还以欧美国家为例，陈述"求真"精神普及于民众的益处。他认为欧美"其民族之爱自然之至美。爱自然之至美，故乐于求真理"②。所以，欧美国家科学发达，国民观念先进，国力富强。

二、创办中国科学社与《科学》杂志

1914 年 6 月，胡明复同任鸿隽、赵元任、杨杏佛等人共同组织创办了中国科学社和《科学》杂志。这些学习自然科学的留学生都非常认同科学具有经邦治国的功能，在他们看来：

当时欧美各国实力的强大，都是应用科学发明的结果，而且科学思想的重要性，在西方国家的学术、思想、行为方面，都起着指导性的作用，……假如没有科学，几乎无以立国③。

但是，中国恰恰最缺乏科学。因此，他们决心组织科学社团和创办宣传科学的杂志，把科学介绍到中国来。作为中国科学社和《科学》杂志的重要创始人之一，胡明复受众人委托，和任鸿隽等人共同起草了《科学社招股章程》和 1915 年 10 月 25 日通过的《中国科学社社章》。胡明复为中国科学社的创办出谋划策，殚精竭虑。任鸿隽说："在科学社的组织上，明复发表的意见很多，也最得同人的赞许。"④ 中国科学社的组织结构，由最初的公司性质发展到仿效英国皇家学会式的正式的社团组织，就主要归功于他。

胡明复是中国科学社董事会及后来的理事会成员，对中国科学社和《科学》杂志的各项工作的开展及发展方向有着强烈的责任感，涉及社内的诸项要务几乎都由他的操持。为了使科学社每年召开的年会取得更好的效果，1916 年，胡明复参加美国算学会年会，学习经验，"急欲一观美国

① 胡明复. 科学方法论一：科学方法与精神之大概及其实用 [J]. 科学，1916，02（07）：719-727.

② 胡明复. 科学方法论一：科学方法与精神之大概及其实用 [J]. 科学，1916，02（07）：719-727.

③ 任鸿隽. 中国科学社社史简述 [G] //中国人民政治协商会议全国委员会文史资料研究委员会，编. 文史资料选辑：第 15 辑. 北京：中华书局，1961：3.

④ 任鸿隽. 悼胡明复 [J]. 科学，1928，13（16）：822-826.

学社开会之条理与精神，以得与本社相比较"①。在中国科学社 1919 年的年会上，针对国人对科学冷漠处之的态度，胡明复大声疾呼："吾人根本之大病，在看学问太轻，政府社会用人不重学问，实业界亦然；甚至学界近亦有弃学救国之主张，其心可敬，其愚则可悯矣。"② 他认为在中国传播科学迫在眉睫，而以"研究科学、提倡科学"为宗旨的中国科学社足以担当传播科学、发展中国科学之重任，因此呼吁社会各界对中国科学社予以理解和支持。

胡明复长期担任中国科学社的会计。由于中国科学社是纯粹的民间学术团体，故自成立之日起就时常面临经费困窘的尴尬。胡明复善于理财，中国科学社的事业在其精心经营下从未停顿或间断。中国科学社的进款，在创立初期主要来自社员入社金、特别捐及常年捐，这远远入不敷出。在科学社的第一次年会上，胡明复就指出：

月捐之制，终不可以久持，一旦停止或减少，社务即不得不受影响。……目前办法，应一面提倡特别月捐以救急，一面募集巨额基本金以为持久之计；两方应同时俱进。③

在多次带头捐款的同时，他起草了详细的筹款计划，并且多方奔走，兢兢业业。他致函蔡元培，诚表恳请支持之意，争取到每月 200 元的资助。在中国科学社的年会上，由他所做的会计报告翔实而清晰，深为社中同仁倚信。任鸿隽评价他："胡明复是个理想的会计。"④

另外，胡明复还编辑《科学》杂志，积极撰文宣传科学。在《科学》杂志主要靠几个发起人撰稿的初创时期，胡明复利用一个暑假时间为前三期写了 10 篇文章，包括创刊号上发表的《万有引力之定律》，第二期发表的《算学于科学上之地位》以及《近世科学的宇宙观》等。1926 年，《科学》编辑部对已发表的稿件进行统计：第 1 卷，胡明复发表的文章达 150 页，排在首位；第 2 卷仅次于任鸿隽，80 页；第 3 卷，37 页⑤。其姐胡彬

---

① 樊洪业. 《科学》杂志与中国科学社史事汇要（1914—1918）[J]. 科学，2005，57（01）：37-40.
② 杨铨. 中国科学社第四次年会记事 [J]. 科学，1919，05（01）：106-116.
③ 胡明复. 会计报告 [J]. 科学，1916，3（1）：14.
④ 任鸿隽. 悼胡明复 [J]. 科学，1928，13（16）：822-826.
⑤ 杂俎. 科学投稿者的一个统计 [J]. 科学，1926，11（12）：1 774-1 775.

夏评价他的文章："他的思路清，说辞简短，他的作品颇合研究科学的
体例。"[①]

此外，胡明复还负责审稿和编辑工作。胡适在回忆《科学》创刊初期
情况时写道："……明复在编辑上的功劳最大，他不但自己编译了不少稿
子，还担任整理别人的稿件，统一行款，改换标点，故他最辛苦。"[②] 回国
后，他也一直一人担任《科学》的审查稿件、统一格式、修改标点符号等
烦琐的编辑工作，直到辞世，毫无怨言。马相伯对胡明复有高度的评价：

> 国中之有科学社会科学社刊，博士实始之。至其校对社刊中各家著
> 作，自始至终如一日，窃谓其难甚于自撰，则其精神贯注，精力之坚强，
> 殊堪惊异，为国而不用科学则已，如用之，舍斯人之徒将谁与？[③]

在获悉胡明复去世的消息后，举社哀痛。1927 年 9 月 4 日，中国科学
社举行第 12 次年会期间为胡明复举行追悼会。任鸿隽哀悼胡明复，认为
他同 200 年前去世的牛顿、100 年前去世的法国算学家拉勃拉斯一样，都
是尽瘁科学、至死不倦的一个人。杨杏佛纪念胡明复时说，中国科学社种
种无名利可图的工作，累了他整整一生，"服务科学社的热心毅力十余年
如一日，惟有意料之外的死，才使他中道脱卸仔肩。诸葛武侯说：'鞠躬
尽瘁，死而后已'，明复对科学社，足可当此八个大字。"[④]《科学》月刊第
13 卷 6 期特辟"胡明复博士纪念专号"，任鸿隽、胡适、马相伯、严济慈
等纷纷发表文章，以示哀悼。中国科学社将建于上海的科学社图书馆命名
为"明复图书馆"，以示纪念。

三、大力推行科学教育

胡明复褒扬科学的新民安国功能，并且躬行实践，积极提倡并推行科
学教育。除了为中国科学社的运作发展和《科学》的编辑出版工作奔走劳
碌，他还亲自撰写或翻译文章，编撰科学教育方面的教科书。

据粗略统计，胡明复在《科学》上发表文章达 47 篇[⑤]，涉及科学方
法、数学、物理学、医学、生物、卫生等诸方面，直接进行科学知识的宣

---

① 胡彬夏. 亡弟明复的略传 [J]. 科学，1928，胡明复博士纪念刊：1-8.
② 夏安. 胡明复的生平及科学救国道路 [J]. 自然辩证法通讯，1991 (04)：66-76，79-80.
③ 马相伯. 哀明复 [J]. 科学，1928，13 (06)：821.
④ 杨铨. 我所认识的明复 [J]. 科学，1928，13 (06)：835-839.
⑤ 附录：胡明复博士为科学撰文之索引 [J]. 科学，1928，13 (06)：949-851.

传。其中,《说伦得根射线》(第 1 卷第 7 期)是国内较早介绍 X 射线的佳作,介绍了伦得根射线(即 X 射线)的发现、特征及其在科学研究与医学上的应用。《房屋通气之必要》(第 1 卷第 11 期)阐述了房间通气的必要性与益处,介绍了生理卫生方面的常识。他还撰文从科学角度解释一些自然现象的产生,如在《说虹》(第 1 卷第 12 期)一文中,他从几何学理角度揭示了彩虹的形成;在《潮汐》(第 2 卷第 2—3 期)一文中,他介绍了潮汐的形成与测法、潮汐学的历史等等。这打破了人们对一些自然的天文地理现象的迷信理解,起到了传播新知、破除迷信的双重效果。

除直接撰文外,胡明复还参与过审定数学名词、编写科学书籍及教科书等工作。1918 年 7 月,"科学名词审查委员会"成立,胡明复受中国科学社委托,与姜立夫等数学家合作,审定了初等几何学、平面三角、解析几何、射影几何、代数、函数论等数学分支的名词。《算学名次汇编》于 1938 年出版,序言中评价他当年工作"夙著精勤"。1924 年,胡明复应邀兼任商务印书馆数学函授社主任,与其他几位编辑一起编辑了一批普及性的数学书籍,为现代数学在中国的传播做了一些基础性的工作。1923—1924 年,他与竺可桢等合作翻译了苏格兰大学教授汤姆生(J. A. Thomson)于 1922 年问世的 4 卷本巨著《科学大纲》。这套书系统阐述了西方的科学理论及科学发展的概观,具有"取材之精新、叙述之明了、图画例证之众多而精美"等特点,价值重大。此外,胡明复还编写过微积分、高等分析方面的教材,著有《高等解析问题》一卷。

此外,胡明复还直接积极投身于教学实践,推行科学教育。1917 年 9 月,胡明复回国后即任教于上海大同学院(大同大学前身)。大同学院由其长兄胡敦复创办,是辛亥革命后中国最早成立的现代高等学府,也是中国科学社回国之初的临时社所所在地。胡明复在大同大学创办了数学系,主持系务多年,教课极为认真,教学内容丰富,用生动、易懂的语言讲述深奥的概念和很难理解的问题。他认为学生光读书本不行,必须学会独立思考,养成独立进行科学研究的能力。1918 年,在他倡议下成立了"大同大学数理研究会"。他积极为研究会演讲,介绍科学方法和思想,指导学生办好自己的学术团体。此外,他还历任国立东南大学、南洋公学(今上海交通大学前身)、上海商科大学教授。

胡明复在其短暂的生命中,为中国科学社的发展,为《科学》杂志的发行,为大同大学的建设,为科学教育的推行费尽了心血,兢兢业业,不求名，不图利，"住的是斗室，穿的是鄙衣，吃的是粗羹，乘的是电车……但他常常慷慨的与有，不是吝啬的受有"，无私地奉献了自己的全部。胡明复曾说过："我们不幸生在现在的中国，只可做点提倡和鼓吹科学研究的劳动。现在科学社的职员不过是开路的小工，哪里配称科学家。"① 他正是以这种平凡而伟大的"开路的小工"的精神，为中国近代科学的发展，为中国近代科学教育的推行，做出了杰出的贡献。

[原文刊载于《河北师范大学学报（教育科学版）》2008 年第 5 期（曲铁华　袁媛）]

---

① 杨铨. 我所认识的明复 [J]. 科学，1928，13（06）：835-839.

22 论陶行知的科学教育思想及其现代价值

陶行知是一位伟大的人民教育家，他从 20 世纪 20 年代开始倡导科学教育，30 年代提倡"科学下嫁"，40 年代创办育才学校，立志为中国培养科学人才，创造富裕、文明的社会。他认为："就一个国家而言，从农业文明过渡到工业文明，自然科学是唯一的桥梁。"[①] 研究并借鉴陶行知的科学教育思想，对于促进我国科学教育，特别是中小学科学教育的改革与发展、加速培养具有科学意识和科学精神的科技人才，具有重大意义。

一、陶行知的科学教育思想及实践

（一）论普及科学教育

中国近代科学落后于人，对于世界近代科学进步也贡献很少。陶行知主张学习西方的自然科学和社会科学的精华，大力提倡"科学教育"。他认为，如果要使中国发展、强大起来，必须依靠教育，依靠科学教育，并且要将发展科学教育作为中国今后的教育方针。陶行知针对当时科学教育脱离社会实践和人民生活实际的问题，积极倡导科学下嫁运动。他的"科学下嫁"就是把"科学"嫁给人民大众，与农民"喜结良缘"。

1930 年，陶行知创办的晓庄学校被国民党封闭，他因此被通缉，被迫流亡日本。在日本期间，陶行知仍然没有放弃教育救国的思想，他通过实地考察研究日本的教育和社会情况，认为日本之所以强，强在科学发达。因此，他更坚定了在中国发展科学教育的信念。回国后，陶行知总结中国科学教育的得失，展开了科学教育的普及运动——"科学下嫁运动"。他认为资本家有了科学，他们设立了科学研究室，开办了大学和专门学校，但是能够享受现代自然科学成果的，只有他们和他们的子女。

我们现在要做相反的工作，我们要使做工种田的人，拾垃圾的孩子，

---

① 陶行知. 陶行知全集：第 8 卷 [M]. 成都：四川教育出版社，1991：253.

烧饭的老太婆也能享受近代科学知识，要把科学变得和阳光、空气一样普遍，人人都能享受，这需要来一个科学下嫁运动。[①]

陶行知认为，科学教育救国的第一步，就是要使中国每个人都知道科学，要使每个人都对科学产生兴趣。他的倡导得到了高士其、戴伯韬、董存才等人的支持，进行了一系列编写、选择教材，创办"自然学园"和学校等有计划、有影响的科学普及运动。"科学下嫁运动"把中国的科学教育推向了一个新的发展阶段。

为了更好地宣传和实施科学教育，1931 年，陶行知在上海购置科学仪器、图书资料，创办了"自然学园"，从事科学实验、科普创作及科学普及工作。学园的成员有戴伯韬、方与严、董存才、吕镜楼、陶行知的长子陶宏以及欧美留学生丁柱中、高士其等人。作为科学研究基地的"自然学园"，虽然人数少，条件差，资金短缺，但是编写出了许多反映现代最新科学研究成果的科普读物。其中，有高士其编写的《生理卫生活页指导》《微生物大观》，丁柱中翻译的《巴士德传》，董存才翻译的《十万个为什么》《黑白》《几点钟》《五年计划的故事》，陶行知和长子一同编写的《儿童天文活页指导》等。并且，在陶行知的领导下，"自然学园"还编写了 108 册旨在"引导小朋友把自己造成科学的孩子"的《儿童科学丛书》。其内容包括生物、化学、物理、天文、矿物、数学、农业、生理卫生等自然科学领域。陶行知认为：

科学的孩子必得动手去做，用脑去想，所以这部书是科学的孩子实验、观察、思想的指南，而不是静坐在那儿诗云子曰一样的读书。如果买了回去，读而不做，做而不求做之所以然，那便是违背我们编书的宗旨了。[②]

这套书在通俗易懂、生动有趣的基础上反映现代科学的最新研究成果，不单小朋友可以看，而且凡是幼时没有学过科学的成人都可以像小孩子一样从头做起，即是从头学起。由于这套丛书是"略依年龄学级排列"，所以教师和家长更可以依照此书来指导不同学年、不同年龄段的儿童。这套大众化的科学丛书为当时的科学教育提供了很好的科学指导，是当时少有的科普读物和科学教材之一。

---

① 童富勇，胡国枢. 陶行知传 纪念伟大的教育家：陶行知诞辰一百周年 [M]. 北京：教育科学出版社，1991：207.

② 陶行知. 陶行知全集：第 6 卷 [M]. 长沙：湖南教育出版社，1985：251.

为了进一步地开展和实施科学教育和科学普及运动，1932年，陶行知在上海与儿童书局合办了儿童科学通讯学校，为科学下嫁运动建立了一个试验基地，同时是科学教育的一个试验基地。学校由陶行知任校长，丁柱中、陈鹤琴、高士其、胡宣明及自然学园的全体成员担任指导员。学校分为初级和高级两个部分，初级班招收初小教师、师范生、学生家长、初小学生和略识大众文的青年。高级班招收高小教师、师范生、学生家长、初中学生、高小学生和文字通顺的青年。学习时间均为两年。教学的内容主要有儿童生物、儿童物理、儿童化学、儿童天文、儿童气象、儿童地球、儿童工艺、儿童农艺、儿童生理卫生及儿童科学指导等课程。在教学方法上，儿童科学通讯学校采用了通讯教学和共同工作两种方式。

通讯教学主要是让儿童自学各科指导员根据儿童的年龄特点和中国的实际情形编写的儿童活页指导，包括的内容有：时令科学工作指导、非时令科学工作指导、儿童科学丛书及其他参考书运用之指导、最近科学新知之介绍、儿童科学问题之解答等五项。共同工作法就是两三个人共同承担科学实验的费用，一起"玩科学的把戏"，相互切磋，遇到疑问和困难的时候，可以向通讯学校求助，通讯学校专门成立了联络处，每天安排老师专门为学员辅导和答疑解难。

儿童科学通讯学校虽然只创办了3年，但是使科学教育的观念深入人心，为后来中国的科学教育发展打下了基础。正如陶行知本人所说：

儿童科学通讯学校，是普遍下层科学训练之发端，我们十几个人是下了决心，要把它开出一条路来，但是要想完成整个民族之普遍科学训练，必得由全国的教师、家长、儿童、青年、民众一起起来，把自己造成一个个手脑双全的科学工人，前途才能放出光明。[①]

为了进一步推广"科学下嫁运动"，使更多的下层人士如老妈子、拾垃圾的孩子都能了解现代科学的成果，陶行知与广播电台共同创办了"空中学校"。由陶晓光每天用大家都能够听得懂的语言，在科学园地节目中演播20分钟的科普知识。虽然"空中学校"因为穷苦的人根本买不起"话匣子"而没有收到预期的效果，最终停办，但是这种利用新闻媒体的想法在当时是十分先进的。

（二）论儿童科学教育

陶行知认为，要挽救民族危亡，必须使民族具备科学的本领，成为科

---

① 陶行知.陶行知全集：第5卷［M］.长沙：湖南教育出版社，1985：256.

学的民族，只有这样才能适应现代的生活，才能生存于现代世界。但是，对于年龄稍微大的成年人来说，科学不容易使他们产生兴趣，不容易在他们之中开展，而儿童好奇，科学教育应从儿童时代下手。因此，陶行知尤其注重儿童科学教育。他指出："科学要从小教起。我们要造成一个科学的民族，必要在民族的嫩芽——儿童——上去加工夫培植。有了科学的儿童，自然会产生科学的中国和科学的中华民族。"[①] 所以，我们必先造就了科学的小孩子，方才有科学的中国。陶行知把国家富强、民族振兴的希望寄托在基础科学教育上。他在编写的一套《儿童科学教育丛书》中强调：一是研究科学知识如何通俗化，使儿童及大众容易接受，以利于为他们服务。二是提倡学生动手实验，在引导儿童玩科学把戏中学习科普知识。

陶行知曾经运用学爬树来形象地比喻科学的教育训练，应该从儿童抓起，如果从小就开始教小孩子爬树，那么到小孩子长大了就很容易爬到树顶，但是如果教一个成年人来学爬树就会很费劲也学不会，科学的中国要从儿童开始就是这个道理。他认为幼稚园要重视对儿童进行科学的训练，应该采用新的教学方法和教材，缺乏科学内容的故事、歌曲和游戏已经不适合大多数的幼稚园，他主张采用德国学前教育家福禄培尔和意大利幼儿教育家蒙台梭利创造的儿童活动玩具，来使儿童的各种感官得到训练。陶行知希望通过从小，甚至从在妈妈的怀抱里的时候，就开始对儿童开展科学启蒙教育，来引起儿童学习科学知识的兴趣，从而培养出中国的爱迪生、法拉第，以便达到科学教育救国的目的。

陶行知认为，科学实验要从小做起，他以富兰克林的父亲和爱迪生的母亲做例子，来鼓励中国的家长，尤其是教师，要像富兰克林的父亲和爱迪生的母亲那样，去保护、指导、鼓励、支持儿童对科学的兴趣和好奇心。应该任由儿童自由地去玩，而不要横加禁止，要尽量提供儿童玩科学把戏的工具，给儿童以一定的自由空间。他先后在上海"自然学园"、重庆育才学校等地从事科学教育，强调"科学实验要在做上学，在做上教，读科学书籍，听科学讲演，而不亲手去做实验，便是洋八股，而非真科学"。[②] 陶行知强调培养儿童的实证精神，使每一个儿童从小树立一种科学的认知态度，养成一种科学的思维方式。同时，他认为家长和教师应该改变传统的错误观念，认为玩把戏的儿童就是坏孩子。他主张，行动是思想

① 陶行知. 陶行知全集：第 5 卷 [M]. 长沙：湖南教育出版社，1985：247.
② 陶行知. 陶行知全集：第 2 卷 [M]. 长沙：湖南教育出版社，1985：269.

的母亲，科学是从把戏中玩出来的。只有在"玩科学把戏"的不断实践的过程中，才能逐渐地培养儿童的科学兴趣和科学能力。

另外，陶行知为了使儿童的科学教育开展得好，把目光注视到中小学教师身上。他说："造就科学的中国，也只有小学教师可以负责。"[①] 他解释说：

> 因为要建设科学的中国，第一步是要使得中国人个个都知道科学，要使个个对科学上发生兴趣。年龄稍大的成人们，对于科学引不起他们的兴趣来。只有在小孩子身上施以一种科学教育，培养他们科学的兴趣，发展他们科学上的天才。只要在小孩子中培养出像爱迪生那样的几个科学杰出人才，便不难使中国立刻科学化。[②]

正因为如此，陶行知强调教师的责任重大，同时提出小学教师的科学素质也尤为重要。

陶行知主张，我们要小孩子玩科学的把戏，先要自己将把戏玩给他看。教师应该首先通过学习和研究来掌握一些科学知识，并且加入孩子中去，和小孩子一同"玩科学把戏"，一同学习，把学习的范围扩大，把学校和生活、和社会联系起来，即"生活即教育"，"社会即学校"。而且在经济条件允许的情况下，我们可以加以充分地利用，资金缺乏的时候，也可以做些无钱的科学，玩些不花钱的科学把戏。例如，教小孩子观察星宿，使他们了解一些简单的天文知识。他强调："任何教师必须擅长一门自然科学，没有自然科学的训练，就不配做教师。"[③]

陶行知身体力行地抓好现任的科学教员的培养提高。他曾邀请国外科学家推士来华，并组织清华学校等单位举办科学教员暑期研究会，研究提高物理、化学、生物等学科的实验教育问题，提高科学教员的科学水平。后来中华教育改进社又与东南大学、中国科学社、洛氏驻华医社联合续办科学教员暑期研究会，这对培养提高中小学教师的科学水平是切实有效的。

（三）论科学的生活

陶行知曾经把科学比喻成一个美丽的姑娘，认为青年人对待科学的态

---

① 陶行知. 陶行知全集：第2卷 [M]. 长沙：湖南教育出版社，1985：577.
② 陶行知. 陶行知全集：第2卷 [M]. 长沙：湖南教育出版社，1985：577.
③ 陶行知. 陶行知全集：第2卷 [M]. 成都：四川教育出版社，1991：630.

度，应该像对待自己的爱人一样去探索、追寻和爱。他认为科学是需要生命的，科学是要用激情来坚持不懈地追求的，应该把科学融入我们的生活中去，活学活用。

科学是从把戏中玩出来的，是从无知之行始，以能行之知终。在科学实验的过程中一定会遇到这样或那样的问题，但是只有遇到困难才会产生疑问，有疑问才会有假设，有了假设才会有实验和行动。懒得动手去做，不能算作科学的生活。

陶行知认为，过健康的生活就是受健康的教育，过科学的生活就是受科学的教育。大众和儿童在接受科学教育、学习科学知识的同时，更应该注意饮食、学习、工作、睡眠和公共卫生等日常生活方面的科学性。应该做到生活有科学性，办事有科学的根据，说话有科学的道理。认为只有科学的生活，才能使人健康，少生疾病，对个人来说，可以使个人和家庭生活幸福；对国家而言，使国民身体素质提高，有利于国家的繁荣和富强。

陶行知非常注重科学道德教育。他认为应该给受教育者以正确的引导，认为提倡科学教育最首要的一点，就是使受教育者明白科学是要谋大众幸福，解除大众苦痛，而不是为少数人利用和享受，我们应该运用科学来使我们生活得更美好，而不是运用科学来杀害生灵。"在科学家的手里掌握着人类之生杀权。用科学养人不用科学杀人，才是科学家之天职。若存着一个杀人的心去学科学，那便是世界上最大的恶人。"[1] 陶行知认为："真正的科学家是追求科学的真理，拿着科学的火把救人。至于运用科学为个人或帝国主义争夺权利，甚至杀人灭国也毫无顾忌，这叫作科学强盗、科学走狗、科学刽子手，我们是要重新为他们估估价了。"[2] 可以说，在长期的改革旧教育创立新教育的实践中，陶行知对我国基础科学教育做出了坚持不懈的努力，为中国的科学教育做出了开拓性的贡献。

二、陶行知科学教育思想的现代价值

研究和借鉴陶行知的科学教育思想，对于促进我国科学教育特别是基础科学教育的发展和提高，加速科技人才的培养，加速科技的进步，加速实现"科教兴国"的伟大战略，都有着重大的现实意义。

---

① 陶行知. 陶行知全集：第2卷 [M]. 成都：四川教育出版社，1991：69.
② 陶行知. 陶行知全集：第2卷 [M]. 长沙：湖南教育出版社，1985：911.

（一）重视和提高科学教育的地位

陶行知一生都在为科学教育的大众化而奋斗，他的科学教育论为现代科学教育奠定了理论基础，并且为中国的科学教育指明了发展的方向。他曾经指出："从农业文明过渡到工业文明，必须特别注重科学，以培养创造、建设、生产之力量。"[①] 陶行知认为，我们应该依靠一切可以利用的资源和力量办好科学教育。

21世纪的今天，是知识经济的时代，科技进步成为各国经济发展的决定因素。国际竞争已经转变为以知识经济为基础，以高科技产业为先导的综合国力的竞争。从世界经济发展趋势来看，越来越多的国家和地区正在把加速科技进步作为保持和获取市场竞争力，提高经济实力和人民生活水平的重要措施。围绕着发展高新技术和提高国际经济竞争力，发达国家和新兴工业国家正在进行战略和政策调整，争相夺取21世纪的经济制高点。中国作为最大的发展中国家，要实现新世纪的腾飞，必须通过科学教育的改革，培养新一代创新人才，以促进我国科技、经济和社会的发展，坚持不懈地实施科教兴国战略。

（二）加强中小学的科学教育

陶行知认为，要厉行小学的科学教育，造就科学的儿童，以建设二十年后之科学的中国，使中国永远立于不败之地。他在当时就已经认识到了只有培养出科学的儿童，才能实现科学的中国。

目前在教育观念上，关键是要提高对中小学科学教育的认识，赋予它应有的地位。陶行知先生曾经说过，科学的儿童早日造成，科学的中国和科学的中华民族早日实现。可见，只有中小学的科学教育走上了科学、高效的轨道，普及的工作做好了，才能为全民族科学素养的提高打下基础。当今世界各国都非常重视中小学的科学教育，纷纷进行课程改革，加大科学教育的力度。我国当前基础教育改革中也开始逐步加快科学教育发展的进程。在整个中小学的课程比重中，科学课程的内容所占的分量有所增加。但是，科学课程开设的形式、课程的目标以及教学的方法等方面，还需要进一步在改革和实践的过程中不断地探索和提高。

---

① 陶行知. 陶行知全集：第5卷 ［M］. 长沙：湖南教育出版社，1985：237.

（三）提高教师的科学素质

陶行知非常注重科学教师的培养，认为只有培养科学的教师，科学的儿童才能早日出现，科学的中国和科学的中华民族才能早日实现。在重新接手晓庄的三个步骤中，他就曾计划在暑期先开办大规模的暑期学校，招收大学毕业生、各师范科学教师、市县督学、各小学教师分别专门研究儿童自然科学，使他们在回去后能够使儿童自然科学的教育主张推行到全国。而且要恢复师范，使它成为儿童自然科学教育的源泉。

今天，我们已经充分地认识到科学技术人才的培养，基础在科学教育，而科学教育的基础在教师。要提高科学教育的质量，必须从教师的培养、任用、进修等各个阶段，有连贯性地提高现代教师的科学素质。教师队伍的科学化对于科学教育发展具有决定性的意义。但是，目前我国教师队伍的整体科学素质不能满足全面实施科学教育的要求，尤其是基础教育中的教师，自身的科学素质需要进一步地提高。我们应该重视师范教育中的科学教育，只有先培养出科学的教师，才能培养出科学的学生。

（四）重视科学能力和科学道德的养成

陶行知深刻地批判了当时灌输死知识，培养书呆子的旧教育，极力推行科学教育。他明确提出了科学教育的目的，是要培养学生科学的生活力和创造。他主张在传授学生科学知识的基础上，注重培养学生的科学应用能力。

今天科学教育改革的目的可以充分地借鉴陶行知的科学教育思想，在传授学生基本的科学知识的同时，把对学生科学的能力特别是科学的应用能力的培养，作为科学教育的首要任务，使他们认识到学习知识的根本目的在于应用知识，为培养青少年的科学素质、科学态度和科学意识奠定坚实的基础，使他们能够更好地适应未来的生活和社会需要。同时，我们还应注意学生科学道德的培养，使他们认识到学习科学是为了使我们的社会变得更加美好，使大众生活得更加幸福，使世界变得和平和稳定。

［原文刊载于《东北师大学报（哲学社会科学版）》2004 年第 6 期（曲铁华　佟雅因）］

第三专题

基础教育改革与发展研究

23 论中国近代民办普通中小学的 办学特色及启示

随着我国社会主义市场经济的发展和改革开放的进一步深化，我国创办了一批民办学校，并且正在蓬勃发展，大有方兴未艾之势。探索我国近代民办学校创立和发展的历史，尤其是近代民办学校的办学特色，有助于提高我们对民办学校的认识和正确估价其社会价值。

近代中国是半封建半殖民地社会，在这种特定环境里，民办学校的教育改革及进程有其独特性。纵的方面是封建教育向近代资产阶级教育转变，横的方面是中西文化的融合。在思想观念上，纵向是旧的封建传统教育观念向新的近代教育思想观念蜕变，转变中的中国教育观念与不断输入的西方教育思想观念相互冲撞融合。历史赋予近代民办学校以鲜明的时代特色，并且在办学思想、教学和管理等方面都积累了丰富、宝贵的经验，这是中华民族的一份优秀的教育遗产，是值得人们很好地研究、继承和借鉴的。

一、中国近代民办普通中小学的发展嬗变

中国近代民办普通中小学大致经历了三个不同的发展阶段。

（一）初建时期（清末）

清末年间，近代民办学校萌芽，新教育属于初创阶段。清末的新式学堂以私人设立为主，以清末学制设立为界。学制以前，我国民办学校以教会办的居多，直到1878年张焕纶创办正蒙书院，我国自办的新式民办学校才出现，近代民办学校教育初露端倪。新式民办教育真正得到较大的发展，是始于改良思想广泛传播之后。戊戌变法期间，国人思想、价值观念转变，社会风气丕变，私人创办的新式学堂逐渐增多。私立学堂发展的直接结果，是我国第一个新教育制度产生。新学制的制定又为新教育，特别是民办学校创造了良好的条件。由于政府的大力倡导，传统士绅文人的积极响应，新式民办初等中等学校在我国如雨后春笋，迅速建立。

清末新教育以初等教育发展最快，民办学校尤是如此。梁启超《变法通议·论幼学》一文云："今沿江海各省，其标明中西学馆、英文书塾以教授者，多至不可胜数。"[①] 其中以 1878 年的正蒙书院为最早。当时民办初等教育虽模仿教会学校，但并未立即走出传统教育的樊篱，多数学校"讲解与记忆并重"，毫无特色。唯有 1895 年华亨、钟天纬在上海办的三等学堂，以语体文编教科书，开我国国语教科书之先河。1903 年《奏定学堂章程》颁布，初等教育在学制中占有一席之地；1905 年学部规定各县立、私立学堂，由劝学所主管；1910 年改良私塾，私立学校获得大发展；1905 年杨斯盛捐产兴建的上海浦东中学和 1907 年张伯苓主持的南开学校最为有名。

清末的民办普通中小学校属于初创阶段，通常经费紧张，设备简陋，师资匮乏，规模很小，质量更难以保证。由于资金、办学经验、生源等因素，清末民办学校以初等教育为主。从一开始，民办学校就饱含了办学者的心酸，预示着中国近代民办中小学校曲折艰难的发展历程。尽管如此，私人办学的出现打破了教会独霸我国新教育的局面，繁荣了我国近代教育事业。

（二）发展与繁荣时期（1912—1937）

1912 年中华民国临时政府成立，中国社会打破了长达数千年的封建桎梏。但社会中新旧思想混杂，社会动荡，教育成为各党派、各社会阶层竞相占领的领域。国民政府为了培养资产阶级公民，大力提倡教育，新教育获得了迅速发展。1917 年以后，全国陷入长达 10 年的军阀混战，政府机关无暇顾及教育事业，教育经费常被挪用给军需，各级教育的发展受到极大的遏制。与完全依赖政府拨款的公立学校相比，民办学校并未因此受到大的影响。此时正值第一次世界大战前后，西方帝国主义无暇东顾，中国民族资本主义获得了自由发展的宝贵良机，无疑为求助私人捐款的民办学校提供了一定的经费来源。纵观历史，这个时期是民办学校获得较大发展的时期，但带有一定的盲目性。

民国初年，资产阶级为了对封建文化教育事业予以改造，同时为了培养社会急需的人才，重订学制，建立各级各类具有资产阶级性质的新式学

① 汤志钧，等. 中国近代教育史资料汇编 戊戌时期教育［M］. 上海：上海教育出版社，2007：94.

堂，并积极提倡、鼓励私人办学，改变了清末公立初、中等学校占绝对优势的局面。1922年以前，民办初、中等学校发展明显落后于公立学校。1912年民办中等学校54所，公立则为319所，私立占中等学校总数的14.5%；民办学校拥有学生6 672人，占学生总数的12.8%[①]。1922年以后，中学由原来四年一贯制改为六年制，分初、高两级，初中允许单设。私人纷纷要求设立初级中学。到1925年，私立中学达283所，比民国初年增长4.16倍，占当年中等学校总数的41.2%，而普通初级学校也占绝对优势。学生数也得到很大发展，由1912年的6 672人发展到1925年的51 285人，占初级学校学生总数的39.5%[②]。小学也有相应的发展。

随着北伐的胜利，中国社会结束了长达十几年的军阀混战局面，出现了少有的稳定形势。为了巩固自身的统治地位，同时为了粉饰政权，给遭受战争磨难的国家以发展机会，国民党当局开始整顿和发展各项事业。教育是国民党政府实现一党专制、发展社会各项事业的重要手段之一，因此国民党政府对其十分重视。1927年4月，国民政府正式颁布三民主义教育宗旨，并制定一系列法规，为教育发展做了政策上的准备。

这一时期的初、中等民办学校，由于政府的提倡、社会经济的发展，得到相当的发展。民办中学自1925年开始有迅速的发展，整个阶段私立中学校数、学生数都稳定在30%—40%，民办中学最多时达1 200所（1936），学生数也高达274 801人，分别占中等学校总数的36.7%、学生总数的43.8%[③]。其中民办普通中学数量最大，达整个民办中等学校的86.3%。这一时期是初等民办学校在近代发展最好的阶段。据民国二十年（1931）来民办小学校数、学生数及占百分比可知，民办小学最多时达65 429所，占当年公私立小学总数的24.8%，学生最多时达2 967 548人，占公私立小学生总数24.2%[④]。

以上材料说明，国民政府统治前期，民办学校远比公立学校发展迅速，无论从学校数、学生数都有长足发展。这说明社会经济、政治相对稳定发展，为民办学校的发展创造了条件。而公立学校因在经费上完全依赖于政府，政府虽制定了一系列政策法规，规定了学校的最低开办费和各项经费比例，但实际兑现的很少。连国民政府也承认"迭年以来，政府各方

---

① 教育部教育年鉴编纂委员会. 第二次中国教育年鉴［Z］. 北京：商务印书馆，1948.
② 教育部教育年鉴编纂委员会. 第一次中国教育年鉴［Z］. 上海：开明书店，1934.
③ 教育部教育年鉴编纂委员会. 第二次中国教育年鉴［Z］. 北京：商务印书馆，1948.
④ 教育部教育年鉴编纂委员会. 第二次中国教育年鉴［Z］. 北京：商务印书馆，1948.

面种种窒碍，致学款常有延稽"①。经费短缺阻碍了公立中小学校的发展。民办学校则经费自筹，发展稳健。民办初、中等教育发展极为迅速，表明政府提倡普及义务教育，发展初、中等教育有所成效，吸引了部分民办学校生源。

（三）衰落时期（1937—1949）

1937 年，日本侵略中国，我国将大量的人力、物力、财力投入抗战中，教育事业再次经历血与火的洗礼。抗战初期，国民党在资金严重短缺的情况下迁移了部分教育部门，维护了一些教育机构的存在，减少了教育部门的损失。相比之下，原本靠私人力量维持的民办学校则没有保障，战火使许多学校人、财、物丧失殆尽，而未被战火摧毁的学校也因缺乏资金无力迁移到后方而被破坏。后随着国民党撕毁"双十协定"，挑起内战，国民党政府政治经济全面崩溃，此规定又流于空谈，民办学校的发展受到遏制。

抗战初期民办普通中小学受战争破坏最为惨重。表现为数量上的锐减，财产上的损失。如民办中学在校生 1936 年为 274 801 人，到 1938 年减为 165 710 人，下降 39.7%。民办中学教师则由 1936 年的 25 288 人，减至 1938 年的 12 063 人，下降 52%②。抗战期间，民办初等教育受到前所未有的破坏。抗战结束后，国民政府积极鼓励、提倡义务教育，对公立学校支持鼓励，忽视了民办初等教育的发展。1935 年，国民党第四届中央委员会第四次会议通过了《实施义务教育暂行办法大纲》及实施细则，大力提倡普及义务教育。

与此同时，实施国民教育，1934 年公布《国民教育法》，强迫适龄儿童或民众接受基础教育和补习教育，并指定民办小学办学优良者为国民学校。这些政策战后得以实施，结果许多民办学校改为国民小学和公立小学，民办初等教育的发展受到影响。1932 年尚有私立小学 65 429 所，占公私立小学总数的 24.8%，到 1943 年仅有 7 452 所，占公私立小学总数的 12.7%，下降 89%。学生数也相应下降，1932 年私立小学在校生 2 967 584 人，占公私立小学总数的 24.2%，到 1943 年仅存 699 030 人，下降 76%，仅占公私立小学生总数的 3.7%③。以后虽有所恢复，但数

---

① 王炳照，等. 中国古代私学与近代私立学校研究 [M]. 济南：山东教育出版社，1997：363.
② 教育部教育年鉴编纂委员会. 第二次中国教育年鉴 [Z]. 北京：商务印书馆，1948.
③ 教育部教育年鉴编纂委员会. 第二次中国教育年鉴 [Z]. 北京：商务印书馆，1948.

量极少。

民办初等教育的衰落，主要是政府对公立学校有意扶植、忽视民办学校发展所致。这一阶段战火频繁，公私立学校破坏严重，民办学校更为突出。抗战期间，民办中小学校损失惨重，抗战后，政府集中力量发展公立教育，对民办学校采取不支持，甚至拆东墙、补西隅的办法，致使不少优秀的民办中小学校因财政困难被迫改为国立。事实上，未改国立的民办学校或新建的民办学校几乎都存在着经费困顿、师资缺乏，以及战火侵扰、教育质量无法保障、处于勉强存在的状况。

二、中国近代民办普通中小学的办学特色

中国近代民办普通中小学在长期的办学实践中形成了自己鲜明的时代特色。

（一）办学宗旨——救国利民

鸦片战争以来，中国许多先进的思想家、教育家都将拯救中国的希望寄托于教育。他们认为教育是立国之本，国家要富强，教育必须发达。资产阶级维新派在此思想基础上进一步提出了"国民教育"主张。他们认为，教育应当立足于"教民"。梁启超提出教育应"以造就国民为目的"，养成一种具有新精神的国民。他的《新民说》中阐述了新型国民的特质。他认为"新民"应该具备的人格特征有 18 种之多，诸如国家思想、权利思想、政治能力、冒险精神以及公德、私德、自治、自尊、尚武、合群、民气、毅力等品质。主张全国之民都要受教育，同时要使新民有国家观念，以此来振兴中华。严复曾大声疾呼"鼓民力""开民智"和"兴民德"，他认为使全民都受新式教育，才是真正的富国强兵之道。维新派也强调国民教育的极端重要性。

经过长期的提倡，"国民教育"思想逐渐深入人心，极大地提高了国民对于兴办学校的认识。维新派积极主张兴办学校，他们提出了国民有受教育之义务，还有办教育之义务的义务教育思想。康有为主张以功名学衔、仕途等诱使国民捐款助学，调动绅民创办私学的积极性。他指出："鼓励绅民，捐创学堂，其能自捐万金，广募地方经费者，赏御书匾额，给以学衔，以资鼓励。其有独捐十万巨款，创建学堂者，请特旨奖以世职。"梁启超主张，借助地方自治的办法来兴办学校，提倡民间办学，并把这种活动看作救国、益民之举，是一种高尚的社会公益活动。在清末的

兴学热潮中，有一位著名的私人办学者——职业商人杨斯盛，他深受维新派教育救国思想的影响，对于国家民族的前途抱有极强的责任心。他认为作为国民的一分子，负有兴办教育的义务。作为一个爱国主义者，他将毕生积蓄的家产全部用来开办新型学堂。他开办学校有着崇高的目的，"非为子孙计"，他创立私立学校，体现的是崇高的奉献精神，而不是谋求个人私利的渺小行为。

我国近代建有一批高质量的民办学校，它们都不曾以营利为办学目的。南开学校校长张伯苓创造性地构建了近代化民办教育体系，使私人办学这一传统形式得到更新和改造，注入了时代活力，转化为近代民办学校，并成为中国近代新经济结构中的一支重要、活跃的教育力量。张伯苓是近代民办教育的先驱者之一。他主持南开中学时，主张教育救国，希望通过教育使祖国走向富强、独立。他始终把爱国主义教育放在头等重要的地位，把爱国看作促进国家团结统一的基础，是实现教育救国的前提。他不把学校变成赚钱渔利的"学店"，他曾总结他的办学目的，"旨在痛矫时弊，育才救国"，使我国早日实现现代化。正是这种办学宗旨，使他按照现代化教育的要求严于治校，使南开学校在旧中国就达到了当时世界的先进水平。陈嘉庚一生倾资兴学，办学历史长达 67 年（1894—1961）之久，创办和资助过的学校多达百所以上。陈嘉庚兴办教育做到了他自己所许下的志愿："立志一生所获财利，概办教育，为社会服务，虽屡经困难，未尝一日忘怀。"为办教育，陈嘉庚几乎耗尽毕生精力和全部财产。他认为教育为立国之本，兴学乃国民天职。"捐资一道，窃谓莫善于教育——欲为公众服务，亦以为办学为宜。"[①] 为此，他把大批遗产全部捐献给祖国的教育事业。人民教育家陶行知，以"爱满天下"的情怀办学，一生创办多所学校，无一所不为民办，如晓庄师范、育才学校等。他的学校，更与谋利无缘，表现出育才救国的崇高精神。

（二）教育教学——质量为重

中国近代民办学校面临的激烈竞争可谓是"全方位"的。它必须要以自己的教育教学质量参与社会竞争，并且竞争的胜败决定着民办学校的兴衰。因此教育教学质量是民办学校的"生命线"。近代民办学校向我们展现了在竞争中以质量求发展的办学模式。

---

① 陈嘉庚. 畏惧失败才是可耻 [J]. 东方杂志，1934，31（07）：5-10.

首先,招收学生以质量为重。我国近代民办中小学校的学生不是分配来的,而是经过激烈竞争招来的。对民办中小学来说,学生的学费是学校重要的经费来源。但是,近代著名的民办学校都不以此作为招生的出发点。大多数民办学校都不轻易招收所谓的"后门生",而是以质量为重,百里挑一,保证生源的质量。

其次,教师的聘任是非常严格的,甚至不惜重金延聘名师,以此保证高质量的教学。南开校长张伯苓十分注意教师队伍的建设,他聘请教师,均经严谨的选择,按照南开各种需要,延揽国内外各大学的优秀毕业生。所以南开中学有一批教学骨干,他们年富力强,知识广博,讲课生动,要求严格,在学生中有很高的威信。南开是以"公"与"能"为标准择优聘任教师的。如果教师不能认真负责,工作失误,则毫不留情地解除聘约(即使是有亲友关系的教员也不例外)。陈嘉庚创办集美学校,地处僻壤渔村,很难从当地聘请到合格的教师,他就用重金在发达地区礼聘高师,终于请来了国学大师钱穆、史学家王伯祥、文学家史钦文等,保证了集美学校的教学质量。

再次,重视课程,教学严格认真。在南开,学生入学后,强调基础知识和基本技能的学习,由最好的教师开基础课,以提高教学质量。南开提倡研究学术的空气和生动活泼的学习,经常邀请名流学者做学术报告,开阔学生的知识视野。在课程上,还实行积点(学分)制、选科制,提高学生的学习兴趣,使学生的爱好和特长得以发展,有利于较快地培养人才。

最后,建立完整严格的各种规章制度,保证教学活动的顺利进行,如课堂规则、考试规则、实验室规则、宿舍规则、食堂规则等。南开中学考试制度非常严格,在当时是很出名的,如有作弊,当场抓卷,当天挂牌处分;两门考试不及格,就得留级。对优秀学生和差生还分别采取措施。1921年,张伯苓召开校务会议,曾专门通过特材生办法案决定对优秀学生"特别优长之门类宜设法使之尽量发展",并通过《各科教员宜注意劣等生案》,要求"各科教员宜与劣等生以相当之帮助",同时通过这种方式奖掖优秀学生,如设立互助学金、奖学金、特种奖学金等。南大的考试不仅严格,而且方式很多,有测验、小考、大考。测验随课举行,不计其数,小考按月举行,大考则非常郑重其事。南大学生的淘汰率是相当高的,这样就保证了毕业生的质量。

(三)学校管理——高效精干

中国近代民办学校在学校管理上有其特色,那就是秩序稳定,管理高效。

近代民办学校不同于公立学校之处就是秩序稳定，像南开学校校长张伯苓，一干就是半个世纪，明德中学校长胡元倓任职也达十余年。而公立学校常随政局而起伏动荡，当局人事变动，就要引起校长的更换，校长更换了，前任校长对教员的聘任就失效，教师也要重新聘任，二者形成鲜明对比。从学校管理的角度分析，管理秩序不稳定，就不可能有学校的长远规划，不可能形成团结的学校团体。

由于民办学校经费来之不易，养不得闲人，也不能有臃肿的机构，所以，在行政设置上，近代民办学校一向极少冗员，而且行政人员一般都身兼多职，高效精干，办事效率高。例如，南开的行政非常精干，办事人员很少，工作却井井有条，事事有人负责。南开不像别的学校普遍设有教务长、总务长、训导长、校长办公室主任等职务和机构，而是仅设秘书长，在校长的领导下总管全校的一切教务总务与行政工作。黄钰生先生自始至终是老南开的秘书长，是南开的重要创建人之一。他兢兢业业地把一生的心血灌注在学校里，充分发挥他的组织才能和行政才能。校长张伯苓重效率、重干劲，主张实干、硬干，认为只要努力去干就可以达到目的，他实行"校务公开，责任分担"的方针，使每个职员各司其职，各负其责，有职有权，能够迎着困难独立工作，充分发挥了他们办事的积极性和主动性。此外，近代民办学校校长大多兼课。例如，南开校长张伯苓教修身课，常年不懈地坚持颇有成效的道德教育，形成了南开学校的一大特色。

总之，中国近代民办学校在管理上有其特色，具有较大的办学自主权。它的最高权力机构——董事会掌握学校的人事任免权，可以任命学校的最高行政领导——校长。校长聘任教师，同样是自主选择的。大多民办学校贯彻教授治校和民主原则，其行政管理的特色是秩序稳定，机构精简，人员精干，办事效率高。

三、历史的启示

中国近代民办普通中小学都已成为往事陈迹，我们探讨它、回顾它，除了历史意义、学术价值外，还因为它为我们提供了许多经验、教训，通过分析、鉴别，对今天民办中小学教育改革仍有一定的启示。

（一）民办学校必须坚持正确的办学方向

综观我国近代著名的民办学校，其所以能取得卓著的教育成效，首先得益于它们有高尚而进步的办学思想，有育才救国的办学宗旨，不为名，不为利，倾全心于国家的普及教育事业。民办学校在办出特色的同时，必须坚定不移地坚持国家的教育方针，民办学校总的办学目标是为了适应社会经济发展的需要，促进国家的繁荣与人民的幸福。

在实践中注重强化民办学校的"育人"意识。实践表明，市场经济对教育的冲击是不可低估的，当人们在对已往基础教育传统模式的审视中寻求通往成功的理想轨道时，竟然发现，强化民办学校"育人"意识是不可忽视的问题之首。这样讲，是因为现在有些民办中小学校在办教育方面，经济意识增强，"育人"意识逐渐淡化。这种现象使基础教育存在着潜在的危机，少数学校借办学之名谋取暴利，被人们骂之为"学店"。若不强化"育人"意识，基础教育改革就难以顺利展开和收到良好的效果，国家提出的要"大力加强基础教育"的任务就只能落空。因此，强化学校的"育人"意识，既是学校工作的必需，也是民办基础教育改革的重要任务之一。

（二）民办学校必须致力于高标准的教育质量

民办学校的生命力在于教育质量。特别是基础教育，必须树立以质量求生存、以声誉求发展的办学思想，应坚持"两全"方针，即全面贯彻教育方针，不遗余力地全面提高教育质量。当前，民办学校提高教育质量，主要应注重促进学生生动活泼、主动地发展，办出自身的特色。

（三）加强民办学校的教师队伍建设

中国近代著名的民办中小学校能够盛名久扬，得益于拥有一支稳定的、业务精深的、在学生中享有崇高威望的教师队伍。名师与名校极易形成良性循环，这对当今民办学校的特色建设有所启迪。

师资是民办学校的立足之本，也是吸引家长和学生的耀眼条件之一。"名师出高徒"，从某种意义上讲，民办学校的成功和名气靠的就是教师的水平和质量。近代民办学校为了保证教学水平和教育质量，聘请了一批教学经验丰富、教学技艺精湛的教师，他们或者具有大学教授、副教授头衔，或者荣获特级、优秀教师称号，其丰富的教育实践经验和深厚的教育理论功底，无疑是民办学校一笔巨大的财富。但目前民办中小学教师队伍也存在一些问题，如教师队伍不够稳定、质量不高等。

因此，要建立一支高质量、高水平的稳定的民办学校教师队伍，必须在素质结构上达到较高水平，在年龄结构上老、中、青比例适当，在学历结构上达到较高程度。要达到此目的仅仅靠高工资、高待遇是乏力的，还应解决民办学校教师的诸多问题，如开展教育科研，提供进修机会，解决住房、医疗保险、职称评定、退休安置等等。政府应维护民办学校教师的合法权益，解除其后顾之忧。只有这样，才能真正吸引一批年富力强的优秀教职人员，以确保民办学校较高的教育质量，促进我国民办教育在 21 世纪健康稳步地向前发展。

［原文刊载于《湖南师范大学教育科学学报》2006 年第 1 期（曲铁华）］

24 试论一九二二年普通中学的课程改革

在中国近现代教育史上，普通中小学的课程经历了多次改革，其中尤以 1922 年的普通教育课程改革最为著名。其中普通中学的课程改革利弊得失、经验教训对我国当前进行的普通中学课程改革，仍有着重要的借鉴意义。

一

教育改革总是要受到当时的社会政治、经济等因素影响。1922 年的普通教育课程改革，也正是基于当时国家政治经济社会发展的需要而进行的。

在 1914 年到 1918 年的第一次世界大战期间，中国的民族资本主义得到了一定的发展，它向教育提出了新的课题，要求教育能为民族工业的发展提供更多的技术工人和中级技术人员，即需要创办职业教育。恰是在这种情势下，职业教育思潮应运而生。1917 年 5 月，职业教育思潮的代表组织——中华职业教育社在上海成立。该社章程提出，职业教育的目的是"为个人谋生之准备，为个人服务社会之准备，为国家及世界增进生产力之准备"[①]。要使无业者有业，使有业者乐业。为实现这一目的，资产阶级教育家们主张创办职业学校，并在中学开设"职业指导"课程。这些职业学校和"职业指导"课程，在解决部分学生的失学和失业问题以及培养学生掌握一定的职业知识和生产技能方面，发挥了某些积极作用。职业教育思潮的兴起和发展影响了我国 1922 年普通教育课程改革。

五四运动后，人们的思想更加解放，教育思想更加活跃。当时，社会上存在几种较为有影响的教育思潮，如平民主义教育、职业教育、实用主义教育。虽然这些思潮观点不同，方法各异，但都主张教育要打破传统的

[①] 中华职业教育社宣言［G］//中华职业教育社社史编写小组.社史资料选料：第 3 辑.北京：文史资料出版社，1982：29.

陈规陋习，为教育开拓更广阔的前景。其中，实用主义教育思潮的传播更为广泛，它是影响 1922 年普通教育课程改革的又一个因素。它为 1922 年的新学制及课程改革直接奠定了思想基础。实用主义教育学说主张"教育即生活""学校即社会"，其目的就是要学生在资本主义生活方式中受陶冶，使学校成为资本主义社会的缩影。实用主义教育学说认为教育本身不是目的，"教育即生长"，"儿童是中心"，教育要根据"儿童的兴趣"安排他们的学习内容。这些主张对 1922 年的普通教育课程改革产生了很大的影响。

促使 1922 年普通教育课程改革的另一个因素，就是 1912 年南京临时政府制定的《壬子癸丑学制》已不能适应社会的需要，暴露了一些问题，突出地表现在中学学制及课程设置方面。硬性划一的单科课程不利于学生的个性发展及能力的发挥，把普通中学当成升学的预备，学生毕业后，升学困难，就业也困难。1912 年的学制，中学是四年制，没有分初中、高中，课程设置上也是相推而下。因此，学生既没有很好地掌握基本知识和基本技能，又没有学到职业知识及技能。毕业后，升学尚感知识水平不足，就业又无能为力，造成教育上的极大浪费。这些弊端已成了新形势下教育发展的阻力，必须加以改革。

随着各种新教育思潮的广泛传播，一些教育团体纷纷建立，如中国科学社、全国教育会联合会等。它们创办刊物，组织各种活动，为改革大造舆论。其中，尤以全国教育会联合会的作用最为突出。总之，客观形势已造成一种趋势，改革势在必然，过去的那种"不管社会需要，不管地方情形，不管学生个性"的教育方式已成为教育发展的桎梏，必须加以打破。

1915 年 4 月，全国教育会联合会第一届年会在天津召开，会上湖南省教育学会提出议案，要求对现行普通中学的学制及课程进行全面改革。议案指出："中学年限仅四年未免少一些。"[1]"依规定之学科时间，恒有充其所教，罄其所学，不能具足之生活力者，而毕业反为社会之累。"[2] 议案主张推翻现行学制，创造一种新学制，"改中学校为文科学校、实科学校、副文科学校、副实科学校"[3]。会后，这项议案发至各省，以征求意见。

1916 年 11 月，全国教育会联合会第二届年会在北京举行。会议围绕普通中学教育改革问题展开了热烈的讨论，并提出《改良中学办法案》。

① 舒新城. 近代中国教育史料：第 2 册 [G]. 上海：中华书局，1928：67.
② 舒新城. 近代中国教育史料：第 2 册 [G]. 上海：中华书局，1928：67.
③ 舒新城. 近代中国教育史料：第 2 册 [G]. 上海：中华书局，1928：68.

议案指出，现行中学的教育结果之所以不良，是因为当时中学办学宗旨和课程设置只重视升学预备，而实际上能升学的人不足十分之三，大多数不能升学的人在校时受不到职业技术方面的训练，毕业后自然因无法谋生之能力而成为社会的包袱，自己也会陷于困境。正因为如此，议案认为这种为少数人升学而牺牲多数人生计的教育急应纠正。议案建议将普通中学的办学宗旨由原来的"完足普通教育，造成健全国民"改为"完足普通教育为主，以职业教育为辅"。议案还提出，中学应该从第三学年起，就地方情形，适当开设职业课程，减少其他学科的授课时间。教育部采纳了这些建议，于1917年3月通令全国普通中学增设第二部。在课程安排上，适当增加工业、农业或商业科，同时酌减普通学科。但改革没有得到广泛实施，中学的问题仍未能得到解决。

1918年10月，教育部在北京召开全国中学校长会议，并提出七项议题供与会者讨论，以解决迫在眉睫的中学教育问题。最后，会议做出决议：（1）中学的目的"以预备升学为主，以预备职业为辅"；（2）实行文实分科制，可以分设文科中学、实科中学，也可合设。教育部虽未批准这个决议，但是汲取其精神，于1919年4月向全国中学发出咨文，规定中学的课程可根据"时势所趋"和"地方情形"而酌量增减。

在这一咨文精神影响下，各省中学纷纷兴起改革之风。改革一方面体现在观念的转变上，另一方面体现在学制和课程的变革上。在观念上，经过五四运动，人们普遍认为中学的宗旨不应是单一的升学预备或职业预备，而应兼顾二者；课程的设置不应硬性划一，而应给学生更多的选择自由。在实践上，各地中学实行的改革措施是"分科制""选科制""学科制"和"学分制"。

在广泛改革实践的基础上，教育部针对当时出现的新情况，对必修科和选修科的设置做了一些调整，制订了一些新的标准：通过开设其他活动，诸如手工、图画、音乐来减轻学生必修课的沉重负担，中学选修课起止时间应从中学三年开始。

1921年10月，全国教育会联合会在广州召开第七届年会，在会上十省教育会提出学制改革议案十一种，这些议案大都提倡"三三制"或"四二制"的中学学制，延长中学修业年限，实行分科制。会议通过讨论，最后决定以广东省提出的议案为基础，参照其他省的议案，制定出"新学制草案"，向全国颁布，广泛征求意见。

1922年9月，教育部召开全国学制会议，中心内容是讨论和修改学制改革案。同年 10 月，在济南召开的全国教育会联合会八届年会上对其做了修订，最后，1922 年 11 月，教育部根据学制草案，参考了修订案，正式颁布《学校系统改革案》，史称"新学制"或"壬戌学制"，经北洋军阀政府批准并以大总统的名义公布实施。

二

1922 年的普通教育改革是场学制改革与课程改革相辅相成的改革。课程改革既是学制改革的前提，也是学制改革的结果。课程改革往往向学制改革提出要求，促进学制改革，而学制改革必然影响课程改革，推动、深化课程改革，学制改革最终要体现在课程改革上。

1922 年 11 月 1 日公布的《学校系统改革案》首先提出了学制改革的七项指导原则：

(1) 适应社会进化之需要；

(2) 发挥平民教育精神；

(3) 谋个性之发展；

(4) 注意国民经济力；

(5) 注意生活教育；

(6) 使教育易于普及；

(7) 多留各地方伸缩余地。[①]

根据这些指导原则，"新学制"对中小学教育，尤其是普通中学教育做了许多新的规定，使之成为"新学制"中最精彩的部分。这些新规定主要是：

(1) 中学为六年，分初、高两级各三年；

(2) 初级中学为普通教育，可以单设，并根据地方情形单设各种职业科；

(3) 高级中学分为普通中学（预备升学）和职业科（可分为农、工、商、师范科）；

(4) 高中可根据地方情形单设一科或兼设数科；

(5) 高中实行选科制。[②]

---

① 学制：颁布施行之学校系统改革案 [J]. 新教育，1922，05（05）：122-125.

② 学制：颁布施行之学校系统改革案 [J]. 新教育，1922，05（05）：122-125.

在进行学制改革的同时，全国教育会联合会在 1922 年 10 月的济南八届年会上专门组织了一个"新学制课程标准起草委员会"，并举行了第一次会议。同年 12 月，委员会在南京召开第二次会议。会议讨论并通过了有关普通中小学课程的议案。会议还邀请有关专家拟定各科课程纲要。

1923 年 4 月和 6 月，"新学制课程标准起草委员会"在上海召开二次会议，制定了小学和初中课程纲要以及高中课程总纲，最后颁布了《新学制课程标准纲要》（以下简称"纲要"）。

《纲要》规定：在初级中学开设社会科、算学科、自然科、艺术科、体育科、语文科等六科，实行学分制，每个科目每周上课 1 课时，上满一学期就得 1 学分。初级中学学生需要得满 180 学分才能毕业。其中 164 学分为必修课，其余为选修课。各科学分安排见下表：

学科	社会科			语文科		算学科	自然科	艺术科			体育科		计
	公民	历史	地理	国语	外语			图画	手工	音乐	生理卫生	体育	
学分	6	8	8	32	36	30	16	12			4	12	164

《纲要》还规定：高级中学要分设普通科和职业科。职业科以就业为目的，还可细分为农、工、商、师范、军事等科。普通科以升学为目的，又分为文理两组。第一组注重文学及社会科学（文科），第二组注重数学及自然科学（理科）。普通科的课程一般由三部分组成：

（1）公共必修科：普通科第一组和第二组均必须学习这一共同科目，虽然每组采用的教材和教法也许有所不同。

（2）分科专修科：它包括分科必修科和分科选修科两种。第一组以文学及社会科学为主，第二组以数学及自然科学为主。

（3）纯选修科：它为文理两组学生的侧重学习内容，是学校按地方情形而设置的。学生可根据自己的兴趣进行选择。

《纲要》规定高中必须修满 150 学分才能准许毕业。普通科文、理两组的学科和学分情况如下表所示：

高级中学普通科第一组学科和学科分科必修科目分情况表（一）

学科	公共必修科目								分科必修科目					选修科目	
	1.国语	2.外国语	3.人生哲学	4.社会问题	5.文化史	6.科学概论	7.体育卫生健身法	其他运动法	1.特设国文	2.心理学初步	3.伦理学初步	4.社会科学之一种	5.自然科学一种 或 数学一种	1.分科选修科目	2.纯选修科目
学分	16	4	9	10	16	6	6		8	3	6（至少）	4（至少）	6（至少）	32（或更多）	30（或更少）

改革后的初级中学和高级中学课程摒弃了旧学制课程设置方面的弊病，具有下列优点：

第一，经改革，中学学制延长了，分为两个阶段，这有利于加强对初中学生基础知识和基本技能的传授和训练，提高了初中生的水平。在提高初中教育质量基础上，高中阶段，可对学生知识的深度和广度加以扩展，进一步提高学生的知识水平，这为他们升入大学的学习创造了条件。

第二，经改革，课程设置达到了相当完备的程度，第一次制订了系统详尽的课程标准，并对各科的目的、内容、方法做了规定，使教师的教学工作有据可循。

第三，经改革，中学采用分科制、选科制和学科制、学分制，使课程设置和授课时间安排上有了更大的回旋余地，有利于学生在学习时掌握主动权，充分发挥个性和潜力；同时，也使学校便于因地制宜，培养社会需要的人才。

第四，经改革，一方面高中可同时并设普通科和职业科，另一方面，初级中学的选修课目和高级中学的分科选修科都重视职业教育，使职业教育和普通教育进一步沟通。这种做法既保证了升学的质量和数量，为社会输送了一定的专门人才以促进科学技术的发展，同时，也满足了社会对中等技术人才的需求，提高了劳动力的质量和生产率。

第五，经改革，初级中学和高级中学的课程中增添了一些新学科——道德教育课、人生哲学课、文化史课、科学概论课等，这具有积极意义。

第六，经改革，高级中学普通科实行文理分科，课程设置有所侧重，这是课程设置上的一次有着深远意义的进步。学生到了高中阶段，已具备了一定的基础知识，从年龄上讲，个人的兴趣爱好及才能也开始显露出来，所以，分科时间比较适宜，各方面条件比较具备。此外，高中分文理科，为升入高等学校分文理专业奠定了基础，提供了相应的知识储备。

三

1922 年的课程改革从历史背景来看，是资产阶级教育救国论和实用主义教育思潮的产物，它对我国现代教育发展上的积极促进作用是不可忽视的。如果说《壬子癸丑学制》中的有关规定使普通中学课程蜕掉了封建旧教育的外壳，那么，《壬戌学制》中的有关规定，则完全去掉了封建旧教育的内容和方法，所以，从这个角度上讲，改革在反对封建军阀统治，反对封建复古主义教育上都有着积极意义。

这次改革强调以学生为中心，重视实用知识获得，培养了大批人才。可以说，1922 年课程改革成果是"五四"前后近十年教育改革的总结。

1922 年的普通中学课程改革以强调"升学"与"就业"兼顾为出发点，是与中学作为中等教育本身特点相一致的，这一观点是可取的。而且，改革注意到全国各地的不同状况，因而提出"多留各地伸缩余地"和"酌情处理"等指导性原则，使课程标准既有弹性又不失统一，促进了改革的进程。

高级中学普通科第二组学科和学分情况表（二）

	公共必修科目								分科必修科目						选修科目	
学科	1.国语	2.外国语	3.人生哲学	4.社会问题	5.文化史	6.科学概论	7.体育卫生法	健身法　其他运动	1.三角	2.高中几何	3.高中代数	4.解析几何	5.用器画	6.（选两项每项六学分）物理、化学、生物	分科选修科目	纯选修科目
学分	16	4	9	10	16	6	6		3	6	4	3	3	12	23（或更多）	30（或更少）

1922 年课程改革所取得的成绩是很突出的，但存在的问题也是很明显的。这些问题从某种意义上讲，反映了中学课程教育改革结构内的矛盾关系，因而成为 1932 年国统区普通中学课程改革的一个重要契机。

第一，初中为普通科，设六门课。从门类上看少于旧学制（1912 年《壬子癸丑学制》）。但因增加了十三门选修课，实际上课程内容并未减少，反而多于旧学制。由于修业年限少于旧学制，而完成的课程量又很大，所以，只好对学生降低要求，这影响了教育质量。另外，外语课的学分占的比重较大（20％），这对于那些不愿升学或升学有困难的学生来说，等于浪费太多时间。

第二，初中实行学分制，规定学生要修完必修科目 180 学分，选修科目 16 学分方能毕业。可每个学科只规定学分时数，却不规定哪个学科在哪个年级上，占多长时间，这反映了课程设置上单纯突出儿童中心主义的发展倾向，破坏了课程的系统性和科学性。

第三，由于高中实行文理分科，课程设置上出现重文轻理、比例失调现象。例如，《纲要》规定高中必须修满 150 学分方允许毕业。从普通科文、理两组课程设置和学分分配表中可看出，文科组必修科目（公共必修科目和分科专修科目）共为 88 学分，占学分总额的 59％，选修科目（分科专修选修科目和纯选修科目）为 62 学分，占学分总额的 41％；从学科性质上看：①文科课程为 138 学分，占学分总额的 92％，而理科的课程仅为 12 学分，占 8％。理科组必修科目为 95 学分，占学分总额的 63.3％。选修科目为 53 学分，占学分总额的 35.3％。②理科课程为 90 学分，文科课程为 60 学分，文科课程占总学分的 40％，理科课程占 60％。从文理两组总体上看：文理两组课程相差悬殊，特别是文科组其理科课程只占 6 学分；必修科和选修科相比，选修科比例较高。

第四，高中文理两组课程设置名目繁多，学分分布不均，这样，学科所需时间与教学所需时间距离太大，学生学一门课程连起码了解都感到时间不足，系统掌握就更谈不上了，例如，文科组公共必修科和选修科中，最高的为 16 学分，最低的为 3 学分，这就造成一些课程难开、难学、难教、难管理等不良现象。

第五，在高中两组课程设置上，必修课所占学分较少，而选修课所占学分比例较高，这不利于打下全面扎实的基础和进行基本训练。

从以上的问题中我们可以获得下列启示。

首先，初中的课程设置要与修业年限适应，既要使教师完成教学任务，又要使学生能够学到知识。

其次，高中普通科分文理两组，在课程设置上要文理相适，不应过分偏颇，要避免重文轻理或重理轻文这两种倾向。

总之，普通中学课程改革是一项复杂而艰巨的工作，需要处理好几对矛盾：一是升学与就业的矛盾。普通中学的培养目标到底是什么？这是制定课程时首先必须弄清的问题。二是打好基础与发展个性的矛盾。三是知识传授与智力发展的矛盾。四是硬性划一与灵活处理的矛盾等等。这些矛盾也是我们今天进行课程改革所面临的问题，须结合以往课程改革的经验教训，做更为深入广泛细致的研究，以推动我国普通中学课程改革进一步向纵深发展。

［原文刊载于《外国教育研究》1994 年第 6 期（曲铁华）］

25 中国近代中小学教材的改革

从 19 世纪 60 年代开始，洋务派先后创办了一批学习"西文""西艺"的新式学堂，在这些学堂中开设不同于传统教育的新课程，引进西方的教材，从而打破了在中国延续了几千年的传统学校的教材体系，揭开了近代学校教材变革的序幕。

一、洋务运动与我国传统教材体系的变革

京师同文馆是最早建立的洋务学堂，1862 年成立之初，课程主要为外文和汉文，至 1876 年，算学、天文、各国地图、各国史略、格物和化学等科学课程得到普遍开设。其后又有一批外国语学堂和其他诸如军事技术、武备等类型的洋务学堂出现。这些学校根据各自的性质和特点，分别开设的外文及相关专业的实用科学课程改变了中国传统的课程结构，也促使近代意义上的教科书开始取代传统教材。

（一）洋务学堂西学教材的编译

我国传统教育使用的教材大体可分为两种：一种是启蒙识字性质的，如《三字经》《百家姓》《千字文》等；另一种是应用于科举考试，如"四书"、"五经"、《古文词》等。这些传统教材体系已经不能满足洋务学堂中所开设的西方自然科学课程的需要。下面以京师同文馆和上海广方言馆为例，来说明洋务学堂教材的编译情况。

京师同文馆先后编译了英文、算学、格物、化学等方面的书籍，供同文馆的学生做教材使用。据光绪二十四年（1898）《同文馆题名录》所载，历年所译书目为如下 27 种：《万国公法》《格物入门》《化学指南》《法国律例》《星轺指掌》《公法便览》《英文举隅》《富国策》《各国史略》《化学阐原》《格物测算》《全体通考》《（戊寅）中西合历》《（己卯、庚辰）中西合历》《（辛巳、壬午、癸未、甲申、乙酉、丙戌、丁亥、戊子、己丑、庚寅、辛卯、壬辰、癸巳、甲午、乙未、丙申、丁酉、戊戌）中西合历》

《公法会通》《算学课艺》《中国古世公法论略》《星学发轫》《新加坡刑律》《同文津梁》《汉法字汇》《电理测微》《坤象究原》《药材通考》《弧三角阐微》《分化津梁》。[①]

1863 年，李鸿章奏准设立"广方言馆"于上海，1869 年并入江南制造局，先后译出西方科学图书 178 种，[②] 侧重于军事和制造方面，如 1871 年刊成的《汽机发轫》《开煤要法》《金石识别》《航海简法》《防海新论》《制火药法》；1872 年刊成的《水师操练》《克虏伯炮说》《克虏伯炮操法》《克虏伯炮弹》《克虏伯炮表》；1873 年刊成的《汽机新制》《冶金录》《海塘辑要》《行军测绘》《轮船布阵》等。除此之外，他们还翻译了不少基础性和理论性的格致之书。如傅兰雅与华衡芳合译的《代数术》（1872）、《微积溯源》（1875）、《三角数理》（1878）、《代数难题解法》（1879）、《决疑数术》（1880）；傅兰雅与徐寿合译的《化学鉴原》（1871）及《续编》（1875）、《补编》（1891）；玛高温与华蘅芳合译的《地学浅释》（1871）；林乐知所译的格致数种，都是当时影响较大的书。[③]

这些译书很多都被洋务学堂和新式书院作为教科书使用。其中《格致须知》二集、《代数学》六本等都曾作为教材被上海、南京等学堂采用。而京师同文馆、江南制造总局等机构编译的西学书籍在相当长一个时期内，为我国近代新式学堂提供了教材，满足了洋务学堂新课程开设的需要，孕育了近代教科书。

（二）我国传统学校教材变革的特点

一是学堂"中体西用"的课程设置原则，导致了学堂以中学教材为主体，西学教材所占份额较少的现象。"中体西用"是洋务派办理洋务教育的指导思想，也是洋务学堂课程设置的指导原则。反映在教材方面，则以儒家经典为主，如习经需读《左传》，旁及《春秋大事表》《读左补义》《左传经世》《论史兵略》《左绣》等，习史需读《通鉴》《通鉴外纪》《续通鉴》《明鉴》《明纪》《读史论略》《列史纪传》等。[④] 而西学教材初期主

---

① 朱有瓛. 中国近代学制史料 第一辑：上册 [G]. 上海：华东师范大学出版社，1983：153-154.

② 朱有瓛. 中国近代学制史料 第一辑：上册 [G]. 上海：华东师范大学出版社，1983：474.

③ 王建军. 中国近代教科书发展研究 [M]. 广州：广东教育出版社，1996：41-42.

④ 朱有瓛. 中国近代学制史料 第一辑：上册 [G]. 上海：华东师范大学出版社，1983：221-222.

要以外国语和军事制造技术为主,以后逐步扩大到史地、各种实用专门知识和科学等方面。洋务派"中体西用"的课程观导致中学教材在学堂中占据主要部分,而西学教材所占份额较少。

二是外语和科学课程教材主要以翻译为主,大多来源于欧美国家,译介者主要是西方传教士以及为数不多的士大夫,并聘用部分外籍教师任教,属于借用和翻译阶段,因此自然科学教材西化现象比较严重。

三是这一时期的西学教材主要是通过来华的西方传教士译介,传教士的科学知识水平有限,真正有学识者为数不多。另一方面,明清时代闭关锁国,中国人对西方近代科学知识所知甚少,又束缚于"夷夏之辨"的传统观念,对西学的认识仅仅停留于直观层面,对西方书籍的选择范围十分有限。这些导致了这一时期西学教材内容的肤浅、不成体系。

二、维新运动与近代中小学教材体系的雏形

百日维新运动中,维新派进行了一系列教育改革活动,其中的一项重要内容就是讲求西学,普遍建立新式学堂。随着国内新式学堂的增多,教科书的编写成为十分紧迫的问题。为了满足课程开设的需要,学堂开始大量引进国外教材,并在引进的基础上开始了自编教材的探索。

(一)以日本为主的西方教材的广泛传入

《癸卯学制》是仿照日本学制制定的,表现在教材的编纂和使用方面也深受日本的影响,新式学堂采用的西方教科书十之八九译自日本。

1901年,罗振玉和王国维在上海创办《教育世界》,不仅大量译载了日本的教育法规,而且大量翻译介绍外国教科书,"所译各学教科书,多采自日本",重点放在"小学级中学级二者",以供国内参考。[①] 20世纪初,留日学生中陆续出现了一批翻译团体,如译书汇编社、教科书译辑社、国学社等。他们大都把翻译教科书作为一项重要的工作。以教科书译辑社为例,该社由陆世芬主持,专门编译中学教科书,以满足国内兴办新学堂的需要。该社当时翻译出版的书主要有中学地文、中学物理、中学地理、中学化学、物理易解、中学代数、中学几何等。其中多是根据日本学者的原著翻译的,也有根据日本的英美教科书转译的。1903年,由留日学生范迪吉等人翻译,会文学社出版的《普通百科全书》100册,全是中

---

① 朱有瓛. 中国近代学制史料 第一辑:上册 [G]. 上海:华东师范大学出版社,1983:20.

学教科书和一般大专程度参考书，其中分为宗教哲学、文学、教育、政治法律、地理历史、自然科学、实业、其他等八个门类。

20 世纪初，中国译书界空前活跃。翻译和编译国外现成的教材以解决国内教科书之需，在当时是一种无可奈何的必然选择。但因学堂对教科书需求量很大，出版教科书有利可图，国人不问是否有能力，蜂拥竞相翻译教科书，造成了教科书翻译混乱无序，唯利是图，不求质量，给当时刚刚起步的新式教育造成了一定的负面影响。

（二）国人自编教材的热潮

1897 年出版的、由南洋公学外院师范生陈懋治、杜嗣程、沈庆鸿等编纂的《蒙学课本》是我国近代自编教科书的开始。此书在题材上吸取了外国课本的式样，如"燕、雀、鸡、鹅之属曰禽。牛、羊、犬、豕之属曰兽。禽善飞，兽善走。禽有两翼，故善飞。兽有四足，故善走"。[①] 用文言文编写，铅字印刷，无图画。

1898 年，吴眺、俞复、丁宝书、杜嗣程等在无锡开办三等公学堂，并历时五年编成《蒙学读本》。这套教科书从形式到内容在当时都是比较好的，包括初步的自然科学和中外地理、历史等方面的知识，按由浅入深的原理逐渐加深，并附有图画和"文法书"帮助儿童更好地学习。其前三册是初小国文体裁，多以儿童"游戏习惯之事"作为题材，如"击球""捕蝉""论钓鱼"等，并常用讲故事的形式和附有图画，借以引起儿童读书的兴趣。第一册后面还附有"字类备温"，把全册四百余单字分为名字、代字、动字、静字、状字、介字和联字等七类，便于儿童复习之用。第二、第三册每课后，还列有问题二三则，用以启发儿童思考。《蒙学读本》根据儿童的心理特点，内容由浅入深，形式新颖活泼，1902 年被清政府定为"寻常小学堂读书科生徒用教科书"。同年，俞复等人创办文明书局，重印此书，图文并茂，成为清末新学制颁布之初最为盛行的小学教科书。[②]

1897 年，商务印书馆创立于上海。1904—1906 年商务印书馆出版了为初等小学用的《最新国文教科书》共十册，不久又出版为高等小学用的国文教科书共八册，另外还印发了供教师使用的各章课文的教授法或详解。这一套教科书，特别是前几册，经过当时不少专家如蔡元培、蒋维乔

---

① 陈学恂. 中国近代教育史教学参考资料：上册 [G]. 北京：人民教育出版社，1986：647.

② 陈景磐. 中国近代教育史 [M]. 北京：人民教育出版社，1983：266.

等人悉心研究，先拟订编写原则，如各课文字笔画由简到繁，字数由少到多等；规定五课以前限定六画，十课以前限定九画，以后渐加至十五画为止；选用的字限于日常通用字，每课出现的生字也有限制。在断句、选文方面更是处处顾及儿童特点。以后续编的各科各册，均参照这些原则。各课皆附有精致图画，并且尽量使之与课文密切配合，借以引起儿童学习的兴趣。这一套国文教科书当时在教育界很有影响，"在白话教科书未提倡之前，凡各书局所编之教科书及学部国定之教科书，大率皆模仿此书之体裁"①。它是我国近代第一套形式和内容都比较完善的教科书，标志着清末的自编教科书进入了一个新阶段。

当时还有一些书局也开始编译出版新式教科书，且数量日渐增多，如有广智书局、文澜书局、文明书局、藻文书局、乐群书局，还有中国图书公司、集成图书公司以及其他民营团体和个人自编教科书等。

（三）清末官方教材编辑及审定

清末自编教科书除了民间力量外，官方也是一个重要方面。清政府颁布新学制之后，十分重视教科书的编写工作。1902 年，京师大学堂编书处成立，专门编辑中小学教材，这标志着近代中国有目的、有计划地编辑教科书的开始。1905 年中央学部建立，次年设立编译图书局着手编辑教科书。先后编印出版的教材有《初等小学国文教科书》（10 册）、《初等小学修身教科书》、《国民必读课本》等多种，是我国部编教科书的开端。学部除编教科书外，其工作重点在于审定。

1906 年学部颁布《教科书审定之办法》，要求送审教科书种类依《奏定学堂章程》的科目为准，凡经审查应改之处，各发行所一律照改寄呈，复核无异方准作为审定本；经审定的教科书，有效使用期初小为 5 年，高小为 4 年，嗣后如再加改良，可呈部再予审定。在课程改革中，教材建设十分重要，而清末的课程改革只提到这个问题，却没有采取具体的措施。虽然成立了京师大学堂编书处和译书局，但其工作没有取得实效，所以有了新的课程而没有质量相应的教材，仍不能达到改革的预期目标。这些经验教训对于当今中小学课程改革具有一定的借鉴意义。

---

① 李桂林，等. 中国近代教育史资料汇编　普通教育［G］. 上海：上海教育出版社，1995：183.

（四）清末教材编辑的特点

《癸卯学制》颁布后，为了满足课程开设的需要，大量引进了以日本为主的国外教材，所涉学科内容广泛。1902 年 10 月京师大学堂成立，译书局章程就指出，所译教科书共分地舆、西文律令、布算、商功、几何、代数、三角、汉弧、静力、动力、流质力、热力、光学、声学、电磁、化学、名理、天象、地气、理财、遵生、地质、人身、解剖、人种、植物状、动物状、图测、机器、农学、列国史诗、公法、册帖、庶工、德育读本等 35 个门类,[①] 清末教材引进的学科门类之广由此可见。但这一时期在教材编写方面还存在着一些问题，主要是：不注重质量，采取了“拿来主义”的态度，不加分析地引进，其结果造成了教材的混乱和不符合中国中小学教学的实际和学生的实际。

从清末民间自编教材来看，其一，教科书门类齐全，学科完备。学科门类几乎遍及中小学堂、师范学堂的所有课程。国文、历史、修身、算术、地理、理化等主干课程自不必说，其他如手工、珠算、农业、家事、游戏等各科内容都有所涉及；其程度自学前、初小、高小、中学、师范都一一具备，甚至很多专门学堂的教科书也出自民间。

其二，为了提高新式教科书的质量，各家相互之间取长补短，在注重吸收传统教材精华的同时，还十分注意借鉴外国的教科书。无论是从前期的译介西方教科书，还是从后期的自编教科书来看，这一时期的中小学教材几乎囊括了所有的课程门类，基本上满足了课程改革的需要，奠定了中国近代中小学教材的雏形。

当然，教科书的建设是一个复杂而漫长的历史进程，要真正编写出适合时代需要的新式教科书，真正在中国传统文化的基础上推陈出新，真正把外国的东西变成自己的东西，需要一个较长的过程。在清末，我国的科学技术尚不发达，新式教育也刚刚起步，教科书编写者的思想素质和知识结构也都远远不能适应新时代的要求。因而，当时的新式教科书还相当粗糙，教材内容新旧杂糅、不中不西或洋味太浓是比较突出的问题。

三、民初教育改革与近代中小学教材体系的建立

中华民国临时政府成立后，先后颁布了《普通教育暂行办法》《普通

---

① 朱有瓛. 中国近代学制史料　第二辑：上册 [G]. 上海：华东师范大学出版社，1987：860.

教育暂行课程标准》《壬子癸丑学制》和新的教育宗旨，这一系列教育改革促进了教科书的革新。

（一）民初教科书的革新

民初教科书的革新，首先是以法令的形式规定：

各种教科书，务合于共和民国宗旨。清学部颁行教科书，一律禁用……民间通行之教科书，其中如有尊崇满清朝廷，及旧时官制、军制等课，并避讳、抬头字样，应由各该书局自行修改，呈送样本于本部，及本省民政司、教育总会存查。如学校教员遇有教科书中不合共和宗旨者，可随时删改，亦可指出，呈请民政司或教育会，通知该书局改正。①

其次是明确了教科书的审定制度。指出初高等小学校、中学校、师范学校教科用图书，"任人自行编辑，惟须呈请教育部审定"；所编教科书，"应根据《小学校令》《中学校令》《师范学校令》"；"图书发行人，应于图书出版前，将印本或稿本呈请教育部审定"；送审样本，"由教育部将应修正者签于该图书上"，发行人应即照改，并"呈验核定"；凡经审定合格的教科书，每册书面"载明某年月日经教育部审定字样"；"各省组织图书审查会，就教育部审定图书内择定适宜之本，通告各校采用"。②

（二）新教材编写的探索

为了适应政体转变的需要，一批按民国教育法令和新学制要求编辑的教科书相继问世。

1912 年商务印书馆出版了《共和国新教科书》。其中国民学校用书 11 种，高等小学用书 6 种，中学用书 23 种；教员用书 16 种，教员用评注及参考书等 9 种。课目分修身、国文、历史、地理、算术、理科 6 类。③ 商务版课本突出了民国共和宗旨，应用浅近文言，并配有图片，给人耳目一新之感。同年，中华书局编辑出版了全套《中华新教科书》，包括修身、国文、英文、算术、伦理及中华共和国读本等，中小学课本 44 种，中学和师范课本 27 种。这两套教科书顺应时世，适合民国政体更新的需要，经教育部审定，很快被各地学校普遍采用，奠定了民国初年中小学新式教

---

① 陈学恂. 中国近代教育史教学参考资料：中册［G］. 北京：人民教育出版社，1987：167.

② 教育部公布审定教科用图书规程令［J］. 教育杂志，1912，04（07）：10-11.

③ 陈学恂. 中国近代教育史教学参考资料：中册［G］. 北京：人民教育出版社，1987：428.

科书的基础。为了适应新学制秋季始业、一学年为三学期的需要，中华书局又编写了《新制中华教科书》，分为初小、高小、中学和师范四类。其学科门类相当齐全。这套教科书出版后，社会反映很好，教育部认为它"极合儿童心理，选字造句均甚妥适，字体图画亦工整"①。

此外，为了照顾当时许多学校一时难以改变清末学制春季始业的习惯做法，中华书局又编写了一套《新编中华教科书》。新编本按每个学年两学期编，分初小和高小两类。初小课本有修身、国文、算术三科，高小课本有修身、国文、算术、历史、地理、理科六科，同时都编有教授书。由于单级小学呈增长趋势，中华书局于1914年又编写了一套《单级小学教授书》，分修身、国文、算术三科。

（三）民初中小学教材的进步与不足

中华民国成立后，在政府及民间力量的共同努力下，教科书的编写方面有了长足的进步。内容选材上开始注重实用，注意采用生活所必需的知识技能；在编写方法上注意儿童心理，贴近儿童生活，强调由浅入深、循序渐进。

民初中小学教材取得进步的同时也存在着不足，表现为：一是国文教科书的编写，过分强调继承"三、百、千"及"四书""五经"的传统，仍然是"古来文字"（即文言文），对学生的理解力和科学发展都起到了一定的阻碍作用。二是教科书的编纂一味模仿外国，太偏重于"引起学生兴趣"，有过于简单化的倾向；同时，教科书的内容与以前封建时代的儿童读物大同小异，教材编写内容缺少创新。1917年1月，梁启超在《中国教育之前途与教育家之自觉》中曾指出：

吾国始而八股，继而策论，继而各种教科书，形式上非无改革，然皆为纸的学问，不过天地元黄变作某种教科书之天地日月耳，又何禅于实用乎……近时教科书之深浅，种类之选择，课程之分配，仅足为中材以下之标准；稍聪颖者则虽倍之不为多，此在编者教者或不欲过费儿童之脑力，然失之过宽，亦实有不宜之处……故教育儿童，徒以趣味教育，俾其毫无勉强，必不能扩张儿童之可能性也……今日纯用趣味引诱，不加强迫，亦未免过犹不及耳。②

---

① 王建军.中国近代教科书发展研究［M］.广州：广东教育出版社，1996：207.
② 璩鑫圭，童富勇.中国近代教育史资料汇编　教育思想［G］.上海：上海教育出版社，1997：262-263.

他还主张儿童教科书应用"一种国语"来编写，使言文一致。他认为："言文不一致，足以阻科学之进步也。"①

四、"五四"新文化运动与近代中小学教材的根本转折

1915年9月，《青年》杂志创刊，树起了科学与民主两面大旗，揭开了新文化运动的帷幕，我国近代中小学教材也发生了根本性的变化。

（一）"五四"时期课程改革对中小学教材的促进

在新文化运动的推动下，"五四"时期各种教育思潮竞相呈现，其中影响较大的有平民教育思潮、工读主义教育思潮、职业教育思潮、实用主义教育思潮、科学教育思潮等。它们共同主张课程改革要面向生活、面向职业、面向科学，这一切都进一步促进了"五四"时期中小学教材的改革。

为了顺应这股潮流，教科书出版界也开始了新动作，中华书局决定编辑《新式小学教科书》。其编辑宗旨是："近人盛倡实用主义，自学辅导主义。本书认清是旨。务贯彻国民教育之真正目的。"② 随着新文化运动的深入，人们开始从整体来检讨教科书的不足，从根本上探求一条教科书改革的路子。1918年春季，蔡元培召集北京孔德学校教员举行教育研究会，讨论修改教科书问题。会议比较集中地提出了两个问题：一是教育之根本问题，即教育对社会进步起一个什么作用，教科书应向受教育者宣扬什么主张。大家普遍认为这是现有教科书的根本不足。二是教科书之形式问题，其中尤其是教科书的文言不一致问题。大家认为采用白话文编写教科书已经到了非实行不可的地步了。于是，会议决定，由孔德学校自行编写白话文教科书，先取油印本。这预示着教科书近代化的进程跨入一个新的阶段。

（二）白话文教材体系的确立

文言文是中国传统的书面语言。民国建立后编撰的教科书已经开始注意到了文字的浅显化问题，但文言文仍占据统治地位。"五四"新文化运动提倡文学革命，反映到教科书方面，便是废弃文言文，使用白话文。

1920年1月12日，北洋政府教育部向各省发布训令，要求全国各学校："自本年秋季起，凡国民学校一、二年级，先改国文为语体文，以期

---

① 璩鑫圭，童富勇. 中国近代教育史资料汇编　教育思想 [G]. 上海：上海教育出版社，1997：264.
② 中华书局新式小学教科书出版预告 [J]. 中华教育界，1915，04 (10).

收言文一致之效。"① 同年 4 月，教育部又规定：截至 1922 年，凡用文言文编的教科书一律废止，采用语体文。就在教育部通令颁布的同时，商务印书馆出版了《新法教科书》，这是该馆采用语体文编辑的第一套教科书。它的出版顺应了教育部的通令要求。不久，中华书局也出版了用语体文编辑的新教育教科书。

此后，文言教科书就渐渐地被淘汰，白话文教科书的地位正式得到肯定。白话文教科书的确定使教科书的内容也随之改进。尤其是国语与国文教科书，取材日益注重实用性。一方面，"五四"前后涌现出来的大批白话文作品和翻译作品，连同一些古代优秀的白话小说，都被选进了教科书，题材内容涉及中外古今社会生活的各个方面。另一方面，文章体裁日趋多样化，尤其是日常应用的各种文体，如书信、传记、序跋、讲演、宣言、故事、科技说明等日益成为白话文教科书的文体。教材特别是语文教材的编写从"成人本位"转向"儿童本位"，注意教材的趣味化。

（三）近代中小学教材的根本转折

"五四"新文化运动时期，中小学教材形式多样，内容丰富，取材更注重实用，比过去有了较大的进步，主要表现在以下几方面。受杜威"儿童中心论"的影响，中小学教材特别是国语教材从"成人本位"转向了"儿童本位"。教材的编写，从形式到内容，都从儿童的兴趣出发，强调与社会现实和人生的密切联系，注意实用知识的传授等，这些改革对于批判传统的封建教育忽视儿童、轻视社会生活的实际，具有一定的进步意义。但同时存在着一些问题，如过分强调儿童的需要和兴趣，必然会影响知识的系统性和整体性，破坏学科本身内在的逻辑联系，给教学带来困难，直接影响教学质量，这些都是值得汲取的教训。

尽管如此，这一时期我国中小学教材从根本上说是发生了具有历史转折意义的变化。白话文教材法定性地位的确立，标志着中小学教材由近代向现代的根本性转变。教科书由白话取代文言，使教材的内容与形式获得了内在的和谐，有利于教育与科技的普及和推广，有利于在教学中贯穿民主和科学精神。白话文教科书的出现在中国教育发展史上具有重要的地位。

［原文刊载于《教育研究》2006 年第 4 期（曲铁华　于桂霞）］

---

① 李桂林，等. 中国近代教育史资料汇编　普通教育［G］. 上海：上海教育出版社，1995：495.

26 论民国初期普通中学科学
课程的特色及当代启示

近代学校制度意义上的科学教育，始于 1904 年清政府颁布并实施的《奏定学堂章程》，亦称"癸卯学制"。该学制设置的普通中学科学课程有算学、中外地理、博物、物理、化学，其中的博物科包括动物状、植物状、生理学、矿物学。辛亥革命胜利之后，中华民国南京临时政府成立，社会生活的各个方面都发生很大的变化。在教育方面，教育部陆续采取了一系列的改革措施，颁行《壬子癸丑学制》。该学制下的普通中学科学课程乍看与旧制差别不大，但此后至影响深远的 1922 年新学制颁布之前的 10 年间，中华大地又经历了很多前所未有的洗礼，如"五四"新文化运动，诸多西方思潮的蜂拥而入，民族工业首次蓬勃发展，等等。这样的历史背景下，普通中学的科学课程在具体的实施过程中不断调整、完善，独具特色，对今天的科学教育很有启示意义。

一、民国初期普通中学科学课程的特色

根据《壬子癸丑学制》中的《中学校令施行规则》和《中学校课程标准》，较之清末的《癸卯学制》，民国初期普通中学的科学课程门类没有变动，教学内容无甚过大改进，课程目标似乎也没有摆脱旧制的片面性、表面性和传统性，只是各科在各学年的教授时数上都有所不同。但在具体的实施过程中，由于顺应时代发展需要，逐渐具备了前所未有的特点，如强调实验教学、注重联系地方实际。因此，综而观之，民国初期普通中学的科学课程颇富承前启后意味的特色。

（一）强调实验教学

科学的特性决定了实验在科学教育中的地位和作用，"科学之事，以试验为重"[①]。但是，由于受千百年来"坐而论道"之经学传统的影响，加

---

① 樊洪业，张久村. 科学救国之梦 任鸿隽文存 [M]. 上海：上海科学技术出版社，2002：119.

之设备、师资等条件的限制，当时中国的"科学教育"虽已开始多年，却没有相应的科学教育方法，仍是墨守成规地采用传统的传经授道之方，徒有枯坐死讲，不顾科学之特性。陆费逵先生曾经这样描述清末天津高等工业学堂的地理科教学情况：

> 五年级授外国地理，用商务印书馆《瀛寰全志》，此书已旧……教员端坐，持书顺讲，注重文字，而略于大势……学生有地图而教员无之，且不知利用黑板……地理教授之精神，全归于消灭矣。[①]

以一斑窥全豹，当时的天津已算是"学务发达"，其高等工业学堂中的科学教学情况尚且如此，全国的状况就更难尽应有之义了。

针对此种弊病，中华民国临时政府教育部于 1912 年 12 月公布的《中学校令施行规则》第一章"学科及程度"中，对博物科和物理化学科的程度规定里都明确地提出了"兼课实验"[②]，同时要求中学校配备相应的博物、物理、化学等"特别教室"及器械标本室。这在中国教育史上是首次将"实验"教学、设置相应的"特别教室"及器械标本室写入官方的课程标准。此前清末的《奏定中学堂章程》中也提到了设博物、物理、化学的"专用讲堂"，"教授物理、化学……算学、地理等所用器具、标本、模型、图画等物，均宜全备"[③]，但由于"讲堂"一词中浓郁的传统色彩和纯粹说教的意味，将"专用讲堂"所应具有和发挥的"专用"功效遮蔽近无，对课程教学器具模棱两可的"均宜全备"的规定，也远不及设置"器械标本室"的决心和力度。民国伊始，教育部对普通中学科学课程教学中实验的重视就凸现了出来。

随着诸多留学生的归国和杜威、孟禄、克伯屈等教育家的访华，外来思想的传入，民族经济的发展，以及政局的变动等时代变化，教育界有了前所未有的"繁荣"，出现了全国教育会联合会等众多的教育团体，兴起了职业教育思潮、科学教育思潮等多股教育思潮，"通过教育使民众，尤其是青少年儿童掌握科学知识与科学方法，形成科学态度及科学精神渐趋成为思想界的强音"[④]。这对当时学校的科学教育产生了极大的影响，"以学校教科书的出版为例，仅 1912 年至 1913 年，就出版了算术、几何、代

① 李桂林. 中国近代教育史资料汇编　普通教育 [G]. 上海：上海教育出版社，1995：406.
② 朱有瓛. 中国近代学制史料　第三辑：上册 [G]. 上海：华东师范大学出版社，1990：353.
③ 舒新城. 中国近代教育史资料：中册 [G]. 北京：人民教育出版社，1981：511.
④ 曲铁华，袁媛. 论中国科学社的创办与影响 [J]. 东北师大学报：哲学社会科学版，2007（03）：35-40.

数、动物、植物、理化、地理等几十种教科书。与此同时，国内的科学设施、科学团体、科学期刊、技术科学的应用，基础科学的研究以及国内外科研成果的介绍，也相继发展起来"①。这样的社会氛围直接推动了中学科学课程实施中对实验教学的重视和推崇。

1918年10月，第四届全国教育会联合大会的议决案提出《改进理化教授案》，从适应社会发展需要的角度论述了实验教学的重要。议决案认为，"近者职业教育之说，喧腾国中，而理化教授不能与之并进，是犹无源之流也。欲图改进，拟先从普及中等理化教育入手，而于高等之理化教育，则但预植其基，徐图振兴之道。"② 而普及的第一"要端"就是"注重学生理化实验"。理由是理化实验益处颇多，可以使学生养成自学求知的精神，并能祛除盲从轻信的恶习，更为将来进一步的研究和应用于实践打下良好的基础。所以，该议决案提出通过"添置理化实验仪器，增加实验时间，并严行核考学生实验之成绩"③ 等措施将"注重理化实验"的倡议付诸实践。

全国中学校校长会议议决案从改进科学课程教学方法的角度，再次强调了实验教学的价值和作用。该议决案批评了当时中学校"理科上之设备，异常简陋，教法多不相宜"，"向来习惯，多讲演，少实验，卒至兴味绝少，毫无效果"④，指出"理科为物质的科学，教授时若脱离标本仪器模型，即偏于空谈，无以唤起学生研究之兴味"⑤。如果让学生自行进行科学实验，"经一番筋肉之动作，更觉易于记忆"⑥。所以该会议在议决案中提出，但凡定理定律，都应该让学生自己推理求得，然后教师帮助学生对推求所得进行整理，从而在巩固学生记忆的同时增进其思考能力。而且，"实验愈多，则理论愈明，研究之心，油然而起，遂有发明之思想。故实验时间，至少须占教授总时数四分之一"⑦。此外，该会议还向教育部提出了相应的请求事项，如奖励制作理科器械标本的工厂，宽筹经费以齐全学校的理科设备，以及注重相应师资培养等等。

教育部很快对这些声音做出了积极的回应。1919年1月29日，教育

---

① 田正平.中国教育思想通史：第6卷［M］.长沙：湖南教育出版社，1994：264.

② 李桂林，等.中国近代教育史资料汇编　普通教育［G］.上海：上海教育出版社，1995：812.

③ 李桂林，等.中国近代教育史资料汇编　普通教育［G］.上海：上海教育出版社，1995：812.

④ 李桂林，等.中国近代教育史资料汇编　普通教育［G］.上海：上海教育出版社，1995：819.

⑤ 李桂林，等.中国近代教育史资料汇编　普通教育［G］.上海：上海教育出版社，1995：819.

⑥ 李桂林，等.中国近代教育史资料汇编　普通教育［G］.上海：上海教育出版社，1995：819.

⑦ 李桂林，等.中国近代教育史资料汇编　普通教育［G］.上海：上海教育出版社，1995：819.

部抄送中学校校长会议议决增进中学校国文、数学、外国语程度办法训令，强调数学科教授方法要注重"设备应用器械及模型使用实地亲察及计算之机会"①。同年 2 月 8 日，教育部抄送中学校校长会议议决中学校应增进理科教育办法训令，规定"实验钟点，至少须占总数四分之一"②。这在时间的分配上为实验教学做了一个基本保障，将实验作为课程的一个必要组成部分呈现，而不再是可用可不用的一种教学方法。为配合这一决策，同年 3 月，教育部公布全国教育计划书，设置"中学校理科补助费"，"由国库颁发巨款，俾中学校理科设备得以完全"③，改善以前中学校因设备不足而影响实验教学正常开展的情况，从而提高科学教育质量，唤起学生的兴趣。

1922 年 10 月，即"新学制"颁布前一个月，第八届全国教育会联合大会的议决案再次提出"推行中等学校学生理科实验案"，提出实验教学一直不理想是"大都由师资缺乏，设备费无着而来"，建议从改善师资、增拨经费、"设立理科实验室"等等方面进行改善。由此可见，从 1912 年底公布的《中学校令施行规则》明确提出中学科学教育要"兼课实验"，到 1922 年 11 月 1 日"新学制"颁布的民国初的 10 年间，不论是民间声音还是官方力量，都积极致力于强调科学教育中的实验教学，从而提高科学教育的实际质量，以资于社会发展需要，为国家的振兴、富强添火加薪。

（二）注意结合地方实际

注意结合地方实际是民国初年中学科学课程的特色之二。这一课程特色的形成源于三个方面的因素。首先，民国初年国力有限，节约经费成为发展各项事业所必须考虑的问题之一。1918 年，第四届全国教育会联合大会议决的《改进理化教授案》就提出：

有二校以上之地方，可设公共理化实验所，为中等实验之实验设备，聘专门家一人驻所指导。该地方各中等学校，定期轮流担任讲师，率同学生赴所实验。学生有志者，亦可利用课余时间，自往实验。……如此则各学校既可省增置实验仪器经费，而得有设备较完之实验所，且将来此种公

---

① 朱有瓛. 中国近代学制史料　第三辑：上册 [G]. 上海：华东师范大学出版社，1990：366.
② 朱有瓛. 中国近代学制史料　第三辑：上册 [G]. 上海：华东师范大学出版社，1990：368.
③ 朱有瓛. 中国近代学制史料　第三辑：上册 [G]. 上海：华东师范大学出版社，1990：65.

共理化实验所，可渐扩充为地方理化研究所。[①]

结合各地方的实际，统筹规划地设置各中学校的科学课程，可以提高经费利用效率，减少因实验场所、设备、器械，以及管理人员等等闲置而造成的隐形的浪费。同年召开的全国中学校校长会议也提出"中学校理科教授之设备，宜视地方财力所及，力求完善"[②]，被教育部采纳，于次年以训令形式通令全国。

其次，民国初年教育大兴的主要宗旨在于"强民富国"中的"富国"，满足经济发展的需要而迅速增强国力是办教育——尤其是开展中国教育史上几千年来所漠视的科学教育的第一要旨。"科学为近代文明之特色，关系国家盛衰者甚巨，就中如物理、化学、生物、地质等科，尤为克服自然、发达产业所必需"[③]。结合各地方实际进行科学教育，有利于学生了解当地的物产，从而明了该地区的产业发展潜质，为将来贡献于当地的经济建设打下基础。1918年，全国中学校校长会议决案中关于改良理科教育的方法之四和五，就分别是"应注重本地之物产及原料"和"利用时间参观工厂"。次年2月，教育部抄送中学校校长会议议决中学校应增进理科教育办法训令向全国发布的四条训令中的第三、四条，就分别是这两条规定。

再次，从教育自身的特质出发，根据受教育者的认知规律，"学业上当由近及远，由已知以及未知"[④]。科学教育通过结合地方实际，让学生从学习、研究身边熟识的事物开始，渐渐向外、向远扩展，从而引起他们的好奇心，培养起学习的兴趣，复而使其产生研究的欲望，最终收到教育的效果。

在以上三方面因素的综合作用下，民国初期中学里的科学教育课程逐渐形成了注意结合地方实际的特色。所谓地方实际，包括地方财政能力、地方物产和资源、地方工厂、地方教育规模等等。科学教育课程结合地方实际，一方面是由当时有限的物质条件以及教育自身的特质决定的；另一方面，经过实践检验，这一特色在现实中确实收到了"为利决非浅鲜也"的效果，影响了此后教育制度的制定。紧随其后的1922年"新学制"就借鉴了这一经验，秉承了这一优良特色，"多留各地伸缩余地"作为标准

---

① 李桂林，等. 中国近代教育史资料汇编　普通教育［G］. 上海：上海教育出版社，1995：812.
② 李桂林，等. 中国近代教育史资料汇编　普通教育［G］. 上海：上海教育出版社，1995：803.
③ 李桂林，等. 中国近代教育史资料汇编　普通教育［G］. 上海：上海教育出版社，1995：826.
④ 李桂林，等. 中国近代教育史资料汇编　普通教育［G］. 上海：上海教育出版社，1995：820.

之一成为制定"新学制"的指导原则。"新学制"从学校系统的设置到具体课程的安排，都给予了地方一定的自由，整体上体现出注重结合地方实际的特点，这在普及教育、满足工商业发展需求等方面贡献很大。

（三）课程目标片面化、表面化和传统化

《壬子癸丑学制》制定于中华民国临时政府成立之初，时间的仓促、前期经验的匮乏和深重的历史影响使其不可避免地存有一些弊病。虽然在之后具体的实施过程中通过各种力量不断进行改善，但普通中学科学课程目标片面化、表面化和传统化这一负面"特色"一直明显。

"片面化"是指民国初期的普通中学科学课程目标着眼于国家、社会的发展需要，而对科学教育在学生身心发展中的功能和作用有所忽视。这同当时的历史环境和积贫积弱的国情有直接而强烈的联系，也是初生的资产阶级民主政权急欲摆脱困境而在教育方面所做的努力，从历史发展角度而言无可厚非；但从教育科学本身看，这又是必须客观面对的。1918年10月，全国中学校校长会议召开，会议议决案中详细地阐述了理科教育的作用和目的：

> 理科教育，为致国家富强之基础。吾国虽地大物博，而理化一科，缺乏研究，……于是外货充斥，国疲民穷，物质文明，远逊他国。环观列邦，近数十年来，殚心研究，工业进步，日新月异。迨欧战发生，潜艇争于海，飞机争于空，所用以竞争之器具，无一不根据于理化，而胜负之判断，亦几与机械之巧拙一致。现欧战将和，欧洲各国，财尽力疲，势必以其科学上之智识，经营东亚，吾国若不急起直追，注重理科，则国将不国。[1]

将国家的富强直接与科学教育联系在了一起。次年2月的教育部抄送中学校校长会议议决中学校应增进理科教育办法训令中，教育部肯定了该议决案中对中学科学教育目的和作用的论述，指出："查理化学之应用，至此次欧战而益者，中学校教授理科自宜注重实验，力求完善。"[2] 对科学教育在学生身心发展中的功能和对学生养成健全人格的作用鲜有提及。在论述到实验之重要性时有提及学生，考虑到了科学教育中的实验能够引起学生的"兴味"，但最终旨归仍然没有落于学生自身的发展上，而是使学生更好地得到所教，应用于实践。

---

① 李桂林，等. 中国近代教育史资料汇编　普通教育［G］. 上海：上海教育出版社，1995：819.
② 朱有瓛. 中国近代学制史料　第三辑：上册［G］. 上海：华东师范大学出版社，1990：368.

"表面化"是指民国初期普通中学的科学课程目标，主要重视的是科学知识的学习，对科学方法、科学思维、科学精神等科学教育所包含的较之科学知识更深层次更重要的内容有所忽略。这一时期，普通中学的科学课程的特色之一是重视实验教学，全国教育会联合大会、全国中学校校长会议以及教育部都一再强调实验，但从教育部1919年公布于全国的训令看，强调实验的目的更多的只是在使学生"易于记忆"实验所验证的科学知识。第四届全国教育会联合大会也明确提出，"实验之项，以物理学之重要现象反应，定性定量分析及日用品之制造（以墨水肥皂等）为限。"①

可以看出，当时所强调的实验并非在教授科学知识的基础上使学生体认科学方法，培养科学思维，造就科学精神，而只是巩固科学知识。此外，1918年10月，全国中学校校长会议的议决案中提出的改良科学课程教授的方法有5条，但次年2月教育部抄送训令时只通令全国4条，没有采用的一条是"应增加理科教授时间，并应添讲各发明家之历史"。增加理科教授时间是由于强调实验教学而产生的必然需要，"添讲发明家之历史"则是出于对学生"引起其兴味，兼养成其信仰心而模仿之"② 的考虑，有利于学生科学素养的完善和长远的发展。但教育部对此未予采纳，科学课程目标的表面化由此又可见一斑。

"传统化"是指民国初期普通中学的科学课程目标，同中国传统的经学教育目标有异曲同工之处。《中学校令施行规则》中对博物科的"程度""要旨"，也即目标，要求是"习得天然物之知识，领悟其中相互关系及对于人生之关系"；对物理化学科的目标要求是"习得自然现象之知识，领悟其中法则及对于人生之关系"③。整体性思维是中国传统文化的一大特色，与此相应，中国传统经学教育的目的最鲜明的特征，就是所学最终都要归纳、提升为与天、与道、与人相关的天人观、天道观、人生观等纯粹形而上的层面。《中学校令施行规则》中对博物、物理、化学的课程目标的要求，在一定程度上正如上所言，传统色彩浓厚，这与近代科学重理性、讲实证、求规律等的质性是相异的，与当时大兴科学教育的宗旨是矛盾的。这也在一定程度上造成了当时中学的科学教育中只重科学知识，而忽略了科学精神、科学思维、科学方法。

以上所述的科学课程目标呈现出的负面特色，为1922年的"新学制"提供了前车之鉴，"新学制"重新设置了科学课程的科目，并分为公共选

① 李桂林，等.中国近代教育史资料汇编 普通教育 [G].上海：上海教育出版社，1995：812.
② 李桂林，等.中国近代教育史资料汇编 普通教育 [G].上海：上海教育出版社，2007：852.
③ 朱有瓛.中国近代学制史料 第三辑：上册 [G].上海：华东师范大学出版社，1990：353.

修、分科专修和纯选修三类，对学生的个性发展给予了特别的关注，体现出了新文化运动以来所倡导的"民主"与"科学"。

二、对我国当今普通中学科学教育的启示

"以史为鉴可以知兴替"。过往的历史虽已谢幕，却留下了可供今日研究以学习或训诫的素材。科学教育在当下普通中学中的地位已是不需言说，其完善度和民国初期刚刚起步时的蹒跚相比也自不待言，但在新的时代背景下，又出现了一些症状似曾相识的弊病，如科学知识教授就是科学教育的唯一内容，上知宇宙下知全球却对当地有关情况一无所知，考高分为升学成为科学教育的全部目的。民国初期普通中学科学课程的上述三方面特色，能够为祛除这些弊病提供一些启示。

（一）重视实验在科学教育中的作用

强调实验教学是民国初期普通中学科学课程最显著的特色，在具体的举措上，采取了拨付专款、完善设备、加强对师范生及在职教员的实验能力的培养等等措施，"硬件"和"软件"双管齐下，收效是极好的。北京师范大学附属中学的一位校友曾经这样回忆过自己的一位老师：

> 吴老师是我们物理化学老师。记得讲到光学和银元素时，吴老师亲自设计建造一个极简单的暗室做实验。教我们每人用马粪纸糊成一个"针孔照相器"，他去买了乾板（65年前的北京还没有胶片。虽已有携带式照相机，亦还是很笨重的），裁成小块发给我们，安进针孔照相器，让我们去照了相，轮流进暗室显影，又在日光下用 POP 纸晒像定影等做一系列的实验，使我们不仅在教学上得到很多感性知识，此外同老师好像形成了"父兄＋老师"的关系。我觉得对这样的教学效果应该给予高度评价。①

时隔 65 年但记忆依然清晰，足可见实验的作用之大和影响之深。

当今普通中学的科学教育在实验方面是欠缺的。虽然新课程标准强调过程与方法、知识与技能，但由于课时有限、经费有限、场地有限等看似有理的物质条件方面的不富足，尤其是高考没有实地考核实验这一项，诉诸试卷的书面式实验考法，可以凭借题海战术来应付，本应学生自行动手的实验，要么被改为教师动手学生看的演示实验，要么借助多媒体用电子课件向学生呈现，看上去省时而省事。其他大大小小考试中有关实验部分

---

① 朱有瓛. 中国近代学制史料 第三辑：上册［G］. 上海：华东师范大学出版社，1990：444.

的实地考核，如高中毕业会考，大多都是流于形式。

这样的教学会有怎样的效果？一方面，不利于中学生形成有关科学的正确观念。实验是一个充满变数的实践过程，缺乏这一过程的考验和历练，简单地听讲和做题会让学生形成科学就是一些既成的定理定律式的科学知识的错觉，对科学缺乏好奇心，缺乏问题感，从而缺乏创造力，为学生今后的发展提前埋藏了一个隐形的瓶颈。另一方面，一旦摆脱了升学、高考的压力，在课堂上所听的和演练习题所巩固的科学知识很容易且很快就被遗忘了。因此，出现了学校中物理、化学、生物等科学学科备受青睐，而本该相应提高的国民科学素养却和此基本无关的油水分家现象。

民国初期普通中学科学课程之所以具有强调实验教学这一大特色，一则是考虑到了科学学科自身的特点，"理科为物质的科学"，所以认为"理科教授之命脉，厥惟实验"①，如果没有实验而单纯地由教师讲解，就违背了科学的特性，必然达不到教育目标；二则是由于学生的学习特点，实验有利于帮助学生理解所学知识，巩固记忆，培养学习和研究的兴趣，从而提高教学质量，培养出当时社会所急需的在科学技术方面有专长的人才。这样的两个理由是充分的、科学的，并且已有事例证明其效果确实是极佳的。因此，民国初期普通中学科学课程强调实验教学的原因，以及所采取的具体措施，在重视实验教学的作用方面，给了我们很好的启示。

（二）加强科学教育和各地实际的联系

新中国成立后很长一段时期，我国的课程管理都是实行中央集权制，全国各省市县乡都实行统一的国家课程，东西南北城乡各地的普通中学科学课程当然也都是全国统一。1992 年，《九年义务教育全日制小学、初级中学课程计划（试行）》颁布，规定："为了适应城乡经济社会发展和学生自身发展的不同情况"，设置"地方课程"，"由各省、自治区、直辖市教育委员会、教育厅（局）根据本地实际情况和需要制定"②。20 世纪末，我国进行了历史上最大的一次基础教育课程改革。

《基础教育课程改革纲要（试行）》中明确提出："改变课程管理过于集中的状况，实行国家、地方、学校三级课程管理，增强课程对地方、学校及学生的适应性。"③ 这些规定对加强课程与当地实际联系、提高教育质

---

① 李桂林，等. 中国近代教育史资料汇编 普通教育 [G]. 上海：上海教育出版社，2007：859.
② 教育部基础教育司义务教育实施处. 义务教育法规文献汇编：1900 年—1998 年 [G]. 北京：中国社会出版社，1998：144.
③ 何东昌. 中华人民共和国重要教育文献 1998—2002 [G]. 海口：海南出版社，2003：907.

量方面的优点，是显而易见的。但是，事实上，大多数普通中学在地方课程以及校本课程的开发中有两种主要表现。

其一，存在不少误区。例如，就开发地方课程而言，误区有开发宗旨不清，将地方特色的突出、地方文化或地方性知识的保护作为地方课程开发的当然目的；开发过程不明，淡化甚至忽略开发的过程；开发主体错位，形成地方一级的"国家课程"。最终结果是"严重阻碍了课程改革的顺利推进"①。其二，对地方课程和校本课程的开发持保守、观望、"惹不起还躲不起"的态度。普通中学一方面面临重大的升学压力，另一方面，对开发地方课程、校本课程既没有经验也没有力量，所以采取"敬而远之"的策略，也组织教师培训、学习等等，接受检查，但平常讲授的还是那些能应对国家考试之类的课程。科学课程作为应试科目中的主角，其"地方"和"学校"的程度可想而知。

上面第一部分对民国初期普通中学科学课程注意结合地方实际的特色做了一定的阐述、论证及分析，认为所谓地方实际即为地方财政能力、地方物产和资源、地方工厂、地方教育规模，等等。这一特色的形成则可归因为节约经费的需要、强民富国的目的和学生认知的特点，最终"为利决非浅鲜也"，影响了1922年"新学制"所遵循的指导原则之一——"多留各地伸缩余地"的出现。在这一经验的启示下，可以有两点所得：首先，当前普通中学的科学课程必须加强同地方实际的联系，顺应学生认知特点，巩固教学成效，提高教育质量；二是以一定行政区划为单位，联合该区域内的不同学校，使各自的科学课程资源在一定的规则之下能够共享，通过这种资源共享而形成既有该地区特色的"地方科学课程"，又有各自学校特点的"学校科学课程"，避免"小一统"情况的出现。

（三）注重科学教育的全面性

课程目标的片面化、表面化和传统化是民国初期普通中学科学课程的一大"负面特色"，对当时学校中科学教育的施行和发展造成了很大的障碍，为其后科学课程的设置、实施提供了一个历史教训。以此为鉴，今日普通中学里我们必须要注重科学教育的全面性。

首先，从科学教育本身而言，其涵盖的内容应该是全面的。诚如中国科学院院士杨叔子先生所言，全面的科学教育至少应包括四个方面的教育：科技知识教育、科学思维（思想）教育、科学方法教育与科学精神教

①　姜丽静. 地方课程开发：误读与反思 [J]. 中国教育学刊，2006 (11)：36-38，50.

育。科技知识是生产力发展的源泉，科学思维是缜密的逻辑思维，科学方法是按照科学思维而付诸实施的行动，科学精神即为求真的精神。"这是一个整体，不可缺一。"① 民国初期普通中学的科学教育被"窄化"为科学知识的教育，当今普通中学的科学教育虽有新课程改革所倡导的"教育回归生活"理念的庇护，但在升学的压力之下，也表现出与之前类似的不足，科学思维、科学方法、科学精神的训练和培育被僵化的书本知识、机械的解题技巧、枯燥的背诵和练习取代。长此以往，后果不容乐观，必须对其进行改善，对学生进行全面的科学教育。

其次，从教育目标方面来说，其最终受益者应该是全面的。科学教育不仅要适应社会发展的需要，也要为学生的身心健康发展服务。民国初期因为特殊的历史境遇，科学教育的目标几乎完全集中在了为国家、为社会服务方面，对个人考虑甚少。教育活动为经济建设服务是其不可推卸的使命，但这项使命的完成最终倚赖于培育身心健康、人格健全的"人"。所以，"科学教育作为一种教育活动，其直接、根本指向并不是兴国，而是兴人，是育人，培育人才才是其不二使命"②。但是，如果单纯为育人服务而不顾国家、社会发展的需要就又走向了另一个极端。因此，科学教育的目标应该是全面的，其最终受益者是国家和个人。

最后，从教育宗旨角度审视，其最终的旨归是全面的。"近代科学技术的发展带来了高度发达的工业文明，世界发生了翻天覆地的变化，人们陶醉于科学技术带来的物质享受之中，但片面地追求物质享受和满足造成了人在心理和情感方面的失落。"③ 民国初期普通中学的科学课程在学科程度要求方面所体现出来的"传统化"倾向，在今天看来给了当前一个宝贵的启示："天然之物"的"相互关系"、"自然现象"的"法则"其实就是"万物并育而不相害"的科学之道；这些"相互关系"和"法则"对于"人生之关系"，就是"道并行而不相悖"的科学之理。科学教育的最大宗旨，不是教育人在掌握科学知识之后去控制、征服、利用、奴役人之外的一切，而是秉承科学之道理和人之外的一切和谐共处。

[原文刊载于《东北师大学报（哲学社会科学版）》2010年第3期（曲铁华　袁媛）]

① 杨叔子.绿色教育：科学教育与人文教育的交融 [J]. 教育研究，2002（11）：12-16.
② 刘铁芳.科学教育：过去、现在和未来 [J]. 河北师范大学学报：教育科学版，2000（03）：1-10.
③ 张旺.科学精神的人文价值 [J]. 东北师大学报：哲学社会科学版，2008（03）：28-31.

27　我国普通中学课程近代化与科学教育反思

　　我国古代课程极端重视人伦道德教育，其在课程体系中占有过大的比重，虽然早在春秋时期墨家就极力倡导科技教育，但墨学终究没有成为显学，科学教育在古代也始终未能取得其应有的地位。中国近代的科学教育是在西学大潮的冲击中产生并发展起来的，我国普通中学的课程近代化过程就是科学在课程中逐渐确立其地位的过程。

一、我国普通中学课程近代化——科学教育的孕育和萌生

（一）教会学校中的西学课程

　　西方传教士为了提高在中国传教布道的效益，不断探索传教的策略和手段。他们发现教育是可以用来拉拢中国人的一块阵地，于是在中国开办了许多教会学校。但最初即使是由学校"提供衣服、文具、伙食以及其他一切费用"[①]为诱饵，也很难招到学生。于是传教士们把目光转向了介绍科学知识这张王牌，他们抓住中国人陈梦乍醒后一片迷茫的机缘，不失时机地把自己装扮成西学的最初载体，吸引了一些中国人到教会学校就读。

　　尽管教会学校存在诸多严重的缺陷，但它确实传播了西方近代的科学文化，在中国封建教育处于崩溃边缘的时候，推动了中国教育近代化的过程，对科学教育的产生和发展也起到了一定的积极作用。许多教会学校的西学课程内容相当广泛，完全超出了中国旧学只讲"四书""五经"的狭隘范围。比如19世纪的英华书院和马礼逊学堂、登州文会馆以及通州潞河书院就开设了算术、代数、几何、生理学和化学等科学课程。这些课程的开设不仅在客观上传播了西方的自然科学知识和历史地理知识，培养了一些科学人才，而且首先冲击了中国传统的封建课程结构，打破了学校课程中儒学的独霸地位，成为中国近代课程的渊源之一和近代科学教育

---

　　① 李国钧，王炳照. 中国教育制度通史：第6卷［M］. 济南：山东教育出版社，2000：376.

的肇始。

（二）洋务运动中的近代课程

近代中国的资本主义虽然萌芽较晚，也还十分不发达，但毕竟与封建经济形态有了不同。这必然要求以开设科学课程为标志的近代教育与之相适应。因此，洋务运动中兴起的洋务教育及其学堂，导致了不占主体的西学对中国传统主体课程结构的冲击和传统教育体制的裂变。这从京师同文馆的课程可见一斑。在 19 世纪 70 年代以前，同文馆主要是一所外语学校，所设的课程以汉语和外语为主。70 年代以后，随着洋务运动的进一步发展，京师同文馆逐渐由外语学校向技术学校发展，课程也随之由原来的汉语和外语扩展到自然科学领域，并正式公布了八年制的西学课程，开设了数学启蒙、代数学、几何原本、平三角、弧三角、微分积分、航海测算和天文测算等课程，[①] 这冲破了中国传统教育只讲"中学"的樊笼，第一次主动引进"西文""西艺"作为教育内容，这可以看作中学教育阶段中近代课程的开端。

此外，洋务派还创办了大量的洋务学堂，外语学堂有上海广方言馆、广东同文馆等，其课程设置与京师同文馆相差不大，除了语言之外也开设了一些近代科学课程；工业技术学堂如福建船政学堂、上海机器学堂等；军事学堂有天津水师学堂、江南水师学堂和天津武备学堂等。这些学堂都十分重视科学课程与技术课程，天文、地舆、格致、测绘等都被列入学堂的课程之中。

（三）维新教育运动中的近代课程改革

随着鸦片战争后民族矛盾和阶级矛盾的日趋尖锐，以及中国近代工商业的产生和发展，中国近代思想逐步形成了一股改良主义思潮。改良主义主张改革科举制度，提倡学习西学，并要求改革书院、设立学校。甲午战争后，改良主义思潮发展成为声势浩大的资产阶级维新运动。在维新派举办的各个学堂中，课程的改革都是一项非常重要的内容。如：万木草堂的课程设有数学、格致学等科学内容；时务学堂的课程有诸子学、经学、公理学和中外史志及格算诸学之粗浅者以及格算学等。

如果说教会学校的西学课程为中国人学习西学提供了一条途径，是我

---

① 朱有瓛. 中国近代学制史料：第一辑 [G]. 上海：华东师范大学出版社，1986：72.

国教育中课程近代化和近代科学教育最初的一个诱因，那么洋务教育中则是中国人循着这条途径主动把西学引入课程之中，使古代延续下来的人伦道德教育在课程内容中独霸天下的局面被打破，使近代科学知识在课程体系中谋得了一席之地；而维新派的教育实践，使西学的实用学科进一步有所增加。比如两湖书院，经过改革后在课程设置上引进了声、光、化、电之类的近代科学内容，为后来的普通中学课程和科学教育发展奠定了一定的基础。

二、我国普通中学的产生及其课程近代化历程——近代科学教育的发展

（一）近代普通中学的雏形及其课程概况

我国现代的普通教育源于维新运动后大量兴办的普通学堂和由书院改造而成的普通学堂。天津中西学堂是 1895 年由盛宣怀在天津创办的一所比较著名的普通学堂，也是甲午战争后我国举办的第一所普通学堂。它分为头等学堂和二等学堂两级，其中的二等学堂相当于中学程度的大学预科，学制定为四年，设置的课程有：英文初学浅言、英文功课书、英字拼法、朗诵书课和数学；英文文法、英文字拼法、朗诵书课、英文尺牍、翻译英文和数学并量法启蒙；英文讲解文法、各国史鉴、地舆学、英文官商尺牍、翻译英文和代数学等。[①]

从以上课程的设置情况可以看出，在相当于中学程度的普通教育当中，西学的内容已经占了相当大的比重，数学、平面量地法等与社会生产实际紧密相关的学科也已在课程体系当中取得了应有的地位，而在鸦片战争前中国教育中，这甚至是不可想象的。浓重封建思想统治下的中国人，视近代科学教育内容为异己，更不用说将其列入课程之中了。

在大力兴办新式学堂的同时，张之洞和刘坤一等人出于"作育人才"和"修明学术"的目的，提议将书院改为学堂。清政府为了摆脱自身的困境，采纳了这一建议，并于光绪廿七年（1901）下诏，要求：

各省所有书院，于省城均改设大学堂，各府及直隶州均改设中学堂，

---

① 朱有瓛. 中国近代学制史料：第一辑 ［G］. 上海：华东师范大学出版社，1986：497-499.

各州县均改设小学堂，并多设蒙养学堂。①

其中的中学堂，大致相当于中学程度，改革后的课程也发了根本性的变化，并且，课程改革在实践中成为书院改学堂的根本点。原来的书院课程，或以讲求理学为主，或以学手工制艺为主，或以博习经史辞章为主，或以讲究经世致用之学为主。② 而其中又以学习制艺（时文、八股文）为主的书院最为兴盛。所以从总体上讲，清末书院已经成了科举的训练场所，有人描绘当时的状况说：

今天下山长所以教士者，津津焉于科举文章，揣摩得失，剽窃影响，而罕有反而求之于实学者。③

而书院改学堂之后，情形有了明显的改变，如江苏的正谊书院改为苏州府中学堂，延聘中西教习，教授普通学；江南的中山书院改为中学堂，此后广西、安徽、陕西、湖南、湖北、直隶、奉天、浙江、福建、山西等内陆地区也纷纷遵旨把书院改为学堂，其中中学堂的课程增加了伦理、政法、外国文、地理、历史、数学、格致、博物、图画、乐歌和体操等内容。

从这可以看出，书院改学堂不仅仅是名称上的变化，其核心内容在于课程设置的变革。书院改学堂推动了中国教育近代化的实际进程，学界也认为，"书院改学堂是当时符合中国实际的发展新教育的有效措施"。④ 并且它在使中国教育摆脱旧的传统形式、迈向近代化的进程中起到了至关重要的作用，是中国教育发展史和课程改革史上除旧布新的一件大事，也大大促进了近代科学教育的发展。

（二）近代普通中学的正式产生及其课程设置

书院的改革和新式学堂的迅速发展成为中国教育近代化一个重要的里程碑。近代普通教育体系在书院的改革和新式学堂的发展中孕育成熟，并呼唤一个统一的学制。1902 年《壬寅学制》标志着我国普通教育的完整系统在制度上成型，我国的普通中学也第一次在制度上正式诞生。该学制

---

① 朱有瓛. 中国近代学制史料：第一辑 [G]. 上海：华东师范大学出版社，1986：453-454.
② 朱有瓛. 中国近代学制史料：第一辑 [G]. 上海：华东师范大学出版社，1986：453-454.
③ 李国钧，王炳照. 中国教育制度通史：第 6 卷 [M]. 济南：山东教育出版社，2000：18.
④ 李国钧，王炳照. 中国教育制度通史：第 6 卷 [M]. 济南：山东教育出版社，2000：266.

规定：中学堂的设立旨在使高小毕业生加深程度，增添科目，"俾肆力于普通学之高深者，为高等专门之始基"。① 中学堂开设的课程有修身、读经、算学、辞章、中外史学、中外舆地、外国文、图画博物、物理、化学和体操。可以说，《壬寅学制》的颁布在制度上成为中国教育由古典向近代转化的第一步。尽管它并未获得实施，但毕竟是首次由政府颁布的、独立的、较为完备的学制系统，而且为此后的学制制定提供了宝贵经验，为普通教育中近代课程的设立和科学教育的实施提供了制度保障，在课程近代化过程中有筚路蓝缕的意义。

1904 年，《癸卯学制》颁布，将普通教育分为三段七级，初等教育分三级，中等教育分一级，高等教育分三级。对于普通中学，该学制明确规定：

以施较深之普通教育，俾毕业后不仕者从事于各项实业、进取者升入各高等专门学堂均有根柢为宗旨。②

根据这一宗旨，中学的课程设有修身、读经讲经、中国文学、外国语、历史、地理、算术、博物、物理及化学、法制及理财、图画和体操等。通过对比可以看出，课程设置情况与《壬寅学制》的构想是一脉相通的，所不同的是，这次所规定的课程在普通中学教育实践中得到了贯彻实行。

从总体上看，我国普通中学带有近代意义的课程规划始于《壬寅癸卯学制》时期的课程，因为尽管这一时期的普通中学课程仍然偏重经学，但是，在课程中毕竟出现了近代资本主义的因素和色彩；这个近代课程规划虽然尚属草创，却已经粗具规模。有学者评价这一课程规划"就是终于把资产阶级文艺复兴以后形成的百科全书式的学校课程移植到了中国"。③ 可见，《壬寅癸卯学制》时期的课程改革对我国学校教育课程近代化和科学教育的创生具有十分重大的意义。

1912 年，《壬子学制》（也称"民国学制"）颁布，此后不久，教育部又陆续公布了各种学校令，统称为"壬子癸丑学制"。《壬子癸丑学制》中所设课程的最突出特点，是取消了读经讲经课，这可以称为我国普通中学课程近代化历程上的一个重大进展。此前的课程虽显现出了学习近代科

---

① 舒新城. 中国近代教育史资料：中册 [G]. 北京：人民教育出版社，1981：492.
② 舒新城. 中国近代教育史资料：中册 [M]. 北京：人民教育出版社，1981：501.
③ 吕达. 课程史论 [M]. 北京：人民教育出版社，1999：204.

学知识的要求和倾向，但始终是没有完全跳出"中体西用"思想的圈子。因此，在学习近代科学知识的同时，又不敢断然放弃通过经学的传授来向学生灌输封建道统和思想，体现出一定的矛盾心态和保守思想。而到了《壬子癸丑学制》时，情况则明显有了不同。尽管当时许多教育界人士批评该学制"不管社会需要，不管地方情形，不管学生个性"，[①] 但它在课程上将手工、音乐等艺能学科列入正式课程，利于学生身心的全面发展，这无疑是具有进步意义的。

在我国普通中学课程近代化的历程中，意义最重大的莫过于 1922 年新学制中的普通中学课程改革。新学制的课程标准将初级中学课程分为 6 科：社会（包括公民、历史、地理）、语文（包括国语和外国语）、算学、自然和艺术（包括图画、手工和音乐）以及体育（包括生理卫生和体育）。对于高级中学，新学制为了兼顾升学与就业的双重需要，规定高级中学分设普通科和职业科，前者以升学为主要目的，后者以职业教育为主，具体又分为师范、商业、工业、农业和家事等科。普通科又分两组：一组注重文学和社会科学，另一组更注重自然科学或数学的教授。

与原来的课程相比，这一时期的普通中学课程在内容上有所加深，在范围上有所扩大，同时增加了一些新的学科，比如科学概论、文化史和人生哲学等；采用了选科制、分科制和学分制，给学生以一定的自主选择的自由，并以学科为单位对学生的学业成绩进行考核。此外，学分制使学生的毕业不再仅仅取决于修业年限的长短，所有这些都更有利于因材施教和尊重学生的个性特长以及学生间的个体差异。由此可见，与不分科以及与社会生产生活实际相脱离的古代课程相比，新学制所规定的课程无疑具有了与之在本质上截然不同的特征。此外，由于受新文化运动和当时的实用主义教育思潮、职业教育思潮的影响，新学制的课程中渗透了科学和民主的因素，并加强了与社会生产生活的联系，这些都是近代课程的标志性特征。

1922 年我国普通中学的课程改革是我国经济和社会发展的必然结果，它反映了第一次世界大战后我国资本主义经济发展和资产阶级对人才的需要，也反映了当时的中国社会对科学和民主的强烈要求。可以说，直到新学制时期，在我国的普通中学教育中才确立了具有近代资本主义色彩的新课程对具有封建主义色彩的旧课程的压倒性地位。至此，我国普通中学的

---

① 朱叔源. 改良现行学制之意见 [J]. 中华教育界，1920，10（03）：78-81.

课程才基本完成了由古代课程向近代课程的转变历程。这一转变是在内忧外患的危机中艰难地完成的，这对中国教育尤其是科学教育有着深远的影响。

三、科学教育的反思

梳理我国普通中学课程近代化的历史，利于我们对其课程由古代向近代的转化、演变和发展形成整体的认识，并使我们认识到，这一发展历程成为中国当前科学教育中某些问题的历史根源，值得我们深刻反思。

（一）救亡图存的功利性目的导致了科学教育的片面性

从近代中国普通中学课程的孕育和演变过程来看，可以说，从大洋彼岸汹涌冲入中国的西学，是千年如旧的课程转向更新和近代科学教育的起点。也可以说，中国近代的科学教育不是古代教育自然发展嬗变的结果，而是始于西方列强对中国社会全面冲击的大潮之中。一方面，它是一种跨文化的学习，另一方面，它又是以救亡图存的功利性为目的，这导致中国近代的科学教育只关注科学的具体层面——科学知识的传授和科学方法的训练，而未能关注科学的抽象层面——科学精神的培养和科学态度的养成。诚如张淮所言，举国人士汲汲以输入西学为务，"其目的不在科学本体，而在制铁船造火器，以制胜强敌"。[①] 尽管戊戌维新和新文化运动时期，严复和蔡元培等有识之士也曾大力提倡科学精神，但是，在救亡图存的时代主题下，科学精神还是没能在中国取得应有的地位，更不要说在科学教育中得到关注重视了。直到今天，在我国中小学教育中，科学教育事实上也仍然只是科学知识教育，在内容上以知识为主，相应地"在方法上是以传授、灌输为主，在对教与学的质量评价上，是以学生掌握和积累知识的多少为标准"。[②]

（二）中学与西学之争导致了科学与人文的割裂

中国近代科学教育自其产生之日起，就一直是在中学与西学的剧烈冲突和激烈斗争中存在的。科学教育最初是由传教士作为拉拢中国人的手段而首先出现在教会学校中的，而"真正作用于中国社会的学术文化，根本

① 舒新城.民国丛书 第4编 43中国教育思想史 近代中国教育思想史［M］.上海：上海书店，1992：279.
② 黄志诚，宋金.科学教育的反思［J］.南都学坛，1999（06）：114-116.

不可能脱离中国传统文化的本原而存在"，[①] 所以，它一开始就遭到了以伦理为本位的中国传统文化的拒斥。无论是"师夷长技"，还是"中体西用"，都是中西斗争的结果，因而都不曾（事实上也不可能）提倡和主张科学与人文的融合，由此导致的科学与人文的分离在当今的科学教育中仍能找到痕迹。科学教育与人文精神的割裂在学生身上最直接的体现和后果，就是使他们的知识结构形成条块分割的局面：当他们在了解大自然的奥秘时，根本想不到人和自然的相互影响、相互依存的关系；当他们在背诵各地的物产和地理环境时，也根本联想不到环境保护的紧迫和重要；当他们看着烧杯里跳动的青蛙心脏时，也很难联想到对生命的尊重与珍视。正因为如此，科学与人文统整和融合的呼声才这样空前高涨。

（三）对待科学的非科学态度

从前文的梳理可以看到，近代科学在中国起初是遭到无知的拒斥，被贬为"奇技淫巧"，继而被急功近利地接纳和学习，到了新文化运动前后，在对传统体制及文化的全面批判中，科学又被过度尊崇，甚至被错误地奉为信仰。科学精神所蕴含的怀疑意识和批判理性就这样在科学艰难的发展过程中一次又一次的失落，非但没有树立起科学理性的权威，反而形成对科学的盲目信仰，致使我国的科学教育在相当长的一段时间里一直被用非科学的态度来对待，对标准答案的一味追求、对群体一致性的盲目崇尚以及对个性和创新精神的压抑等等，都是科学教育中客观存在的非科学因素，其遗患无须赘述。

以上分析表明，科学教育中的问题是有其深刻的历史原因和文化背景的。了解了这一点，我们在科学教育中就应该针对这些问题采取有效措施来改进当前的科学教育。需要做的很多，但笔者认为最迫切的是以下两点：

其一，要正确认识科学教育的内涵。什么是科学教育？简单地说，就是旨在提高公众科学素养的教育。那么，什么是科学素养呢？目前国际上对于科学素养比较一致的观点认为其内涵包括三个方面：对科学知识（即科学术语和科学基本观点）达到基本的了解程度；对科学研究的过程和一般方法有所了解，具备科学的思维习惯，在日常生活中能够判断某种说法在什么条件才有可能成立；能够正确地理解科学技术对社会的广泛影响，

---

① 王先明. 近代新学 中国传统学术文化的嬗变与重构 [M]. 北京：商务印书馆，2000：34.

能够对个人生活及社会生活中出现的科技问题做出合理的反应。据此，科学教育除了科学知识教育以外，科学方法、科学精神和科学态度等也理应成为科学教育不可或缺的内容。

其二，应转换科学教育的目标。在重新认识科学教育和科学素养的基础上，必须转变科学教育的目标，或者说是从观念层面把握科学素质观的根本转换，即从近代科学发展要求培养科学各领域的少数专门人才，到现代科学发展要求每一个公民科学素养的普遍提高；把科学从单一的学术意境转变为科学为大众（science for all），从近代科学教育的急功近利到现代科学教育的科学与人文的融合，以实现科学教育的人文化和社会化，谋求人与自然、社会的和谐统一发展；通过形成每一个公民的科学素养，不仅使公民理解和掌握科学知识，而且要使其具备科学意识、科学态度和科学能力以及环境意识等，借此来改善其日常生活。

回顾科学教育产生和发展的历史，可以清楚地看到，科学教育中的诸多问题都有其深刻的历史和文化根源，从内容到方法，从理论到实践，需要改进的绝不仅限于上述两个方面。但是，这两点在整体改进科学教育的进程中是起先导作用和具有决定性意义的，只有正确认识了科学教育的内涵，才能使科学教育成为全面的科学教育；只有与时俱进地转换科学教育的目标，才能使科学教育找到正确的方向。面对社会的飞速前进、时代的剧烈变迁和科学的迅猛发展，公民科学素养的提高显得空前迫切，而由于历史的、文化的和现实的原因，科学教育中还有诸多不尽如人意的方面，改进科学教育的历程可谓"路曼曼其修远兮"，我们还须殚精竭虑、上下求索！

[原文刊载于《教育理论与实践》2005 年第 11 期（曲铁华　梁清）]

28　论当代中小学生科学精神的培养策略

当今，科学技术在推动我国经济发展和社会进步方面发挥着越来越重要的作用，也引起人们对科学教育特别是承担着科学大众化、提高全民族科学素养任务的中小学科学教育愈加重视。当前我国中小学的科学教育在实践环节存在一些问题，科学精神的培养是其薄弱环节。下面将从科学精神培养的角度入手，谈一谈对中小学科学教育的一些看法，以期引起人们对中小学科学教育的深入思考。

一、科学精神的内涵分析

通过科学教育来培养学生的科学精神，首先需要明确什么是科学精神。

总的说来，科学精神是人类在长期的科学探索和获取科学成就的过程中积淀而成的精神气质的集中表征，包括科学情感、态度、价值观等。[①]不可否认，不同专家学者对科学精神具体内涵的认识有所不同。对科学精神较早进行界定且影响较大的是美国科学社会学家默顿。他在 1942 年发表的《民主秩序中的科学和技术》（后改名为《科学的规范结构》）中指出："科学的精神气质是指约束科学家的有情感色调的价值和规范综合体。"[②] 他还提出了构成科学精神的四种规范：普遍性、公有性、无偏见性和有条理的怀疑性。[③]

竺可桢 1941 年在《思想与时代》杂志第 1 期发表的论文《科学之方法与精神》中把"科学精神"归结为三个方面的内容：一是不盲从，不附和，依理智为归；二是虚怀若谷，不武断，不蛮横；三是专心致志，实事求是，不做无病之呻吟，严谨毫不苟且。周光召院士把科学精神概括为：

---

① 黄留炎. 加强中小学生科学精神的培养 [J]. 河北理工学院学报：社会科学版，2003（02）：104-107，113.

② 默顿•罗伯特. 民主秩序中的科学和技术 [J]. 林聚任，译. 哲学丛译，2000（03）：56.

③ 默顿•罗伯特. 民主秩序中的科学和技术 [J]. 林聚任，译. 哲学丛译，2000（03）：57.

客观、求实精神，这是科学精神的首要要求；不断求知精神；追求真理，不盲从潮流、不迷信权威的科学怀疑精神；创新精神；继承的精神；团队精神、民主作风、百家争鸣等。[①] 蔡德诚先生认为，科学的内涵包括六个方面：客观的依据、理性的怀疑、多元的思考、平权的争论、实践的检验和宽容的激励。[②]

学者们对科学精神内涵的概括是他们对自己科学探索过程中理性思维的过程和特点的提炼和总结。虽然不同学科的科研活动方式不尽相同，不同专家学者的思维方式各有特点，他们看问题的角度和着眼的层面各异，但他们对科学精神内涵的理解在某些方面是一致的。这主要包括以下几点：求真求实、理性怀疑、公正无偏失、不懈探索、民主自由求证和检验。

科学精神作为科学研究活动中的一种信念、意志和品格，随着科学的传播和普及以及科学家的示范，越来越成为一种普遍的社会意识和人类精神。但是，这种意识和精神对从事科学研究的人和普通民众的要求是不同的。对普通的大众来说，因其职业、年龄、阶层不同，对他们的要求也是有所区别的。本部分旨在探讨当代中小学生科学精神培养的策略问题，因而把科学精神的要求主要定位于中小学生层面，以当代中小学生应该有的科学精神品质和意识作为目标，进而剖析中小学的科学教育。

中小学生的科学精神应包括以下几个方面：刨根问底的好奇心；喜欢新事物、新思想、新信息，大胆、求异的创造意识；怀疑精神，实证态度；不达目的誓不罢休的毅力。

二、中小学生科学精神培养方面存在的问题

科学教育是基础教育的基本内容，也是现代文明的基础。因此，我国中小学教育不仅肩负着科学素养养成和科学精神培养的责任，还关系我国现代文明发展的进程。对我国中小学的教育现状进行客观的审视，我们发现，由于某些认识上的误区和实践上的偏差，中小学教育并未承担起培养学生科学精神的责任，甚至可以说在某些方面一定程度上束缚和妨碍了中小学生科学精神的养成。当我们今天大谈科教兴国和素质教育的时候，必须清醒地认识这些问题，并切实加以改进。

---

① 周光召. 科学技术的发展趋势和它对社会的作用 [J]. 科技导报，1996 (09)：3-8，51.
② 蔡德诚. 科学精神与人文精神不可分 [J]. 民主与科学，2003 (02)：12-14.

（一）课程：偏重对客观事物及其准确性的静态理解

课程是学校教育的灵魂。在学校教育中，无论何种知识内容的传授，都要通过课程来实现。科学精神的培养也是如此。只有科学教育的课程充满趣味性、开放性，给予学生探索的空间，才能使学生充满好奇心、新奇感和不由自主的探索欲望，从而在不懈的探究学习中懂得科学知识的真谛。

我国目前的科学教育课程强调学科体系，它向学生呈现的是自然科学各学科的基本结构、概念及符号系统，具有逻辑顺畅、结构严密等特点。但是，这样的课程设置往往又有一些无法弥补的缺陷：课程的内容体系较为陈旧，一成不变，与科学发展的现状相脱离；直接传授事物的规律、原理和结论，无法让学生经历科学发现的思维过程，更不能理解它是怎样从扬弃旧理论中发展起来的；没有强调理论的适用范围，更没有介绍理论存在的内部矛盾以及现在面临的挑战和未来的发展趋势。这样的内容使学生对科学知识的把握仅注重对客观事物的准确性做静态的理解，养成一种对科学的敬仰和崇拜的态度：科学结论是永恒的真理，科学家的发明是一成不变的，学习是对人类最伟大的科学财富的继承，任何对它确定性的怀疑和探讨都是不必要的。这样一来，学科教育不仅在一定程度上扼杀了学生的怀疑精神，致使学生不用动脑，毋庸置疑，完全是在一种死记硬背的状态下完成科学知识的学习任务；更为严重的是，学生养成一种对科学的错误态度——盲目崇拜、唯书是从，忽视科学的不稳定性和发展性。

（二）教学模式：强调教师中心和教材中心

"两中心"——教师中心和教材中心，是我国中小学课堂教学的主要模式，也是我国科学教育的主要模式。这种教育教学活动紧紧围绕教师的讲解和教材内容的设置而展开，教学结构紧凑，课堂上教师讲解一贯到底，课后以完成教材习题为主；学生在学习过程中只需将老师讲的内容由黑板移到笔记本上，再由笔记本移至大脑中；课后进行练习，以巩固大脑的记忆，对课堂讲授科学内容的学习即算完成。在教学过程中，教师把自己咀嚼细烂的知识灌输给学生，学生只需吞下即可；教师不用观察学生的反应，不用顾及学生的兴趣和爱好，只需将大纲中规定的目标和教案的内容和盘托出，教师关心的是学生掌握了哪些具体的科学知识，而对于学生掌握这些科学知识的方法，学生在学习科学的过程中形成了怎样的态度、情感与价值观等，教师是漠不关心的。[①]

在科学教育的实际教学中，较为普遍地存在着教师轻视或忽视实验教学和实际应用的问题。在中小学校，即使是实验课也是围绕教师的精心预设展开的：准备—按步操作—数据计算—获得结果，学生不用设计实验的过程，也不用对实验的结果进行预测和期待，因为教材上已经将这些内容悉数尽现。这样的实验教学，学生完全体会不到实验带来的探求乐趣和实验结果的不可预见性。更有甚者，有的教师在黑板上做实验，要求学生背实验结果，以应付考试中的实验题。"这种教学模式培养出来的学生长于背诵公式和解答纸面上的问题，但缺乏独立的思考能力"[②]。我们认为，这种教学模式的严重后果是，致使学生的头脑变得懒惰和迟钝，缺乏怀疑精神和创新能力，缺乏独自探索的欲望和能力。

（三）评价方式：追求"程序""模式"

对学生学业成绩的评价方式是引导学生学习的一个重要因素。科学客观的评价不仅能真实地反映学生的学习状况，而且是对学生学习的一种促进和激励。反之，不能全面了解学生的学习状况，甚至会把学生的学习引向歧途。

在我国中小学校，对学生学业成绩的评价方式，目前主要是试卷考核、要求在规定的时间内完成试卷的题目。这些题目都是一些结构良好的题目，学生根据题中的已知条件，套用书中现成的公式，就可得出结果（往往只有 1 个解）。这种考试要求答案统一，不允许出现解题过程的"标新立异"和"独树一帜"；对于缺乏标准步骤的解答，不计推演过程的分数。在这种情况下，学生全靠死记硬背应付考试，根本不知道科学与他们的生活世界有什么联系；学校教育培养了统一的头脑，训练了固定的思维模式，导致学生在学习过程中生搬硬套，养成一种寻求"程序""模式""套路"的思维习惯和迷信权威、不求甚解、因循守旧的慵懒思想与行为。这样的"程序"和"模式"势必束缚学生思维的空间，抑制学生的想象力、好奇心和创造力。

---

① SU Z，SU J，GOLDSTEIN S . Teaching and learning science in American and Chinese high schools：a comparative study ［J］. Comparative Education，1994，30（03）：264.

② 丁邦平. 中美科学教育比较 ［J］. 中国教育学刊，2000（02）：53-55.

三、中小学生科学精神培养的策略

针对当前中小学生科学精神培养方面存在的问题，我们必须关注和探究科学精神培养的策略，从小培养他们的科学精神。

（一）改进课堂教学模式：让学生在既动手又动脑的活动中形成科学精神

课堂是科学教育的主要阵地，课堂教学是科学精神形成的主要途径。但是，科学精神又不同于科学知识。对于精神这种无形的东西，书本无法生动地加以呈现，它需要浓厚精神氛围的浸染。因此，养成科学精神的课堂教学应该是让学生在既动脑又动手的氛围中养成科学精神的一种教学模式。

这种教学模式的学习过程类似于一个科学探究过程，学生是课堂教学的执行者、研究者，教师是学生的助手和合作者。该教学模式一般有如下四个环节：

1. 提出问题

教师依据教学内容提出探究的问题，学生根据自己的兴趣搜集相关的资料，提出假设，做出判断，然后根据自己的假设制订行动计划或实验步骤。这一环节主要是激发学生的探究兴趣和欲望，在动手之前先动脑思考。

2. 实践探索

动手操作、探寻结果是培养学生科学精神的重要环节。在该环节中，学生根据自己设计的研究方案进行操作和实验论证，并不断加以调整，直至最终完成研究计划；教师作为助手，在适当的时候给予帮助，如果学生偏离研究方向则及时加以引导，辅助学生完成探究。这样的训练不仅有助于学生动手能力的提高，而且有利于学生在试误、更正、成功的探究过程中磨炼其探求的意志，养成求实的态度。

3. 探究、记录

在探究结束后，学生应详细地将探究过程和结果记录下来。这不仅有利于学生对探究过程进行分析，而且有利于学生对探究过程加以反思和进行新的学习。通过对假设、实验和记录的分析，学生就能够独立地做出判断，得出探究结论，形成科学的认识。

4. 结果交流

培养学生动手操作、验证假设、推演结论的能力固然重要，但学生具备科学准确地讲述、表达和与同伴交流分享探究心得的能力，亦不可或缺。这也是培养学生科学精神的一个重要环节。通过小组或全班的集体讨论，接受同伴和老师的质疑，学生不仅可以对自己的探究加深认识和做多角度的分析，而且可以促进相互间的交流、分享、尊重与合作共进。

一般来说，科学探索的过程大致为：直觉—假设—试误—思索—猜想—验证。既动手又动脑的探究学习模式，符合科学探索的过程；在每一次的探究中，学生的兴趣都能得以激发，创造性都能得以发挥，怀疑精神都能得以张扬，求实态度都能得以强化，科学精神都能得以彰显。

（二）课程：面向全体，呈现科学发展动态

课程是教育内容的载体。中小学科学教育不仅要向学生传递科学知识，更要培养学生的科学精神，使之形成科学的方法和科学的态度。因此，科学教育课程不仅要有丰富的知识性，还应有趣味性、开放性、发展性，让学生在学习科学的过程中懂得科学的真谛，形成科学精神。

1. 课程内容：面向所有学生

一直以来，我国科学教育课程的内容偏难偏深，数学、物理、化学等自然科学课程内容难度高于欧美国家几个年级。这样的课程内容设置实际上是以培养科学家为取向的。然而，中小学生中将来能够成为科学家的只是极少数，这样的课程必然造成大多数人"陪读"的现象，无疑会降低大众的科学兴趣和科学素养。面对这样的课程内容，学生们开始是满腹疑惑，接着是鲜有疑惑，最后是根本没有疑惑。这些不属于他们的科学教育内容超出了其所能接受的程度，致使他们丧失学习科学的兴趣，以至于放弃对科学的学习。如此，何以形成科学精神呢？

为此，中小学科学教育的课程应该是面向全体学生的，即课程内容的难度要与学习者的接受能力相适应，内容的选择、安排要顺应学习者的兴趣和注意力。只有这样，科学教育才能为所有学生所接受，科学才能作为精神、作为信仰、作为文化日益深入人心，科学精神也不再只是少数人的专利，而成为所有人的精神财富。

2. 课程设置：凸显科学的特征

科学是动态发展的，"不断向前发展"即是科学的特征。学生只有了解这一特征，才能树立正确的科学观，才能自觉地、主动地走上科学探索的道路。为此，科学课程的设置和安排要着力让学生明白科学结论并非亘古不变的真理，它只是暂时的，具有假说性和猜测性；科学课程呈现的内容，仅是目前人们较为认同的一种说法。在介绍一种科学理论时，教师可

以向学生展示该理论的发展历史，介绍当初研究者对该问题所持的观点，它是怎样一步一步地演化成今天的结论的，该理论当今还有哪些缺点和不足，它为将来的发展留下了哪些空间。了解科学的发展史，有利于学生真正领悟科学发展的过程，加深对科学的认识。

此外，还可以让学生了解一些科学家的趣闻轶事及发明创新活动的故事，使之学会正确地看待科学家的特殊才能，这样可以引发学生探究的兴趣，在生活中模仿科学家的某些行为，自然而然地树立科学精神。

（三）评价：施行以倡导科学精神为主的学习行为

英国人贝尔纳在《科学的社会功能》中曾经指出，只要考试制度原封不动，我们就永远不可能有合理的科学教学。[①] 我国现行的考试制度中统一标准答案的导向，势必使学生形成死记硬背的学习方法和习惯。鉴于此，必须变革这种传统的、机械的评价观，施行以倡导科学精神为主的评价方式。

精神的形成是一个以行为影响思维的过程。它首先是一种行为习惯的养成，进而形成一种思维习惯，最后升华为精神品质。为此，对于培养中小学生科学精神的科学教育的评价，切不可采用以往检测学生知识掌握程度的传统评价方式。为了培养中小学生的科学精神，评价科学教育尤应注重对学生学习过程及行为的综合测评，对符合科学精神的行为予以强化，对违背科学精神的行为予以纠正，以使中小学生养成科学的学习习惯，进而形成科学的思维和科学精神。这种不同于传统考试的评价方法即为学习行为评价，着力考察学生的学习过程，亦即过程评价。

过程评价注重学生平时的课堂学习表现，评价取向是学生在学习过程中的精神状态而非学习结果。学生在探究性学习中的具体表现为：积极参与和思考，勇于质疑；对于探究的问题有与众不同的、独到的见解；在探究过程中表现出不达目的誓不罢休的品格和毅力；坚持不迷信、不盲从，唯真理是从。教师对学生的这些行为不但要给予高分，而且要在平时的课堂教学中加以赞赏和表扬，不断强化，使学生在潜移默化中养成科学的精神、态度和行为。

［原文刊载于《中国教育学刊》2005 年第 2 期（曲铁华　马艳芬）］

---

① JD贝尔纳. 科学的社会功能［M］. 陈体芳，译. 桂林：广西师范大学出版社，2003：291.

第四专题

高等教育与职业教育改革及发展研究

29　民国国立中央大学学科变革的 历史考察（1928—1937）

民国时期的国立中央大学（1928—1937，以下简称"中央大学"），在校长罗家伦的领导下，学科建设走出了理想与现实"非此即彼"的价值困惑，确立了"实践本位"的新的学科建设价值观念，学科发展走出了学习引进和模仿的阶段，不断走向成熟。此时大学学科有效地协调了社会目标与学术目标的关系，主动追求多维文化的动态平衡。以民国国立中央大学学科建设为历史借鉴，当前大学学科建设应当凸显学科的实践批判性品质，以此建构适应我国现代化进程的学科建设新的生长点。

一、中央大学学科变革的背景

自 19 世纪末以来，为追赶西方科学文化，我国大力引进西学，不断掀起学习西方文化的高潮。民国北洋政府时期学界各种学科的建立，都程度不同地模仿移植外国大学学科制度，造成中国大学学术现代化与我国本土资源发生冲突，出现了许多弊端及实践困境，难以收到预期的效果。

1928 年，国民政府实现了名义上的全国统一，南京国民政府成为唯一合法政府。此时由于工作重心转到经济建设上，促进了社会生产力的发展和经济繁荣。所以，从 1928 年到 1937 年抗战爆发前，中国的工业以 9％的增长速度快速提升，国内生产总值飞速增长，是同一时期日本的 3 倍。中华民国也因此进入强盛时期。国民政府通过一系列的教育改革，初步发展了中国化现代大学制度，形成了中国高等教育发展的组织机构和制度规范。

这一时期学科知识的专业化，学科组织结构日趋精致化以及专业化研究队伍的出现，为大学学科发展提供了一个新的历史条件，此时学科内部要素逐渐成为推动学科持续发展的内在动力。

首先，专业性学术期刊的出现使大学学科学术研究实现现代性转化，学科学术研究实现由对社会功能的关注转到对学术功能的关注。它为学者们提供了一个相互商榷、平等交流的平台，催生了大量新学科和新成果，学人之间相互体认，凭借出版进一步拓宽自己的用武之地。

其次，国家级别的学术研究及联络机构——中央研究院的建立，为大学学科体制搭成了一个完整的建构。其完善的学术评议会制度及人才培养机制、职责分明的科研管理及考核奖励制度，使之在科学研究、人才培养及学术联络方面做出了重要的贡献，标志着富于中国特色、官方出资创办经营的集中型国家学科体制的确立。

最后，大量从西方学成归国的留学生逐渐发展成为中国科技发展的领军人物，以他们为主体，形成了中国现代职业科学家群体。此时，由于影响学科发展外在社会历史条件的变革与学科内在因素共同合理作用，直接推动了学术主体的素质的全面提升，他们在推动科技本土化应用方面做出了重要贡献。

二、中央大学学科变革之表现

1927 年，国民政府定都南京后，为强化国家政权，以原东南大学为基础，合并江浙九校，组建国立第四中山大学，1928 年改称国立中央大学。作为处于首都南京的一所国立大学，中央大学学科资源、学科地位及学科规模都位居全国之冠，被誉为"民国最高学府"。校长罗家伦掌校后，在对学科建设实践的批判与反思中不断调整学科观念与行为，根基于学科建设实践活动的内在性、基础性和本体性，将学科建设主旨整合到民族复兴和国家建设的框架之下，创造性地实现了学科价值整合，使学科理想与现实价值实现有机融合、互动统一。在对学科内外部环境变化理性把握的基础上，动态实现学科价值目标体系创新，不断深化各相关领域的沟通协作，合理配置学科资源，学科科学发现与技术创新能力实现最大化。这一时期中央大学学科建设是学科内在基因与外部环境互动生成的结果。因此，更具有现实感和历史感。它体现于"建立有机体民族文化"的学科宗旨、基于实践"立体化"的学科结构和本土化"校务会"学科管理体制的建立。

（一）"建立有机体民族文化"的学科宗旨

学科宗旨集中地体现了学科建设的基本价值判断准则，它关乎学科定位以及根本性质，1932 年 8 月，罗家伦出任中央大学校长后，认识到办中央大学的关键在于重树中央大学的学科精神和使命，但是，中央大学规模太散，这种"散"不仅在形式上，更体现在精神上。他提出："苟欲纳中央大学于轨物，因素甚多，各方面对于客观事实及民族前途之认识，尤为关键。"① 于是，罗家伦对大学学科使命重新定位，倡导建立有机体的民族文化，以振起整个民族精神为学科宗旨，为大学建设提供了强大的实践整合机制和新的目标导向。他认为：

> 中国当前的危机，其最要者，乃在缺乏一种有机体的民族文化，以振起整个民族精神。而民族文化之寄托，当然以国立大学为最重要，尤其是中央大学，须担负造成民族文化之使命，为民族求生存，使国家学术得以永久发展，使民族精神得充分振发，履行大学对于民族和国家的责任。②

何谓"有机体的民族文化"？罗家伦对它的解释是：首先，需要培育民众"中华民族共同体"强烈的民族意识；其次，使多元文化都集合在这一民族意识大旗之下，互相补充，沟通融合。他说："无论学文的，学理的，学工的，学农的，学法的，学教育的，都应当配合得当，精神一贯，步骤整齐，向着建立民族文化的共同目标迈进。"③ 这就需要大学融入现实社会环境，为社会各行各业输出大批国家建设的有用人才，全面、系统地推进国家经济、政治及文化等领域的规范化、和谐化发展。罗家伦以为，中国的真正危机并不仅仅是政治的腐败，其根本还在于缺乏一种具有一定凝聚力及创造力的，能够振奋民族精神、使自己自立于世界民族之林的精神文化支撑。"民族有机文化"必须使民众具有"中华民族共同体"的统一意识，使其他各部分文化在这个统一意识的指引下相互协调，配合一致，向着建立民族文化的公共理想迈进。

1932 年 10 月 11 日，中央大学举办开学典礼。在开学典礼大会上，罗家伦发表就职演说，题目是"中央大学之使命"。他认为，中央大学作为位于首都的全国大学的表率，理应承担起对国家及民族的独特使命，也就是要为中国"建立有机体的民族文化，足以振起整个的民族精神"。④ 那么，中央大学就要从根本上改变原来的面貌，在承担重建民族文化之重任的同时，不断创新，引导大学学科走向综合性、研究性发展方向。这意味着中央大学将要走向与北京大学、清华大学不同的发展道路，不再仅仅关注人才培养，而是以"建立有机体的民族文化"作为大学学科建设新的

---

① 罗家伦. 罗家伦先生文存：第 7 册 [M]. 台北：近代中国出版社，1988：125.

② 罗家伦. 提高学术创立有机体的民族文化 [M]//罗家伦. 罗家伦先生文存：第 5 册. 台北：近代中国出版社，1988：233.

③ 罗家伦. 罗家伦先生文存：第 5 册 [M]. 台北：近代中国出版社，1988：237.

④ 谢泳，等. 逝去的大学 [M]. 北京：同心出版社，2005：291.

宗旨。

怎样才能使中央大学的这种特殊使命得以实现？罗家伦校长制定了六字治校谋略和四字学风。罗家伦认为，要想谋中央大学的重建，必须遵循"安定""充实""发展"三时期，这也是治校的三个阶段：安定是学术风气兴起的前提与基础，安定之后，力求充实人、财、物，不断增进新设备，增强大学对学术人才的吸引力，充实之后则当进行大规模的学科制度改造和有计划的学科建设。

要实现大学学科发展需要培养新的学风，中央大学首先从匡正时弊入手，辅以"诚、朴、雄、伟"四字的学风建设。于是，罗家伦提出"诚、朴、雄、伟"的校训，鞭策学生，为中央大学学科理念指明了方向。

"诚"，即从事学术的意念发自人内在真诚的心意，不以获得物质名利为目的，而是为了"共同信仰"努力奋斗；学者应当具有一种使命情怀，不应把学问沦为满足自己私利的工具，他们对于中央大学所肩负的历史使命，应当发自内心地认可并加以重视。"朴"，即朴素和笃实，追求学问的本质，避免流于表面的虚浮，不可将青春光阴虚度在时髦、流行的文章上面，力戒心浮气躁，崇尚笃实勤奋。"雄"，即具有过人胆识，无畏的精神气魄，以之扭转自南宋以来文人怯懦颓唐的风气，培养整个民族不卑不亢的凛然正气。"伟"，即努力追求卓越，避免门户之见与裹足不前，放手开创雄图伟业。要集中精力，放开眼界，从整个民族文化的命运着眼，努力做出几件大事来，既不可偏狭小巧，存门户之见，又不能故步自封，怡然自满，就是伟大崇高。

在以上学科理念的指引下，罗家伦妥当处理了大学内部存在的各种矛盾纠纷，使学校学科发展取得了历史性的飞跃，走上了制度化、规范化的道路。罗家伦坚信：大学通过形成一种新的风气，一定能够完成引领一个民族文化前行的使命。罗家伦校长对中央大学学科教育宗旨的精深透彻的阐述，合于教育发展的规律，符合时代发展的精神内核，由于突破了传统学科价值观的局限，具有鲜明的历史进步性，对现代大学学科发展有着一定的启示。

（二）基于学科建设实践"立体化"的学科结构

民国成立以来，大学学科建设一直深陷理想与现实"非此即彼"的价值困惑之中，表现在学科结构上，就是在基础理论学科与应用技术学科之间摆动及失衡，究其原因在于"悬置"了学科实践本体形态，忽视实践学科及其学科实践主体的各自作用及彼此的相互关系。20 世纪 30 年代，当大学学科外部环境的变化引发其形态结构内部各构成部分的重新界定与排列时，大学学科需要在实践中实现理想与现实双重价值形态的统一。中央大学在罗家伦掌校时期，学科结构形成以综合应用学科为根基，技术实用学科与基础理论学科为两翼的"立体化"跃动型学科结构，使学科呈现螺旋式发展与波浪式前进的良性循环，三者统一于反映社会发展需要变迁与学科具体情境的实践。这体现了学科建设者理论眼光和把握时代的自觉能动精神，也体现了学科与时俱进的创新品格。罗家伦掌校时期"中央大学成为当时全国高校门类齐全、院系最多、规模最大、学科最齐全的首都大学"。①

首先，中央大学重视以国家建设为目的的实用技术学科。

1928 年，南京国民政府建立初期，政策上对国家建设急需发展的大学"应用技术学科"给予倾斜，一时间大学学科文实比例不协调的问题得到了很大的扭转，大学普遍进行学科调整，学生学习实用技术学科的热情高涨。另外，在当时日本侵略中国步步紧逼的历史条件下，许多大学生抱着"实业救国"的理想，积极投身到实用技术学科的学习当中。罗家伦要把中央大学打造成复兴民族的"参谋本部"，汇聚各类人才的储备库，大学在学科结构的调整上紧追国家的需要。罗家伦受命出任中央大学校长之前，中央大学学科涵盖文、理、法、教育、工、农六个学科门类，罗家伦到任后，为了适应社会需要及学科内在发展规律，对重大院系与学科不断进行重组与调整，学科设置以把握时代精神，适应国计民生需要为根本原则。

罗家伦对中央大学的学科发展有着明确的定位：

我认定我们以后所有的学科，都要切合国家的需要，以后各方面的行动，要与政府有最密切的联络。我们今后一切的学科都要在一个中心目标和整个计划之下配合国家的需要。在教学的各种活动中，一定要与政府取得密切的联络。我们要使本大学变为国家定选人才的机关，要使本大学变为完成全国总动员之知识上的功臣。……我们必须寻求实际的应用，尤其是要切合国家的需要，在政府的指导赞助下求实际的应用，这就是我们今后的中心政策。②

---

① 张宏生，丁帆. 走近南大 [M]. 成都：四川人民出版社，2000：9.
② 罗家伦. 罗家伦先生文存：第 5 册 [M]. 台北：近代中国出版社，1988：277.

在这一中心政策的指导下，中央大学的学科调整对国家需求和现实应用给予了密切关注，并积极寻求与各级政府机构合作。1932年，校务会议在讨论化工组的创办方针时指出，该组"应以研究国防化学及重工业之基本原料制造为主体，其对普通工业之研究仅以所费轻而需要切之化工事业为限"[①]。

1933年，中央大学为指导各院系的课程修订，通过了各院系修订课程时应注意事项，其中规定当此国难严重时期，一切课程的设置尤应特别注意有关民族生存的问题，以养成健全实用的学术人才为主旨。满足国家建设和民族救亡的需要，成为衡量知识生产价值的重要标准。1935年，教育部在没有经费支持的情况下，训令中央大学筹办医学院，罗家伦多方筹措仅仅得到3万元，仍毅然知难而上，他后来回忆时谈到，当时急于开办医学院有两种用意：一是准备对日作战，训练救死扶伤的人才；二是为了复兴民族，培养主持民族健康的人才。中央大学添办医学院，国家建设和民族救亡的需要是首要的考量，医学院的成立奠定了中央大学7院的格局。

1935年，罗家伦在中央大学又增设工学院的水利工程系、理学院的心理学系及法学院的社会系。到1936年，中央大学已有7个学院、38个系，共有学生2 000余人，是当时国内系科最全和学生人数最多的大学。1937年航空工程系成立，为加快人才培养，学校专门在1938年从机械、电机、土木、化工、建筑等八系修完一年级的学生中招收插班生20名，转入航空系二年级学习，这显示了大学在培养航空人才上的急切心态。在训练航空机械人才上，中央大学不仅与航空委员会密切合作，罗家伦甚至可以越过航空委员会，向委员长随时呈报。1935年6月，罗家伦便专门飞赴成都面见蒋介石，"为添设机械特别班事，有所请示"[②]。这说明国家意志和政府需求，乃至"最高领袖"的指示，已深深影响到大学的办学实践。国家需求还渗透到大学课程标准之中。

鉴于国难深重，国内航空事业近于空白的状况，中央大学在几乎没有任何学科基础的前提下，主动承当起创办航空工程学科这一任务。罗家伦极力邀请毕业于美国麻省理工学院（Massachusetts Institute of Technology）机械工程科的罗荣安归国，创建中国现代航空教育，来中央

---

① 本校化工组办理方针案［A］//中国第二历史档案馆藏中央大学档案. 全宗号648，分卷号910.

② 佚名. 中大校长罗家伦昨日回京［N］. 中央日报，1935-06-28.

大学开办自动工程研究班，培养中国现代第一代航天专业人才。在中央大学的带动之下，当时大学的工程学科实力明显增强，已经超越了数量上的积累，达到了质量上的提升。

其次，中央大学在重视工科实用教育的同时也重视基础理论学科建设。

20世纪二三十年代，大学在自然科学学科发展结构上确实存在着较明显的不平衡状态。学科有一半以上都分布于农学、生物学、医药学以及地学，这几类学科由于有着更便利的本土化研究环境与研究条件，调查研究的对象多是中国本土人们生活中的事物或现象。因此，学科本土化工作取得了很大成就。这些学科学术实践经验丰富，学科带头人多是国内与国际同行认可的、在本学科领域有突出成绩和标志性研究成果的"大家"。到西方留学的科学家，其选择留学涵盖的学科主要集中在物理、化学、数学和工程技术等方面，大学中的数理化及工程技术等学科的学术成果多受西方学科发展的影响，科学家所取得的重大科技成就也多是在国外，当时中国的基础科学相当薄弱。1932年，国联教育考察团以西方传统高等教育价值观为依据，指责当时中国大学中"各科之基本要素，在教学计划上向无充分之地位，殊不知研究该科之学生，对于基本要素，必先能彻底精通，乃能对于次要方面之研究获得实益"①。

朱家骅担任中央大学校长时便尖锐地指出："一个大学的功课所以要各科系的打通，注重基本的功课，是要使大学毕业生具有普通的常识，了解基本的理论，并不希望把很多高深的理论和专门问题都要一一灌输到学生的脑筋里去。"②他掌管教育部时仍坚定地主张：

大学为研究学术之所，其所研究之学科，必须由基础而专门，做有系统之研究。倘轻重倒置，先后失序，轻于基础而重于专门，先于基础而后于专门，则学生先已乱其门径，研究学术，安得有济。专门学术之研究，就体系言，绝非大学四年之教育所能为功。必待学生于毕业后继续不断做专门之研究，方得有济。③

中央大学在重视工科实用教育的同时，并没有忽视基础理论学科。罗

---

① 国联教育考察团. 中国教育之改进 [M]. 南京：国立编译馆，1932：205.
② 中国第二历史档案馆. 中华民国史档案资料汇编　第5辑　第1编　教育（一）[G]. 南京：江苏古籍出版社，1994：279.
③ 国民政府教育部. 第一次中国教育年鉴：丙编 [Z]. 上海：开明书局，1934：7-8.

家伦说：

在大学里基本理论科学尤当注重。须知应用科学是从基本科学原理中产生出来的。应用科学将来的发展，还要靠新的原理的产生，前途才有希望……若是截头去尾地片断提倡应用科学，是很危险的。科学的精神在求真理，当求真理的时候，并没有计较到他的功用。[1]

在他看来，"纯粹科学是应用科学之基础。注重应用科学而不注重纯粹科学便是饮无源之水。不但是不能进步，而且是很容易干的"[2]。

从当时中央大学理学院算学系课程的设置，可以看到其对于基础理论学科的重视。中央大学理学院算学系课程包含统筹并重的三个部分，即代数、分析与几何。大体上一年级以微积分、方程式及综合射影集合为教学重心；二年级以高等微积分、高等解析几何、高等微积分方程及实用分析为教学重心；三年级以近世代数、复变函数数论及微积分几何为教学重心；四年级则重点突击专题研究及学位论文和一些选修课程。当时在算学系讲解高等解析几何、高等分析复变数、函数论课程的是段调元，讲解微积分、微分方程式论、椭圆函数课程的是杜作梁、钱宝琮，讲解微积分几何、微分方程的是张镇谦，他们都是留学欧美的知名学者，在自己专业理论领域都做出了重大贡献。后期对微积分、射影几何及高等解析几何有着深入研究的数学家孙光远，也曾经任教于中央大学算学系。浓郁的学术传统为中央大学学术研究奠定了基础，也为其基础理论学科的发展提供了良好的学术资源。

最后，中央大学以培养学生的基础和实践能力为目的，建立与专业培养目标相适应的实践教学体系，重视不同学科间的相互渗透与联系。

中央大学不仅注重专门的基础理论学科课程设置，而且以实验教学为平台，开设跨学科、相互合作的综合性课程，通过解决一些实际问题提高学生综合创造能力。即便各学科之间有着细致的专业分工，但是，学校为了不把学生知识结构囿于偏狭的领域中，要求学生在完成本系必修课的基础上，到他系完成一些选修课，对自己的知识结构进行拓展与提高，防止自身知识结构失衡、知识贫乏单一，这即是"通才教育"的理念。比如中

① 罗家伦. 中央大学之回顾与前瞻 [M] //罗家伦先生文存：第 6 册. 中国国民党中央委员会. 台北：近代中国出版社，1988：105.
② 罗家伦. 中央大学之回顾与前瞻 [M] //罗家伦先生文存：第 6 册. 中国国民党中央委员会. 台北：近代中国出版社，1988：105.

央大学的理学院下设算学、物理、化学等七个系，开设 99 门课程，学校将之分为甲、乙两组，甲组包括数学、物理、化学、地理等课程，乙组包括动物、植物、心理等课程。甲组学生必须在院内选修普通物理、无机化学、微积分、普通生物、地学或气象等课程，任选其一；乙组学生必须在院内选修普通物理、动植物解剖、无机化学、地学或气象等课程，任选其一；最晚要在入学第三年初确定"主系"和"辅系"。"辅系"必修课程为15 个学分，"主系"一般为 40 个学分左右，但各系要求不尽相同。

从上面的课程要求可以判断，中央大学理学院践行的是一种"通才教育"理念，学生入学以后，可以凭借本人实际情况和个人的兴趣在选修课程中自由选择，而并非固定于某个学系，目的在于使学生能够在全面提升自身各方面素养基础上个性有所发展，能够正确认识及发掘自己的潜能，为自己未来工作学习奠定坚实的基础。践行通才教育理念的关键在于以综合实践活动课程为平台，实现多元课程整合。

中央大学在当时经费短缺的现实情况下面向全体学生，开设了大量贴近学生社会、生活与科学实践的综合实践活动课程，将实验室建设纳入学校总体规划，学校有关教学管理文件对于课程实验的时间及实践的环节都做以明确规定，这为大学生提供了一个相对独立的生态化的学习空间。比如，当时中央大学物理实验室有 9 个，化学实验室有 7 个，动植物实验室有 10 个，教材中所涉及的主要实验在实验室都可以进行。地质学系为了奠定学生感性知识基础，十分重视野外实践教学工作，每个年级都需要在规定的时间走出校门，进行野外实习，称之为"地质旅行"，学生返校以后需要上交《实习总结》，这对地质学专业学生综合素质提升无疑给予了极大的帮助。

总而言之，中央大学通过不断改善实践教学条件，调整实践教学内容，大学毕业生动手能力和创新能力普遍得以提升，对用人单位的适应期缩短，在一定程度上满足了社会的人才需求。

（三）本土化"校务会"学科管理体制的建立

西方学者维德罗克（Rothblatt B. Wittrock）曾说："近代大学形成的过程，正是工业经济秩序和民族国家这一最典型、最重要的政治组织形成过程的重要组成部分。"① 英国高等教育学家阿什比（Eric Ashby）在《科

---

① WITTROCK，R B. The European and American university since 1800：historical and sociological essays ［M］. Cambridge：Cambridge University Press，1993：305.

技发达时代的大学教育》中也曾指出，国家应对大学的自由加以限制，不可任由大学自由发展。民国以来，一直在大学学科管理体制上就存在着中央集权制与大学自治权的冲突与协调。大学学科管理必须在同实际的社会发展需求状况相结合，同时保持自身的独立性时，才能发挥正向之功能。这也是保证大学自主权的一种现实策略，这种自主权由于适应社会历史实际需要而变得越来越强大。

南京国民政府成立以后颁布《大学组织法》，各大学按《大学组织法》的规定也进行一定的重组。高等学校除了已经有的董事会、评议会和教授会之外，国民政府还根据不同类型的学校，规定不同行政管理机构与管理权限，充分发挥大学学科建设的主体作用，大学的个性更突出鲜明。在这一时期，高等教育与党国体系，知识分子与政治建立起相互联系的新关系。学者对政治的态度由消极转向积极，学术研究的方向也发生了重要变化，政治哲学成为学术研究的重中之重。"'五四'后不少知识精英关注重心开始由文化转向政治，并在新的意义上'再发现'了坐而言不如起而行的旧说"。① 当时有相当一部分知识分子选择入仕的机会，科学家参政在30年代也达到了高潮。伴随着民族主义高涨，教授参与政治的途径和方式都发生了很大的改变。作为中央大学的校长，罗家伦面临的首要问题就是如何将师生的热情转到学术研究之中，但是，又并非以纯粹学术为中心。

罗家伦在管理方面实施的成效显著的改革之一，即采用校务会、评议会及教授会的三级会议学科管理体系，这是对于有中国特色的学科管理体制与学科教育体制的探索，其目的是处理好大学内部行政权力、学术权力以及民主权利、监督权力的配置和制衡关系。校务会、评议会及教授会的三级会议体系分别负责学科管理决策领导、行政组织和民主监督职能。各级会议中由教授会选出的代表占据多数席位，教授会可以对评议会行使相应的否决权，实现对评议会权力的制约与制衡，经过教授会、评议会和校务会议的顺次递进，加强了校长对院长与系主任的聘任权，也强化了校务、院务及系务工作的行政联系，从系务到院务必须由系主任、院长逐层上报商承，教授治校程度有所减弱。这种"校务会"学科管理体制既与欧洲大陆模式不尽相同，原因在于大学校长不是由选举产生的，而是由教育部任命的；也与英美模式不尽相同，原因在于校外董事并不参与大学治

---

① 罗志田. 激变时代的文化与政治：从新文化运动到北伐［M］. 北京：北京大学出版社，2006：2-3.

理，学校事务全部交由校内教授与行政人员共同管理，这体现了学术与行政两种管理体系走向一体化的特色。

以中央大学教师的选聘为例。罗家伦认为，大学校长治校的"首要之举"在于人才聘用，自称"聘人是我最留心最慎重的一件事"。① 秉公办事、以才取人是罗家伦一贯遵循的重要原则。他曾说："抚躬自问，不曾把教学地位做过一个人情，纵然因此得罪人也是不管的。"② 罗家伦除了尽力挽留原有优良师资之外，同时对外延纳各学科业务精湛人才，以全面推进学校教学、科研的整体发展。一时间中央大学掀起了引进海外留学博士的热潮。在竭诚招揽优良师资的同时，中央大学也尽力加强教师聘任制度建设。1940 年，在拟定颁发的《中央大学组织大纲》中就曾规定，"本大学教师分教授、副教授、讲师、助教四种，由各院院长商承校长聘任之。"③ 其中，不但说明了教师级别的分类，而且对于教师聘任程序做以规定，校长不能以个人为中心，独断一切，学校需要与学院商议，共同决定教师任用与否，这体现了教师聘任体制的民主性。

考察中央大学的教授招聘可以看到，多数情况下教授招聘体现了院系与学校多方"商同"的特征，一般教师聘任由院长或系主任向学校推荐，学校通过一定的考核程序对教师进行考核，大多均能任用，而院长与系主任由校长依照规定直接聘任。例如，1928 年，中文系主任汪东之向学校推荐黄侃，经考核符合任用条件而成行；1931 年 3 月，教育学院院长孟宪承向学校推荐萧孝嵘，很快就得到了学校的答复，"当时的中大朱家骅校长即致信萧氏，正式发出聘书"。④ 这反映了中央大学施行的"教师聘任制"，学校对于下属院系推荐意见的高度重视。这种民主与集中相互依存的人才聘任体制，切实保障了中央大学师资来源的质量。

总之，中央大学确立"实践本位"的学科建设价值观念，学科变革有效地协调了学科社会目标与学术目标的关系，不断走向成熟。此时，中央大学学科影响因素呈现良性动态"和合"之势。学科整体管理与协调能力大大提高。学科理论发展与学科社会化应用齐头并进，在具体的学科实践

---

① 罗久芳. 我的父亲罗家伦 [M]. 北京：商务印书馆，2013：191.

② 罗久芳. 我的父亲罗家伦 [M]. 北京：商务印书馆，2013：191.

③ 南京大学校庆办公室校史资料编辑组，南京大学学报编辑部. 南京大学校史资料选辑 [G]. 南京大学印刷厂印刷（内部发行），1982：306.

④ 中大教育学院教职员任免及有关文件 [A] //第二历史档案馆藏档，全宗号 648，案卷号 1829.

中，学科知识走向本土化，社会民众科学素养的提升，学科发展与社会实践的互动生成，一方面使中央大学得到了社会各行业的重视与鼎力相助，不仅"拓宽了学校研究经费渠道，还增强了学生的实际工作能力"。① 另一方面，工业界与科学界的接触越来越活跃，两界人士共同协商国家经济、教育发展大计。大学学科建设与社会发展开始实现良性互动，共创双赢局面。

三、中央大学学科变革之当代启示

进入 21 世纪以来，我国大学学科内部规范化程度相应提高，学科外部经营环境也更加复杂多变，这引发学科内部各构成部分的重新界定与排列，它需要学科建设"朝向事物本身"，回归实践本体。以中央大学学科建设为历史借鉴，当前大学学科建设应当凸显学科的实践批判性品质，以此建构适应我国现代化进程的学科建设新的生长点。

首先，构建"一体两翼"的学科价值目标体系。学科价值目标是学科建设的出发点与归宿，它应当是由人才培养、科学研究与社会服务构成立体多元的结构，是根据学科所处的时代与地域条件，以及自身的历史和现实条件综合决定的，学科价值目标体系建构具有复杂性、动态发展性与不可确定性，需要在统筹整体利益的基础上重视单项目标的具体环境与约束条件，实施灵活的目标方案。由于学科建设目标与学科实践使命紧密相连，在以实践为根基的基础上，以辩证的思想方法保持目标体系"一体两翼"恰当的张力维系与必要的动态平衡。

其次，学科结构实现实践观照。大学学科结构是指在一定学科价值观的指导下，学科系统中的组成要素间的配比关系。大学学科设置及其布局结构决定了大学基本架构，决定了大学其他结构的大致走向。从性质上看，学科结构主要体现基础学科与应用学科的合理配比关系。当前大学学科结构的战略调整成为贯穿我国高等教育发展全过程的主攻方向，学科结构优化的实质，就是以知识创新为指导思想对现有学科结构进行的合目的性的改造。以实践价值哲学为指导，大学学科结构调整应当以适应现代产业发展优化设计为目的，同时遵循动态协调原则实现学科结构的优化统筹。

最后，建构"动态立体化"的学科管理模式。立体化管理是信息社会

---

① 张意忠.民国大学校长风范 [M].北京：北京师范大学出版社，2012：265.

下关系思维在管理中的运用，它是一种动态开放的管理模式，强调管理是在人的生存实践活动中现实地生成和展开的，管理活动的本质在于在实践中协调人与人以及人与世界的关系。大学学科立体化管理是对传统的平面化管理模式的一种改进，是适应多变的高等教育外部环境而产生的新兴的管理模式，它指的是为了确保学科核心竞争力，保持与外部信息环境变化相适应的领先性，持续给学科带来竞争优势，依据"能级"原则以及"整分合"原理，使学科内部形成优化组合的群体结构，将具有不同能量的管理者个体有机组合成为一个稳定复杂的动态立体组织结构系统，进而实现各层级管理者责、权、利相对应，决策、执行、监督各管理环节"三位一体"的动态管理模式。它适应社会经济结构转型价值观念多元化以及生活方式与利益关系多样化，同时，大学学科"松散连接"的内在本性决定了管理模式立体化转型的应然选择。

［原文刊载于《现代大学教育》2016 年第 5 期（曲铁华　王丽娟）］

30 中国近代高等教育的发展演变及反思

中国是世界上历史最悠久的国家之一，拥有三千多年的太学史，曾经一度是世界上教育最发达的国家。但是中国近代意义的高等教育只有一个多世纪的历史，已经远远落后于世界先进水平。中国的现代高等教育是典型的"后外发型"，这种教育的现代化并不是直接由传统教育的内部需求自然演变而来的，而是在外力的压迫下强行生成的。在这一进程中，学习西方是我国现代高等教育的突出特点。然而，正如中国要实现繁荣富强的梦想必须走有中国特色的道路一样，中国的高等教育要想达到世界一流水平，也必须走有中国特色的教育之路。这就要求高等教育处理好传统与移植的关系，使移植的现代化根植于广阔深厚的中国文化传统之中。这一过程将是极其复杂和漫长的。在这个过程中，我们要不断地回顾历史，认真地吸取教训，总结经验。只有这样，才能尽快地发展我国的高等教育，使之在高等教育国际化的今天可以与世界各国平等有效地进行交流。

一、中国近代高等教育的发展嬗变

19 世纪 60 年代至 20 世纪 40 年代是中国高等教育产生和基本形成体系的时期，也是西方思想与中国传统思想碰撞最激烈、融合最困难的时期。下面将主要按照"西学东渐"的主要进程，分三个阶段来介绍这一时期中国高等教育的发展演变历程。

（一）萌芽时期（1840—1894）

第一阶段为萌芽时期，大致从 1840 年鸦片战争到 1894 年中日甲午战争。

众所周知，1840 年对于中国历史是一个划时代的年份。西方帝国主义在资本扩张的需求下，用洋枪大炮打开了中国的大门。中华民族从"天朝大国"的迷梦中惊醒，从此走上了救国救种的艰难曲折道路。中国的现代化就在这轮船大炮和随之到来的洋货和洋学中逐渐起步了。在这一时期，战败的中国政府为了救国御敌，直接想到了"中体西用"，"师夷之长技以制夷"的方法。洋务派把战败归因于自己技艺不如人,正如李鸿章解释:"(敌方)轮船电报之速,瞬息千里,军器械事之精,工力百倍,炮弹所到,无坚不摧,水路关隘,不足限制,又以数千年来未有之强敌。"①

这时,中国的领导阶层还没有认识到自己的孔孟之道有什么不妥,于是满怀希望地本着"中体西用"这一原则,兴办了大批的外国语学堂、军事学堂和专业技术学堂。这些学堂中,著名的外国语学堂有京师同文馆、上海广方言馆、广州同文馆、湖北自强学堂;专业技术学堂和军事学堂的代表有福建马尾船政局附设的船政学堂、天津水师学堂、天津电报学堂等。据统计,从 1862 年至 1895 年,清政府先后创办了 23 所洋务学堂。

洋务教育对中国传统教育是一次巨大的突破,主要表现在教学内容上增加了西文和西艺课程,即外国语言文学和西方先进的自然科学知识。如最早成立的京师同文馆的五年课程设置分别为:第一年数理启蒙,九章算法,代数学;第二年四元解,几何原本,平三角,弧三角;第三年格物入门,化学,测算;第四年微分积分,航海测算,天文测算,讲求机器;第五年万国公法,富国策,天文测算,地理金石②。从此,中国官方的学校教育中不再是"四书""五经"一统天下,西方的自然科学在中国有了一席之地。课程的改变伴随着培养目标的改变,洋务学堂不再以培养作为官吏的"治才"为主要目的,而是培养通晓各国语言和技术的"艺才"。这在几千年的中国教育历史中可谓惊天动地的变革。

洋务学堂是中国近代第一批新式专科学校,近代高等教育由此发轫。这一时期洋务教育对西方的学习并没有明确的目标,对西方的概念还很模糊,只把西方笼统地称为"泰西"。

(二) 发展时期 (1895—1911)

第二阶段为发展时期。这是我国高等教育发生重大转变的时期。这一时期,中国传统教育被推翻,现代化的教育制度开始建立。

1894 年中日甲午战争,中国惨败于邻邦小国日本,清政府苦心经营了三十多年的洋务事业宣告失败。经过几十年的发展,中国民族资产阶级开始形成一定的规模,资产阶级的启蒙思想应运而生,维新运动登上了历史舞台。资产阶级启蒙思想家们开始批判"中体西用"这一折中口号,提

---

① 朱玉泉. 李鸿章全书 十九世纪中华官场第一人 [M]. 长春:吉林人民出版社,1999:3 630.

② 朱有瓛. 中国近代学制史料 第一辑:上册 [G]. 上海:华东师范大学出版社,1983:72-73.

出"以政学为主义，以艺学为附庸"的新口号。正如严复所言：

中西学之为异也，如其种人之面然，不可强谓似也，故中学有中学之体用，西学有西学之体用，分之则两立，合之则两亡。①

维新派倡导不仅学习"西文""西艺"，更重要的是学习"西政"。资产阶级维新派明确提出了废除八股取士，改革科举制度，效法欧美资本主义国家，在中国推行三级学校制度，改革书院，设立学校。这些主张在"百日维新"教育改革和清末教育改革中都得以体现。中国第一批真正意义上的大学，就是在这种情况下创建的。1895 年、1896 年和 1898 年分别成立的天津中西学堂、上海南洋学堂和京师大学堂，一般被视为中国近代大学的雏形，尤其是京师大学堂的创立，标志着我国高等教育进入了创建和确立阶段。

这一时期的高等学堂与洋务学堂相比，在体制规模、课程设置等方面都有了很大扩展。如京师大学堂的课程分普通学科和专门学科，普通学科有经学、理学、中外掌故学、诸子学、初级算学、初级格致学、初级政治学、初级地理学、文学、体操学。专门学科有高等算学、高等格致学、高等政治学（法律学归此门）、高等地理学（测试学归此门）、农学、矿学、工程学、商学、兵学、卫生学。普通学科为全体学生必学，专门学科由学生任选一门或两门。另设英、法、俄、德、日五种外语，20 岁以下的学生任选一种②。这种课程设置已舍弃了过去以道德教育为重心的传统大学的课程内容，向西方现代的大学课程模式迈进了一大步。

这一时期，中国学习西方有了一个明确的方向，即向邻国日本学习。中日甲午战争证明了正是日本向西方学习，才使明治维新改革获得了巨大的成功。这条成功的道路对当时的中国政府和中国人民来说都是一个极大的诱惑。一场声势浩大的留日、学日活动迅速开展起来。这场留日运动的成果很快就被清政府以《壬寅癸卯学制》的形式确定下来。新学制几乎是日本学校教育制度的翻版，与日本学制所区别的只是名词的不同和当时在大学预科一级，因中国具体情况的相异，而把一些过去设立的学校，如方言、学堂等编入而已③。

---

① 严复. 严复集 [M]. 北京：中华书局，1986：540.
② 朱有瓛. 中国近代学制史料 第一辑：下册 [G]. 上海：华东师范大学出版社，1983：656-657.
③ 谷贤林. 百年回眸：外来影响与中国高等教育发展 [J]. 北京科技大学学报：社会科学版，2001（01）：80-87.

新学制设定了清末高等教育体制，即纵向以分科大学为中心，下设预科，上置研究机构，横向设经学、政法、文学、格致、医、农、工、商八科，另辅实业、师范，旨在全面培养新式的文理医工农商各类人才①。这一学制虽然仍以"中学为体，西学为用"为立学宗旨，但教育体系完全不同于封建旧制度，中国近代意义上的高等教育制度开始确立。

为保证新学制的实行，1905 年 8 月清政府宣布废除科举考试，旧的取士制度在形式上宣告结束，从此中国的高等教育进入了创造和确立阶段。

这一时期的高等教育虽然已具有近代大学的格局，但其性质仍是封建性的学堂，距民主、科学的近代大学还相差很远。

（三）改造时期（1912—1949）

第三阶段是从 1912 年中华民国成立到 1949 年新中国成立，为我国高等教育的改造阶段。

20 世纪初，资产阶级维新运动失败，君主专政国家构想走不通，软弱腐败的清政府对帝国主义列强瓜分中国疆土无能为力。在这种极度危机的情况下，并不强大的中国资产阶级革命派顺应历史潮流，开展了轰轰烈烈的民主革命运动，最终于 1912 年推翻了中国两千多年的封建帝制，建立了资产阶级民主共和政权。中国暂时进入了相对缓和的发展阶段，中国的高等教育也进入了相对稳定的发展阶段。在这一时期，根据资产阶级的发展要求，民国政府对教育进行了一系列改革，中国高等教育有了很大的发展变化，主要表现在以下几个方面。

1. 改造旧教育的性质

1912 年至 1913 年，中华民国教育部颁发了《壬子癸丑学制》。这一学制与清末相比没有根本性的结构转变，仍以日本的教育制度为蓝本，但在教育宗旨上完全否定了清末"忠君、尊孔、尚公、尚武、尚实"的封建专制主义的教育宗旨，提出了"五育"并举的资产阶级教育宗旨。即：注重道德教育，以实利主义教育、军国民教育辅之，更以美感教育完成其道德。新的教育宗旨完全为资产阶级的政治经济服务，它的产生是资产阶级反对封建教育的重大胜利。

在高等教育方面，民初教育部先后制定颁布了《专门学校令》

---

① 霍益萍. 近代中国的高等教育［M］. 上海：华东师范大学出版社，1999：72.

(1912)、《大学令》(1912)、《公立私立学校规程》(1913) 等一系列政令，使高等教育彻底否定了尊孔读经传统，取消了大学经学学科。在管理上，大学设评议会和教授会，教授参与学校管理。《大学令》中规定：

> 教授会审议以下事项：学科课程；学生试验事项；大学院生属于该科之成绩；提出论文请授学位之合格与否；教育总长、大学校长咨询事件。[①]

在课程上，大学仍分七科，但设立的限制较灵活。这样，这一时期的高等教育在教育宗旨、管理方法上都比前一时期有很大进步，中国的高等教育现代化进程又向前迈进一大步。

2. 确立第一所现代意义的大学

20 世纪初期，虽然民国政府颁布了许多资产阶级性质的大学规程，中国仍然没有一所真正意义上的现代大学。这一任务是由蔡元培对北京大学进行一系列改革后完成的。蔡元培原为一名国学根基极其深厚的清末进士，后在国家危亡、西方思想文化传入中国之际，有感于西方文化的经世致用和传统文化的空疏陈腐而两度留学德国，最终成为中国历史上将中西方文化交融贯通并以此改革中国时政的典范。

北京大学前身原为 1898 年建立的京师大学堂，在它建立的前 20 年里，一直是一所封建思想和官僚习气十分浓重的旧学校。1917 年，刚刚留德归来的蔡元培先生出任北大校长，仿德国大学改革的经验，对北大进行了一系列彻底的改革。即以"依各国大学通例，循思想自由原则，兼容并包主义"[②] 为方针；改变学生"以大学为升官发财之阶梯"的观念，确定大学的宗旨是"大学者，研究高深学问者也"，整顿校风，改变学风；改革教学体制，提倡文理兼习，"以祛其偏狭之意见"，改年级制为选科制。整顿教师队伍，以"积学""热心"为标准，充分发扬"兼容并包"精神，延揽大批各方面人才。

在这一方针的指导下，北大聚集了大批当时著名的学者文人，不仅有左派和激进派人士李大钊、胡适，还有身穿马褂，拖着一条长辫的复辟派人物辜鸿鸣，甚至连赞助袁世凯称帝的筹安会发起人之一的刘师培，也登上了北大的教坛。改革北大管理体制，设评议会作为全校最高立法机构和权力机构，负责制定和审核学校的各种章程、条令，凡大学立法均需经评议会通过；决定学科的废立；审核教师的学衔和学生的成绩；提出学校的

---

① 舒新城. 中国近代教育史资料：中册 [M]. 北京：人民教育出版社，1985：647-649.

② 高平叔. 蔡元培教育文选 [M]. 北京：人民教育出版社，1980：244.

预算、决算费用。设行政会议为全校最高行政机构和执行机关，执行评议
会决定的事项。设立教务、总务两处及聘任财务等委员会，均以教授为委
员。至此，"北大……组成健全的教授会，使学校决不因校长一人的去留
而起恐慌"[①]。

教授治校的领导体制从根本上改变了京师大学堂封建官僚衙门的遗
风，由真正懂得学术的学者管理学校，大大提高了行政工作效率和教学质
量，使北大迅速走上了近代大学的轨道。1920 年，北大开始招收女生。
经过蔡元培的改革，北大在短短五六年间改变了以往沉闷和腐败的风气，
开始形成比较完备的制度和崇尚自由和研究的风气，逐渐成为一所向往自
由平等、民主科学的真正的现代大学。北大的成功改造，其意义正如其前
身京师大学堂的奠基人张百熙所言："不特为学术人心极大关系，亦即为
五洲万国所共观瞻。"[②]

3. 仿美热潮的兴起

在蔡元培效仿德国改革北大的同时，中国于 20 世纪 20 年代前后兴起
了一股仿美热潮。中国由仿日到仿美有多种原因。一方面，1872—1881
年中国首批留美幼童归国，宣传了美国的先进文化思想；另一方面，民国
建立后，中日关系开始淡化，"二十一条"的无理要求使两国关系更加恶
化，留日学生的数量大量减少。同时，美国的庚款方案掀起了中国学生的
留美热潮。20 年代前后，随着一批留美学生，如蒋梦麟、郭秉文、胡适、
陶行知等人学成归国，加之俞子夷、黄炎培、范源濂等人对美国教育的考
察，以及美国实用主义教育家孟禄、杜威等人在华演讲的影响，中国教育
发展明显打上了美国教育的印记。如留美教育博士郭秉文以美国大学为榜
样改革东南大学，延揽一批留美学生到校任教，注重基础研究与应用研
究，从管理体制、课程内容及经费筹措等方面全面学习借鉴美国高等教
育，使东南大学成为与北京大学一样有影响力的大学。

仿美的结果，形成了 1922 年制定的"六三三四"新学制。新学制和
1924 年颁布的《国立大学校条例》规定大学采用选科制，实行教授治校，
培养社会需要、重个性发展的资产阶级新人。这一时期的大学，从教育的
地方分权制到大学实行选课制、学分制以至大学各专业缺乏明确的课程标
准等，都显示了美国高等教育的强大影响。"五四"以后直至 1949 年，中

---

① 高平叔. 蔡元培教育文选 [M]. 北京：人民教育出版社，1980：225.

② 璩鑫圭，童富勇. 中国近代教育史资料汇编　教育思想 [G]. 上海：上海教育出版社，2007：431.

国高等教育基本上就是按照美国大学的模式一步步发展起来的。

4."党化教育" 的实施

1927 年后，第一次大革命失败，中国进入国民党统治时期。为结束国内军阀征战、中央无权的局面，国民党政府开始逐步对政治、经济、文化教育领域进行控制，在教育方面主要表现在高校实行"党化教育"。所谓党化教育，"就是在国民党指导之下，把教育变成革命化和民众化。换句话说，我们的教育方针要建筑在国民党的根本政策之上"①，即国民党政治"一党专政"在教育上的体现。

为了加强对教育的控制，国民党政府取消了蔡元培等人倡导并于 1927 年实行的"大学区制"，恢复教育厅制。

国民党对教育的控制在抗战时期不断升级。1939 年，国民党发布了一系列与高教有关的法规，核心是进一步加强对高等学校的控制。如在学校中建立训导制度，加强对教师、学生的控制，统一规定学校教学科目和教材。国民党的这种专制教育引起了广大师生的普遍不满。闻一多在《八年的回忆与感想》一文中指出：

大学的课程，甚至教材都要规定，这是陈立夫做了教育部长后才有的现象。这些花样引起了教授中普遍的反感。②

国民党的一党专制在战后愈演愈烈，进而发展为对学生运动血腥镇压和迫害进步教育家，制造了"李闻惨案""一二·一惨案"等令国内外人士震惊的暴行。

综上，中国近代高等教育的发展大致经历了三个阶段，每个阶段都呈现出不同的样态特征，它给中国现代高等教育的发展以重要的启迪。

二、对中国近代高等教育演变的历史反思

从 19 世纪 60 年代的萌芽阶段到 20 世纪 40 年代，中国的高等教育几经波折，逐步形成了一套相对完整和成熟的体制。高等学校数量大幅增加，据《第三次中国教育年鉴》的记载，到 1948 年底，全国共有公私立大学、公私立独立学院、公私立专科学校 218 所。高等学校的门类较为齐全，教育质量明显提高。并且高等学校的行政领导基本由中国人自己担任。中国高等教育逐步形成了自己的传统。回顾这段历史，笔者认为，发

---

① 教育界消息 [J]. 教育杂志，1927，19（08）：1-4.

② 西南联大《除夕副刊》. 联大八年 [M]. 北京：新星出版社，2010：10.

展中国现代高等教育，借鉴历史经验，应该处理好以下几种关系。

（一）传统与移植的关系

中国高等教育的现代化是一种典型的"后外发型"模式，起步较晚且由外来因素所诱发，对西方高等教育的借鉴、模仿、融合所导致的发展模式不断转变，成为中国高等教育现代化过程中的一个突出特点。在短短几十年间，中国的高等教育经历了模仿"泰西""以日为师""仿德国制"和仿美热潮，在新中国成立后又经历了一段全面仿苏的过程。中国高等教育在起步阶段就向世界先进的教育制度和教育思想学习，非常有利于中国教育现代化的快速发展。通过这种学习，中国仅用了一百年的时间，就确定了相对完备的高教体系，这种速度是世界上少有的。

但是，这种根植于中国传统文化之外的移植，使中国的高等教育在表面繁荣之下存在许多根本性问题。最大之一莫过于缺少自己民族的特色，缺少内在的发展动力和潜力。只有把"外发型"模式转变为"内承型"模式，使教育根植于中国宽厚悠久的文化传统基础之上，根据本国经济政治发展的实际情况，有选择有取舍地借鉴别国先进经验，我国的高等教育才能具有自己的发展轨迹和特色，进而成为世界一流。这条道路也正是当今中国名牌大学所遵循的道路。任职清华大学 17 年的著名校长梅贻琦先生，1941 年在其《大学一解》中精辟地阐述了这一精神：

今日中国之大学教育溯其源流，实自西洋移植而来，故制度为一事，而精神又为一事。就制度言，中国教育史固不见有形式相似之组织，就精神言，则文明人类之经验大致相同，而事有可通者。①

立足传统精神"自强不息，厚德载物"，中西兼容、文理渗透、古今贯通，进而才成就了今日的清华。北大校长蔡元培先生，26 岁中进士，28 岁入翰林编修，其"兼容并包，有容乃大"，也是精通中外古今学问，取中西文化精华的融合壮大。其北大理念参酌了"欧美教育新法"与中国古代教授法，提出"大学教育应采用欧美之长，孔墨教授之精神"，这正是儒家"和而不同"精神的现实运用。

当今高等教育发展的一个热门话题是高等教育国际化。不可否认，国际化是我国高等教育发展的必然趋势。但是，我们要清醒地认识到国际政

---

① 梅贻琦.大学一解［J］.清华学报，1941，13（01）.

治经济发展极不平衡，我国仍处于发展的劣势阶段，如果不重视我们自己的民族文化传统，国际化在某种意义上说就是"某国化"。"越是民族的越是世界的"，鲁迅先生的这句警戒之言深刻地指出要想立足于世界之林，必须有自己的特色——这正是我国高等教育发展的方向所在。

（二）教育与政治的关系

中国社会历来有政教合一的传统。回观百年教育史，教育的政治功能仍然极为突出。从 20 世纪前维新派创办的万木草堂、时务学堂，20 世纪初革命派创办的爱国学社、爱国女校等，到中国共产党早期创办的湖南自修大学、上海大学、平民女学、农民运动讲习所，以及延安时期创办的抗日军政大学等，皆是政治教育机关，旨在宣传革命思想，培养革命的领导人才[①]。国民党执政时期实行"党化教育"，我们党执政后也一度确定了"教育工作必须由党来领导"的教育宗旨。直到改革开放后，1985 年中共中央颁布了《关于教育体制改革的决定》规定：高等教育承担着培养高级专门人才和发展科学技术文化的重大任务。至此，高等教育的政治功能，才不再占主导地位。

教育作为一种上层建筑必然受社会的政治、经济条件制约，并服务于经济和政治的发展。但是，教育并不是社会政治经济的附属物，它有自身的发展规律，教育领导部门不能忽视教育发展的独立性，高等教育自身也要加强教育的批判功能："通过不断分析社会经济文化和政治趋势，增强批判功能和前瞻功能并成为预测、警报和预防的中心。"[②] 这正是我国高等教育应该着重发展的。

[原文刊载于《河北师范大学学报（教育科学版）》2003 年第 2 期（曲铁华　李娟）]

[①] 叶赋桂. 20 世纪中国教育政治功能的反思 [J]. 高等教育研究，2001（03）：97-99.

[②] 赵中建. 21 世纪高等教育的展望及行动框架：98 世界高等教育大会概述 [J]. 上海高等教育研究，1998（12）：4-11.

31　民国时期高等教育政策的历史演进及特点探析

经由清末封建主义教育的强烈逆转之势，伴随着社会转型之痛的民国政府，一直就在政局变换、经济动荡、文化冲撞等诸多社会因素中进行着多方的斡旋。作为引领民国时期高等教育发展改革方向的高等教育政策，就在这样的宏观历史背景下不断在理想与现实、传统与借鉴、变革与稳定之间进行着反复的选择与调适，最终形成了比较完善、成熟的高等教育政策体系，也使高等教育事业获得了短暂的发展高峰。

一、民国时期高等教育政策的演进历程

（一）革新与兴起——民国初期的高等教育政策（1912—1916）

1912 年 9 月 2 日，南京临时政府教育部颁布"注重道德教育，以实利教育、军国民教育辅之；更以美感教育完成其道德"[①] 的教育宗旨，这是新兴资产阶级教育理念和价值取向的集中阐扬，体现了新历史阶段国家的教育意志和纲领，确立了民国初期教育改革与发展的目标与方向。1912 年 10 月 24 日，教育部公布《大学令》，其把"大学以教授高深学术、养成硕学闳才，应国家需要"[②] 定为教育宗旨；对学生的入学条件、修业年限、学位资格都进行了明确规定，为大学职能的定位提供了理论支撑，并开创了教授治校制度的先例。1913 年 1 月 12 日，《大学规程令》出台，其对于大学各学科的学习科目进行了详细而具体的拟定。除了对民初学制体系的整体规划外，国家还对学制体系进行了重点规划。

针对民国初期专门学校内部机构的比例严重不均衡问题，教育部于1912 年 10 月 22 日公布《专门学校令》，有力地提升了专门学校的社会地

---

①　教育部公布教育宗旨令［G］//中国第二历史档案馆. 中华民国史档案资料汇编　第三辑　教育. 南京：江苏古籍出版社，1991：22.

②　教育部公布大学令［G］//中国第二历史档案馆. 中华民国史档案资料汇编　第三辑教育. 南京：江苏古籍出版社，1991：108-109.

位，满足了国家对专业化人才的需求。针对高等师范学校管理的混乱局面，1912 年 9 月，教育部颁发《师范教育令》，将高等师范学院由原来省立改为国立直接管辖，使原有分散的高等师范教育逐步走向集权制。1913 年 2 月 24 日，教育部公布《高等师范学校规程令》，其要求高等师范学院设立专修科，这极大地补充了中等教育师资力量。

1915 年 1 月 1 日，袁世凯颁布《教育宗旨令》，强调注重国民教育，培养爱国诚心，以尚武、崇实、法孔孟、重自治、戒贪争、戒躁进为具体实施手段。[①] 1915 年 2 月，袁世凯又颁布《特定教育纲要》，在其乙篇教育要言中指出："各学校均应崇奉圣贤以为师法，且宜尊孔以端其基，尚孟以致其用。"[②] 在复古教育思想指导下，其提出设置专以阐明经义和发扬国学为主的经学院，并按经分科，"佐以京师图书馆，以期发明精血之精微"[③]。袁世凯大肆提倡古学，封建复古思想在高等教育内容中的大量渗透迫使民初短暂的革新链条出现了裂痕，高等教育政策发展趋向发生了倒退和摇摆。但是，其近代化色彩浓厚的政策价值取向已然成为民初定局。

（二）发展与推进——北洋军阀时期的高等教育政策（1917—1926）

1917 年开始，民初稳定的教育发展格局不复存在，中华民国进入军阀混战时期，这个时期是一个新旧思想冲突并存，中西文化碰撞与融合，封建军事、经济制度向资本主义军事、经济制度转型时期。1917 年 5 月 3 日，教育部颁行《国立大学职员任用及薪俸规程》，其对国立大学教师的聘任方式以及晋升层级进行了较为系统的论述，较大程度地改善了师资管理体系的混乱等问题，初步构建了近代高等师资管理的基本框架。1922 年的《壬戌学制》对高等教育体系进行了系统的设计和规划，奠定了现代高等教育的基本框架基础。其制定和实施顺应了当时高等教育的发展趋势，提高了高等教育的社会地位，推动了高等教育向科学化、民众化进程的跨越式迈进。

新文化运动的高涨和留美学生的回归使一些教育人士高举西方民主、

---

① 佚名. 袁世凯颁定教育宗旨令 [G] //中国第二历史档案馆. 中华民国史档案资料汇编第三辑 教育. 南京：江苏古籍出版社，1991：26-34.

② 袁世凯颁定特定教育纲要 [G] //中国第二历史档案馆. 中华民国史档案资料汇编 第三辑 教育. 南京：江苏古籍出版社，1991：37.

③ 袁世凯颁定特定教育纲要 [G] //中国第二历史档案馆. 中华民国史档案资料汇编 第三辑 教育. 南京：江苏古籍出版社，1991：37.

科学的旗帜，这为近代高等教育改革提供了一个新的方向点，美国的教育理念之风吹向中国大地。教育部于 1924 年 2 月 23 日公布《国立大学校条例》，在系科设置上，其规定国立大学可以设置数科或单设一科；在学制情况上，其要求国立大学校的修业年限为 4 年到 6 年，课程运用选科制；在管理体制上，其规定国立大学设立董事会和评议会，董事会负责审议学校制订的计划以及预算、决算等其他事项。①

《国立大学校条例》是对之前教育法令的延续性拓展，是对高等教育办学模式层面的转型和创新。其中，大学董事会的设立以及教授治校与选科制的实行都典型地反映了美国高等教育学校制度的优秀成果，这给我国高等教育带来新的发展思维，为我国高等教育营造了民主、开放的氛围，推动了中国高等教育模式体系向近代转换。因此，这一时期是高等教育的过渡与拓展阶段，高等教育政策也在不断地进行本土化的路径尝试。

（三）完善与定型——南京国民政府初期的高等教育政策（1927—1936）

1927 年 6 月，大学院、大学区制改革拉开了序幕，但由于颁布后质疑、反对声音多，实施也较为困难。最终，大学院制和大学区制相继被废止。1929 年 3 月 15 日，国民党第三次全国代表大会通过了《确定教育方针及其实施原则案》，认为：

三民主义之教育，必以充实人民之生活，扶植社会之生存，发展国民之生计，延续民族之生命，为最大之目标。②

是年 9 月 3 日，《三民主义教育原则》在中央执行委员会上得以通过，对高等教育的目标和实施纲要进行了符合三民主义原则的阐释和规定。至此，三民主义教育原则及宗旨形成了较为系统、完整的政策理论体系，并在高等教育领域得到了有效的推进和落实。

1929 年 7 月 26 日，南京国民政府颁布《大学组织法》，全面、系统、规范地对大学管理体制进行了具体阐述，且主要针对大学及独立学院相关设置情况进行了明确要求。其规定：

凡具备三学院以上者，始得成为大学。不合上项条件者，为独立学院，得分两科；大学各学院或独立学院各科，得分若干学系；大学各学院

---

① 教育部公布国立大学校条例令 [G] //中国第二历史档案馆. 中华民国史档案资料汇编 第三辑　教育. 南京：江苏古籍出版社，1991：173-175.

② 喻本伐，熊贤君. 中国教育发展史 [M]. 武汉：华中师范大学出版社，2000：487.

及独立学院得设专修科。①

《大学组织法》明晰了高等教育机构大学、独立学院和专科学校三种层级间的关系，突出了独立学院设置的科学必要性，奠定了国民政府成立之初高等教育的发展基调。同年，教育部颁布《专科学校组织法》，其对专科学校教员的聘任条件、学生入学资格进行了严格规定。② 为了规范学位制度，1931 年 4 月 22 日，国民政府教育部颁布《学位授予法》，对学士、硕士、博士三级学位的授予条件进行了清晰说明。此后，1935 年 5 月 23 日，《学位分级细则》得以公布，其细化了学科学位的名称及层次，配合了学位制度的具体实施。

此外，1927 年 6 月 15 日，国民政府教育部行政委员会颁布了《大学教员资格条例》，其以明晰、细致的阐述为此时期大学教员的资格划分提供了全面的政策引导。由此，高等教育立法体系趋于完善，为调整高等教育系统内部各种教育关系确立了基本的法律准则，为此后高等教育发展奠定了深厚而坚实的基础，最终使国民政府初期的高等教育呈现稳固、成熟、健全的发展态势。但同时，高等教育自五四运动以来的民主化进程步履维艰。

1928 年 7 月 30 日，南京国民政府颁行《各级学校增加党义课程暂行条例》，对大学党义课程暂定如下："专门大学：建国方略；建国大纲；三民主义；本党重要宣言。"③ 1931 年 8 月 4 日，国民党中央训练部检送《各级学校党义教师及训育主任工作大纲》，对专门以上学校的党义教师的工作任务规定为："切实陶冶学生服务社会国家之健全品格；辅助实施军事训练；举行讲演。"④ 1932 年开始，南京国民政府又相继颁布一系列对学生思想动向随时监视，以及对教员行为严格要求的国立大学训令，导致

① 国民政府颁布大学组织法 [G] //中国第二历史档案馆. 中华民国史档案资料汇编　第五辑　第一编　教育（一）. 南京：江苏古籍出版社，1991：171-173.
② 国民政府颁布专科学校组织法 [G] //中国第二历史档案馆. 中华民国史档案资料汇编　第五辑　第一编　教育（一）. 南京：江苏古籍出版社，1991：178-179.
③ 南京国民政府公布各级学校增加党义课程暂行条例 [G] //中国第二历史档案馆. 中华民国史档案资料汇编　第五辑　第一编　教育（二）. 南京：江苏古籍出版社，1991：1 073-1 075.
④ 国民党中央训练部检送各级学校党义教师、训育主任工作大纲与考核办法函 [G] //中国第二历史档案馆. 中华民国史档案资料汇编　第五辑　第一编　教育（二）. 南京：江苏古籍出版社，1991：1 084-1 089.

民国初期多元、开放的高等教育氛围在此逐渐终结。

（四）动荡与调整——南京国民政府中后期的高等教育政策（1937—1949）

抗战爆发后，高等教育事业遭到了极大破坏，国民政府行政院核发了《总动员时督导教育工作办法纲领》，指出："战争发生时，各级学校之训练，应力求切合国防需要。"[①] 1938 年 4 月，《战时各级教育实施方案纲要》在国民党临时全国代表大会上得以通过。由此基本确立了"战时须作平时看"的教育方针，强化了教育为抗战服务、为建国兴邦奠基的重要功能。

为了控制动荡的高等教育局面，国民政府教育部于 1939 年 6 月 21 日公布《国立各院校统一招生办法大纲》，对各个招考区及招生委员会所规定的考试标准、考试人员、评判原则及录取标准都进行了分条说明。[②] 为了加强对学生的战时管理，教育部在 1939 年 6 月 23 日确定《专科以上学校实施战时规程》，要求在全国公私立专科以上学校设置战时课程。[③]

抗日持久战拉开后，为了维持高等教育事业的正常运转，国民政府于1938 年 2 月 5 日颁布《公立专科以上学校战区学生贷金暂行办法》，开始实施允许学生借用学费的贷金制度。但由于战时通货膨胀问题严重，贷金政策实施较为困难，教育部采取公费政策以取代贷金制。

为了稳定教师队伍，挽救师范教育，1938 年 7 月，教育部公布《师范学院规程》，明确指出设置师范学院的目的是培养中等学校的师资。[④] 师范学院的设置应该斟酌和考虑全国各地的教育情况，分区后单独设立或者附设于大学之中，其功能主要体现在协同和帮助所划分的区域内的教育行政机关，来研究、策划、指导该区内的中等教育。

1940 年 8 月，国民政府教育部颁行《大学及独立学院教员资格审查暂行规程》，对大学及独立学院的教授、副教授、讲师及助教四个等级的

---

① 总动员时督导教育工作办法纲领 [G] //中国第二历史档案馆. 中华民国史档案资料汇编　第五辑　第二编　教育（一）. 南京：江苏古籍出版社，1991：1-2.

② 教育部公布国立各院校统一招生办法大纲 [G] //中国第二历史档案馆. 中华民国史档案资料汇编　第五辑　第二编　教育（一）. 南京：江苏古籍出版社，1991：702-704.

③ 教育部订定之专科以上学校实施战时教程 [G] //中国第二历史档案馆. 中华民国史档案资料汇编　第五辑　第二编　教育（一）. 南京：江苏古籍出版社，1991：704-705.

④ 刘问岫. 中国师范教育简史 [M]. 北京：人民教育出版社，1984：144.

教员进行了资格审核标准的明确规定。[①] 1943 年 10 月 30 日，教育部又颁发《国立专科以上学校教员支给学术研究补助费暂行办法》，为大学教员开展研究提供了物质保障。战时阶段，国民政府利用权威优势采取强制手段，对高等教育加以统一和限定，目的是更好地管理战时高等教育混乱局势，满足战时政治、经济、军事等高等人才的需求，巩固其动摇的专权制度。

战后，国民政府教育部颁布《收复区专科以上学校毕业生甄审办法》等一系列政治化、军事化色彩浓重的复原政策，及时补救和调控了战后高等教育的混乱局面，使高等教育得到了短暂的高峰发展。为了进一步规范高校秩序，1948 年 1 月 12 日，国民政府教育部颁布《大学法》与《专科学校法》，对高等教育制度进行最后的调整和拯救。《大学法》规定："大学必须具备三个学院以上，如果不足，则为独立学院。"[②] 同时要求大学设行政会议和训政委员会。《专科学校法》在对战前专门学校的法令基础上也进行了调整。与《大学法》一样，《专科学校法》也要求专科学校设立训育委员会，以校长、教务主任、训导主任为委员对学校训导事宜进行规划。

但高等教育的稳定格局并没有像国民政府预想的一样接踵而来，1947年后，国民政府规定专科以上学校成立训育委员会，决定实行学校训导计划，严密监视和控制学生、教员的思想和行为。加上国民政府挑起的国共内战，使高等教育事业蒙上了沉重灾难。此后，高等教育随着国民党在军事上的节节败退，政治上的独裁专制以及经济上的崩溃，也逐步进入低谷时期，这也标志国民政府统治下的高等教育事业宣告破产。

二、民国时期高等教育政策嬗变的特点

民国时期的高等教育政策是民国高等教育由传统向近代蜕变的宏观指导纲领，其随着时代洪流的涌动进行着调整和变换，不断在理想与现实、传承与借鉴、变革与稳定之间进行着反复的选择与调适，且在每一阶段都显露不同的总体趋势和相对静态的历史倾向性，但这不足以透析出民国三十八年（1949）高等教育政策起承转合的嬗变特征脉络。因此，依据客观的历史实然呈现，对政策进行动态的衡定与总结，在政策基础取向、体系

---

① 教育部公布大学及独立学院教员资格审查暂行规程 [G] //中国第二历史档案馆. 中华民国史档案资料汇编 第五辑 第二编 教育（一）. 南京：江苏古籍出版社，1991：716-718.
② 国民政府公布大学法 [G] //中国第二历史档案馆. 中华民国史档案资料汇编 第五辑 第三编 教育（一）. 南京：江苏古籍出版社，1991：47.

框架、内容构成、功能发挥上归纳出动态的路径趋向特点。

（一）高等教育政策基础日益复杂与多元

民初，由于民族危机和社会环境的影响，高等教育政策体系的设计和价值取向选择正在逐步剥离根深蒂固的封建儒学理论基础，摆脱单一以日本为基本参照模式的教育发展思维，寻求与西方资产阶级政治法理的契合接点。《大学令》对德国大学办学理念和教授治校制度的汲取，使其显露出西方自由、开放的精神端倪，高等教育政策基础也逐步向外进行拓展和扩散。但面对专习欧美教育者绝少，缺乏译著和阐扬欧美立法精神的媒介交流，这种拓展和扩散的规模和幅度较为有限，渗透的力量也较微弱。

但随着 1915 年新文化运动出现，中国思想文化界涌现了一股学习西方的热潮。由于美国政治、经济地位的迅速提升与国际影响的日益加大，"仿美"热潮成为各种思想的主流，美国政治理论、法理哲学、教育学说大量渗透到中国高等教育上层理念建筑体系中，与中国本土绚丽多彩的各种教育思潮的相互融合共同构成了民国前期高等教育政策的基础源泉。

随着南京国民政府的建立，建立大学区、大学院制的相关高等教育政策纷纷颁布，法国民族精神和教育行政管理理念被引入中国，虽然由于与本土国情的强烈冲突而失去了存在的土壤，但毕竟给高等教育改革与发展提供了一种新型模式，扩充了高等教育政策理论基础。伴随着以蒋介石为代表的南京国民政府开始掌权，教育训政政策相继颁布，最终确立了党国专政教育政策体系。

在此之后，中国高等教育政策价值取向和理论基础一直以美国模式为核心，融合欧洲各国教育理念的轨迹向前推进。高等教育政策基础取向逐步走出东洋直线思维的局限，开始接纳欧美资产阶级的教育理论范式和实践框架，这些政策基础因素以不同的凸显程度糅杂在一起，彼此互相影响和制约，很难在民国各个历史节点划分出十分清晰、明确的教育经验来源。因此，高等教育政策基础在逐渐呈现一种多元化、多视角趋势的同时，又不可避免地显露出复杂的特点。

（二）高等教育政策体系日臻清晰与完善

高等教育政策是借助教育规律，关注高等教育体系各个部分、各个元素以及与社会之间纷繁复杂的互动关系，从而整体把握高等教育事业全局的战略性发展。民国三十八年（1949），各类高等教育政策纷纷出台，在与社会不断的碰撞与适应中逐步理顺了高等教育内外部之间的矛盾与分歧，逐步形成了比较健全的层次构架，由此显现出清晰性与完整性的特征。民国建立之初，资产阶级急于建立西方模式的教育制度，并表达本阶层的教育愿望，相继颁布了 1912 年的《大学令》《专门学校令》，以及 1913 年的《高等师范学校规程》等一些政策，后在复古与反复古的博弈斗争中不断调整，直到 1922 年的《国立大学条例》的颁布，高等教育政策的价值取向才有了质的改变，其顺应了西学东渐和近代文化发展的趋势，呈现了较之以往不同的发展特征。

虽然民初到南京国民政府成立期间，高等教育政策体系得以逐步完善，但由于急功近利的心态支配和影响，高等教育政策在社会变革中呈现摇摆不定的姿态，导致政策体系内部出现前后矛盾、衔接不当的弊端。南京国民政府成立后，随着政权格局的重建，经济态势的好转，国民政府确立了新的教育宗旨和方针，在其指导下，随着民国中后期《大学教员资格条例》（1927）二十条、《大学组织法》（1929）二十六条、《学位授予法》（1931）十二条、《国立专科以上学校教员支给学术研究补助费暂行办法》（1943）六条、《大学法》（1948）三十三条等一系列教育法案的颁布与实施，近代高等教育政策法治体系日趋成熟，涵盖了如高等教育体制政策、学历与学位政策、人事政策、招生与就业政策在内的诸多方面。在体系表达上大多以简短、清晰、明确的分条式陈述规定高等教育相关制度，在体系性质上一直贯穿和落实资产阶级教育意愿。因此，日臻完善、清晰的民国时期高等教育政策体系法律权威效应不断得到提升，在高等教育近代化转型中发挥着重要的引领和推动作用。

（三）高等教育政策内容日益稳定与具体

教育政策的朝令夕改会让其规范与准则的作用和效能大幅降低，其公信力与执行力的发挥程度也会受到影响。因此，为了保证教育政策的权威地位，国家在一定时期内不能频繁地对其内容进行随意更改。整个民国时期，高等教育政策历经政治更迭、经济动荡和文化渗透的多因素制约，但教育部在制定高等教育政策的内容体系上，前后大体保持一致或相关，体现了鲜明的稳定性和连续性。从南京临时政府到北洋军阀统治，再到南京国民政府时期，国立大学一直都没有背离教授高深学问、培养硕学闳才、满足社会需要的宗旨。

民国三十八年（1949）间颁布的高等教育政策不仅名称形式上体现连

续、继承的特点，在内容框架、文字表述上都力求相同或相近，便于教育政策长期稳定实施，发挥教育政策的连续作用。但要说明的是，民国时期政局动荡、经济形势时常变换，社会内部矛盾不断冲突，高等教育政策不可避免地要做出适当的变化、修改、调整来适应社会，并进行着内部体系架构的不断成熟和完善。但这并不影响高等教育政策内容在民国时期总体呈现的稳定和连续的特点。

此外，民国时期高等教育政策内容的设定与安排是紧随国家体系和政体格局转换而进行调整的，而且，几乎每次调整都会落在可操作化的实施点上，使具体、细致的特点渗透到高等教育政策内容之中。从教育宗旨上看，各级各类高等教育都有明确的办学宗旨与教育理念；从校务管理上看，《大学令》《大学组织法》《大学法》等政策对大学管理机构的设置、人员的安排、部门的职能都做了明晰规定；从教师管理上看，如 1917 年颁布的《国立大学职员任用及薪俸规程令》，明确规定了国立大学教职员的晋升层次，以及薪俸的增长顺序与数量，1940 年颁布的《大学及独立学院教员资格审查暂行规程》明确规定了教授、副教授、讲师及助教四个等级教员的资格审核标准。诸如此类，民国时期高等教育政策内容以具体、细致、可操作化的条文表达反映政府统治意志。由于民国时期高等教育政策内容逐步具体化，高等教育在实施方向上有了明确、清晰的发展方向，有利于政策内容涉及的执行主体对国家意愿的贯彻和落实。

（四）高等教育政策功能日趋实用化与政治化

经过了西方自由精神的启蒙和影响，中国正处在由传统社会向近代社会跨越的历史转折阶段。面对社会风气的焕然一新，教育权益主体结构的变化，高等教育必然会根据社会文化诉求和自身需求表现出一种不同于清末封建色彩浓厚的价值取向，而这种价值取向就是崇实理念，它以潜在统领的方式制约着高等教育政策的实用功能发挥。

民国肇始，封建儒学的不断衰落，西方先进教育思想的传播，民族工商业的迅速发展，实业经济规模的壮大，有力地推动了高等教育人才培养结构的更新，面向社会、服务生产的大批劳动者和技术人才的培育成为高等教育在近代转型阶段肩负的重任。国家根据人才需求的社会导向，推行了切实可行的整顿方案与措施，使其实用功能在民国历史的演进中逐渐增强。如一些专科教育政策的颁布确立了培养实用型人才的办学宗旨。随着南京国民政府对经济格局的调控，中后期《专科学校组织法》等的颁布进一步明确了学用结合的教育方法，细化了专门学校的课程设置，使之与社会生产紧密相连。

进入 20 世纪 20 年代，美国高等教育的发展模式给中国高等教育办学理念带来了新的路径选择。政府引导和鼓励大学树立服务经济、讲求实效的新式角色意识，强化和扩充社会对高等教育的渗入与赞助。南京国民政府成立后，为了解决大学滥设问题，教育部批准实施了《大学组织法》，其对大学设置的条件进行了规定，有效地改善了大学混乱设置的现象。民国中后期，战时《大学独立学院教员聘任待遇暂行办法》以及贷金与公费政策的施行、战后复原政策的颁布，都在一定程度上稳定了高等教育格局。可见，高等教育贴合社会实际的实效性伴随着民国翻滚的历史潮流而不断显露。

民国三十八年（1949）期间，历经政权更迭。教育政策的价值取向必然要符合统治阶层的执政理念。民国初期，资产阶级的地位大幅提高，其在教育上的表达以政策文本的形式出现，《对于新教育之意见》确立了资产阶级性质的教育宗旨，但由于袁世凯窃取辛亥革命果实后，1915 年颁布了《教育宗旨令》与《特定教育纲领》，封建复古逆流开始侵蚀民初刚刚建立的教育宗旨与方针，由此产生了封建复古教育思潮的回溯和与反复古主义的斗争。民初复古与反复古主义的斗争体现的是两种性质的政体直接的较量与冲突，体现的是政权归属的摇摆与争夺。北洋军阀混战时期对教育控制的短暂放松，南京国民政府的建立，使高等教育政策政治工具化色彩日益浓重。

1929 年《确定教育方针及其实施原则案》对三民主义教育宗旨进行了阐述和规定，虽然在外在形式和名称上借用了孙中山的三民主义，但在内涵本质上是党化主义在教育上的延伸。为了更好地使高等教育在意识形态上符合社会政治规范，培养阶级统治人才，国民政府在 1928—1931 年颁布了包括《各级学校增加党义课程暂行条例》在内的一系列党义教育条例，又在 1934—1935 年间施行了国立大学院系整顿训令。由此，国民政府对高等教育的社会本位属性的强化与偏重达到顶峰，教育政策为国家服务的政治功能已经完全超越了其为个体服务的中心功能，民初确立的教育本体功能在党政训国体系的影响下逐渐淡化。随着抗日战争的爆发，高等教育政策的政治服务性在拯救混乱的高等教育格局中表露得更为明显。

［原文刊载于《现代大学教育》2013 年第 4 期（曲铁华　王美）］

32　民国时期留学教育政策的特征及现实启示
——基于政策文本的分析

民国时期一直处于政治时局混乱，经济变化多样，文化碰撞冲突激烈的历史大背景中，然而，这一时期留学教育未曾中断，逐渐发展，其中的留学教育政策对留学教育有着引导和保障作用。民国时期的留学教育政策是上承清末留学教育政策的萌芽与发展，下启新中国留学教育政策调整与转变的重要内容。通过对民国时期留学教育的选派政策、在外留学生的监督管理政策、归国留学人员的管理政策以及留学经费政策等变迁的历史轨迹进行分析，呈现留学教育政策在整个历史进程中的不同特征，将会对我国当前留学教育政策的完善提供一定的借鉴。

一、民国时期留学教育政策的特征分析

（一）留学教育政策体系逐渐完善

北洋政府教育部在 1913 年 8 月和 1914 年 8 月，分别颁布了《经理欧洲留学生事务暂行规程》和《经理美洲留学生暂行事务规程》，分别作为留欧、留美公费生的管理法规。这两项规程主要是采用部派经理员的方式设置事务所，对公费留学生进行留学经费方面的管理，两个规程内容大同小异。1913 年《留英海军生监督办事处暂行章程》对留英海军进行管理。1914 年颁布《经理留学日本学生事务暂行规程》，对日本留学生事务进行规定，而年底又对暂行规程进行了修订，公布了《管理留日学生事务规程》，在其中对留日公费生进行了进一步的划分，恢复了监督制度，各省照常设监管员，教育部派监督监管。

1916 年，教育部颁布了《各省留学公费生缺额选补规程》和《选派留学外国学生规程》，与 1914 年出台的《各省官费留学生缺额选补规程》相比较，在留学资格上要求更为严格；在选拔方式上，新的规程规定留学生必须参加检定试验，国外大学本科毕业、教授、助理教授有资格免试。国内大学毕业者必须通过两次考试才可以被录取；在学业考核方面，规定

留学生从出国开始到归国截止，每个月都需要上交日记给教育部，再由教育部摘录分给中央各部和地方参考，这样的设想虽然很好，但难以实施；在留学经费方面，对各类公费留学生在治装费、往返川资、学费每个月都有具体的规定；在回国服务上，要求留学生先呈交学业凭证予以监督核查，领取学业证书，回国听教育总长的指派或各部进行聘任，服务义务年限根据留学时间而定①。

为了加强对留日学生的管理，北洋政府在 1920 年 11 月和 1925 年 3 月又先后修订并颁布了《管理留日学生事务规程》。此外，由于自费留学生人数众多，却没有一个法规来进行管理规范，于是，教育部于 1924 年出台了《管理自费留学生规程》，对自费生的资格做出了严格的要求，对经过管理机关发给证书并经过教育部认为合格的自费生，毕业回国可以与官费生享受同等待遇。

南京国民政府时期，大学部于 1928 年 9 月专门出台了《发给留学证书规程》，来规范留学生的派遣管理工作，1929 年 10 月，颁布了《修正发给留学证书规程》，对自费留学生资格进一步严格限制为中等学校毕业；1933 年，颁布了通行的《国外留学规程》。由于抗日战争的爆发，国家面临的局势发生了变化，1937 年出台了《留日返国学生救济办法》，1938 年 6 月出台了《限制留学暂行办法》，留学教育开始进入限制阶段。1939 年 1 月，颁行《抗战期间回国留学生登记办法》，同年 7 月，教育部公布《抗战期间回国留学生分发服务简则》，1939 年 4 月《修正限制留学暂行办法》颁布，使留学教育陷入低潮。随着战争形势的好转，1943 年 10 月，教育部拟定了《留学教育方案》，开始恢复留学教育工作。同年颁布了《国外自费留学生派遣办法》，并组织了首届自费留学统一考试。

在派遣方式上，北洋政府时期由稽勋局派遣，1916 年，海军颁布了《英美海军留学生规则》，1918 年有《国立大学校长学长正教授派赴外国考察规程》，交通部于 1913 年 8 月出台了派赴外国修习实务章程 24 条，由派遣学生转为专派实习人员出国。1925 年该部又出台了管理留学生章程 24 条，规定留学生名额每年 70 名，经费 20 万元，但后来政局变异，实际上并未实行②。南洋兄弟烟草公司于 1920 年制订了这一年的《选派留学生试验办法》，规定了考试科目，以选择优秀的学生对其留学加以资助。

① 李滔. 中华民国教育史录（1840—1949）[M]. 北京：高等教育出版社，2005：244-247.
② 章开沅，余子侠. 中国人留学史 [M]. 北京：社会科学文献出版社，2013：291.

南京国民政府时期有党员留学、功勋子女留学、军事留学、中央机关派遣留学。同时，自费留学和庚款留学形式贯穿民国始终。

通过上述的各种政策的颁布我们可以看出，民国的留学教育政策体系在日趋完善。由于政府不断总结留学教育政策的经验和教训，针对出现的新情况进行调整，在留学生的资格上要求日益严格，在选派的方式上一直保持多种选派路径，在对留学生的管理规定上逐渐完善，留学教育的目标也在不同阶段有明确的要求。总的来说，留学教育政策的体系是不断完善和成熟的，对于留学教育的规范化发展有着重要的促进作用。

（二）留学教育政策价值由特权化向相对公平化发展

北洋政府初期，作为对在反清斗争中建立了功勋的革命党人的奖励，曾经有大批的革命党人，陆续被中央或者地方派出留学。

1916 年，《选派留学外国学生规程》对于留学生资格有了较之以前更为严格的要求，也强调了要通过省考，再通过部考得以派遣。但是，由于当时时局混乱，军阀割据，教育部和地方在实际上执行都不力，教育部在复试及派遣时敷衍塞责，也习以为常①。这就使在选送的时候有钱有权的人成了被优先选择的对象，不利于贫苦而勤奋、真正具备留学资格的人出国学习。

1924 年，教育部颁布《发给留学证书规程》，作为留学教育的指导性文件，规定无论官费生还是自费生，均须经审查或考试合格，发给留学证书方可出国。南京国民政府时期，作为留学政策的总纲，《国外留学规程》通过严格要求留学生语言能力来考核出国留学人员水平，以保障出国留学人才的质量。1943 年的《留学教育方案》中确立了以教育部为主导的统考统派模式。

通过对留学人员资格的严格要求，以考试作为选拔方式，下层人员可以通过考试凭借自己的真才实学获取留学资格，形成一种社会流动，使社会的结构向合理平衡化方向发展，也体现出了留学教育政策价值取向由特权化向相对公平化发展的特点。

（三）留学教育政策派遣权力由地方分散逐渐走向中央集权

民国初期，国民政府于 1914 年颁布了《各省官费留学生缺额选补规

---

① 谢长法. 中国留学教育史 ［M］. 太原：山西教育出版社，2006：111.

程》，规定了各省官费留学生的定额，各省只能根据给定的名额进行选派，遇缺补派，不得超额，各省增补名额时需要呈请教育总长得到认可，而教育部具有指定各省官费生的派遣资格、所学科目、就读学校的权力。这是国民政府把各省区留学派遣纳入统一管理的初期措施。当时，由于是袁世凯统治时期，中央对地方还具备较强的震慑力。所以，上述规程得到了较好的执行。

1916 年 5 月，教育部颁布了《选派留学外国学生规程》，规定"每届选派留学生先期由教育部议定应派名数、留学地方、留学年限、研究科目及各省应送、备选学生名数"①，然后，先在本省进行考试，再到北京参加教育部组织的考试，"第一试不及格者不得应第二试，其第一试合格之试卷由行政长官咨送教育部复核"②。通过以上措施，来进一步集中选派的权力。然而，由于政治局势的变化，地方军阀拥兵自重，在北洋政府后期，各省大多自己制定本省留学规程或办法，中央在此方面的管理是有心无力，只能听之任之。由于自费留学生出国人数较多，又没有相关的资格限制，所以，出国人员极其混杂。

为了对此进行规范，1924 年 7 月，教育部颁行《管理自费留学生规程》，要求自费留学生必须为中等以上学校毕业或办理教育事务两年以上者，而且出国前要领取留学证书，出国后要经由驻所在国管理机关向教育部备案③。此项规定使自费留学生开始被纳入严格的管理系统。

1931 年 4 月，应全国工商会希望驻各国公使介绍留学生去留学所在国著名工厂结合所学习的科目进行实习，然后回国效力的提议，教育部命令各省拟定留学欧美专科以上学校毕业生的实习规程。是年 7 月，江苏省制订了《留学国外毕业学生实习规程》；10 月，河北省制订了《留学欧美毕业生实习规程》；黑龙江省制订了《留学国外专科以上学校毕业生实习规程》；11 月，山西省制订了《留学欧美农、工、医、理科毕业生实习规程》等等，教育部进一步加强了对留学管理的控制指导工作。

从南京国民政府建立后到 1933 年之前，由于没有全国统一的选派规程，公费留学生的派遣还主要是由各省自行组织，教育部更多的是起监督

---

① 李滔. 中华民国教育史录（1840—1949）[M]. 北京：高等教育出版社，2005：246.
② 陈学恂，田正平. 中国近代教育史资料汇编　留学教育 [G]. 上海：上海教育出版社，1991：75-76.
③ 陈学恂，田正平. 中国近代教育史资料汇编　留学教育 [G]. 上海：上海教育出版社，1991：78-79.

指导作用。鉴于留学教育出现的种种问题，教育部于 1933 年颁布了最为全面系统的留学教育法规——《国外留学章程》，在留学期限上，公费生统一规定最多为 6 年；在留学经费上，各省公费生需要拨存 1 000 元准备金给留学国，以供意外发生而使用，自费生需要预先备足留学所需经费，并要有能负责该生经济或行为的责任者担保；在留学资格上，自费生的资格由中学毕业提高到"高级职业学校毕业，并曾在国内任技术职务两年以上"或"专科以上学校毕业"；学业管理上，公费生非特别情况不能转变研究科目及留学国，自费生也需要上交经过证明的学业成绩①。

同时，政府进一步完善了留学证书制度，强调不论公费生还是自费生，均需要取得留学证书，否则不可以得到留学护照、不能补选公费、出国后不能请求介绍入学、回国后文凭不予以注册。政府这样做的目的，无非就是想从源头上来加强对出国留学生的全面监控，同时从总体上对留学教育的整体有个了解。对于经费的措施，其主要目的是要保障留学期间留学生的正常生活学习不因为经费紧张而中断，空耗财政投入。

1935 年，国民政府发布《取缔私送军事留学员生办法》，对地方自费或者私自保送的军事留学进行严厉禁止。后来，在 1937 年时，为了使留学教育政策更加适合国家建设的需要，行政院又分别致函中央各部、各省市及庚款机关，要求除了军事留学选派以外，其他关于选派国家、学习科目、选派名额、选派方法等需要先送到教育部核定，否则不发放护照。各派遣机关对于留学生在留学期间的考核办法，也要送部查核。通过这样的规定，改变了原来由各省直接派遣留学的方法，使公费留学生的派遣纳入统一的管理当中。

1937 年，抗日战争爆发。国民政府为了抗战需要而节省外汇，以及避免留学所习科目不适合抗战需要，开始调整留学教育政策，限制留学。1939 年，南京政府出台《修正陆海空军留学条例》，规定：

留学各国军事学员生之派遣，除经军事委员会委员长特派或原在留学国肄业与军事有关之工业技术之学员生转学军事技术，经主管部、会审核呈准者外，均须以考试行之。②

南京国民政府在 1943 年进一步规定，留学教育必须遵奉"三民主

---

① 李滔. 中华民国教育史录（1840—1949）[M]. 北京：高等教育出版社，2005：495-497.
② 中国第二历史档案馆. 中华民国史档案资料汇编　第五辑　第二编　军事（一）[G]. 南京：江苏古籍出版社，1998：542.

义"，在出国前需要接受两个月的政治培训。南京国民政府在沿袭北洋政府时期有关制度与规定的基础上，强化了对留学教育的控制与统一管理，使留学教育符合国民政府的政治路线的需要。

抗战前期，国民政府限制出国留学，强化控制留学教育。抗战后期，限制留学的政策随着抗战形势的变化得以放松，加大了留学生增派的幅度。留学生的派遣活动与抗战时期的政治形势紧密相连。这期间出台了一系列的留学政策：《修正管理留日学生事务规程》（1929 年 9 月）、《中央派遣留学生管理章程》（1930 年 1 月）、《处理留俄归国学生暂行办法》（1927 年 8 月）、《修正发给留学证书规程》（1929 年 9 月）、《国民政府军事委员会派遣陆海空军留学生章程》（1928 年 7 月）、《国外留学规程》（1933 年 4 月）、《国民参政会修订留学制度》（1928 年）、《留日学生召回办法》（1947 年 1 月）等等。它们的最终目的是加强对留学教育的管理与控制。

抗日战争后期，1943 年 1 月，蒋介石在《中国之命运》中认为着眼于战后将来的建设，亟须各级各类人才达五十万之众，而技术人才的培养不是国内高等教育可以胜任的。同年 4 月，蒋介石命令教育部："以后对于留学生之派遣应照十年计划，估计理工各部门中高、中、低各级干部所需之数目，拟具整个方案呈报为要。"[①] 教育部接到命令后，终于在 1943 年 10 月出台了《留学教育方案》总共十一条，其中：

一、留学生之派遣，除纯粹军事学科外，无论公费或自费，均由教育部统一办理；……七、专科以上学校教授之进修，及事业或研究机关派赴国外研究人员，必须与派遣公费留学生计划相配合，俾资联系；八、设置国外留学生指导监督机构，监督留学生在国外之生活行为，指导其学业，并考核其成绩。专科以上学校及各机关派赴国外进修人员亦应与留学生同受留学生指导监督机构之管理；九、公费留学生毕业返国后，由教育部统筹分配事业机关服务，在一定年限内，不得自由改就他业；……十一、公费留学生出国以前，应调赴中央训练团受训，其已在国外未经受训者，应于回国后入团受训。公费留学生未入团入党者，分别介绍入党或团。[②]

这些条款进一步体现出了政府对留学教育管理的中央集权化。派遣人员、学习的科目、出国后的学习考察、回国后的就业服务，都由中央统一

---

① 多贺秋五郎. 近代中国教育史料 民国编 [G]. 台北：文海出版社，1982：2 082.
② 李滔. 中华民国教育史录（1840—1949）[M]. 北京：高等教育出版社，2005：559.

管理，在政治信仰方面也加强了要求。

　　然而，事实上，1943 年 9 月 20 日，经济部自行制订了《选派国外工矿实习人员办法》，交通部也制订了《派遣国外学习生办法》，农林部也不甘落后，筹划选派"该部直属机关、各省农业机关、各大学农学院及各有关机关之职员，服务两年以上者"赴美实习①。教育部对中央其他部门是不存在约束能力的。所以，决定开始实施统一留学生的招考办法："俟后凡招考留学生之团体及学校均须由教育部主持，美英庚款留学生招收亦将由该部办理。"② 强调教育部的统一主导作用。

　　由此可以了解到，公费生派遣虽然政出多门，但皆在国民政府和中央各部委的掌控中，地方、学校各团体的派遣自主权被进一步削弱。而对自费生不仅在后期需要通过严格的考试才能出国，而且在思想、学业、归国服务等方面受到了中央机关的严格监管。

　　纵观民国时期的 38 年，可以看出，民初到 19 世纪 30 年代之前，公费留学生主要是由各省派遣；19 世纪 30 年代之后，公费留学生的选派则由教育部统一负责。但同时，国民政府在《国外留学规程》中也再次确认公费留学以省派为重心，省派学生无论是制订留学办法，还是考试以及派遣，都须在教育部的监督下进行。中央加强了对省派留学生的管理。抗日战争后期，国民政府取消了各省派遣留学生的权力，规定所有公费留学生的派遣，或是国外赠予奖学金的留学生的派遣，都由教育部统一考试。国民政府就是通过规范留学生资格、调整派遣科目、规范留学证书制度、整理军事留学，极力扭转了以往留学教育地方分权过于泛滥的情况，逐步加强了中央对留学教育的集权控制。

（四）留学教育政策中以考试作为选拔的方式

　　民国时期对于留学生的选派自始至终都贯穿着以考试来选拔留学人才。《选派留学国外学生规程》要求，留学生的派遣要分一试二试，第一试也就是省考，第二试主要由教育部主持，除了考国文和外文，需要加考口试。1929 年 1 月，教育部特令各大学区、教育厅"训政伊始，建设事业，经纬万端，实用人才，尤为需要。此后各省区选派留学，务于两科特

---

　　① 冉春.留学教育管理的嬗变［M］.济南：山东教育出版社，2010：47.

　　② 招考留学生由教育部统一办理［N］.中央日报，1943-06-24.

别注意，并严加考试"[①]，1929 年通过了《资送革命青年留学办法》五条后，国民党中常会组织考选委员会，具体负责青年学生留学的考选事宜。

1930 年 2 月 11 日，鉴于"留学各国学生，往往于到达留学国后，补习该国语文，耗费时间，殊为可惜"，故训令"此后派遣公费留学生不论采取何种考验方法，对于留学国语言文字，务须严加考试，以阅读写作会话及听讲均无窒碍为合格，庶免补习费时，徒耗公费"[②]，为了对留学生的管理进一步规范，提高留学生质量，以免空耗经费，教育部 1934 年 4 月公布的《国外留学规程》再次强调要先由各省市进行初试，再送部复试。9 月 7 日，教育部公布了《复试各省市考选国外留学生办法》，规定由教育部组成各省市考选国外留学生复试委员会，负责审查各省、市呈送的初试考取生各项成绩及复试命题、阅卷等事宜，复试成绩由复试委员会评定后，再送请教育部部长核定。

清华学校在 1928 年 8 月 17 日改名为国立清华大学后，直属于教育部。曾经作为留美预备校的使命随即结束，停止了派遣毕业生赴美留学。1933 年，教育部颁发了《考选清华留美公费生办法纲要》，命令清华继续选派留学生，以公开考试为录取方式且不限于清华一所学校。考选由教育部亲自主持，教育部亲聘专家组成考试委员会负责具体组织、领导工作，考试委员会聘请考试命题员和判卷员，和之前清华学校时期的选派比较起来更为严格，竞争激烈。由于抗日战争爆发，清华大学考选公费留学生因为战争干扰和经费匮乏而中断，但是，到 1939 年，校长梅贻琦奏请国民政府从该年继续招考公费生，1940 年，留学考试选派继续进行。

1943 年，教育部颁布了《国外自费留学生考试章程》，对报名的时间地点、考试时间地点和考试科目等相关事宜做了明确的规定，并组织了留学生考选委员会。国民政府通过不断地改进考试，并对考试提出严格的要求，选拔出适合留学的人员，在保证派遣数量的基础上提高人才的质量。

（五）留学教育政策对学生的管理与经费发放密切相关

在整个民国时期，国家财政总体上处于虚弱状态，加之大量的经费用于军事方面，教育经费本身少得可怜，用在留学上的经费就更少。所以，民国政府为培养出合格的为国家服务的人才，对于留学生采取经费与学业

---

① 教育部. 为通令选派留学应注重理工二科并应将派遣规程呈部备核由 [J]. 教育部公报，1929，01（02）：46.
② 宋恩荣. 中华民国教育法规选编 [G]. 南京：江苏教育出版社，1999：652.

前途相联系的管理方式。

1. 惩罚与经费

一般对于留学生在外国的管理，主要是针对留学生的学业、品行进行管理。而为达到目的，政府往往采取惩罚的措施，最为有效的且多次在政策中提到的就是取消公费。其中，取消官费主要有以下原因：一是身体欠佳，如对于"因疾病或其他事故认为毕业无望者"或者"有无理请求，任意滋事"者，可以呈请取消其公费资格①。二是学生的行为如果不成体统也会受到惩罚，如《国外留学规程》明确规定："公自费生损辱国体或荒怠学业及其他不法行为，得由所在国之管理机关报告本部取消其留学资格，勒令返国。如系公费生，并追还其前所领之一切费用。"② 三是私自转学，"凡考入官立高等专门以上各学校之官费生，不准改入私立学校。违者，停止官费"③。四是无故缺席，"官费学生无故缺席至一个月者，部派监督或各经理员应详报教育部或本省行政公署，停止其学费"④。五是没有按时呈交研究报告，"各研究生每年应分三期呈送著述或报告书，以凭稽核"，如果不履行这项规定，"并经查明有怠惰之情形时，得将其研究费暂停不发，逾一个月仍不履行时，停止其官费"⑤。后来在南京国民政府时期，还会因为"有反革命之言论行动，经所在地党部呈报中央审查属实者，取消公费"⑥。

2. 奖励与经费

除了采取惩罚措施外，当然对于表现好的也要采取相应的奖励。而经费于留学生尤其是官费留学生来说是很重要的，除了个别家庭殷实的人外，官费生大多家境平平。1918 年 9 月 2 日，北洋政府颁布《留日官自费生奖励暂行章程》，同年 11 月 4 日修订并颁行了共 15 条。针对成绩和勤学做出奖励规定。所谓成绩奖励，即对上述官费学生学年试验列最优等者，奖励 20—50 元；毕业试验考列最优等者奖励 50—100 元。所谓勤学奖励，即出勤奖，留日高专以上官费生一学年不欠席并学年试验及第者，奖励 25—50 元；到毕业时三学年不欠席者，奖励 50—100 元。自费生获

① 陈学恂，田正平. 中国近代教育史资料汇编　留学教育［G］. 上海：上海教育出版社，1991：205-207.
② 李滔. 中华民国教育史录（1840—1949）［M］. 北京：高等教育出版社，2005：496.
③ 李滔. 中华民国教育史录（1840—1949）［M］. 北京：高等教育出版社，2005：292.
④ 李滔. 中华民国教育史录（1840—1949）［M］. 北京：高等教育出版社，2005：292.
⑤ 李滔. 中华民国教育史录（1840—1949）［M］. 北京：高等教育出版社，2005：292.
⑥ 李滔. 中华民国教育史录（1840—1949）［M］. 北京：高等教育出版社，2005：471.

年度出勤奖或成绩奖者，给予补助费，每年不超过 300 元；获得毕业奖励得给予奖学金①。此方法不仅能够促进官自费生认真学习，还能够切实地解决他们的经济问题。

清华学校在 1919 年出台了《清华学校津贴在美自费生章程》，其目的是"体恤寒畯，奖励游学，使在美自费生之有志上进而无力卒学者，得以学成致用"②。这是清华学校想要通过此种方式，鼓励在美的自费留学生发奋学习，以报效祖国，同时，也帮助因经济问题无力完成学业者完成学业。1924 年，北洋政府颁布的《管理自费留学生规程》中规定如果自费生选在国家急需的专业或在国外学习优秀，可以转为公费或酌给公费津贴。在 1933 年颁布的《国外留学规程》中，对自费生有特别成绩者，经过审核提交证明，"得享受本省市奖学金补助"。以上规定，都是通过对留学生采取奖励的方式来进行管理，一方面使留学生的学业得到了经费的保障，另一方面，也通过此种方式使留学生对国家产生了一种情感，有利于留学生学成归国以参加国家的建设。

二、民国时期留学教育政策的现实启示

（一）进一步深化留学教育政策的规范化和法制化建设

1. 对相关政策用法律法规的形式确立保障

民国时期，新的政治体制才刚刚建立，法律建设还不完善。所以，在留学教育政策的真正落实上，缺乏相应的法律监管部门，也没有制定相应的法律来保障政策的实施。尤其国家财政经费的欠缺，导致留学生在国外生活遇到了很多难题，有的甚至中断学业而回国。随着国家经济不断地发展，法制建设越来越完善，可以把留学教育政策的一些必要的条文上升到法律层面。如将留学市场的监管，留学经费的保障，上升到法律层面，一方面，保障留学生的权利，另一方面，也保障国家的利益，可以促使留学教育走向法制化发展的道路。

2. 加强对自费出国留学生的监督管理和服务

在民国时期，自费留学生一直在人数上占据很大的份额，但是，政府

---

① 陈学恂，田正平. 中国近代教育史资料汇编　留学教育［G］. 上海：上海教育出版社，1991：421-422.

② 清华大学校史研究室. 清华大学史料选编：第 1 卷［G］. 北京：清华大学出版社，1991：229.

在此方面缺乏监督管理和服务，在一定程度上造成了人才的浪费。而当时自费留学已成为主流，自费留学生占总出国留学生的 90％ 以上，是一笔宝贵的人力资源财富。对海外自费留学人才提供支持和优质服务，是充分利用和发挥留学人才重要作用的主要措施。所以，需要政府加强对自费出国留学生的监督管理和服务。

3. 完善留学人才培养体系并严格选派

民国时期，留学生的选派受到了政局动荡、经济和文化发展等因素的影响，选派政策缺乏长远的规划，留学科目的选派呈现出单一化的特征。当下，我国要在出国留学人员规模扩大的基础上，不断地完善留学人员的培养体系。留学人员的培养需要持续不断地进行，需要有目的、有选择、有阶段地选派留学生到国外大学深造学习。留学科目和留学国家的选择要多元化，多吸收各个国家优势学科的长处，要努力构建符合我国现代需求的创新人才的留学培养体系，对留学人员要根据我国社会发展在经济科学技术等方面的需求进行选派，综合培养。

（二）制定更加优惠的吸引留学人员归国的政策

在民国时期，留学生的出国留学动机以报效祖国、民族富强为主，当然也不乏趁机镀金回国谋取一官半职的想法。基于这样的留学动机，留学人员回国率普遍较高，对于归国留学生存在的问题，主要是学非所用，政府安排不恰当等，而当今人们出国留学动机各异，个人本位的价值观念较重，更多的是想要谋求个人更好的发展。所以，我国现在对于归国人员政策的制定要避免民国时期存在的问题，结合现在的新情况，在个人才能得到发展的情况下，使留学生投入社会主义建设中来。

为了使我国的留学人才回国服务，一方面，要在高端人才上下功夫，给他们提供优厚的待遇和适应的工作环境，使他们心甘情愿回国服务；另一方面，针对我国现在回国人员的层次、类别多元化的特点，应制定一些针对性强的新政策，面向全体留学人员，在社保、就医、出入境、子女入学等方面提供政策支持，对不同层次的归国人员提供相应的待遇，实现人才的合理流动。

（三）加强基础教育中对中华民族文化、民族认同感的培养

民国时期的留学教育，在留学人员的资格选派上要求是越来越高的，对于他们的选拔，除了具备一定的学历和工作经验以外，对他们的考核必有科目是国文。虽然选派出国学习的科目偏重于理工农商，但是，他们在国内都具备了很好的传统文化知识。这样在民国时期才培养出了许多贯通中西的学者、科学家、文学艺术家等。同时，由于当时的历史文化大环境，出国留学的青年大都怀着科学救国、教育救国的梦想，对民族国家有很强的认同感。如今我们出国留学考试注重的是外国语的考核，对于外国语有十分严格精确的要求，而对于我国自己的传统文化知识的整体考核，却十分欠缺。

诚然，出国留学要熟练地运用留学国家的语言，这样才能够达到学习研究的目的，但是，如果自己没有本民族的文化精神，很容易变成无根的人，不具备信息辨别解读的能力。如今处于信息爆炸的时代，我们所接受到的信息，不论是正面的抑或是负面的，都是别人希望我们接受到的。虽然说我们可以通过文字、图片、视频对一个事件进行多角度的事实真相的还原，但是，这也要求我们具备信息解读还原能力。

因此，对于出国人员不仅仅要考核外语，也要注重本民族精神文化的培养，尤其是对于自费留学生中的低龄者。他们年龄小，本国的文化底蕴不足，容易接受消极信息，人生观、价值观容易受所留学国家文化的影响。所以，在我国的基础教育中，就应该增加中华民族文化教育，让学生感受、学习中华民族文化，在出国前培养他们的民族认同感，使中华民族文化在他们身上延续，同时，可以通过他们向别国进行传播，培养他们的"根"意识。

［原文刊载于《河北师范大学学报（教育科学版）》2016 年第 1 期（曲铁华　薛冰）］

33　论国民政府初期职业教育的发展及启示

1927 年，国民党完成了北伐，使全国在形式上实现了统一。南京国民政府成立后，开始了对未来的规划。教育当属其一，而尤以职业教育最为风光。职业教育在国民政府初期有着怎样的发展，这些发展背后的动因是什么，以及这样的发展带来了什么样的影响，我们可以从这一发展过程中得到一些什么启示，以上问题就是本部分试图回答的。

一、国民政府初期职业教育发展概观

（一）通过多起职业教育议案

自 1917 年以黄炎培为代表的中华职业教育社成立以来，职业教育"遂造成了一种空气"[①]。社会人士竞相关注，这种关注在同一年的全国教育会联合会第三届大会上得到了体现。在这次会议上，职业教育第一次被列入了议案，通过了职业教育进行计划五项。从此以后，全国教育会联合会每次大会都把职业教育列为议案。

南京国民政府成立后，为了体现与旧政府的不同，"全国教育会联合会"变成了"全国教育会议"，对职业教育也更加重视，通过的职业教育议案也较以往多。仅第一届全国教育会议（1928）通过的职业教育议案就有：(1)《请推行职业教育案》，其中指出举办职业教育乃当务之急。分区大学之内，虽有农工商等学院之设立，仍难推行顺利；另宜广开致用之途径，责成各主管机关，次第分别设立各种职业学校，以应时代之需要[②]。(2)《设立职业学校案》，该案提出职业学校应该单独设立[③]。(3)《设立职业指导所及厉行职业指导案》，主张各学校之修业期最后一学年间，应有职业指导及升学指导；全国各大学及中学，应设立职业指导部；各省应设

① 陈青之. 中国教育史：下册 [M]. 上海：商务印书馆，1936：729.
② 中华民国大学院. 全国教育会议报告 [R]. 上海：商务印书馆，1928：495-496.
③ 中华民国大学院. 全国教育会议报告 [R]. 上海：商务印书馆，1928：497-502.

立职业指导部①。(4)《请切实整顿全国各级工商学校以致实用案》，要求各级工商学校，绝对注重实习，不得空谈学理②。(5)《全国农林教育计划案》，提出各省区应多设农林实习学校，以及农林传习所，使农民可得实用的农林科学知识③。(6)《请促军事当局提倡军队职业教育案》，指出若能使全国之兵，皆习于农于工，且习于受教，则可使知对国家对人群之大义④。(7)《请中央筹设西北垦务学校案》，通过于西北适宜地点，设一西北垦务学校，经费由中央筹拨⑤。(8)《推行平民女子职业教育案》，要求由中央政府通令各省县，广设平民女子职业学校⑥。(9)《请规定职业教育在学制上地位》，要求在学制系统中明白标出职业教育的范围⑦。(10)《凡中大学学生非有十学分之关于农工专门课程及二十学分之实习学校不得准其毕业案》，其中指出高中及大学各就地之所宜，力之所能，举办二三门关于工艺之课程及实习场，学生一面上课，一面实习，总以学成业就，有手艺在身，能独立谋生活为目的等等⑧，涉及职业教育的诸多方面。

除此之外，1928年召开的中华职业教育社第十届年会，以及全国职业学校联合会第六届年会，也通过了多起职业教育议案。

(二) 对职业教育地位的再次确认

1922年的学制改革已经把职业教育的地位提到了相当的高度。1922年，学校系统改革令中有关职业教育的部分有：小学课程得于较高年级，斟酌地方情形，增置职业准备之教育；初级中学施行普通教育，但得视地方需要，兼设各种职业科；高级中学分农工商家事专科，但得酌量地方情形，单设一科或兼设数科；依旧制设立之甲种实业学校改为职业学校或高级中学农工商等科；职业学校之期限及程度，得酌量各地方实际需要情形定之；依旧制设立乙种实业学校酌改为职业学校，收受高等小学毕业生，亦得收受相当年龄之修了初级小学学生；为推广职业教育计，得于相当学

---

① 中华民国大学院. 全国教育会议报告 [R]. 上海：商务印书馆, 1928：503-508.
② 中华民国大学院. 全国教育会议报告 [R]. 上海：商务印书馆, 1928：509.
③ 中华民国大学院. 全国教育会议报告 [R]. 上海：商务印书馆, 1928：510-525.
④ 中华民国大学院. 全国教育会议报告 [R]. 上海：商务印书馆, 1928：526-530.
⑤ 中华民国大学院. 全国教育会议报告 [R]. 上海：商务印书馆, 1928：531-532.
⑥ 中华民国大学院. 全国教育会议报告 [R]. 上海：商务印书馆, 1928：533-534.
⑦ 中华民国大学院. 全国教育会议报告 [R]. 上海：商务印书馆, 1928：132.
⑧ 中华民国大学院. 全国教育会议报告 [R]. 上海：商务印书馆, 1928：132-133.

校内酌设职业教员养成科；大学及专门学校得附设专修科，年限不等。凡志愿修习某种职业而有相当程度者入之[①]。

因此，以 1928 年全国教育会议决议案为蓝本的《戊辰学制》，除在极个别的地方对职业教育做了修改外（如：凡中大学学生非有十学分之关于农工专门课程及二十学分之实习学校不得准其毕业），基本保持了 1922 年的内容，又一次使职业教育的覆盖面在形式上极尽扩大。我们可以理解为：因为重视，所以重申。

（三）职业教育发展概况

国民政府初期的职业教育虽然还不具规模，全国性的职业教育规程以及课程标准也正在制定中，但是，在政府的提倡和各省的推广下，职业教育还是得到了一定的发展。如江西教育厅特别召集全省的职业教育会议，对于过去职业教育的整理，以及未来职业教育的计划，均有详细深入的研讨。湖南省教育厅则召集女子职业学校校长会议，省立女子职业学校推广有八所之多，"为职业教育问题，单独举行会议者，实以赣湘二省为嚆矢"[②]。此外，还有陕西黄天行等 121 人发起组织女子职业教育促进会[③]；湖北教育厅派贾逸孚筹设省立职业学校[④]；江西教育厅拟就职业学校各课程标准，并规定各校一律暂照此标准施行[⑤]；上海特别市教育局继续开办第三、四、五、六、七职工补习学校[⑥]；福建教育厅派科长钟道赞等筹设省立第一职业学校[⑦]；福建教育厅颁发《办理职业学校标准》及《地方行政人员养成所组织大纲》等等[⑧]。凡此种种，举不胜举。与此同时，一些社会团体，如中华职业教育社、中华平民教育促进会等，都分别划区进行整个的试验，它们以普及农民教育，促进农民生产为最大目的，而在农民教育中就包含了大部分的职业教育的内容。

总的来说，这个时期的职业教育还是有所发展的（见表 4 - 1）。

①　舒新城.近代中国教育思想史［M］.上海：中华书局，1929：220.

②　杨鄂联.民国十七年度之中国职业教育［J］.教育与职业，1929（107）：1 293-1 296.

③　丁致聘.中国近七十年来教育记事［M］.上海：商务印书馆，1935：153.

④　丁致聘.中国近七十年来教育记事［M］.上海：商务印书馆，1935：167.

⑤　丁致聘.中国近七十年来教育记事［M］.上海：商务印书馆，1935：173.

⑥　丁致聘.中国近七十年来教育记事［M］.上海：商务印书馆，1935：175.

⑦　丁致聘.中国近七十年来教育记事［M］.上海：商务印书馆，1935：175.

⑧　丁致聘.中国近七十年来教育记事［M］.上海：商务印书馆，1935：182.

表 4 - 1　1922—1929 年中等职业学校概况①

年度	职业学校数	职业学生数
1922	164	20 300
1925	154	18 011
1928	236	16 641
1929	667	26 659

虽然 1926 年和 1927 年由于战事原因没有统计，但我们还是可以从 1922 年和 1925 年的职业学校数和学生数看出职业教育的一些发展情况，1925 年较 1922 年是在下降的，而 1928 年和 1929 年较 1925 年却有明显的提高。

二、国民政府初期职业教育发展的原因

通过职业教育议案十多起，而且在即将颁布的学制中重新确认职业教育的地位，职业学校的数量在国民政府初期也有明显的增加，出现如此现象，不能说职业教育没有发展。分析促成此种发展的原因，主要有以下几点。

（一）国民政府的积极提倡

这时全国形式上完成了统一，而且"国民党正纲中有提倡职业教育数字，而职业教育又与民生主义有关系"②，使政府可以抽出一点点精力来处理职业教育问题。另外，经验告诉我们，大凡一个国家战后兴办职业教育，都能取得成效，如美国和德国，所以国人也在国家稍事太平的时候怀抱此种梦想。因此，在这一时期，国民政府对于职业教育的提倡，"无论在口头、书面、立法，均有积极之表示"③。其中尤其值得注意的是国民党第三次全国代表大会通过的《确定教育宗旨及其实施方针案》，方针指出：

过去教育之弊害，一为学校教育与人民之实际生活分离，教育之设计不为大多数不能升学之青年着想，徒提高其生活之欲望，而无实际能力之

---

① 教育部年鉴编纂委员会编. 第二次中国教育年鉴（四）[Z]. 上海：商务印书馆，1948：1 428.
② 舒新城. 近代中国教育思想史 [M]. 上海：中华书局，1929：217-218.
③ 杨鄂联. 民国十七年度之中国职业教育 [J]. 教育与职业，1929（107）：1 293-1 296.

培养以应之，结果使受教育之国民，增加个人之苦痛，以酿社会之不安。①

行文中虽然对于职业教育只字未提，但是字里行间无不渗透着职业教育的重要性。

此外，还有教育、工商和农矿三部门会商通过的《保障职业人员办法》：

甲项定各种职业学校分高等中等，由高等教育普通教育两司分别计划，各种职业补习教育，由社会教育司拟定办法，并由三部通令各省县市按照下列各款规定分别施行：（一）设农工商人及艺徒之专门职业技能补习。（二）农民手工业小商人之补习。（三）督促各县市办下列传习所或大规模传习所，分设下列各班：（1）造林；（2）蚕桑园艺；（3）矿业；（4）测量；（5）造纸；（6）商业；（7）戏词等。②

可见，三部门都已经把职业教育作为急应推广的事业。三部会议之外，又有教育部的《保障职业人才办法》，其中有"请国民政府通令全国设立各种职业养成所及各种职业学校，设立职业介绍所"③。工商部的《工商法规草案》规定职工应受补习教育等等④。这些无不昭示着政府对于职业教育的提倡。

（二）职业教育的衰微

1917 年 5 月成立的中华职业教育社指出提倡职业教育的原因：一是游民太多；二是中小学无法升学者太多；三是帝国主义的压迫；四是为青年服务社会准备⑤。言下之意，中华职业教育社就是为着解决这些问题而来的。可直到 1928 年，虽然黄炎培办职业教育的决心不改，但职业教育无法解决失业问题的事实越发明显。也正是因为如此，他的职业教育思想受到各方面的质疑。中华职业教育社"七年（对职业教育）的解释较六年（1917）为广泛为抽象，十一年（1922）的解释较七年（1918）更广泛更

①　孟宪承，陈学恂. 教育通论 [M]. 福州：福建教育出版社，2006：112.
②　杨鄂联. 民国十七年度之中国职业教育 [J]. 教育与职业，1929（107）：1 293-1 296.
③　杨鄂联. 民国十七年度之中国职业教育 [J]. 教育与职业，1929（107）：1 293-1 296.
④　杨鄂联. 民国十七年度之中国职业教育 [J]. 教育与职业，1929（107）：1 293-1 296.
⑤　潘文安. 职业教育 ABC [M]. 上海：世界书局，1929：3-4.

抽象了"①。

到十二年（1923）以后，更将职业教育及目的简括为两句话——"使无业者有业，使有业者乐业"，较前又进了一步。但职业教育自十五年（1926）以来，从表面看，好似看着成功，但内容腐败，办法机械，已为文雅的中国人所鄙视。②

至于黄炎培 1926 年提出的"大职业教育"，舒新城更直陈，他的这一主张，理论上系以广义的职业教育为根据，而实际上之效益不显，则可于此反证之③。职业教育思想"十六年（1927）以前理论上除却勉为民生主义做注脚外，尚无新发展耳"④。这些质疑的确是有事实根据的，而且，20年后中华职业教育社在其出版的《中国职业教育三十年来大事表》开篇"弁言"第一句就不得不承认："职业教育，在过去三十年间，进步可云甚微。"⑤

所以，为了挽回这种颓势，需要从制度上加以提倡。而 1922 年《壬戌学制》的提倡，显然是没有达到预期的效果，因此，重新提出尤为必要。而 1928 年全国教育会议的议长又是蔡元培，他向来有职业救国的抱负，这多少也为职业教育的再次被重视增加了砝码。

（三）教育工作者的不懈提倡

1926 年，也就是全国教育会议前两年，黄炎培"大职业教育"的提出，可以说是为职业教育吹响了又一次号角，学界也以此为界，把 1926年至 1937 年定为职业教育思潮的第三阶段，或者职业教育的泛化阶段⑥。但是，陈青之指出，黄炎培是在目观职业教育衰颓的情况下，"有意重整旗鼓，挽回颓势，于是又标榜'大职业教育主义'，可以想见其运动的苦

---

① 1917 年时，中华职业教育社提倡职业教育的目的只在于"谋生"二字。1918 年该社又宣布职业教育的三大目的：一、为个人谋生之准备；二、为个人服务社会之准备；三、为国家及世界增进生产力之准备。1922 年，邹恩润给职业教育下的定义是：职业教育乃准备能操一技之长，从事有益社会之生产事业，借求适当之生活。其大目的，在培养智力意志感情各方面，而为完全有用之人物。

② 陈青之. 中国教育史：下册 [M]. 上海：商务印书馆，1936：731-732.

③ 舒新城. 近代中国教育思想史 [M]. 上海：中华书局，1929：217.

④ 舒新城. 近代中国教育思想史 [M]. 上海：中华书局，1929：218.

⑤ 黄炎培，等. 中国职业教育三十年来大事表 [M]. 上海：国讯书店，1947.

⑥ 王炳照，阎国华. 中国教育思想通史：第 6 卷 [M]. 长沙：湖南教育出版社，1994：108.

心"①。可以看出，虽然职业教育思潮在事实上已经在走下坡路的情况下，中华职业教育社还是在矢志不渝地提倡职业教育。

该社自成立以来，其教育社年会，即使是在军阀混战时期，也一直没有中断过，直到内战全面爆发，职教社的成员认识到简单的"教育救国"是行不通的，才停止了年会，全面投入抗战救国的运动中。不仅如此，在中华职业教育社的积极倡议下，自1921年起，还建立起了全国职业教育联合会，形成了更具声势和影响的职业教育团体。这个团体，即使是在抗战时期也一直致力于职业教育事业。另外，如晏阳初、梁漱溟和陶行知等一批教育家，在这个时期，也都坚持着自己的教育事业，虽然他们的探索方向各不相同，但是，无论平民教育也好，乡村教育也罢，其中都无不包含职业教育的因素。可以说，也正是因为有着这么一批教育工作者的不懈提倡，职业教育才在战火中得以坚持和延续。

三、国民政府初期职业教育发展的影响

黄炎培提出"大职业教育主义"以后，"职业教育的思潮，差不多已到过去时期了"②，也"再也没有引起有如20年代初期那样轰动的社会效应"③。事实上看，也是如此，"自十六年（1927）后，全国无教育统计可言，至二十年而教育部发表职业学校，仅149所，并民国初年而不如远甚，乃至并前清光宣之间而亦复不如，可谓一落千丈矣"④。但是，我们还是可以从国民政府初期看到职业教育的一些发展，田正平也认为："职业教育思潮的影响，实际上是超出了20年代的学制改革。"⑤ 虽然这些发展并不都是1928年全国教育会议的结果，但多少也是受其影响的。

（一）农村职业教育开始受到重视

1928年的教育会议似乎看到了大战之后农业教育的重要性，因此，有《全国农林教育计划案》的通过，且占到了相当大的篇幅。从"农村教育计划大纲"到"农村教育宗旨和系统"，从"农业教育与农业行政分工

① 陈青之. 中国教育史：下册［M］. 上海：商务印书馆，1936：732.
② 陈青之. 中国教育史：下册［M］. 上海：商务印书馆，1936：732.
③ 王炳照，阎国华. 中国教育思想通史：第6卷［M］. 长沙：湖南教育出版社，1994：118.
④ 黄炎培. 三十五年来中国之职业教育［M］//庄俞，贺圣鼐. 最近三十五年之中国教育. 上海：商务印书馆，1931：152.
⑤ 王炳照，阎国华. 中国教育思想通史：第6卷［M］. 长沙：湖南教育出版社，1994：142.

合作"到"振兴农业教育",从"设立村业教育委员会研究林业教育之设施"到"设中央林产研究所"等议案都非经修改,完全通过,合为《全国农林教育计划案》,同年的中华职业教育社第十届年会也有"扩大农村教育"议案提出①,这不能不说是对农村职业教育的重视。

其实,在 1928 年全国教育会议之前,中华职业教育社就率先走出城市,走向农村,从 1926 年开始,以江苏昆山徐公桥为试点,开展了农村职业教育的试验工作,此后,又在多个地方设立农村改造区。农村改造成为这个时期的主旋律。"先后由城市转向农村开展教育活动的著名教育社团和教育家有以陶行知为代表的生活教育派,有以晏阳初为代表的平民教育促进会,有以梁漱溟为代表的乡村建设派。"② 可以说,这次教育会议是响应了这一主旋律,反过来又促进了这一运动的进行。

(二) 法令上更加重视职业教育

某个时期职业教育受到重视与否,很大程度上是以这个时期政府的法令作为最重要、最直接的凭证。所以,我们就以时间为序,试举一些 1928 年及以后有关职业教育的重要法令,以示政府对它的重视:1928 年,通过"训政时期"施政大纲,其中有较为详细的有关职业教育的三年计划③;1931 年 4 月 2 日,教育部通令各省市限制设立普通中学,增设农工科职业学校,在普通中学添设职业科或职业科目,县立初中附设或改设乡村师范及职业科,各职业学校增加经费充实设备④。1932 年 11 月 26 日,立法院通过《职业学校组织法》⑤;1932 年 12 月 17 日,国民政府公布《职业学校法》十七条(师范职业与中学始行分别设立)⑥;……1933 年 9 月 21 日,教育部规定中等学校设置及经费支配办法,通令各省市自二十三年(1934)起到二十六年(1937)止,职业学校经费不得低于百分之三十五,师范约占百分之二十五,中学约占百分之四十⑦。1937 年 3 月 18

---

① 教育界消息:中华职业教育社第十届年会及职业学校联合会第六届年会略记 [J]. 教育杂志,1928(06):18-19.

② 王炳照,阎国华. 中国教育思想通史:第6卷 [M]. 长沙:湖南教育出版社,1994:117.

③ 潘文安. 职业教育 ABC [M]. 上海:世界书局,1929:50.

④ 丁致聘. 中国近七十年来教育记事 [M]. 上海:商务印书馆,1935:240.

⑤ 丁致聘. 中国近七十年来教育记事 [M]. 上海:商务印书馆,1935:271.

⑥ 丁致聘. 中国近七十年来教育记事 [M]. 上海:商务印书馆,1935:273.

⑦ 丁致聘. 中国近七十年来教育记事 [M]. 上海:商务印书馆,1935:287.

日，教育部公布《职业学校规程》九十六条①，以上列举绝非全部，只是重要的几个②，但已足以说明当时对职业教育的重视程度。

四、国民政府初期职业教育发展的启示

1928 年后，职业教育在制度层面获得了较大发展，而在事实层面又如何呢？法令规定"省市自二十三年（1934）起到二十六年（1937）止，职业学校经费不得低于百分之三十五"，可事实上（见表 4 - 2），职业教育的经费支出自该办法颁布以来虽略有增长，但距百分之三十五还相去甚远。

表 4 - 2　中等学校经费支配情况（单位：元；括号内为百分数）③

学校类型	1933 年	1934 年	1935 年	1936 年	1937 年
中学	39 575 546 (69.8)	38 488 340 (69.4)	40 588 601 (68.9)	41 453 790 (67.9)	20 866 634 (68.6)
师范学校	10 526 324 (18.6)	10 001 123 (18.0)	10 092 906 (17.1)	10 851 224 (17.8)	5 312 267 (17.5)
职业学校	6 542 968 (11.6)	6 989 936 (12.6)	8 254 001 (14.0)	8 730 591 (14.3)	4 217 857 (13.9)

（注：百分比为换算所得）

诚然，政策目标的不能实现有缺乏实际考虑的因素在其中，而且执行的后期，明显受到战争的影响，但更深层次的原因在哪里呢？此外，职业教育的兴办也有几十年了（从"新教育"算起），但"毕业学校，失业社会"的现象，还是相当突出，这些问题又从何处寻找答案？综观历史，我们认为，可以从以下两点原因中得到启示：

（一）国人职业观念的缺失

当时的社会，由于受战争的影响，加之职业教育的不得法，失业现象严重，可以被视为一种正常现象。但是，还是有很大一部分人经过职业教

---

① 丁致聘. 中国近七十年来教育记事 [M]. 上海：商务印书馆，1935：277.

② 更多 1928 年以后颁布的有关职业教育的法令，请参阅：教育部，编. 职业教育法令汇编 [G]. 上海：商务印书馆，1935.

③ 教育部年鉴编纂委员会. 第二次中国教育年鉴（四）[Z]. 上海：商务印书馆，1948：1 439.

育，有一技在身，并且社会上有适合其发挥所学技术的岗位，但他们宁可无业，也不去从事，这就不是正常现象了。中华职业教育社曾经对这种现象进行了分析，认为是"心理关系"，"自谓有才者，每不肯内审其所操，而惟计较职位之高卑，酬金之厚薄；重以新旧过程，蜕化未已，新式机关所培植，不尽适于旧式社会之需求……"。① 旧式社会需求的是什么？在这里没有能够指出。

潘文安似乎也曾认真思考过这个问题，指出出现这种现象的原因，在于"我国教育向来不提倡自动，使学生发展他的服务能力。同时学生又看轻服务劳作不屑去做"②，就连姜奇也认为，"职业科"是"贫家子弟"才读的③。为什么我们不提倡自动？这里也没有回答。可反过来说，职业教育，尤其是初中等职业教育，本身在当时就是为那些上不起学而又缺乏谋生能力的人所设的，"贫家子弟"上了，然后谋得一种职业，至少比无业要强得多，可谓聊胜于无。可真实的情况是"贫家子弟"上了学而不谋业，越上学越处处和社会不容。

舒新城指出，旧式社会需求的是"官"，我们不提倡自动的原因也是一心只想做"官"。他认为，最根本的原因是中国人根深蒂固的官本位思想作祟，中国人都有"超人主义"，即，总想凌驾于人。他进一步指出：

在今日的中国，官固足以"夸乡里而傲朋侪"，然而仅仅只此，还不足吸引着无业者万里奔波，有业者弃业追求。其最大之原因，一在官吏不凭资格，不凭能力，职位之高卑，全凭人力；一在官吏可滥用权威以获意外收入。有此二因，故一切号称知识分子，皆集于官之一途，以冀因缘时会，得意外之财以为挥霍之资，而满足其权力欲。④

所以，国人缺乏职业观念，最根本的原因是官本位思想的根深蒂固。因此，仅仅提倡职业教育，根本不能解决职业问题，更不用说职业救国了。杨贤江就说："靠职业教育能救国，简直是笑话。"⑤ 我们还得注意政治问题与社会问题。

① 舒新城. 近代中国教育思想史 [M]. 上海：中华书局，1929：225.
② 潘文安. 职业教育 ABC [M]. 上海：世界书局，1929：16.
③ 中华民国大学院，编. 全国教育会议报告 [R]. 上海：商务印书馆，1928：231.
④ 舒新城. 近代中国教育思想史 [M]. 上海：中华书局，1929：228-229.
⑤ 王炳照，阎国华. 中国教育思想通史：第6卷 [M]. 长沙：湖南教育出版社，1994：118.

（二）职业教育失衡

1. 职业教育的内部结构失衡

有学者认为，职业教育是一种与中国传统封建教育在指导思想、培养目标、教育内容、方法等许多方面都格格不入的适应近代大工业生产需要而出现的新的教育形式①。既然我们已经推翻了封建主义，实行了新教育，就不应该存在格格不入的情况了，但为什么还是矛盾重重？我们如果了解了职业教育的引入与其发展的情况，大概原因就可以明白了。

职业教育之所以在我国兴起，是为了适应民族资本主义工商业发展的需要，而其发展与起伏也是同民族资本主义工商业的兴衰处于同一步调。如：第一次世界大战期间，帝国主义无暇东顾，民族资本主义获得大发展，而正是在这段时间，中国的职业教育思潮达到了顶峰。但随着帝国主义的反扑，民族资本主义开始衰落，职业教育也随之沉寂。

所以，中国的职业教育从一开始就走上了狭隘的"工商业职业教育"的路子，而真正体现中国现实的农村职业教育却只是象征性地在城市里办了几所农业职业学校。这是我国职业教育的第一个失衡。追其原因，主要是新教育得到了国民政府的认同，而这种教育"之所以得到国民政府的认同，因为二者基本上以城市为基础，并且都是资产阶级式'现代化'的不同形式"②。这在一定程度上是由于"20世纪20年代，中国新型的民族主义领袖并不是直接从传统的农村社会产生的，也不去着重地关心农民的问题"③。民国职业教育发展到后期，农村职业教育开始受到重视，但是这种重视仅限于开始，"职业教育的重点由城市开始向农村转移（这仅是就发展趋势而言，事实上这个过程在旧中国始终并未完成）"④。而这种重点的转变，多少又带着几分政治色彩。

2. 职业教育的外部结构失衡

第二个失衡就是职业教育（"五四"以后的职业教育更多的是指中等职业教育）与普通教育的结构失衡。无论从数量上还是经费投入上，职业教育都处于绝对的弱势。即使是在大力提倡加大职业教育经费投入的时期（见表4-2），职业学校的投入仅仅是中学的六分之一多一点。这个不正常

---

① 王炳照，阎国华. 中国教育思想通史：第6卷 [M]. 长沙：湖南教育出版社，1994：101.

② 费正清. 剑桥中华民国史：上卷 [M]. 北京：中国社会科学出版社，2006：161.

③ 费正清. 剑桥中华民国史：上卷 [M]. 北京：中国社会科学出版社，2006：28.

④ 王炳照，阎国华. 中国教育思想通史：第6卷 [M]. 长沙：湖南教育出版社，1994：115.

的现象在当时，就已经有人发现并指出，所以才会有 1933 年的要把对职业学校的经费投入提高到占中等教育 35％的情况出现，但是，经过几年的努力，实际情况仍未得到改变。能看到问题，却无法解决问题，是因为没有找到问题的关键。

从学制上看，普通教育上面是高等教育，即普通教育是为升学做准备的，而能升学的多半是当时占中国很小一部分的富人，教育是他们办的，办教育当然主要为他们。这是一个虽不符合中国国情，却在小范围内符合富人实情的教育结构链条。富人办教育，教育为富人，一环扣着一环，唯一的办法就是打破这种链条关系，而这一办法却不是在教育内部所能完成的。可以说，这也是国民教育的最大症结，是无法单靠"教育公平"的口号所能解决的，也不是几个教育家的奔走相告所能解决的。

综上所述，职业教育虽然在国民政府初期时表现出了一些发展的迹象，如通过了多起有关职业教育的议案和《戊辰学制》对职业教育地位的再次确认等，并且带来了一些后续影响，如农村职业教育开始受到重视，国家又陆续颁布了一些有关职业教育的法令措施等，但是，在近代社会，要想实现职业教育的真正繁荣是不可能的。因为这不仅仅是国人职业观念的缺乏问题，我们也不仅仅只看到职业教育本身存在的诸多痼疾，我们应当看到更深层的原因在于社会和政治制度本身，在制度没有改变的情况下，我国职业教育的问题是不可能得到根本解决的。正如《剑桥中华民国史》在谈到中国农业问题时所分析的那样，"20 世纪前 75 年的全部经验证明，只有制度上的改革和先进技术的大量投入，中国的农业问题才能解决"[①]。对于中国的职业教育，也是同样的道理。

当前，中国的职业教育，尤其是农村职业教育，虽然依旧存在诸如规模发展迟缓，农村职业教育的有效需求没有充分激发等问题[②]，但是，根本的社会制度已经改变，问题也必将获得解决。

［原文刊载于《东北师大学报（哲学社会科学版）》2008 年第 2 期（曲铁华　罗银科）］

---

① 费正清. 剑桥中华民国史：上卷 [M]. 北京：中国社会科学出版社，2006：76.
② 于伟，张力跃，李伯玲. 我国农村职业教育发展的困境与对策 [J]. 东北师大学报：哲学社会科学版，2006（04）：117-118.

34　南京国民政府初期农村职业教育
　　必要性与可能性探析
——兼谈"农业破产论"

　　南京国民政府初期，中国农村职业教育有了初步的发展。虽然规模较小，但作为一种开先河的尝试，其价值是不能用规模大小来衡量的。对农村职业教育在当时的历史条件下存在的可能性与必要性进行分析，是十分重要的，因为只有经过这样的剖析，才能更清楚地了解农村职业教育的内涵，南京国民政府初期农村职业教育兴起的原因，也才能更深刻地理解其价值。

　　研究南京国民政府初期的农村问题，不缺乏一手资料，但是缺少确凿可信的资料。什么是"确凿可信"的资料？不是感性的、局部现象的描述，而是理性的、科学的统计资料。张履鸾 1936 年指出："中国系一个国土庞大而又缺乏准确统计数字的国家，因自然条件上的限制，各地的农艺方式、农业经营、租佃制度以及农民生活等等都有着不少的差异。欲求认识农村，实在也颇非易事。"[①] 正因为如此，对于南京国民政府初期农村状况的真确理解尤显困难，然而，要研究南京国民政府初期的农村职业教育，又不能缺少对当时农村状况的真确理解。缺少不等于没有，我们还是可以从不少相关著作中还原或接近历史的真实。比如卜凯的《中国农场经济》与《中国土地利用》两书，就被视为"划时代地建立起了中国近代农业经济的一套最完善的调查资料，并且他对中国农业经济的看法一直影响着后来的学者"[②]。我们的结论就主要来自卜凯以及基于卜凯调查资料基础上的一系列著作。

一、"可能性"与"必要性"分析

　　基于农村职业教育在南京国民政府初期已经存在这一事实而谈其存在的可能性与必要性似乎有些多余，但是，倘若历史纵向来考察南京国民政

① 卜凯. 中国农家经济：上册 [M]. 张履鸾，译. 上海：商务印书馆，1936：1.

② 陈意新. 美国学者对中国近代农业经济的研究 [J]. 中国经济史研究，2001（01）：120-126，139.

府初期的农村职业教育，了解可能性与必要性对于农村职业教育的发展乃至整个职业教育的发展，都是十分必要的。要指出的是，因为农村职业教育已经存在，探讨农村职业教育的必要性与可能性就可以回避农村职业教育自身的一些因素，如师资、资金等，而主要从农民、农业和农村的视角来考察这一问题。可能性与必要性之间确有区别，可以分别论述，但是，研究过程中发现，许多因素并不是单纯只是必要因素而不是可能因素，许多情况下是两者俱备，所以，在此不细加推究。

（一）农民需要进行职业教育

很多乡村建设者指出，农民存在"愚""贫""弱""私"这样一些问题，但是，也有一些学者提出不同观点，如费孝通就不同意说农民"愚"[①]，孙冶方也对"私"提出反对意见，指出农民天生具有学习先进方法的可能性[②]。珀金斯认为：

> 1900 年以前的几个世纪中，中国农具技术停滞不前可能这样来解释，农民在实验新方法上或者是太守旧，或者是太缺乏想象力。然而，这样一个结论同我们知道的他们对于新种子的反映，或者他们在很早以前就有能力发展种类繁多的农具的事实，是不相一致的。[③]

马若孟指出："农户对农产品价格的变化极为敏感，尽可能把他们的土地投向最好的经济用途。他们衡量出租或租入土地的利益和成本。他们理性地考虑各种可以替代农业的收入，考虑在不同的工作之间怎样配置劳动力才能使家庭收入最大化。家庭有获得更高收入并购买土地的强烈动机。"[④] "农户通常对市场价格和作物收益的变化很快做出反应，理性地选择能够提供更多收入的作物，即使这种作物碰巧需要付出更多的劳动努力。"[⑤] 他们描写的大体是同一时代的农民，但是由于各自的立场与研究领域不同，因而有着不同或截然相反的观点。

然而，无论哪种观点，无不透露出农民职业教育的可能性与必要性。农民正因为"愚""贫""弱""私"才有进行教育的必要性，也正因为他们并不"愚"，才具有进行教育的可能性，而职业的引导、职业的教育尤

---

① 费孝通. 乡土中国　生育制度 [M]. 北京：北京大学出版社，1998：12.
② 孙冶方. 为什么要批评乡村改良主义工作 [J]. 中国农村，1936，02（05）：21-28.
③ 珀金斯. 中国农业的发展 [M]. 宋海文，等译. 上海：上海译文出版社，1984：70.
④ 马若孟. 中国农民经济 [M]. 史建云，译. 南京：江苏人民出版社，1999：139.
⑤ 马若孟. 中国农民经济 [M]. 史建云，译. 南京：江苏人民出版社，1999：219.

显必要。

　　当时匪患多发，某种程度上也可以作为"农村职业教育"推行的可能性与必要性因素。裴宜理认为：

　　尽管在播种和收获季节，身强力壮的人很容易找活干，但一年中有三分之一的时间是无事可干的。在这四个月的农闲时期，过剩的劳力对淮北地区集体行动的形成有非常关键的作用。作为弥补农业收入的可选择手段的不足，无事可干的农民经常依靠暴力来获取生活必需品。①

　　"可选择手段的不足"，一方面，是社会吸纳剩余劳动力的能力有限造成的；另一方面，则是农民缺乏相应知识与技能储备使然。对农民进行职业教育，一方面，可以拓展其可选择的手段，促进社会的稳定；另一方面，又可以在社会本身吸纳能力有限的情况下，从思维转变上实现农村的发展。裴宜理认为：

　　从总体上来说，经济作物在该地区（华北）并不盛行，由于个体生存农业的制约，尽管土地可能适合种植具有更大利润的作物，但农民最大的希望莫过于生产出足够的粮食以保证全家人的生活。如果农民放弃生存农业，他们会完全依赖于他们无法控制的市场。很少有人会专业从事经济作物的种植，除非市场稳定并有良好的发展，而且其预期收入能大大超过温饱水平。②

　　而农村职业教育的内涵不仅包括教给农民进行农业生产的相关技能与技巧，更重要的就在于培养农民的变革意识。农民自身缺乏变革的意识，需要通过外部力量来促使其改变，这是费孝通的观点。费孝通指出："供应和需求的有效性取决于对市场的了解，这是农民不具备的。如果没有特殊的力量来影响并促使变革，人们几乎不理解蚕丝价格下跌的原因，更不明白市场对货物类型所提出的新的需求。"③"改变职业是困难的，甚至改变农作物，村民脑中都很少想到。因此，生产结构是受到严格限制的，它不能随着市场的需求做出灵活的反应，变化是缓慢而长远的。"④"在农村，改变职业比改变现有作业更加困难。"⑤

---

①　裴宜理. 华北的叛乱者与革命者：1845—1945 [M]. 北京：商务印书馆，2007：33.
②　裴宜理. 华北的叛乱者与革命者：1845—1945 [M]. 北京：商务印书馆，2007：47.
③　费孝通. 江村经济　中国农民的生活 [M]. 北京：商务印书馆，2006：219.
④　费孝通. 江村经济　中国农民的生活 [M]. 北京：商务印书馆，2006：219.
⑤　费孝通. 江村经济　中国农民的生活 [M]. 北京：商务印书馆，2006：219.

马若孟和他的同事通过对沙井村进行调查，得出"（该村）10 户只靠他们的农业收入生活，6 户完全靠非农业收入，6 户的收入来自工资和租入的土地上的收获。53 个农户，占到全村总数的 78％通过在村外工作以补充他们的农业收入"①。"事实是自 19 世纪末以来沙井村就越来越依靠非农业收入"②。简单地发展农业永远都无法使农民摆脱贫困，真正的农村职业教育更多的应该是农村劳动力的转移，而转移的劳动力要想脱离简单地以出卖劳力的方式获得收入，就不得不引入职业教育。

裴宜理指出："租佃程度低下并不意味着淮北农民经济的繁荣……绝大多数淮北农民不需要交租还贷也并不意味着其生活有经济保障。总体而言，自耕农根本谈不上富足。"③卜凯指出：

中国农人的生活程度之低，从各方面皆可看出。收入方面既是渺小得可怜，而且其中大部分是仅仅用于维持物质生活方面的要素。生活必需费用虽占入款的大部分，可是食物既缺乏营养，且又终年不变，衣服极粗，仅足蔽体，住室简陋，聊避风雨，绝无舒适美观可言。近代的教育、宗教，以及社会生活，和他们风马牛不相及。乡村教育幼稚之至，质量二者皆差，可以说是毫无用处。敬神方面，虽有相当的价值，可是负担太重，而社会生活，绝为枯燥单调，娱乐消遣，颇感缺乏。他们的生活，虽然如此之苦，而仍能喜笑颜开，和平忠厚，关于这一点，盖亦颇值得吾人钦佩。④

南京国民政府初期农村经济发展与否，是一个仍处于争论之中的论题，但是农民生活贫困是不争的事实。如何解决农民的贫困问题是摆在教育工作者面前的一个真实问题。

（二）农业的发展急需职业指导

纵向来考察历史，南京国民政府初期农村经济是有所发展的，但促成这样一种发展的因素是什么？珀金斯指出：

在某些农业社会中，传统方法维持得很长久，直到生产已经逐渐形成一个定局，在这种场合进一步增加产量已经到了不可能的地步。但是中国

---

① 马若孟. 中国农民经济［M］. 史建云，译. 南京：江苏人民出版社，1999：49.
② 马若孟. 中国农民经济［M］. 史建云，译. 南京：江苏人民出版社，1999：58.
③ 裴宜理. 华北的叛乱者与革命者：1845—1945［M］. 北京：商务印书馆，2007：38-39.
④ 卜凯. 中国农家经济：下册［M］. 张履鸾，译. 上海：商务印书馆，1936：558.

在 14 世纪和 19 世纪之间，人口和可能的产量却增长了六倍光景，以后到 20 世纪中叶又增加了百分之五十……这种增长能够算在耕地面积扩大方面的只有一半左右。其余大约是由主要粮食作物产量的加倍而获得的。①

珀金斯又进一步指出："（这一时期）如果有粮食产量加倍之类的事情……'传统的'技术，包括'最好的技术'从'先进的'地区向'落后的'地区的推广在内，只能说明一小部分产量的增长。事实上，大部分的增长，似乎是在技术停滞条件下投入了较大的资本和劳动的结果。"② 珀金斯的这一结论是在对跨越几个世纪的资料取证下得出的，说明了两个事实：一是农业产量，从历史来看，在南京国民政府初期是有所增加的，"农业破产论"在那时的提出就值得怀疑；二是农业产量还有增加的可能性，那就是农业技术的改良，这就关系农村职业教育的发展。

许多学者认为，封建地租阻碍农村经济的发展，珀金斯却认为：

一个最出乎意料的结果是高租佃与迅速上升的生产率之间似乎确有关联，但中国可没有这种情况。别的国家的地主或许能做些促使农业改进的事情，但是这些地主一般都是居住在农村的，中国不但地主数量庞大，又有租栈收租之类制度的存在，这就使地主很难做出任何积极的贡献。对于地主来说，保持土地主要是一个保持既得财富的合理、安全而又方便的方法，它并不是原先取得那项财富的主要来源。土地上投资的报酬率实在太低，因而这种投资无法成为发财致富的主要途径。③

而这种制度在南京国民政府时期并未改变，这就给了租种土地的农民发展农业的空间与动力。当然，我们反对这种土地关系，但在当时的条件下，农民是没有这样的觉悟的。农业多样化在南京国民政府时期并没有为国人所接受，大多数地方还是死守单一作物的种植。卜凯指出：

盖谷类无论在世界任何国家，皆为最廉之食料，不过在中国的多数地方，除谷类以外，其他副食品太少，因此对于健康方面，不大适宜……由此可以使农业的集约与混合程度增高，而使田场上的多余时间因此而能有所利用。且能使工作时间，得终年的平均支配。一个优良的菜园，不但能改进卫生，且能使农人因此而能做有益的工作。④

---

① 珀金斯. 中国农业的发展 [M]. 宋海文，等译. 上海：上海译文出版社，1984：45.

② 珀金斯. 中国农业的发展 [M]. 宋海文，等译. 上海：上海译文出版社，1984：45-46.

③ 珀金斯. 中国农业的发展 [M]. 宋海文，等译. 上海：上海译文出版社，1984：131.

④ 卜凯. 中国农家经济：下册 [M]. 张履鸾，译. 上海：商务印书馆，1936：506-507.

人类利用科学方法，足以战胜一切惨遇的可能，不但完全不知，连想都没有想到。作物育种，防治病虫害，以及其他农业上的科学改进方法，大多数的农人，依然还是完全不知，以致对于作物生产上，与生活上的改进欲望，每误以为只需敬神，即可以满足，其实不但不能如愿，而实际上反多得经济上的许多损失。①

中国的农业发展到这个时候，是有"过密化"②的可能，但是也具有进一步发展的可能性。

（三）农村状况为农村职业教育提供可能

封建土地所有制的存在无疑是农村职业教育的最大障碍，但是也有学者认为这不是主要问题。珀金斯指出：

14 世纪以后，中国土地租佃制度似乎并没有发生很大的变化……因为土地的报酬率低，所以大多数地主都是通过农业以外的途径发财致富，他们将土地看作易于脱手的资产和取得声望的源泉。一般说来，土地的所有者都不住在农村，对提高他们土地上的产量并不抱多大兴趣。可是，凡是必须大量投资以保持或提高产量的地方，租佃契约上通常就订定长期的租佃年限，地租数额也是固定的，这样农民就有投入他们自己的资金的动力……所以这种制度不是影响改良的一个主要障碍。③

一般说来，同农业密切相关的制度，自 14 世纪以来并未发生显著的演变。另一方面，人们也不是真正需要去改革这些制度。这些制度本身并不是进步的媒介，但也不是提高农业产量的主要障碍。④

"购买土地（或以土地为抵押而出借的）钱财一般是从农业部门以外取得的，因为中国最成功的农庄所取得的利润也是很低，而且就是这些，也只有通过长年累月的艰苦努力才会获得。"⑤珀金斯是在大量实地调查的基础上总结出这番话的，需要深入的探讨。

我们不能因为珀金斯有数据的支撑就相信他的观点，因为同用一个调查资料，常常会得出截然相反的观点；也不应不假思索否定他的观点，因

---

① 卜凯. 中国农家经济：下册 [M]. 张履鸾，译. 上海：商务印书馆，1936：545.
② 黄宗智在《长江三角洲的小农家庭与乡村发展》一书中提出"内卷化"，也称为"过密化"的中国近代农业经济发展理论。
③ 珀金斯. 中国农业的发展 [M]. 宋海文，等译. 上海：上海译文出版社，1984：329.
④ 珀金斯. 中国农业的发展 [M]. 宋海文，等译. 上海：上海译文出版社，1984：240.
⑤ 珀金斯. 中国农业的发展 [M]. 宋海文，等译. 上海：上海译文出版社，1984：118.

为我们的理解也许从一开始就是错误的。我们仅把这种观点作为发展农村职业教育的可能性。马若孟也提出了相同的看法，他认为：

土地所有权制度没有对收入的分配和农场管理产生副作用，从而妨碍农村经济发展。正如我们即将看到的，佃农户的百分比很小。租入和出租土地的农户只是想要更有效地利用现有土地，从而使家庭收入最大化。就土地被转移给对方成为借贷制度的一种副产品这一点来说，它没有导致对农村经济不利的后果，因为土地作为一种钱的近似物，在贷款从债权人向债务人的转移过程中起了重要的作用。没有这样一种农村借贷制度，家庭农场就会无法全年经营土地，开垦土地也会成为不可能的事。[①]

还有一些诸如城市发展的因素，也为农村职业教育的发展带来了可能性，有时，这种可能性还是最主要的原因。马若孟认为："城镇和市场的扩大无疑增加了对农产品的需求，为农户寻找更好的生产方式提供了必要的刺激。"[②] 同时，马若孟也指出："在狭义的经济意义上，通商口岸以牺牲内地农民利益为代价得到发展。城市与其说是促进落后的农村的发展，不如说仅是在剥削农村经济，在这样一条道路上，经济逐渐扭曲。农业不是在发展，而是在衰退。"[③] 前者使农村职业教育成为可能，后者揭示了农村职业教育发展的必要性。

综上所述，无论怎么看待南京国民政府初期的农民，他们都需要接受职业方面的教育，都具有进行职业教育的必要性与可能性；农业发展的诸多不足，也为农村职业教育的开展提供了空间；封建的土地关系依然存在，但这不构成妨碍农村职业教育的决定因素。

二、"农业破产论"

农村职业教育无论在什么时候都必须提倡，但是在当时，提倡农村职业教育者宣扬农村职业教育的一大原因，就是认为"农村破产"，这种看法在当时的书籍里随处可见，但是后来的一些学者用实地调查所得的数据质疑了这种看法。马若孟在收集了各个方面的数据后得出这样的结论："没有任何证据表明 1937 年以前农民的生活水平在下降，所以，为了供养

① 马若孟. 中国农民经济 [M]. 史建云，译. 南京：江苏人民出版社，1999：265.
② 马若孟. 中国农民经济 [M]. 史建云，译. 南京：江苏人民出版社，1999：207.
③ 马若孟. 中国农民经济 [M]. 史建云，译. 南京：江苏人民出版社，1999：25.

增长的人口，农业总产量是上升的。"① 他认为：

> 华北的食物供给问题从来没有出现过危机。偶然的粮食进口仅仅显示出这一地区的经济在战争和自然灾害破坏了本地生产时能够转向外部资源供给。在正常情况下，农民的生产足以满足他们自己和城市的需求。通过改变土地利用的方式，加上农民提高更为集约经营的能力就能做到这一点。如果出现技术变革并保持局势安宁，农场的产量自然而然会更为迅速地增长。②

马若孟认为："生活水平变化方面最好的资料是卜凯和他的助手在1929—1931 年间所收集的。这些资料都浓缩在他那内容丰富的统计资料中，一直为那些断言农村生活水平在 19 世纪之后持续下降的学者们所忽视。到目前为止，我的主要论点是，在一切情况正常的地方，农村生活水平没有下降。"③ 马若孟得出的结论是：

> 除了长时期的歉收和发生战争时以外，农民在这一阶段（1910—1930）的生活水平没有下降。如果我们相信卜凯的资料，我们甚至能够承认这一地区生活水平有轻微的改善。在通商口岸——集镇经济商业和工业扩大的情况下，这是有可能做到的。④

他认为："学者们写到中国农村的商人和高利贷者时都不抱同情。他们被描述为寄生虫，与他们为农村经济所做的贡献相比，他们更多的是要为其落后负责。事实上，对于他们的作用的描述加入了太多情绪化的东西，以致借贷和销售体系很少为人理解。对于这一问题有必要重新考察。"⑤ 这种质疑的声音相对于"农村破产论"来说很微弱，没有引起多大的关注，对于我们对提倡农村职业教育的原因分析，也不会造成太大的影响。但是，还是有必要对这一问题进行深入的思考与事实的取证。如果这种观点成立，我们就可以把提倡农村职业教育的原因过多地归入政治导向，或者其他；如果这种说法是错误的，只适合于局部的中国，我们可以提出相反的证据，以正视听。值得注意的是，关于南京国民政府初期农业的发展与农民生活的探讨，直到现在仍然是一个热点问题，对于这一时期

---

① 马若孟. 中国农民经济 [M]. 史建云，译. 南京：江苏人民出版社，1999：136.
② 马若孟. 中国农民经济 [M]. 史建云，译. 南京：江苏人民出版社，1999：234.
③ 马若孟. 中国农民经济 [M]. 史建云，译. 南京：江苏人民出版社，1999：235-236.
④ 马若孟. 中国农民经济 [M]. 史建云，译. 南京：江苏人民出版社，1999：240.
⑤ 马若孟. 中国农民经济 [M]. 史建云，译. 南京：江苏人民出版社，1999：272.

农村的发展状况仍在争论之中。我们期待这一问题早日达成共识。

我们假设当时的农村经济是日趋破产的，那么，破产的原因主要有哪些？丁达认为主要是帝国主义的入侵、封建政治的剥削和地主的剥削。他也谈道："农民革命的发展，则是农村经济崩溃的结果。"① 裴宜理分析华北农村动荡的原因则是："自然灾害是刺激掠夺性和防御性活动的一个主要因素。外来势力如叛乱者、军阀或外国军队的介入同样促进了当地本已激烈的竞争。"② 同时指出，"叛乱和抵抗"是"一种持续很多世纪的行为"③，既然这样，"日趋破产"就值得商榷。

当然，正如裴宜理所言，"晚清和民国时期的淮北经济画面远远谈不上繁荣"④。南京国民政府初期的中国农村，即使没有破产，即使还在发展，相对于同时期的其他国家，也都"谈不上繁荣"。"农业破产"这个问题，需要历史来检验。

［原文刊载于《黑龙江社会科学》2009 年第 3 期（曲铁华　罗银科）］

①　丁达. 中国农村经济的崩溃［M］. 上海：上海联合书店，1930：28.
②　裴宜理. 华北的叛乱者与革命者：1845—1945［M］. 北京：商务印书馆，2007：13.
③　裴宜理. 华北的叛乱者与革命者：1845—1945［M］. 北京：商务印书馆，2007：19.
④　裴宜理. 华北的叛乱者与革命者：1845—1945［M］. 北京：商务印书馆，2007：48.

35 嬗变与思考：新中国 *60* 年农村职业教育回眸

新中国成立以来，农村职业教育政策的制定、实施等方面已取得了显著成就。但是，需要看到的是，新中国成立以来，农村职业教育的发展并不是一帆风顺、一成不变的，其间有过艰辛，也有过曲折，其历史经验对当下处在转型期内的农村职业教育是一笔宝贵的财富。

对于农村职业教育的定义，目前，我国理论界存在两种划分方法：第一种是按照培训成果输出方向来划分，即观察职业教育对象最终所服务的领域；第二种是按照地域划分，即按照职业教育服务对象的来源来区分。本部分以农村职业教育的服务目标为标准，对新中国成立以来农村职业教育发展历程进行梳理，为当今我国农村职业教育的改革和发展提供借鉴。

一、服务于农业恢复和发展的农村职业教育（1949—1977）

新中国成立之初至改革开放前这一时期，国家以恢复稳固为建国的基本方针，主要经历了社会主义改造、全面建设社会主义社会及"文化大革命"三个时期，试图通过对生产关系的调整，促进农业的增产、农村的全面发展和农民生活质量的提高。随着农村建设的开展、党和政府对农业地位的重视，农村职业教育以实现农业发展目标、培养农工业技术人才为己任，在全国教育事业得以恢复的大背景下，获得了较好的发展。

（一）确立农村职业教育的地位

新中国成立初期，百废待兴。针对当时中国教育目标和计划，依据国家建设突出工业以及农村文盲大量存在的现实，职业教育的重点在于为工业建设培养人才。而农村教育的重点在于初等教育和扫盲工作，农村职业教育处于次等地位。由于在旧中国千疮百孔的基础上建立起来的农村极少有正规的职业教育，因而，农村职业教育的主要形式是传统的手工业传承。国家对农村职业教育的支持就表现为强调手工业的发展，规范手工业界的学徒制。

农村合作化的过程中农村技术干部和管理干部严重短缺的问题暴露出

来，并影响到合作化运动的有效开展。1955年，第一个五年计划明确指出：

　　五年内，中等专业教育的重点是培养工业的技术干部和管理干部，同时应该配合农业合作化运动的迅速开展，注意培养农业的技术干部和管理干部。①

　　通过学校职业教育来满足农村社会发展的人才需要问题正式提出。

　　1958年之后，中央大力倡导两种新型的农村职业教育形式，即民办农业中学和半工（农）半读学校。据教育部1965年下半年不完全统计，全国有农业中学54 332所，毕业生人数达到817万人，半工（农）半读学校4 000多所，学生80多万。这两种农村职业教育极大地推动了农村职教的发展，对农村职业教育地位的确立奠定了基础。

　　1963年，《第二次城市工作会议纪要》指示：职业教育应当主要面向农村，积极培养为农业服务的农艺、林业、畜牧、渔业、农机、医药卫生、会计、统计、供销等方面的人才，为城市青年学生下乡上山创造条件②。农村职业教育从最初的"无"到后来的"有"，再发展到职业教育的地位逐步确立。

（二）兴办多种形式的农村职业教育

　　第一，学校系统外的农村职业教育包括学徒制和农业技术推广体系。新中国成立初期，农村职业教育的一个重要形式即学徒制，这种民间自发的职业教育形式在国家积极引导下逐步规范化，如学徒工的年龄一般在16岁以上，学徒的学习期限为三年，学徒每月有一定的生活补贴等。组织科技力量进行农业技术推广，一直受到政府的重视。为了推行增产措施和推广先进经验，各地方纷纷编印成书，举办农业展览会，奖励丰产模范，合作社之间互相参观和评比。农业科学技术干部归队以充实生产、研究和推广普及的技术力量，国家增加农业科学技术研究工作和推广普及工作的投资和经费，并要求专款专用。

　　第二，学校系统内的农村职业教育。农村职业教育学校主要有三种类型：

　　1. 各级专业学校、技术学校等全日制学校。1951年，政务院《关于

---

　　① 中共中央文献研究室. 建国以来重要文献选编（6）[G]. 北京：中央文献出版社，1993：530.

　　② 中共中央文献研究室. 建国以来重要文献选编（17）[G]. 北京：中央文献出版社，1997：303.

改革学制的决定》把中等专业学校列入中等教育范畴，这类学校一般属于县以上教育部门或各业务部门主办，实行毕业生的国家分配政策。其为农服务部分主要培养农业技术人才、农业干部和农村管理干部。专业学校为广大农村培养了大量的农业技术人才，大大促进了农业生产力水平的提高。

2. 业余学校。业余学校包括冬学和常年的业余学习，在保证生产任务的原则下进行，实行以民教民的原则。据1953年统计，全国有1 230多万农民参加了常年学习，1 939万农民参加冬学。城市的业余教育机构吸收农村人口，以函授、夜校、短训班等形式存在，解决了工作与学习之间的时间冲突。①

3. 半农半读学校。1958年开始，为了缓和教育发展与农业劳动力不足的矛盾，政府提倡既工又读、人民办校的"两种教育制度"。此类学校采取半耕半读的教学组织形式，在教学时间的安排上注重和农时结合，解决农村人口劳动与学习的时间冲突，推动了教育的普及。

（三）保障农村职业教育的经费及师资

新中国成立初期，国家教育经费受到当时经济发展的影响，经常处于不足状态，而新中国成立前的教育在战争的破坏下，知识分子短缺，国家发展教育所需的师资严重不足。当时，国家对农村职教师资经费的主要方针是"工农群众教育经费，主要靠群众自己解决，政府予以补助；师资问题，实行以民教民为主的方针，可能时设一定的专任教师作为骨干"②。在经费方面，国家将农村职业教育纳入各种教育财政管理体制，设立人民助学金，鼓励农村职业教育的发展，后又借鉴根据地发展教育的"两条腿走路"的方式，鼓励民间办学。农业中学、半农半读的学校大多是在政府统筹、群众自办的经费来源支持下进行的。在师资来源方面，主要有三条途径：充分发挥现有师资的潜力；组织未升学的高中毕业生、下放干部和农业技术推广站的干部去做教员；农村职业教育着力加强改进师范学校和农学院的工作，采取各种有效方法，迅速培养农业中学的师资。

二、服务于农村经济全面发展的农村职业教育（1978—1999）

中国改革开放的大潮开始涌动于具有划时代意义的1978年，中国农

---

① 吴玉琦. 中国职业教育史 ［M］. 长春：吉林教育出版社，1991：69.
② 中共中央文献研究室. 建国以来重要文献选编（1）［G］. 北京：中央文献出版社，1992：432.

村职业教育史上最大规模的发展和改革也正是从这一年开始的。这一时期，在农村实行家庭联产承包责任制，鼓励乡镇企业，发展农村第二、第三产业，农村职业教育的目标转向了农村经济的全面发展。

（一）扩大农村职业教育规模，鼓励多种形式办学

1983 年，中共中央、国务院在《关于加强和改革农村学校教育若干问题的通知》规定：

各地根据本地区的实际需要与可能，统筹规划，有步骤地增加一批农业高中和其他职业学校。力争 1990 年，农村各类职业技术学校在校生数达到或略超过普通高中。在普及初中教育的基础上，增设劳动技术课，或试办农村初级职业中学。要重视对没有升学的高中、初中和小学的毕业生的职业技术教育，通过举办农民技术学校、短期培训、专题讲座等，使他们获得一技之长。①

逐步形成了农村人口从业前和从业期间一贯制的、以初中和初中后为主体的多层次、多种形式的农村职业教育基本模式。1991 年，中共中央提出进一步完善县、乡（镇）、村、户科技推广网络的科技推广制度，农村职业教育承担了重要的任务。各县（市）集中力量办好一两所起示范和骨干作用的职业技术学校，并继续办好农村广播函授学校；乡（镇）主要负责办好农民文化技术学校；村逐步建立农民业余文化技术学校。农村中小学教育要在适当阶段引进职业技术教育内容和举办多种形式的职业技术培训班。农业、林业、水利、气象及有关的其他中等专业学校，要在深化改革中进一步发挥骨干作用，为农村科技培训与推广网络不断输送技术人才②。

此外，国家还增设或改建了各种农村职业教育机构，建立了广泛的农民职业教育网。原有的初、高等普通教育机构，增设农村职业教育相关课程或班级，扩大农村职业教育的规模。随着国家鼓励各部门、各行业、社会团体、公民个人举办职业教育，办学主体多样化，各种私立农村职业教育机构也蓬勃发展起来。

---

① 国家教育委员会政策法规司.十一届三中全会以来重要教育文献选编［G］.北京：教育科学出版社，1992：125.

② 国家教育委员会政策法规司.十一届三中全会以来重要教育文献选编［G］.北京：教育科学出版社，1992：529.

（二）完善支持体系，保障农村职业教育的发展

经费不足一直是影响农村教育事业发展的重要因素。1984 年，国务院颁行了《关于筹措农村学校办学经费的通知》，规定：除国家拨给的教育事业费以外，乡人民政府可征收教育事业费附加，并鼓励社会各方面和个人自愿投资在农村办学①。之后，又规定了教育费附加的征收办法、使用原则，增加地方使用教育费附加的权利。1985 年，中共中央提出了教育投入的"两个增长"原则，即在今后一定时期内，中央和地方政府对教育拨款的增长要高于财政经常性收入的增长，并按在校学生人数平均的教育费用逐步增长。此外，中央和地方要从农业建设资金、农村科学技术开发、技术推广的经费中拨出适当比例用于发展农村职业教育。1996 年，《中华人民共和国职业教育法》以法律的形式确立了主办单位投入、社会力量捐资办学、国家贷款、勤工俭学以及收取学费等多渠道的职业教育经费的筹措体制，为拓宽教育经费的来源予以法律保障。

为了尽快修复"文革"中遭受严重破坏的教师队伍，1983 年，中共中央、国务院颁布《关于加强和改革农村学校教育若干问题的通知》，规范农村职业学校师资来源、培训渠道。即可选调一部分科技人员担任专职或兼职教师；也可将部分教师经过培训，改任或兼任专业课教师；还可由学校教师与农村的能工巧匠结合起来进行教学。有关高等院校和中等专业学校，应分工承担农村职业教育的师资培训和教学辅导工作，还要分配一定比例的毕业生到农村各类中等学校任教。有条件的高师院校，要增设一些农村教育所急需的专业②。县、乡还选拔有一定实践经验的优秀教师和回乡青年学生，送到有关大中专学校定向培养为专业师资。各类学校培养、学生留校任教、社会选聘相结合成为职业学校师资培养和继续教育的形式，确保农村职业学校师资的稳定和来源广泛，保证了农村职业教育的质量。

（三）改革劳动就业制度，促进农村职业教育的发展

劳动就业制度是职业教育的价值体现，给予农村职业学校的毕业生以身份奖励，有利于激发农村人口的求学需要。1980 年，国务院批转教育部、国家劳动总局关于《中等教育结构改革的报告》规定：对农村职业

---

① 国家教育委员会政策法规司. 十一届三中全会以来重要教育文献选编［G］. 北京：教育科学出版社，1992：158.

② 人民教育出版社. 教育改革重要文献选编［G］. 北京：人民教育出版社，1986：419.

（技术）学校、农业中学的毕业生，社队安排各种技术管理人员时，择优录用①。1985 年，《中共中央关于教育体制改革的决定》提出实行"先培训、后就业"的原则。1987 年，国家有关成人教育的决定提出：受过专业技术教育的农民，经过考核合格者，发给农民技术员、农民技师等资格证书，在发放贷款、提供良种和推广先进技术等方面给予优先安排②。这就把农村人口的就业问题同职业教育紧密结合起来。

1990 年，农业部在认真总结各地经验的基础上，借鉴国外对农业劳动者实施绿色证书制度的经验，提出开展农民技术资格证书试点工作，培养农村初级技术人员，争取十年左右的时间，在我国农村的大多岗位实行技术资格证书制度试点工作。从 1990 年到 1993 年，全国有 27 个省、自治区、直辖市开展了绿色证书制度的试点工作，参加培训的学员达二十多万人，经考试合格领到证书的达六万余人③。1999 年，在修订中国《农业法》《农业技术推广法》时，把农民绿色证书教育写进相关条款，从此，组织实施绿色证书教育有了国家法律保障。

三、服务于新型农民培养的农村职业教育（2000—2009）

这一时期，农村职业教育的重心主要是通过一系列培训措施来提高农民素质，"培养社会主义新型农民"成为这一时期农村职业教育的主要目标。

（一）启动农村劳动力转移培训计划，提高农村转移劳动力的职业素质

2001 年 5 月 14 日，教育部印发《教育部关于中等职业学校面向农村进城务工人员开展职业教育与培训的通知》④，要求按照"实际、实用、实效"的原则，对农村进城务工人员进行职业技能教育和基础文化教育，以及现代生产技术、信息技术、安全生产、环境保护、法制纪律、心理健康和职业道德等方面的教育，创立有利于农民受教育的学籍管理制度，在学习期满后组织受训人员参加职业技术鉴定，合格者发给资格证书。据统计，2002 年全国农民文化技术培训学校有 37.91 万所，开展农民技术培

---

① 国家教育委员会政策法规司. 十一届三中全会以来重要教育文献选编 [G]. 北京：教育科学出版社，1992：100.
② 国家教育委员会政策法规司. 十一届三中全会以来重要教育文献选编 [G]. 北京：教育科学出版社，1992：312.
③ 吴玉琦. 中国职业教育史 [M]. 长春：吉林教育出版社，1991：263.
④ 《中国教育年鉴》编辑部. 中国教育年鉴（2002）[Z]. 北京：中国大百科全书出版社，2002：158.

训、农村劳动力转移培训、民工培训 7 681.81 万人次①。劳动和社会保障部的"十一五"规划强调"农村劳动力技能就业",计划在 5 年内对 4 000 万进城务工的农民工开展职业培训。

农村各类职业学校和成人学校是我国农民教育的主体力量,继续依托这些力量并提高其办学水平和质量,是对农村进城务工人员开展培训的主要渠道。到 2002 年底,在全国"初步形成以县级职业学校和成人学校为龙头,以乡镇成人文化技术学校为骨干,以村成人学校为基础的县、乡、村三级实用型、开放型农民文化科技教育培训体系"②。据统计,2004 年全国教育系统实施的农村劳动力转移培训规模达 3 146 万人,比 2003 年增加了 2 000 多万人。农民实用技术培训达到 5 127 万人次③,向广大农村劳动力传授了大量农业生产经营的新知识新技术,有力地促进了农业增产、农民增收和农村发展。

(二) 实施农村实用人才培训工程

十六届五中全会提出了建设社会主义新农村的伟大历史任务,确定了要培养"有文化、懂技术、会经营的新型农民,提高农民的整体素质"的宏伟目标。为此,围绕粮食增产、农业增效、农民增收的目标,多层次、多渠道、多形式地开展农民科技培训和技术推广成为这一时期农村职业教育的主要任务。2005 年,教育部下发了《关于实施农村实用技术培训计划的意见》,提出培训的基本目标,主要采取了以下措施。

一是继续开展绿色证书培训。按照农业生产岗位技能要求,加大绿色证书培训力度,培养更多的农民技术骨干。

二是大力实施"新型农民科技培训素质工程"。以村为单位,围绕当地主导产业,开展以科技为主的综合性培训,整体推进,为农业结构调整和区域经济发展提供人才支撑。

三是建设农民科技书屋。为农民免费提供农村急需的科技书刊和声像资料,常年开展科技培训,引导农民在家门口学习科技文化知识,探索科

---

① 《中国教育年鉴》编辑部. 中国教育年鉴 (2003) [Z]. 北京:中国大百科全书出版社,
2003:170.

② 《中国教育年鉴》编辑部. 中国教育年鉴 (2002) [Z]. 北京:中国大百科全书出版社,
2002:158.

③ 《中国教育年鉴》编辑部. 中国教育年鉴 (2005) [Z]. 北京:中国大百科全书出版社,
2005:153.

技下乡和农民培训的长效机制。

四是启动实施"百万中专生计划"。依托分布全国的农业广播电视学校系统和农业职业学校，以具有初中以上文化程度的农民为主要对象，在未来十年内培养 100 万名具有中专学历的农村实用型人才，增强他们带领农民群众共同致富的能力，使他们成为建设社会主义新农村的带头人。

五是启动"高校农业科技教育网络联盟计划"。利用广播电视大学系统远程教育资源，努力形成以农业院校为科技源头，覆盖县、乡、村的实用型和开放型的农民实用技术教育培训网络，使广大农民能就近学习先进的实用技术和科学文化知识，为在农村地区逐步实现全民学习、终身学习创造条件。

六是重点建设 1 000 所县级职教中心，形成一批职业教育骨干基地和实训基地。大力推进"一网两工程"的实施，构建以县级职教中心为龙头、乡镇成人教育学校和普通中小学为依托的农村职业教育培训网络，广泛开展农村劳动力转移培训和农村实用技术培训。

（三）提倡城市职业学校扩大面向农村的招生规模

在坚持发展农村地区职业教育的同时，国家开始积极鼓励城市中等职业学校积极扩大面向农村地区招生规模，提倡城乡职业学校合作办学，联合招生。国家提出"十五"期间，中等职业学校面向农村地区的招生规模，要从 2002 年的每年 254 万人提高到 350—400 万人。2005 年，教育部《关于加快发展中等职业教育意见》指出：努力把每年未能接受高中阶段教育的 500—600 万农村初中毕业生中的相当一部分，吸收到中等职业学校接受职业教育和培训。充分利用东部地区和城市优质职业教育资源，面向西部地区和农村跨地区联合招生合作办学。东部地区和城市的教育行政部门要积极鼓励支持省级以上重点中等职业学校，与西部和农村的中等职业学校合作办学。

四、对当前我国农村职业教育发展的思考

改革开放后，我国农村职业教育获得了长足发展，其数量增多、专业设置多样、层次结构复杂，办学主体从单一的国家办学发展为多主体办学，培养出了大量的农业科学技术人才。但是，投入不足、师资水平较差、设备落后以及经济落后和传统价值观的影响，严重地制约着农村职业教育的发展。

（一）提高认识，促进农村职业教育的现代化

农村职业教育通过培养农村建设中需要的各种规格和类型的人才，提高农民工的劳动生产率，为农村经济发展服务；农村职业教育是现代国民教育体系的一个重要组成部分，可以带动农村教育的普及，提高农村人口的整体素质，对农村的精神文明建设和促进农村的整体改观，都有着重要的作用。而对进城务工人员的培训，在提高其文化素质、改善其生存环境以及城市的建设、促进城乡一体化方面又起着重要的作用。基于农村职业教育的重要作用，国家必须积极承担起农村职业教育的主要责任，把发展农村职业教育与繁荣社会经济、促进劳动力转移、消除贫困、维护农村社会稳定、建设先进文化紧密结合起来。要发展规模、结构优化、统筹规划，落实"工业反哺农业，城市支持乡村"的方针，努力创建"以服务为宗旨，以就业为导向，面向市场办学"的农村职业教育新体制。要消除两个认识上的误区：一是传统的二元经济、二元社会、计划经济的思维定式，城乡资源缺乏统筹的做法；二是认为农村职业教育就是农业教育的观点，以及农村学生只能学农业类的职业技术的观点。

各级政府要树立"职业教育是九年义务教育实施后，第一要发展的教育类型"的观念，重点办好一批职业教育中心，真正发挥出中心辐射的作用；建立一个实实在在的网络教育平台，利用现代信息技术和现代仿真技术、现代远程教育技术等武装农村职业教育，节省教育成本，产生更大的学习效益；理性选择农村职业教育模式，贴近农民及农村学生的实际需要，把"不求所有，但求所用"等理念转化为实际效应，促进农村职业教育多元化发展。

（二）加大投入，改善农村职业教育的生存环境

美国著名经济学家沃根（Vaughan，R. J.）说："教育训练是走向经济成功的唯一道路，职业教育应成为政府最重要的经济开发项目之一。"[①]因为"一个不能开发其人民的知识和技能的国家，是一个没有任何前途的国家，在整个教育体系中职业教育与经济发展的关系更为直接，更为密

---

① 沃根，钟启泉. 经济增长的新限度：经济的变化与职业教育 [J]. 外国教育资料，1997（06）：14，44-46.

切"①。农村职业教育与社会经济发展的关系主要表现在三个方面：一是社会经济发展是农村职业教育存在、发展的基础；二是农村职业教育发展要为社会经济发展服务，为劳动力市场服务；三是农村社会经济发展必须依靠农村职业教育，提供人才和先进的文化。可见，农村职业教育关系基础产业的发展，关系社会的稳定，加大对农村职业教育的投入十分必要。

当前，我国农村职业教育经费紧张主要有两个原因：一是我国教育总体投资不足，一是教育投资长期倾向城市。尤其是农村税费改革后，配套政策未跟上，农村教育经费资金缺口扩大，致使农村职业学校的办学经费和教师工资得不到保证，改善办学条件、更新教学设备更是困难重重。有的职业学校办学自主权、人事财政管理权无法落实，资金的使用和支配也受到了严格的限制和制约，严重影响了农村职业教育的质量，阻碍了农村职业教育的改革。每年职业教育的总经费所增加的部分主要用于人头费，实际用于教学的公用经费，所占比例逐年下降。例如，1996 年职业中学生均预算内公用经费是 232.77 元，2000 年下降为 214.90 元，降幅比较明显。从 1996 年到 2000 年，5 年时间内二者的比例由 11.67％下降到 10.59％②。经费不足直接影响到农村职教学校教师的工资，农业科技人员待遇也偏低。据统计，新中国成立以来，国家培养的大中专农业科技人员流失过半，其中县及县以下农技推广队伍的流失最为严重③，农村职业教育的质量不能保证。

另外，努力增加农民的实际收入，提高农民受职业教育的支付能力，为农民提供公平、优质、快捷和价格相对低廉的公共服务体系，也是改善农村职业教育生存环境的重要内容。

（三）改革教育管理体制，促进农村职业教育协调发展

目前，我国农村职业教育的管理体制存在诸多弊端，如城乡职业教育的脱节问题，课程设置脱离实际的问题，经济结构的制约问题等。很多地区的农村职业教育无自己独立的管理机构，各项工作分别由普通教育机

---

① 陈遇春，吕卫东，朱宏斌. 试论新时期农民职业教育新理念 [J]. 职业技术教育：教科版，2003，24（34）：41-44.
② 全国人民代表大会教育科学文化卫生委员会教育室. 中华人民共和国职业教育法及文件汇编 [G]. 北京：中华书局，2003：418-419.
③ 吴立保. 影响农村职业教育的社会因素分析 [J]. 河南职业技术师范学院学报：职业教育版，2002（01）：31-33.

关、农业厅（局）等部门兼管，致使各部门各自为政；农民职业学历教育、农民培训和农业推广各教育形式的层次分工不明确，相互之间的衔接性不强，以致各形式的职能范围重叠。保障和服务体系不完善，如师资与推广队伍素质低，忽视就业指导，缺乏激励机制等，不能形成有效的农职教的合力。为从根本上克服这些弊端，使农村职业教育在中国真正发展起来，应建立新的农村职业教育管理体制。

首先，政府部门要适应市场需求，根据农业产业结构调整、农村城镇化和提高农民素质与技能的要求，打破部门和职业学校类型的界限，有效整合和利用现有各种农村职业教育资源，以实现合理布局，资源共享。建立和完善农村职业教育立法，规范操作，保证农村职业教育的稳步发展。

其次，将以县为投资主体变为以市为农村职业教育的投资主体。集中财力、物力，在区域中心城市集中建设一批高质量的职业学校。有效优化教育对劳动力资源的配置，稳定职业学校的专业设置、办学方向，提高农村职业教育的办学效益问题。

再次，要打破城乡界限，使城市职业教育资源下移，或面向农村招生，或学校之间对口支援，利用城市职业学校教学设备、教材建设、师资队伍等方面的优势，带动农村职业教育的改革与发展。

此外，在统筹农村职业教育的发展中还需要处理好几对关系：农村职业教育与基础教育发展的关系；农村职业教育普及与提高的关系；农村职业教育当前发展与长远发展的关系；农村职业教育稳步发展与跨越发展的关系；区域内发展与全国协调发展的关系。

（四）整顿就业市场，调动农村职业教育主体需求增长

改革开放以后，家庭联产承包责任制赋予了农民独立的经营权，农民家庭和个人具有了独立的经济利益，这就使农民的致富需求在指向勤恳劳动的同时，也指向了农业专业技术，产生了职业教育的内在动机。但是，原有计划经济体制下运行的农村职业教育体制仍在继续发挥作用，对市场信息缺乏灵敏度，所提供的教育服务不能满足农民的真正需求，造成了农村职业教育供给与需求脱节的矛盾。职业学校毕业生在就业领域、就业资格、继续学习、行业福利、社会保障等切身利益上，与普通高校毕业生的差异影响农村人民对职业教育和普通教育的选择。所以，必须落实、加大用人单位和职业教育机构的法律责任和社会责任，整肃就业市场和劳动力市场，改革劳动人事制度，改变农民工素质低下、地位低下、待遇低下的

"二等公民"形象，以提升职业教育的价值，刺激农民和农村学生对职业教育的需求。

在促进农村富余劳动力的转移方面，我们需要改变城乡分割的投资政策，制定科学的产业引导政策，鼓励一些大企业投资开发农业、农村；需要大力发展农村中小企业，把中小企业的发展作为吸纳农村职业教育毕业生就业的重要途径；需要创新劳动力自由流动机制，加快城乡户籍制度改革，实现城乡一体化劳动就业机制；需要完善关于农民和农村的社会保障制度，使转移劳动力无后顾之忧。

[原文刊载于《河北师范大学学报（教育科学版）》2011 年第 7 期（曲铁华　王怡）]

36 论成仿吾教育思想的现实意义

成仿吾（1897—1984）自 1931 年主持鄂豫皖苏区文化教育工作以来，一直战斗在党的教育事业第一线，是我们党内从事教育工作时间最长的同志之一。从陕北公学到华北联大，从中国人大到东北师大，从山东大学到中央党校，为新民主主义革命、社会主义革命与建设培养了数十万干部。在长达半个世纪的教育生涯中，成老认真钻研马列主义的教育理论和中外教育史，悉心探究教育规律，形成了他独特的教育思想。他为革命办教育，办革命的宣传教育，有着十分丰富的教育实践经验。他的教育思想和教育实践不仅在当时有重要的历史意义，在今天也仍然有着强大的生命力，具有重大的现实意义，非常值得我们学习和借鉴。

一、倡导教育理论与教育实践的统一

理论与实践的统一是马克思主义的一条根本的原则。成仿吾在数十年的革命教育实践中运用马克思主义的立场、观点与方法认真地总结自己教育实践的经验，并批判地学习了前人的教育理论，提出了很多有创见性的教育见解。他既重视教育理论，又重视教育实践，并在教育实践中发展了马克思主义的教育理论。成老提出："我们马克思主义者主张理论必须联系实际，反对理论脱离实际，这是我们树立新学风最主要的方面。……中国封建时代有清谈、玄学，欧洲中世纪有烦琐哲学，以及后来的各种唯心主义、教条主义等等。"① 这些都是理论脱离实际的哲学表现。实现理论与实际结合，这是中国革命胜利的法宝。

在教学过程中，无论是教师还是学生，成仿吾认为都要系统地掌握马克思列宁主义、毛泽东思想的基本理论，领会它的精神实质，运用它的立场、观点和方法，来改造主观世界和客观世界。在革命根据地，成仿吾曾

---

① 成仿吾. 关于教育革命和学风问题［M］//中央教育科学研究所. 成仿吾教育文选. 北京：教育科学出版社，1984：127-128.

亲自讲授马列主义的理论。在组织教学过程中，他强调"要把理论运用到实际中间去"，"从实际中间找出事物的规律，创造理论"①，运用理论研究实际问题。在组织学生向实际工作学习的过程中，成老十分强调参加实际斗争，参与改造社会的实践活动，并主张用实际工作的成绩来检验理论学习的成绩。在成仿吾这种教育思想的指导下，许多学生逐步端正了学习态度，取得了良好的学习成绩，推动了工作的顺利开展。

在现实的教育中，存在着不同程度的理论与实践相脱节的现象，阻碍着教育发展的进程。如何使教育理论和教育实践有机地结合起来，这是我们面临的迫切需要解决的重要课题，我们应从成仿吾的教育思想中得到某些启迪。

二、重视思想政治教育

办什么样的教育和培养什么样的人，这始终是教育工作中一个带有根本性的问题，也是必须解决的一个大问题。成仿吾指出："任何社会的教育都有自己的目的，并为达到这一目的规定了适当的任务和路线。"② 也就是说，它从来就是有意识有目的的活动，古今中外，没有例外。成老认为，德育是革命教育的灵魂。德育主要是提高学生社会主义觉悟，培养共产主义道德品质和思想情操，树立远大理想，解决人生观和世界观方面的大问题。他一贯重视党的思想政治教育在德育方面的重要作用，认为在高等学校有突出的地位，绝不能有任何忽视。

为了全面系统地对学生进行马列主义理论教育，在东北师大，成老于1953年主持成立了四个直属校部的教研室：（1）中国革命史教研室；（2）马列主义基础教研室；（3）政治经济学教研室；（4）辩证唯物论与历史唯物论教研室。开设四门政治理论课：中国革命史、马列主义基础、政治经济学、辩证唯物论与历史唯物论。成老指出：

四门政治理论课一定要学好，这是党几十年的经验，不能只学一门、两门……学点唯物论，学点辩证法，很重要。学政治经济学，知道什么是资本主义，什么是社会主义。学党史，知道中国革命的斗争历史，党怎样

---

① 成仿吾.关于教育革命和学风问题［M］//中央教育科学研究所.成仿吾教育文选.北京：教育科学出版社，1984：127-128.

② 成仿吾.论教育方针［M］//中央教育科学研究所.成仿吾教育文选.北京：教育科学出版社，1984：217.

领导人民取得胜利。学共运史，我们正在搞共产主义运动，知道共产主义运动的历史和理论，成为自觉的战士。①

为加强政治理论课的教学，成老还提出了几方面的要求：一是正确地讲授马列主义科学原理；二是加强教学中的科学性、思想性和逻辑性；三是加强理论与实际的联系，尤其要加强联系学生思想实际；四是贯彻少而精的原则等方面的要求。为加强领导，他亲自担任马列主义基础教研室主任，组织教师认真备课，结合学生思想实际，生动活泼地进行教学。同时，成老还注意检查政治理论教学中的思想性、科学性和系统性，不断提高教学质量。

在思想教育工作中，成老还坚持时事政策教育、共产主义品德教育，以及日常的思想政治教育。每年他都如期给全校师生做形势报告，每当新同学入学他都亲自做发扬延安精神和长征精神的报告，使学生受到深刻的革命传统教育。成老还把政治思想工作和文娱活动结合起来，寓政治思想于文娱活动之中，收到了很好的教育效果。成老重视思想政治教育的思想至今仍有现实意义。高等学校担负着为国家培养各级各类各等高级人才的重任。要培养大批有理想、有道德、有文化、有纪律的献身有中国特色社会主义事业的建设者和接班人，我们必须坚持德智体全面发展的德才统一的人才观，这是为社会主义建设事业培养跨世纪人才的战略需要。

三、坚持学校教育以教学为主

学校教育以教学为主这是一条规律。成老始终认为，教学为主是学校工作的根本。高等院校承担着教学、科研、生产的任务，"三者必须以教学为中心，合理安排，首先完成教学任务。教学（为主）的原则一定要坚持，要发挥教师的主导作用"②。因此，即使是在战争期间，成老仍趁战争间隙，抓紧进行教学工作；和平时期的学校教育，则更应如此。他强调要牢固树立以教学为主的思想，要把奖励放在教书同志的身上。

成老把教学工作看作学校工作的第一件大事。在东北师大，每逢开学头一天，他必亲自下去检查教学准备工作做好了没有，以保证按时开学上课。成仿吾还经常到各系去听课，以检查和了解教师的教学情况。他严格

---

① 成仿吾. 关于干部的学习问题 [M] // 中央教育科学研究所. 成仿吾教育文选. 北京：教育科学出版社，1984：163.
② 成仿吾. 党委要加强学校工作的领导 [M] // 中央教育科学研究所. 成仿吾教育文选. 北京：教育科学出版社，1984：119-120.

要求教师上课一分钟也不能迟到，否则就毫不客气地不许进课堂，开会也是如此。成老的这些措施和行动使教学工作的重要地位得到了充分的体现和保证，至今许多教师仍念念不忘当年的情景。

成老坚持学校教育以教学为主的思想，把教学为主看作学校工作的根本，是十分正确的，也是难能可贵的，至今仍不失其夺目的光彩。在现实教育工作中，教育学校必须坚持以教学为主，这是一条规律。一定要摒弃那种重科研、轻教学的思想，正确处理好教学与科研的关系，切实加强高等学校的教学工作，不断进行教学改革，以提高教学质量。

四、加强教师队伍建设

教师队伍建设是高等学校的一项根本建设，而提高教师水平又是提高教育质量，办好学校的重要基础。"振兴民族的希望在教育，振兴教育的希望在教师"。"百年大计，教育为本，教育大计，教师为本"。培养和建设好一支高质量、高水平的教师队伍，是高等学校的一项重大的战略任务，也是迎接 21 世纪挑战的系统工程。凡是具有战略眼光的领导人，无不把教师队伍建设问题放在重要地位来抓。

成老一贯重视教师队伍建设。在长期的办学实践中，他深刻认识到教师是办好学校的根本条件，是提高教育质量的关键。他指出：

中国教育既先进，另一方面也落后，这是个矛盾。如何解决这个矛盾？培养新教师，提高现有教师。对这个问题，大家要很好认识，不只是提高教师个人水平，而应作为教育上一个根本问题来看。[1]

他认为要办好学校，必须有一批能够胜任教学的教师。这些教师不仅能够熟练地掌握自己事业的理论与知识，而且首先要具备革命的坚定性，并能为人师表，身教重于言教。成仿吾认为不仅学生是处于学习知识，提高自己的过程中，教师也要努力掌握新的知识，提高自己的水平，否则，便不可能胜任教学工作。因此，成仿吾很注意教师的学习与提高。在他历任大学校长期间，无论是在中国人大、东北师大，还是山东大学，他都把狠抓教师的培养与提高放在十分重要的位置上。他认为，教师问题说到底是教育质量问题，应作为教育上的一个根本问题来看待，教师工作不能光讲培养，还要讲提高。

---

[1]　成仿吾. 关于教师的培养和提高问题［M］//中央教育科学研究所. 成仿吾教育文选. 北京：教育科学出版社，1984：177.

那么，如何提高呢？成老指出，在教师提高工作中应贯彻"双百"方针，发扬独立思考与刻苦钻研精神。一定要坚持又红又专，不能只专不红或只红不专。成老认为，提高教师主要从提高马列主义、毛泽东思想水平，专业能力和科研水平，外语水平等几个方面来抓。

成仿吾指出，作为一名高等学校的教师，要掌握辩证唯物主义与历史唯物主义这个思想武器，不断提高理论修养和社会主义觉悟。只有做到在思想政治方面不断提高，才"真正能站到时代的前头"。他说："人民教师不是教书匠……教师要为人师表，在学生面前起表率作用。"[1] 须知教师的思想品德，治学精神和方法，时时都在潜移默化地感染着学生。教师不仅要教书，而且要育人。成仿吾还注意提高教师的业务能力，提倡在教学、科研、进修和社会实践中自觉地提高业务水平。他尤其重视教师在教学实践中提高业务水平。他认为通过日常教学实践来提高教师是最实际的提高。

因此，他抓紧日常教学工作和教学改革的各个环节，来提高教师的业务能力。他认为，教师要想收到好的教学效果，应注意教学方法的改革，并认为讲授与指导自学应该有机地结合起来，特别要重视讨论式与启发式教学方法的运用。他要求高等学校的教师要正确处理教学和科研的辩证关系。成老认为，教学和科研两者相辅相成，互相促进，不可偏废。在科研工作中，成仿吾特别强调搞好教育科研。他号召"全校教师和学生，要广泛开展教育科学研究活动"。[2] 在东北师大，成老要求有条件的教师积极开展科研活动，提出"要从实际水平出发，密切结合教学，结合中学实际，结合国家建设需要"[3] 的方针。在成老正确思想的指导下，东北师大的教育科研蔚为壮观，并逐渐形成风气。

成老还十分重视高校教师外语水平的提高。他说：

真正做学问，登高峰，不懂外文不行，就是研究中国文史方面的科学也要懂外文，做些对照比较……真正研究问题，搞科研，不能靠别人翻译的东西，一定要把外文学好。[4]

在东北师大，他曾为教师连续举办十几期外语学习班，极大地提高了

① 张傲卉，等. 成仿吾年谱 [M]. 长春：东北师范大学出版社，1994：125.
② 张傲卉，等. 成仿吾年谱 [M]. 长春：东北师范大学出版社，1994：132-133.
③ 张傲卉，等. 成仿吾年谱 [M]. 长春：东北师范大学出版社，1994：179.
④ 《东北师范大学校史》编辑委员会. 东北师范大学校史（1946—1986）[M]. 长春：东北师范大学出版社，1986：81.

教师的外语水平，很有成效。成老积极为教师学习外语创造条件，采取各种措施，从时间上、工作上和制度上给予保证。

在教师队伍建设问题上，成老还特别重视培养新生力量。他认为，从长远看，培养新生力量必须下大力气抓好，不然我们要犯战略性的错误。1952 年底，东北师大教师力量不足，当时有人主张到外地去招聘，或请教育部调，成老则主张自力更生，自己动手培养。在他主持下，制订了研究生培养方案，同时下大决心从各系毕业生和高年级学生中抽出 230 多人作为助教或实习教员，并帮助他们制订提高计划，指定指导教师，规定培养目标、专业方向和培养期限，取得了明显的效果。一批青年教师迅速成长起来，成为东北师大教学和科研的骨干力量。成老培养新生力量这一富于远见的战略措施，对东北师大的建设和发展具有深远的影响。

成老重视教师队伍建设的思想，至今仍有很大的现实意义。目前我国高校教师队伍建设中还存在着很多问题，诸如：教师队伍不够稳定，一些教师素质不高，教师队伍年龄结构和学科结构不尽合理等，这些都直接影响着我国教育改革和发展的顺利进行，影响着培养跨世纪人才的需要，也影响着国家在未来竞争中的地位与前途。因此，必须加强高校教师队伍建设，加大改革力度，采取得力措施，努力培养和建设好一支跨世纪的教师队伍，为迎接 21 世纪高等教育发展奠定基础。

总之，成仿吾是一代学宗，桃李满天下。在长期的教育实践中，他按照马克思列宁主义的教育理论和党的教育方针，坚持理论与实践相结合的原则，改造旧教育，创造新教育，不断总结和探索社会主义教育规律，为党和国家培养了一批又一批的革命和建设人才，为无产阶级教育事业做出了杰出的贡献，不愧为著名的无产阶级教育家。他丰富的教育思想和教育实践是留给我们的宝贵的精神财富，值得我们借鉴。他为革命办教育，办革命教育，对无产阶级教育事业的艰苦开拓和创造精神永远值得我们学习。

［原文刊载于《纪念〈教育史研究〉创刊二十周年论文集（9）——中华人民共和国教育史研究》2009 年（曲铁华）］

试论雷沛鸿改革高等教育的理论与实践

雷沛鸿先生是中国现代教育史上著名的教育家、有影响的教育改革家。在 20 世纪三四十年代，他为中华民族的振兴，为挽救祖国的危亡局势，积极从事教育改革，取得了令人瞩目的成绩。尤其关于改革高等教育的理论与实践，不仅对旧中国高等教育产生过极大影响，对我国目前正在进行的高等教育改革也具有重大的现实意义。

一、改革高等教育的理论

雷沛鸿先生一生主要致力于国民基础教育的实验研究和普及工作，同时非常重视对高等教育的理论探讨和改革试验工作。为了改变旧中国大学不适应经济和社会发展状况，他提出了改革高等教育的理论。

（一）大学的教育目标

雷沛鸿先生为改革旧中国的高等教育，首先明确提出了大学的教育目标。他认为大学的教育目标应有三个层次：一是参与地方建设，即大学要为地方建设服务，侧重地方建设人才的培养和训练。二是参与国家建设，即大学要为国家建设服务，强调建国人才的培养和训练。三是参与世界建设，即认识世界民主趋势，参与世界文化的研究与建设，且谋以创造新的中华文明和贡献世界文明。总之，不论是大学教育还是专门教育，一律实事求是，以服务于地方与社会，又服务于国家与人类世界为目的，即培养人类生活各方面的实用人才。

（二）大学的功能

对于大学的功能，雷沛鸿有自己的一套主张。他认定大学的功能主要有三个：一是研究高深学术。他指出：高等教育目前与未来的方向应不囿于我国现行大学教育，或限于传递固有文化，而应进一步加重学术的研究。他指出：

大学教育的功能之一是研究高深学术，但学问不可以侥幸成功，高深学术的研究，须要博通教育的文理科教育为基础。①

雷沛鸿认为，博通教育就是以博学为基础，在博学的基础上做到专深，即"致广大而尽精微"。理想的大学生应是退可为专才，进可为通才。雷沛鸿还强调指出，大学教育一是应该求取真学问、真知识，必须日积月累，融会贯通，不是一蹴而就；必须求取真知灼见，而且只有脚踏实地，不避艰苦，实事求是，才能获得渊博贯通的造诣。二是培养专门技术人才。雷沛鸿主张大学要根据大社会的实际需要，培养现实社会的有用人才。三是开发智力，传播科学技术和生产技术。雷沛鸿重视大学教育，希望大学培养大批科技人才，以科技来促进生产，振兴国家。

（三）大学的任务

雷沛鸿先生在 1946 年 11 月 1 日发表的《什么是构成大学大的特性》一文中，明确提出大学之所以为"大"须有三大要素。

1. 尊重自由思考，以促进学术发展

雷沛鸿认为："自由思考，不但是大学能成其为大的要素，而且是人类能够解放于自然束缚与解放于人为束缚的开端，也是世界文明进步所必遵循的途径。"② 他赞颂春秋战国百家争鸣，说它是一个思想大解放的时代，是学术的黄金时代，同时他痛惜中国缺少这个文化渊源，使自由思考长期受到限制。他强调，中国的大学如果要成为名副其实的大学，今后必须切实养成自由思考的环境，发扬自由思考的传统。

2. 运用科学方法去自由思考，以追求科学真理

雷沛鸿认为，自由思考诚然是构成大学大的要素，但自由思考须有条件，否则这种思考不会对人类文明有很大的贡献。这个就是"科学方法"，他说："近代自由思考之可贵，是因为它经过现代理论事实的考验而成为科学思想、科学原理、科学技术。"③ 进而他又指出：

真理的出处不在圣贤的言行，不在古代的经典，不在宗教圣经，而在

① 雷沛鸿. 西江学院是什么 [M] //韦善美，等. 雷沛鸿文选. 桂林：广西师范大学出版社，1998：497-498.
② 雷沛鸿. 什么是构成大学大的特性 [M] //韦善美，等. 雷沛鸿文选. 桂林：广西师范大学出版社，1998：507.
③ 雷沛鸿. 什么是构成大学大的特性 [M] //韦善美，等. 雷沛鸿文选. 桂林：广西师范大学出版社，1998：512.

宇宙间、人世间；追求真理的方法，不是一味采取主观的内省法，须运用客观的科学方法。……只有科学方法的正确运用，人类的自由思考，才能帮助人类解放于自然与社会的束缚。[①]

在这里，雷沛鸿阐述了真理不由经典圣贤鉴定，提倡人们要自由思考地去追求。同时，他又强调思考和追求必须运用科学的方法，就是承认和依据客观地存在于宇宙人世间的事实。进而他主张人们要把用这个科学方法探求到的系统化的科学思想、科学原理、科学技术，贡献于人类文明。

3. 大学教育要与民众结合，以改造社会

旧中国虽有不少大学，但与贫寒学生无缘。雷沛鸿曾指出：

原来中国教育，一向与民众生活背离……这是现代中国教育的一个致命伤，也是我们在教育改造运动上用力处所在。[②]

雷沛鸿对现代教育最大的贡献，就是他对各级教育的改造都与民众生活紧密联系，并取得了显著成效。雷沛鸿在文章中阐述了"结合"的定义。他指出：所谓结合，一是指大学的构成，必须依靠民众的力量，二是大学的教育，必须服务于民众社会。雷沛鸿痛感大学之不"大"，是由于人们把它困在了高墙深院的小圈子里，教育没有真正根植于民众生活。所以，他主张办教育"毋忘老百姓"。大学教育只有朝着这个目标去努力，才能有深广的社会基础，才能"生根于民众生活，得民众力量的灌溉而发荣滋长"[③]他有句名言便是："教育须建筑在民众生活之上。"因此，他强烈呼吁："一个大学教育机关，不仅不能与民众生活脱节，而且要与民众结合。"[④]

二、改革高等教育的实践

为改革旧中国的高等教育，雷沛鸿先生一方面从理论上加以探讨，提

---

① 雷沛鸿. 什么是构成大学大的特性 [M] //韦善美，等. 雷沛鸿文选. 桂林：广西师范大学出版社，1998：513.

② 雷沛鸿. 什么是构成大学大的特性 [M] //韦善美，等. 雷沛鸿文选. 桂林：广西师范大学出版社，1998：506.

③ 雷沛鸿. 什么是构成大学大的特性 [M] //韦善美，等. 雷沛鸿文选. 桂林：广西师范大学出版社，1998：507.

④ 雷沛鸿. 什么是构成大学大的特性 [M] //韦善美，等. 雷沛鸿文选. 桂林：广西师范大学出版社，1998：507.

出了自己的一套主张；另一方面，亲自创办西江学院来进行改革。

（一）创办西江学院的动机与目的

20世纪40年代，雷沛鸿依靠广西各县财力及社会各界捐款，先于百色创办了西江学院，继迁南宁，为广西培养建设人才，以改善广西"弃材及才难"的状况。雷沛鸿先生之所以创办西江学院，首先是适应教育改造与社会改造的需要。雷沛鸿指出，就广西而言：

> 近十年来，全省致力于建设广西，可说是社会改造初步工程，而国民基础教育普及运动之推行，国民中学之创制，则为教育改造的具体表现。今后如何进一步发展高等教育，以启发青年思想，造就建设人才，促进社会改造，乃为当务之急。[①]

因此，创办西江学院就是要实践学术为公、教育为公、天下为公的崇高理想，为教育改造和社会改造尽其本分。

其次是提高国民文化水平，尤其是提高边疆文化水平的需要。进一步发展大学教育，以构成整个民族教育体系，而提高国民文化水平，培植各种专门人才。

三是引进科学生产技术于民间，改善民众生活的需要。雷沛鸿先生主张教育上之用力处，一面需改进原有农业文明，使适应现代化要求；一面需倾向现代物质文明，追踵而至，以引进科学生产技术于民间，而改善民众生活。为实现此要求，亟待创办合于理想的新型大学。

四是适应国家建设与地方建设的需要。雷沛鸿先生指出："建国大业，在目前主要工作，可分两大类：其一为国家建设，其二为地方建设。"[②] 无论是国家建设和地方建设都迫切需要人才，所以要创办高等专门学校，负起培养建设专门人才的责任。

（二）西江学院的创办过程

早在1927年，雷沛鸿就出国专门考察了德英及北欧各国的高等教育，为创办国民大学做了必要的思想准备。1943年1月，他出任广西教育研

---

① 雷沛鸿.创设西江学院建议书［M］//韦善美，等.雷沛鸿文选.桂林：广西师范大学出版社，1998：477.

② 雷沛鸿.创设西江学院建议书［M］//韦善美，等.雷沛鸿文选.桂林：广西师范大学出版社，1998：476.

究所所长，为衔接国民中学，着手创建国民大学。1944 年 6 月，写成《发展国民大学教育计划大纲草案》，7 月，拟就了《创设西江学院建议书》（以下简称"建议书"），阐述了创办西江学院的理由和办法，该《建议书》经过讨论通过。

1944 年 9 月，日本帝国主义第二次侵桂，广西教育研究所迁至百色，继续负起筹建西江学院的使命。1945 年 2 月，公立西江学院正式创设于百色。称为公立，是"教育为公"之意。抗日战争胜利后，西江学院这所国民大学的雏形于 1945 年 9 月迁回南宁，并与私立南宁农业专科学校合并，正式开始第一年秋季招生。1946 年 12 月改名为"广西省立西江学院"。1947 年 12 月，广西省政府又遵照国民党政府教育部的通知，改名为"广西省立西江文理学院"。1948 年和 1949 年，西江学院在逆境中图生存和发展。新中国成立后，西江学院于 1950 年成为党和人民所办的大学教育的一部分。

（三）西江学院的办学情况

雷沛鸿创办的西江学院包括三个层次：一是预科教育，其目的是提高中学毕业生的水平；二是大学教育，是一种文理兼通的大学基础教育，目的是广泛培养学生的兴趣，加强学生的基础知识和基本技能训练，属于博通教育；三是专科教育，这是在博通教育的基础上建立各专业学校，培养社会所需的各种专业人才。

西江学院在教育目标、教育内容、教育方法等方面都有自己的创新。在教育目标上，一是发展地方高等教育，培养中等教育师资；二是为国家发展学术，培养科技专门人才。在教育内容上，强调："以人与社会、人与自然为对象，而以人文学问为其钥匙，复以群性的标准测定其价值。"[①]"凡一切教材、课程、科目的选择，均为培植教育学者及公民正确的人生观、世界观及宇宙观。"[②] 要在思维上、行动上、学问上与事功上有适应剧变世界的能力。在教育方法上，强调训练与自由并重，求得二者间的适当平衡，使教学研究的成果推广到各方面。

在教学安排上，使教育与生产劳动相结合，把传统教育的受教时间一

---

① 雷沛鸿.西江学院之教育实施方针［M］//韦善美，等.雷沛鸿文选.桂林：广西师范大学出版社，1998：479.

② 雷沛鸿.西江学院之教育实施方针［M］//韦善美，等.雷沛鸿文选.桂林：广西师范大学出版社，1998：479-480.

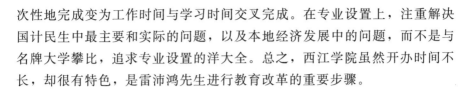

次性地完成变为工作时间与学习时间交叉完成。在专业设置上，注重解决国计民生中最主要和实际的问题，以及本地经济发展中的问题，而不是与名牌大学攀比，追求专业设置的洋大全。总之，西江学院虽然开办时间不长，却很有特色，是雷沛鸿先生进行教育改革的重要步骤。

三、雷沛鸿改革高等教育理论与实践的特点

雷沛鸿改革高等教育的理论与实践是他教育改革整体思想的一个重要组成部分，反映了雷沛鸿先生实事求是的科学态度，勇于与旧教育决裂、大胆革新的创造精神，具有鲜明的特性。

第一是针对性强。雷沛鸿改革高等教育的理论与实践主要是针对当时我国高等教育的弊端，着眼于对存在的问题进行全面深刻的分析，提出改革的理论观点和解决办法，进行大胆的实践，有的放矢，收到较好的效果。

第二是具有创造性。雷沛鸿改革高等教育的理论与实践是借鉴西方高等教育所长，结合我国高等教育的实际，加以创造性发挥。他一反模仿、抄袭的态度，经过长期的调查研究、试验等大量创造性劳动，建立了一套独具特色的高等教育理论，并创办了适合国情与广西省情的国民大学——西江学院。

第三是理论与实践结合。雷沛鸿既有丰富的教育实践经验，又有系统的教育理论做指导。他建立了一套高等教育理论，同时创办西江学院进行改革，使教育紧密结合生产劳动。他不是盲目的实践家，也不是架空的理论家，他在改革高等教育方面做到了理论与实践结合。

第四是实用性。雷沛鸿十分强调高等教育要为地方建设和国家建设服务，要与社会实际相联系，与民众结合。所以，雷沛鸿改革高等教育的理论与实践具有很大的实用性。

雷沛鸿改革高等教育的理论与实践在中国现代教育史上是具有独创性的，反映了高等教育必须适应社会结构、经济结构的基本规律。他的改革高等教育的理论与实践始终围绕着"如何充分发挥高等教育为国家和地方经济建设服务，与民众结合，为社会发展服务"这一中心，对我国当时高等教育改革有着深远的影响，对今天的高等教育改革同样有现实意义。

[原文刊载于《辽宁教育学院学报》1994 年第 2 期（曲铁华）]

参 考 文 献

[1] 陈景磐. 中国近代教育史 [M]. 北京：人民教育出版社，1983.

[2] 陈青之. 中国教育史 [M]. 上海：商务印书馆，1936.

[3] 陈学恂，田正平. 中国近代教育史资料汇编 [G]. 上海：上海教育出版社，1991.

[4] 陈学恂. 中国近代教育史教学参考资料 [M]. 北京：人民教育出版社，1986.

[5] 陈学恂. 中国近代教育文选 [M]. 北京：人民教育出版社，1983.

[6] 褚宏启. 教育现代化的路径 [M]. 北京：教育科学出版社，2000.

[7] 丁致聘. 中国近七十年来教育记事 [M]. 上海：商务印书馆，1935.

[8] 段治文. 中国近代科技文化史论 [M]. 杭州：浙江大学出版社，1996.

[9] 段治文. 中国现代科学文化的兴起（1919—1936）[M]. 上海：上海人民出版社，2001.

[10] 多贺秋五郎. 近代中国教育史料：民国编 [M]. 台北：文海出版社，1982.

[11] 樊洪业，张久村. 科学救国之梦　任鸿隽文存 [C]. 上海：上海科技教育出版社，2002.

[12] 范铁权. 体制与观念的现代转型：中国科学社与中国的科学文化 [M]. 北京：人民出版社，2005.

[13] 费孝通. 江村经济　中国农民的生活 [M]. 北京：商务印书馆，2007.

[14] 费孝通. 乡土中国　生育制度 [M]. 北京：北京大学出版社，1998.

[15] 费正清. 剑桥中国晚清史 [M]. 北京：中国社会科学出版社，1993.

[16] 费正清. 伟大的中国革命：1800—1985 年 [M]. 刘尊棋，译. 北京：世界知识出版社，2000.

[17] 高平叔. 蔡元培教育论著选 [C]. 北京：人民教育出版社，1991.

[18] 高书国. 中国城乡教育转型模式 [M]. 北京：北京师范大学出版社，2006.

[19] 葛懋春，李兴芝. 胡适哲学思想资料选 [M]. 上海：华东师范大学出版社，1981.

[20] 龚书铎. 近代中国与文化抉择 [M]. 北京：北京师范大学出版社，1992.

[21] 国家教育委员会政策法规司. 十一届三中全会以来重要教育文献选编 [G]. 北京：教育科学出版社，1992.

[22] 国家研究理事会. 美国国家科学教育标准 [M]. 北京：科学技术文献出版社，1999.

[23] 哈代，等. 科学家的辩白 [M]. 毛虹，等译. 南京：江苏人民出版社，1999.

[24] 何东昌. 中华人民共和国重要教育文献 1949—1997 [G]. 海口：海南出版社，1998.

[25] 何东昌. 中华人民共和国重要教育文献 1998—2002 [G]. 海口：海南出版社，2003.

[26] 贺雪峰. 乡村的前途　新农村建设与中国道路 [M]. 济南：山东人民出版社，2007.

[27] 胡平平，张守祥. 农村义务教育投入保障机制及管理体制问题研究 [M]. 北京：科学出版社，2007.

[28] 华中师范学院教育科学研究所. 陶行知全集 [M]. 长沙：湖南教育出版社，1985.

[29] 黄书光. 中国基础教育改革的历史反思与前瞻 [M]. 天津：天津教育出版社，2006.

[30] 黄书光. 中国社会教化的传统与变革 [M]. 济南：山东教育出版社，2005.

[31] 霍益萍. 中国近代高等教育 [M]. 上海：华东师范大学出版

社，1999.

　　［32］教育部教育年鉴编纂委员会. 第二次中国教育年鉴［Z］. 北京：商务印书馆，1948.

　　［33］教育部教育年鉴编纂委员会. 第一次中国教育年鉴［Z］. 上海：开明书店，1934.

　　［34］拉尔夫·林顿. 人格的文化背景：文化、社会与个体关系之研究［M］. 于闽梅，等译. 桂林：广西师范大学出版社，2007.

　　［35］李桂林，等. 中国近代教育史资料汇编　普通教育［G］. 上海：上海教育出版社，1995.

　　［36］李国钧，王炳照. 中国教育制度通史［M］. 济南：山东教育出版社，2000.

　　［37］李培林. 中国社会分层［M］. 北京：社会科学文献出版社，2004.

　　［38］李滔. 中华民国教育史录（1840—1949）［M］. 北京：高等教育出版社，2005.

　　［39］联合国教科文组织，编. 教育：财富蕴藏其中［M］. 联合国教科文组织总部中文科，译. 北京：教育科学出版社，1996.

　　［40］刘问岫. 中国师范教育简史［M］. 北京：人民教育出版社，1984.

　　［41］柳芳. 胡适教育文选［M］. 北京：开明出版社，1992.

　　［42］鲁洁，吴康宁. 教育社会学［M］. 北京：人民教育出版社，2001.

　　［43］吕达. 中国近代课程史论［M］. 北京：人民教育出版社，1994.

　　［44］马若孟. 中国农民经济［M］. 史建云，译. 南京：江苏人民出版社，1999.

　　［45］苗春德. 中国近代乡村教育史［M］. 北京：人民教育出版社，2004.

　　［46］璩鑫圭，童富勇. 中国近代教育史资料汇编［G］. 上海：上海教育出版社，1997.

　　［47］曲铁华. 新编中国教育史［M］. 长春：东北师范大学出版社，2011.

　　［48］曲铁华. 中外教育思想史专题［M］. 长春：东北师范大学出版社，2017.

[49] 曲铁华，李娟. 中国近代科学教育史 [M]. 北京：人民教育出版社，2010.

[50] 全国人民代表大会教育科学文化卫生委员会教育室. 中华人民共和国职业教育法及文件汇编 [G]. 北京：中华书局，2003.

[51] 舒新城. 近代中国教育思想史 [M]. 上海：中华书局，1929.

[52] 宋恩荣. 近代中国教育改革 [M]. 北京：教育科学出版社，1994.

[53] 宋恩荣. 晏阳初全集 [M]. 长沙：湖南教育出版社，1989.

[54] 宋荣恩. 中华民国教育法规选编 [G]. 南京：江苏教育出版社，1999.

[55] 邰爽秋，等. 历届教育会议议决案汇编 [G]. 上海：上海教育编译馆，1936.

[56] 汤志均，等. 中国近代教育史资料汇编 [G]. 上海：上海教育出版社，1991.

[57] 田正平，李笑贤. 黄炎培教育论著选 [M]. 北京：人民教育出版社，1993.

[58] 田正平. 中国教育思想通史 [M]. 长沙：湖南教育出版社，1994.

[59] 童富勇，胡国枢. 陶行知传：纪念伟大的教育家——陶行知诞辰一百周年 [M]. 北京：教育科学出版社，1991.

[60] 王炳照，阎国华. 中国教育思想通史 [M]. 长沙：湖南教育出版社，1994.

[61] 王建军. 中国近代教科书发展研究 [M]. 广州：广东教育出版社，1996.

[62] 王先明. 近代新学 中国传统学术文化的嬗变和重构 [M]. 北京：商务印书馆，2000.

[63] 吴遵民. 基础教育决策论 [M]. 上海：华东师范大学出版社，2006.

[64] 谢长法. 中国留学教育史 [M]. 太原：山西教育出版社，2006.

[65] 徐长发. 新乡村职业教育发展预期 [M]. 北京：教育科学出版社，2006.

[66] 余家菊. 乡村教育通论 [M]. 上海：中华书局，1934.

[67] 余家菊. 余家菊景陶先生教育论文集 [C]. 台北：台湾慧炬出

版社，1997.

[68] 喻本伐，熊贤君. 中国教育发展史［M］. 武汉：华中师范大学出版社，2000.

[69] 张傲卉，等. 成仿吾年谱［M］，长春：东北师范大学出版社，1994.

[70] 张岱年，方克立. 中国文化概论［M］. 北京：北京师范大学出版社，2004.

[71] 张君劢. 科学与人生观［M］. 沈阳：辽宁教育出版社，1998.

[72] 章开沅，余子侠. 中国人留学史［M］. 北京：社会科学文献出版社，2013.

[73] 中共中央文献研究室. 建国以来重要文献选编［G］. 北京：中央文献出版社，1992.

[74] 中国蔡元培研究会. 蔡元培全集［C］. 杭州：浙江教育出版社，1997.

[75] 中国第二历史档案馆. 中华民国史档案资料汇编［G］. 南京：江苏古籍出版社，1994.

[76] 中国中央文献研究室，国务院发展研究中心. 新时期农业和农村工作重要文献选编［G］. 北京：中央文献出版社，1992.

[77] 《中国教育年鉴》编辑部. 中国教育年鉴［Z］. 北京：中国大百科全书出版社，2002.

[78] 中华民国大学院. 全国教育会议报告［R］. 上海：商务印书馆，1928.

[79] 中央教育科学研究所. 成仿吾教育文选［M］. 北京：教育科学出版社，1984.

[80] 中央教育科学研究所. 中国现代大事记（1919—1949）［M］. 北京：教育科学出版社，1986.

[81] 朱有瓛. 中国近代学制史料［M］. 上海：华东师范大学出版社，1990.

图书在版编目（CIP）数据

近代以来中国教育改革与发展研究/曲铁华等著.
—长春：东北师范大学出版社，2019.12
　（元晖学者教育研究丛书）
ISBN 978 - 7 - 5681 - 6638 - 6

Ⅰ. ①近… Ⅱ. ①曲… Ⅲ. ①教育改革—研究—中国
—近现代　Ⅳ. ①G521

中国版本图书馆 CIP 数据核字（2019）第 282693 号

JIDAI YILAI ZHONGGUO JIAOYU GAIGE
YU FAZHAN YANJIU

□策划编辑：张晓方
□责任编辑：黄玉波　　□封面设计：上尚印象
□责任校对：王玉辉　　□责任印制：许　冰

东北师范大学出版社出版发行
长春净月经济开发区金宝街 118 号（邮政编码：130117）
电话：0431—84568046
传真：0431—85691969
网址：http：//www.nenup.com
东北师范大学音像出版社制版
辽宁新华印务有限公司印装
沈阳市张士经济技术开发区
中央大街六号路 14 甲—3 号（邮政编码：110021）
2019 年 12 月第 1 版　2019 年 12 月第 1 次印刷
幅面尺寸：169 mm×239 mm　印张：24.5　字数：422 千

定价：76.00 元